118

1479

624

8 Y:
75

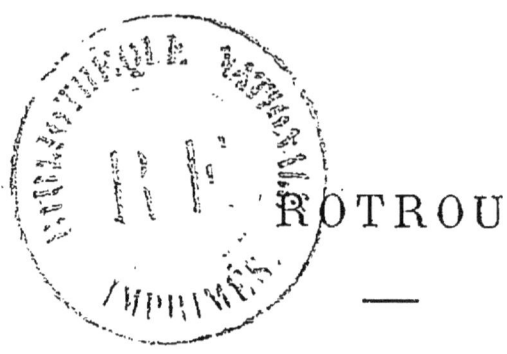

ROTROU

—

THÉATRE CHOISI

IL A ÉTÉ TIRÉ

Cinquante exemplaires numérotés sur papier de Hollande.

J. DE ROTROU

Né en 1609, mort en 1650.

ROTROU

THÉATRE CHOISI

NOUVELLE ÉDITION

AVEC UNE INTRODUCTION ET DES NOTICES

PAR M. FÉLIX HÉMON

ILLUSTRÉE DE QUATRE GRAVURES COLORIÉES

DESSINÉES

PAR M. HENRI ALLOUARD

Ouvrage couronné par l'Académie française

PARIS

LAPLACE, SANCHEZ ET Cⁱᵉ, ÉDITEURS

3, RUE SÉGUIER, 3

1883

A MONSIEUR

GASTON BOISSIER

MEMBRE DE L'ACADÉMIE FRANÇAISE
PROFESSEUR AU COLLÈGE DE FRANCE ET A L'ÉCOLE NORMALE SUPÉRIEURE

Hommage reconnaissant,

Félix HÉMON.

ROTROU ET SON ŒUVRE [1]

Si quelque Ingres nouveau peignait l'apothéose de Corneille, sans doute il laisserait entrevoir, au dernier plan de son tableau, la foule des médiocrités jalouses et impuissantes. Sur ce fond tumultueux se détacherait le groupe des rares contemporains qui, dignes de comprendre Corneille, l'ont mal compris. On y verrait Scudéry, ce gascon du Havre, qui prit l'emphase pour la grandeur, matamore à la plume flottante, à l'épée toujours à demi sortie du fourreau, batailleur et romanesque; le Franc-Comtois Mairet, fier de son antique noblesse allemande et de sa *Sophonisbe*, écrite sept ans avant le *Cid*; le grave et pauvre du Ryer; le famélique Tristan. A côté et au-dessus d'eux, Richelieu lui-même, défiant encore, mais contraint d'admirer. Si grand qu'il fût, il s'inclinerait devant une grandeur supérieure à la sienne. Tous tiendraient les yeux fixés sur le groupe central, où se dresserait le vieux Corneille, austère et paisible, comme un citoyen d'autrefois, revêtu de la toge romaine. Il s'appuierait avec confiance sur un ami, sur un frère, plus jeune que lui et mort plus tôt. Jean Rotrou, le précurseur et le disciple fidèle du Messie de la tragédie, lèverait vers lui un regard où l'orgueil paternel se mêlerait à la reconnaissance filiale. Moins puissant et plus souple, surtout plus aimable, sous son ample vêtement aux broderies élégan-

---

[1] On a consulté, pour écrire cette étude, d'abord et surtout l'excellente thèse de M. Jarry, puis les travaux de MM. Saint-Marc Girardin, Sainte-Beuve, Guizot, Ed. Fournier, Victor Fournel, Ambroise-Firmin Didot, Jal, Vinet, Legouvé, Viollet-le-Duc, Henri Martin. Dans les Notices, surtout dans celle de *Saint-Genest*, on a mis à profit les découvertes toutes récentes de M. Léonce Person.

tes, dans une attitude de nonchalant abandon, il personnifierait, en face du génie mâle et discipliné, le génie de la libre fantaisie, l'épanouissement facile d'un beau naturel. On admirerait plus l'un, mais on serait plus touché de l'autre, de sa bonne grâce, de sa fierté, de son amitié désintéressée, de la mélancolie même qui paraîtrait jusqu'en son sourire et ferait souvenir que cette brillante destinée fut tranchée dans sa fleur. Il revivrait enfin, dans ce tableau, tel qu'il revit déjà dans le buste de la Comédie-Française, chef-d'œuvre de Caffieri(1), et plus bas que le nom de Corneille, mais point trop bas cependant, on lirait le nom de Rotrou.

I

ÉTUDE BIOGRAPHIQUE

Le poète dont la vie joyeuse, parfois désordonnée, fut couronnée par une si belle mort, naquit le 21 août 1609 (2), à Dreux, entre Chartres, le pays de Régnier, où l'on aime à bien vivre, et Châteaudun, où l'on sait bien mourir. Sa mère, Élisabeth ou Isabelle Lefâcheux, était précisément de Chartres et appartenait à une riche famille de bourgeois. D'elle Rotrou tint sans doute cette veine féconde, inépuisable autant que le sol plantureux de la Beauce. Mais ceux qui croient à la tyrannie absolue des climats et des milieux verraient ici leur théorie en défaut : car jamais poète ne fut moins égal que ce fils du sol le plus égal et du climat le moins extrême.

On sait peu de chose de son père, Jean de Rotrou (3). Qu'importe! Il nous suffit de savoir qu'il continuait une lignée de magistrats locaux, modestes et dévoués. En même temps qu'une aisance, qui semble avoir été assez large, ils transmettaient à leurs descendants la religion héréditaire du devoir obscurément accompli, dans les limites étroites du pays natal.

---

(1) C'est d'après les portraits communiqués par la famille de Rotrou que Caffieri fit son buste en 1779.

(2) L'acte de baptême dit : « Le vendredi, 21ᵉ aoust 1609, fut baptisé Jehan, fils de honnorable homme Jehan Rotrou et de dame *Isabelle Facheu*. » (Archives de Dreux.)

(3) Fils d'un autre Jean de Rotrou, maire de Dreux sous Henri III, il eut deux fils et trois filles. Son frère fut également maire de Dreux, où son aïeul, un autre Jean, avait été procureur au bailliage.

Rotrou n'interrompit pas la tradition. Il aima son pays jusqu'à la mort :

> Mourir pour son pays, c'est payer une dette (1).

Toujours il y revint avec bonheur ; car, ainsi qu'il le dit encore :

> Il n'est pays si sain que son natal séjour (2).

Tout lui plaisait de Dreux, et son vieux collège, où il fit ses premières études, et « le fleuve qui coule autour de ses fossés » dont il parlait encore à l'un de ses amis, au milieu des enivrements de Paris. Par un côté, la ville de Dreux confine à la Normandie, et Rotrou n'avait pas besoin de s'excuser, comme le fit un certain La Pinelière, de n'être pas né Normand ; par l'autre, elle regarde Paris, et fait, pour ainsi dire, partie de sa banlieue. On a remarqué que, jusqu'à la Révolution, la plupart des poètes de valeur sont nés à Paris ou dans un rayon d'une trentaine de lieues autour de Paris : Rotrou, comme Régnier, comme Corneille, La Fontaine et Racine, confirmerait cette règle.

De là tant de voyages à la capitale, si facilement entrepris, et de si bonne heure. Il y fut conduit dès l'âge de douze à treize ans et y fit sa philosophie sous M. de Bréda, qui plus tard devint curé de Saint-André-des-Arcs (3). Derrière lui il laissait un frère, Pierre de Rotrou, plus jeune que lui de six ans, qui fut commissaire général des guerres aux armées d'Allemagne pendant une partie de la guerre de Trente ans, puis receveur des consignations du Parlement de Paris, conseiller et maître d'hôtel du roi. Ce dut être, aux yeux des parents, l'homme sérieux de la famille : car, dès son arrivée à Paris, Jean Rotrou s'était senti invinciblement attiré vers la poésie. Sur les bancs du collège, il écrivait des vers. Toute la philosophie de l'excellent M. de Bréda n'empêcha pas son élève indiscipliné de conquérir, sans trop d'efforts, cette étonnante, mais périlleuse facilité de versification, qui est à la fois le mérite et le défaut de ses premiers essais dramatiques.

Une tradition suspecte veut que la lecture de Sophocle lui

---

(1) Rotrou, *Iphigénie*, V, 2.
(2) Rotrou, *la Sœur*, III, 2.
(3) Lettre de dom Liron à Leclerc, fonds Bouhier, Bibl. nat.

ait révélé son talent. Rien n'est moins vraisemblable : car personne ne subit moins que Rotrou l'influence du génie grec, même dans les tragédies qu'il emprunte à la Grèce. S'il lui arriva quelquefois de lire Sophocle, j'imagine qu'il lisait souvent, et avec délices, les tragi-comédies de Hardy et l'*Astrée* de d'Urfé : car son tour d'esprit le portait au romanesque, et la mode l'y inclinait encore plus. Il n'était pas de ceux qui, loin d'être maîtrisés par les goûts de leur époque, lui imposent les leurs : son jugement encore peu mûri, son imagination brillante, mais sans mesure et sans règle, se laissaient éblouir aux aventureuses fantaisies des héros de roman. A vrai dire, sa vie, comme son œuvre, dans ses parties inférieures et obscures, tient un peu du roman, mais de ces romans où tout n'est pas chimère, où les faiblesses sont rachetées par la fierté du dénouement.

Dès lors commença pour lui l'enchantement de la vie libre, qu'il eût voulu plus libre encore : car, ainsi que Corneille, il devait mêler à ses chères études l'étude plus sévère du droit. Dans les actes publics, il est qualifié de « noble homme maître Jean de Rotrou, advocat en la Cour de Parlement, demeurant à Paris, aux *Marets* (sic) du Temple, rue Neuve-Saint-François, paroisse de Saint-Gervais. » Tout voisin qu'il était de la Normandie, il n'avait pas la passion de la chicane ; et pourtant, eux aussi, ses personnages plaident, dissertent, raffinent, opposent les répliques aux répliques, les arguments aux arguments. Toute la dialectique, toute l'éloquence du poète avocat semblent s'être réfugiées dans ses pièces ; on n'en voit point trace ailleurs. Mais à cette école il apprit aussi le respect de la justice et de la loi, souveraine des rois eux-mêmes :

Les rois aussi sont esclaves des lois...
Aux rois non plus qu'à nous tout n'est pas légitime (1).

Jamais, en dépit de passagères défaillances, il ne perdit de vue cette idée du devoir supérieur à tout. Mais alors le grave magistrat n'était que le plus aimable, le plus insouciant des rimeurs. Il n'avait pas vingt ans quand il fit jouer à l'hôtel de Bourgogne sa première pièce, l'*Hypocondriaque ou le mort amoureux*, bientôt suivie de la *Bague de l'oubli*. Ne raillons pas cette audace naïve, cette impatience enflammée de la jeunesse :

(1 Rotrou, *Antigone*, IV, 5 ; *Don Bernard de Cabrère*, V, 7.

ce qui serait outrecuidance aujourd'hui n'était alors que fièvre salutaire, que conscience des grandes destinées réservées au nouveau siècle, que généreux essor des espérances infinies. Une hâte générale de vivre et d'écrire, une soif inapaisée de gloire tourmentaient les esprits. Aucun modèle n'avait paru, dont la comparaison pût faire sentir les difficultés de l'entreprise. Pas plus que Rotrou, Mairet et du Ryer n'avaient attendu la vingtième année pour débuter au théâtre, où le règne de Hardy touchait à sa fin, où le règne de Corneille n'avait pas commencé; mais ils n'avaient encore écrit ni *Sophonisbe* ni *Scévole*. Quels autres rivaux pouvait craindre Rotrou? Théophile venait de disparaître; Scudéry était peu connu; Tristan, l'Estoile, Boisrobert se taisaient. L'auteur de l'*Hypocondriaque* osa bégayer la langue que l'auteur de *Mélite* devait lui apprendre à parler bientôt. Et pourtant c'est par le style surtout que vaut ce premier essai, imbroglio puérilement fantastique, mais qui annonce déjà un écrivain. Tel qu'il était, il ne déplut pas au public dont le goût n'était pas plus formé que celui du poète. Mais on a plaisir à voir le jeune débutant, modeste après la victoire, dans ses préfaces naïvement sincères,

> Exposer la candeur de sa belle âme nue (1).

C'est par l'ordre du comte de Soissons, nous apprend-il, qu'il a imprimé sa première tragi-comédie. « Si les censeurs y trouvent des défauts, ils doivent être satisfaits par ces mots : Il y a d'excellents poètes, mais non pas à l'âge de vingt ans. » De même, pour imprimer la *Bague de l'oubli*, dont le succès s'impose « jusques aux Allemands, » dont il attribue les qualités à Lope de Vega et les défauts à son imitateur, il a fallu que les comédiens l'aient menacé de communiquer sa pièce à un imprimeur. Est-ce donc qu'il doute de lui-même? Ne le croyons ni si timide, ni si ingénu :

> Qui sait valoir beaucoup librement se méprise (2).

Quand il nous parle de son « inexpérience, » il est sincère :

---

(1) Rotrou, *Hypocondriaque*, IV, 1. — Nicéron dit que le succès de l'*Hypocondriaque* dura deux ans; M. Fournier parle au contraire d'un succès médiocre.

(2) Rotrou, *Bélisaire*, IV, 2.

car il a l'enthousiasme du beau, et il sent d'instinct qu'il n'y a pas encore atteint. Mais il sait aussi qu'il est capable d'y atteindre un jour. Seulement, au lieu de se réserver et d'attendre, il jette à tous les vents les trésors d'une imagination trop prodigue.

Jeune, beau, spirituel, Rotrou était fait pour réussir dans le monde plus encore qu'au théâtre, et nous savons que l'hôtel de Rambouillet le compta parmi ses hôtes favoris. Le grand air du poète, son aisance aristocratique, son regard simple et franc, cette abondante chevelure, cette moustache fine, tant d'agréments dans la conversation, tant d'ingénieuse délicatesse dans la galanterie, le faisaient bien venir des femmes en particulier. Aussi voyons-nous que beaucoup de ses pièces sont dédiées à des femmes, à la marquise de Pesay comme à mademoiselle Pourrat, à la caustique mademoiselle de Longueville, plus tard duchesse de Nemours, ou à la princesse Marie, comme à la janséniste mademoiselle de Vertus et à madame de Combalet. Cette galanterie pouvait passer pour habileté dans un temps où les femmes donnaient le ton à la mode et se passionnaient pour les choses de l'esprit avant de se passionner pour les choses de la politique.

Ce ne fut point par là cependant qu'il plut à la cour. Le galant Henri IV avait fait place au scrupuleux Louis XIII; à l'exemple du roi, la cour s'était faite pudibonde, comme elle se fera dévote autour de Louis XIV vieillissant, et le théâtre, qui étalait tant d'aventures souvent risquées, lui était devenu suspect. Certes, en écrivant sa *Bague de l'oubli*, Rotrou ne songeait guère à flatter cette hypocrisie de la mode; mais la pièce française était beaucoup plus morale que la pièce espagnole. Il n'en fallut pas davantage : les courtisans affluèrent; le roi lui-même ne craignit pas d'aller voir cette merveille toute nouvelle, une comédie où la pudeur n'avait pas à rougir! Sans doute il fut satisfait de l'épreuve : car il permit à Rotrou de lui dédier sa pièce. Dans son enthousiasme, Rotrou s'écrie: « J'ai tant travaillé à rendre ma muse capable de plaire, je l'ai rendue si modeste et j'ai pris tant de peine à polir ses mœurs, que, si elle n'est belle, au moins elle est sage, et que d'une profane j'en ai fait une religieuse. » Étrange religieuse, il faut l'avouer, et qui ne prononça jamais de vœux perpétuels.

Il fallait vivre : bien naïf eût été le poète qui eût compté sur la libéralité de Louis XIII : on sait qu'il acceptait les dédicaces à condition de ne les point payer. La reine, à qui Rotrou dédiait l'*Heureuse constance*, en 1631, se montra-t-elle plus généreuse? Ce qui est certain, c'est qu'il dut chercher ailleurs des protecteurs, et — pourquoi ne pas le dire? — des maîtres. On a écrit, avec trop de sévérité : « Le dix-septième siècle est un siècle de platitude universelle, où il fallait être à quelqu'un pour être quelque chose (1). » C'est exagérer la rigueur d'une condition qui n'exclut ni la liberté de l'esprit, ni l'indépendance du caractère. « Être à quelqu'un, » c'était une nécessité absolue pour ceux dont le talent formait la principale richesse.

Rotrou fut d'abord au comte de Soissons, ce brouillon téméraire, qui compromit un moment la fortune de Richelieu et périt dans son triomphe. C'est à lui qu'il dédie sa première pièce; c'est de lui qu'il se proclame, dans sa dédicace, le « très humble sujet. » Les mêmes protestations de dévouement passionné se retrouvent dans la dédicace des *Occasions perdues* (1631) à la comtesse de Soissons, cette future frondeuse, qui fait un cas particulier de ses ouvrages. « J'ai pris avec la naissance l'honneur d'être votre créature. » Avec la naissance, c'est beaucoup dire; mais les dédicaces n'allaient guère sans hyperbole, et le comte de Fiesque, dans la dédicace de la *Diane* (1630) n'est pas moins bien traité.

Si l'on jugeait les protégés par les protecteurs, on aurait une médiocre opinion de cette jeunesse irréfléchie qui semble courir au-devant des plus brillants aventuriers de l'époque. Ne quitter Soissons que pour Fiesque, cela ressemble à une destinée. Fiesque, ce type même du mécontent, ce frondeur incorrigible que les échecs et les exils ne rebutent pas, avait du sang de conspirateur dans les veines; mais il était trop frivole pour être dangereux (2). Il faut se hâter d'ajouter, à la justification de Fiesque et aussi de Rotrou, que le futur protecteur de Segrais avait la réputation d'homme d'esprit, et par elle, autant que par sa distinction d'homme du monde, jouissait d'un grand crédit dans les coulisses.

Le plus clair profit que Rotrou tira de la protection du comte

---

(1) M. Albert, *La Littérature française au dix-septième siècle*.
(2) Voir Saint-Évremond, *Relation du voyage de M. de Longueville en Normandie*.

de Fiesque, c'est qu'il pénétra, grâce à elle, dans ce monde des lettres et du théâtre qui se fût ouvert seulement à demi à un débutant isolé. Présenté par lui à Chapelain et à Mairet, il le remercie de ce service en homme qui en sent tout le prix (1) : « Vous savez par quels et combien d'esprits ma pièce a été considérée chez ce grand homme à qui vous avez justement donné tant d'éloges et voué tant d'amitié. Il vous souvient de l'approbation qu'elle y reçut, et pas un de ces divins esprits qui la voulurent entendre jusqu'à trois fois n'en fit un jugement contraire au vôtre. » Le « grand homme, » c'est Mairet, et les « divins esprits » — on est divin à peu de frais dans les dédicaces — ce sont les écrivains qui formaient chez lui une sorte d'académie de l'art dramatique. On s'y lisait mutuellement ses essais; la critique mesurée y était permise, mais on n'en abusait pas ; l'éloge, même excessif, n'était pas interdit. C'est là que Rotrou dut connaître ce malheureux Pichou, qui mourut assassiné, à trente-cinq ans, et Antoine Mareschal, esprit original, mais poète mendiant. Ces auteurs aujourd'hui oubliés, jeunes, insouciants, faciles, trouvaient en Rotrou un ami indulgent : il écrivait un sonnet sur la *Filis* de Pichou, et des vers complaisants en tête de *la Sœur valeureuse*, de Mareschal, où le nom de Rotrou apparaît, pour la première fois, à côté de ceux de Mairet, de Scudéry et de Corneille. On lui rendait avec usure ces éloges : parmi ces pièces liminaires dont il était de bon goût de faire orner, par des mains amicales, le frontispice d'une comédie nouvelle, il en est où l'admiration la plus chaleureuse parle d'avance, un peu trop tôt, il est vrai, le langage de la postérité :

> Rotrou, quand j'oy tes vers tonner sur un théâtre,
> Je suis ravi d'en voir tout un peuple idolâtre ;
> Je prise seulement de tous les spectateurs
> Ceux qui de tes beaux vers sont les admirateurs...
> Travaille incessamment; le peuple t'y convie.
> Puisqu'en si peu de temps tu fais tant de beaux vers,
> Tu répondras un jour des moments que tu perds (2).

Hélas ! le poète en perdait trop. S'il recevait les conseils de

---

(1) Dédicace de la *Diane*. L'auteur y dit que sa pièce eut du succès près du public, qui n'y trouva pas « de ces beautés effrontées qui ne se plaisent que sur le théâtre. »

(2) Elégie en tête de la *Célimène* (1633).

Mairet, à combien d'autres influences il ne savait pas résister !
Les passions étaient venues, et cette âme naturellement passionnée ne luttait qu'avec mollesse contre elles. Disons mieux, il s'y complaisait : ce n'est point au hasard qu'il a semé dans ses pièces tant de maximes d'une morale facile et souriante :

> Une austère vertu plait moins qu'un beau péché...
> La plus belle vertu n'est pas la plus austère (1).

Aucune vertu ne fut moins austère que celle de notre poète. Il aima : pour lui, comme pour Corneille, l'amour est chose fatale ; il n'essaya même pas de se soustraire à la fatalité commune ; il y aida peut-être :

> Qui peut fuir l'amour ? Est-il rien qu'il ne touche ?
> En un si beau combat, la force du vainqueur
> N'excuse-t-elle pas la faiblesse du cœur ?... (2).

Mais souvenons-nous qu'il a dit aussi :

> Les belles passions sont pour les belles âmes (3),

et gardons-nous de le prendre au mot, quand il s'accuse lui-même d'avoir traversé les « sales voluptés » où plus d'un de ses amis s'attarda. Ce cœur ardent, mais ingénu, resta pur, semblable à la source vive, qui, un moment troublée, reprend bientôt sa limpidité transparente. S'il n'avait pas connu l'amour vrai, qui élève la pensée et trempe le caractère, il n'aurait su peindre, ni les nuances délicates, ni les orages de la passion ; il n'aurait composé ni *Laure persécutée*, ni *Venceslas*. Poète aimable des amours faciles, il eût borné son ambition à écrire des tragi-comédies où l'amour quintessencié aurait parlé le langage de la galanterie contemporaine, ou des vers galants, comme l'Élégie à mademoiselle Caliste C..., qu'il se donne le plaisir de dédaigner, après avoir été dédaigné par elle. Mais l'eût-il écrite, cette charmante lettre d'envoi de la *Belle Alphrède*, où le cœur parle seul et parle si bien :

« MA CHÈRE SYLVIE,

« Je vous fais un mauvais présent, après l'avoir si longtemps différé ; mais enfin il vaut mieux donner peu que rien du tout.

---

(1) *Cléagénor*, IV, 2 ; *Don Bernard*, III, 1.
(2) *Laure persécutée*, V, 8.
(3) *Occasions perdues*, III, 1.

Ce qu'on donne est toujours précieux quand il part du cœur, ou plutôt on ne peut rien donner de précieux, après avoir donné le cœur même. Vous savez combien absolument vous possédez le mien, et vous feriez tort à la plus véritable affection qui fût jamais, si vous doutiez de l'empire que vous avez sur moi. Ne recevez donc mon Alphrède que comme un divertissement d'une heure que je vous envoie. Si vous la trouvez belle, vous pourrez croire aussi que sa beauté est naturelle, que le théâtre ne lui en a point donné, et que les fautes de l'impression lui en ont ôté : telle qu'elle est, elle est de moi, et vous me souffrez assez de vanité pour que je croie que tout ce qui en vient vous est agréable. Je vous parle sans artifice, comme vous voulez que soient nos entretiens, et comme sincèrement et sans fard, je suis, ma chère Sylvie, votre très humble et très fidèle serviteur. »

Qui donc était cette mystérieuse Sylvie ? Était-ce, comme on l'a conjecturé, Madeleine Béjart, actrice du Marais, qui devait s'éprendre de Molière après s'être éprise de Rotrou, et qui se faisait poète pour chanter le triomphe d'*Hercule mourant* ? Que ce soit elle ou toute autre, celui qui a su dire un tel adieu à une femme aimée a su ce que c'est que l'amour, peut-être aussi ce que c'est que la souffrance; mais, s'il a souffert, il n'a point étalé sa souffrance à nos yeux; il ne s'en est point fait une parure. C'est sans amertume qu'il eût pu dire, lui aussi, de ces heures délicieuses et frivoles, perdues pour l'art :

> Je suis encore à voir le seul et premier fruit
> Que jamais ou l'amour ou le jeu m'ait produit (1).

L'amour et le jeu, voilà les deux passions qui troublèrent la jeunesse de Rotrou. Encore est-ce calomnier l'amour que lui imposer un tel voisinage. Un poète qui n'aurait pas aimé serait-il un poète ? et la lettre à Sylvie ne suffit-elle pas à démentir le mot injuste de Sainte-Beuve : « Cette noble nature avait du vulgaire, du bas? » Non, ce n'est point l'amour qui mit en péril la destinée du poète. Si Rotrou, jeune et pauvre, « réalise l'idée qu'on se fait du poète ardent, impétueux, endetté, inégal en conduite et en fortune (2), » c'est d'ailleurs que lui vint cet égarement passager d'un esprit juste et d'un

---

(1) Rotrou, *Don Bernard*, I, 1.
(2) Sainte-Beuve, *Port-Royal*, t. I, l. 1, ch. VII.

cœur sain. L'amour et le jeu prennent l'homme tout entier ; mais l'un du moins l'arrache aux préoccupations sordides et le force à regarder en haut ; l'autre le courbe vers les choses de la terre, vers les âpres espérances et les convoitises inavouables. Comment une âme aussi noble s'abandonna-t-elle à une passion si dégradante? Autant vaut demander pourquoi ce fut la passion universelle du siècle, pourquoi Tristan, compagnon de jeu et de poésie de Rotrou, en fut la victime, pourquoi Regnard a écrit le *Joueur*, Dancourt la *Désolation des Joueuses* et la *Déroute du Pharaon*, le P. Porée le *Pézophile*, J. de la Forge la *Joueuse dupée*, dédiée précisément à la comtesse de Fiesque. Rotrou était de la ville où devait naître le grand joueur d'échecs, Danican Philidor; mais il n'apportait point au jeu ce sang-froid attentif qui préside aux combinaisons savantes: il s'y jetait avec toute la fougue d'une jeunesse impatiente du frein. Son imagination, avide d'inconnu, l'y entraînait, et lui faisait rêver peut-être, en même temps que la richesse, l'indépendance assurée : car, nul ne le sentait mieux que lui :

La pire liberté vaut des liens dorés (1).

Vingt fois déçu, vingt fois il fit effort pour se soustraire à ce honteux esclavage, et vingt fois, hélas! il y retomba. D'après une tradition douteuse (2), pour s'épargner de trop fréquentes tentations, il avait fait d'un tas de fagots une caisse d'épargne d'un nouveau genre : la difficulté d'en retirer son argent clairsemé le décourageait d'aller l'y chercher souvent. Mais à quoi bon s'abaisser à ces misérables artifices, si la passion était éteinte? et si elle vivait encore, à quoi bon lui opposer cette fragile barrière? La seule excuse du poète, c'est précisément l'irrésistible violence de cette passion; qu'on ne la travestisse pas en manie puérile! qu'on ne nous montre pas Rotrou rusant avec elle! A ce jeu, il eût été bientôt vaincu : car il ne s'appartenait plus, et il n'avait pas encore le droit d'écrire ces vers si fiers de *Venceslas* sur l'âme qui se possède et se contient :

A force de sagesse on peut s'être dompté,
Et rien n'est tant à nous que notre volonté.

(1) Rotrou, *Captifs*, I, 3.
(2) *Parnasse français*, de Titon du Tillet, et *Histoire littéraire*, de l'abbé Lambert.

Pourtant, le péril était sérieux : car la volonté ne peut être humiliée sans que l'intelligence soit atteinte, et Rotrou l'a dit avant Boileau :

> L'esprit s'alentit quand le cœur se ravale.

Il en fit l'épreuve : tant que sa vie manqua de règle, son talent resta facile et négligé : il ne devint ferme et sobre que lorsque la vie fut devenue plus sévère et plus digne. Dans les moments de nécessité pressante, le joueur enfiévré se souvenait qu'il était poète : fiévreusement encore, il écrivait, en deux nuits, une de ces pièces hâtives, qui en quelques jours étaient apprises et représentées. On l'eût fort étonné en lui exposant nos idées modernes sur les droits d'auteur : chaque pièce était livrée pour un prix fait, et quel prix ! Du Ryer était payé au taux de quatre francs le cent pour les grands vers et de deux francs pour les petits. Besoigneux et jeune, Rotrou ne pouvait être beaucoup plus ambitieux : pour un total de 2250 livres tournois, il cédait aux libraires Sommaville et Quinet la propriété de ses quatorze premières pièces (1). Il n'était plus alors un débutant ; mais quel débutant ne repousserait aujourd'hui avec indignation la seule idée d'un marché si peu lucratif ? Sommes-nous donc moins modestes, ou valons-nous davantage ?

Pauvre au dix-septième siècle, Rotrou se fût peut-être enrichi au dix-huitième : car il « produisait » beaucoup et vite. Il y a peu d'années de cette période qui ne soient marquées par deux ou trois pièces nouvelles. Elles se succèdent l'une à l'autre, comme la vague succède à la vague, avec la même régularité un peu monotone. A peine quelqu'une, de loin en loin, se dresse un peu plus haut ; mais elle meurt aussi bientôt, déjà remplacée par une autre qui la fait oublier. Il faut en plaindre le poète plutôt que l'en accuser : car nous touchons à la crise qui, par l'excès même de l'humiliation, réveilla son énergie endormie, et le rendit à sa noble nature, à ses vrais instincts, à son amour désintéressé de l'art.

« C'est dommage, écrivait Chapelain au comte de Fiesque, qu'un garçon d'un si beau naturel ait pris une servitude si honteuse ; il ne tiendra pas à moi que nous ne l'en affranchissions bientôt. » Quelle était cette « servitude honteuse » dont parle Chapelain ? M. Guizot a conjecturé que Rotrou, suivant

---

(1) Actes du 11 mars 1636 et du 17 janvier 1637, cités par Jal.

un usage autorisé par l'exemple de Hardy, s'était mis aux gages d'une troupe de comédiens, pour qui seuls il écrivait ses pièces. Depuis, la conjecture est devenue certitude (1). Et pourtant l'on a peine à concevoir de nos jours ces contrats monstrueux qui annihilent toute liberté, toute dignité humaine, et font d'un homme d'intelligence et de cœur l'instrument passif de quelques comédiens avides. Rotrou était devenu « leur auteur, » leur chose, à tel point qu'il n'avait même pas le droit de publier les pièces qu'il écrivait pour eux, et qu'un an après la lettre de Chapelain, il est obligé de prendre un masque pour faire imprimer sa tragi-comédie de *Cléagénor et Doristée* (2). Au contraire, dans la seconde édition de la même pièce, datée de 1635, il se nomme ouvertement et promet de publier bientôt toutes ses œuvres, au nombre de trente. Ce joug a donc pesé sur lui pendant trois ans. Que de dégoûts, que de révoltes on devine durant ces trois longues années, où la poésie, ce facile plaisir de sa jeunesse, lui apparaissait comme le plus ingrat des métiers ! Adieu l'aimable loisir que l'étude sans fatigue rend plus cher encore ! Adieu le repos tant souhaité, jamais conquis !

> Que le repos est doux ! heureux qui le possède (3) !

Lui, il n'avait pas le droit de se reposer. Encore si son travail avait trouvé sa récompense dans l'espérance, dans l'illusion même de la gloire ! Mais d'autres recueillaient le fruit de ce travail obstiné ; c'est à d'autres qu'appartenaient son intelligence et son nom. Par bonheur, il lui restait des amis, les

---

(1) Il faut avouer pourtant que la lumière n'est pas entièrement faite sur ce point obscur, et que toutes les hypothèses peuvent être autorisées par l'étrange dédicace de *Cléagénor*, tragi-comédie que le poète appelle « la cadette de trente sœurs prêtes à la suivre. » Que seraient devenues ces trente pièces ? *Cléagénor* est la troisième de celles qui nous sont restées. Faudrait-il donc reporter à une date très antérieure, à l'extrême jeunesse du poète, la « honteuse servitude » dont parle Chapelain ? Mais la lettre de celui-ci à Fiesque (ou à Godeau, selon d'autres) est datée du 30 octobre 1632. Ce qui est établi, c'est la réalité de cet esclavage. Le poète Gaillard écrivait dans sa *Monomachie* :

> Corneille est excellent, mais il vend ses ouvrages ;
> Rotrou fait bien des vers, *mais il est poète à gages*.

(2) « Cette pièce, dit l'éditeur, me fut mise en main naguère par un inconnu ; il ne voulut jamais nommer son auteur. »

(3) Rotrou, *Les deux Pucelles*, IV, 5.

comtes de Soissons, de Fiesque, de Nançay, le marquis de Liancourt, surtout le comte de Belin, qui semble avoir, sinon recueilli dans sa maison (1), du moins protégé Rotrou en même temps que Mairet, ne lui demandant sans doute, en échange, que d'écrire un rôle pour mademoiselle Lenoir, actrice du Marais, dont il était aussi le protecteur, un peu moins désintéressé. Ce qui est certain, c'est que, l'année même de sa délivrance, Rotrou lui dédie sa seconde édition de *Cléagénor* et l'année suivante ses *Ménechmes*.

Mais les érudits qui ont tenté, sans y réussir tout à fait, d'élucider ce point obscur, parmi tous ceux qui ont aidé à la délivrance de Rotrou n'ont oublié que Rotrou lui-même. Si les démarches de quelques grands seigneurs ont suffi pour le racheter de cet esclavage, comment se fait-il qu'elles aient été si tardives, et que, pendant trois ans au moins, le poète ait été livré à ses propres ressources? et d'où vient qu'il ait dû se mettre aux gages d'une troupe de comédiens, s'il pouvait puiser dans la bourse toujours ouverte du comte de Fiesque ou du comte de Belin? N'est-il pas plus simple et plus digne aussi de lui de croire que, s'il avait des amis dévoués, il n'avait plus de protecteur dont la fortune fût la sienne, et que, servitude pour servitude, il avait préféré celle qui lui permettait de vivre, sans éclat, mais sans bassesse?

Qu'il ait attendu la fin de son engagement ou qu'il l'ait hâtée par ses propres efforts, qu'importe! Aux yeux de ceux qui connaissent cette âme fière il n'en reste pas moins évident qu'il a été le premier à sentir la fausseté humiliante de sa situation, et le premier aussi à faire effort pour y échapper. L'inertie eût été l'indice d'un avilissement définitif; or, jamais Rotrou ne fut moins avili. C'est de ce moment, au contraire, que date son relèvement moral; c'est de cette épreuve suprême qu'il sort fortifié et purifié, armé pour tous les combats, prêt à tous les sacrifices. Désormais il n'est plus à personne; il reprend possession de sa pensée aliénée trop longtemps. Par un contre-coup naturel, en même temps que l'homme se redresse, le poète prend une conscience plus nette de son vrai

---

(1) Dans le *Parnasse ou la Critique des poètes*, La Pinelière dit que le comte de Belin « a dans sa maison deux des plus belles muses et des plus éloquentes qui paraissent sur le théâtre. » M. Ed. Fournier croit qu'il s'agit de Mairet et de Rotrou.

génie. Qui connaît, qui lit aujourd'hui les pièces composées dans l'obscure période de 1632 à 1635, la *Célimène*, l'*Heureux naufrage*, la *Céliane*, la *Belle Alphrède*, la *Pèlerine amoureuse*, le *Filandre*, *Agésilan de Colchos*, l'*Innocente infidélité*, tant de tragi-comédies et de comédies sitôt mortes que nées? La mode entraînait de ce côté les comédiens, et Rotrou, qui suivait les comédiens, suivait la mode. Livré à lui-même, il n'abandonnera pas aussitôt la tragi-comédie; mais s'il s'attarde encore parfois aux étranges aventures d'*Amélie* ou des *Deux Pucelles*, il rencontre dans *Laure persécutée* le sentiment vrai, l'émotion sincère; il va demander à l'antiquité le secret du comique franc et du pathétique naturel; il écrit les *Sosies* et *Antigone*. Toutes les folies du passé sont oubliées; d'un regard plus viril il embrasse l'avenir dont la séduisante perspective semble se prolonger au loin : il a vingt-sept ans.

A ce moment décisif de sa vie, sur le chemin, désormais libre d'obstacles, où il marche résolument, sa bonne étoile met Richelieu et Corneille.

Malgré ses liaisons avec les comtes de Soissons et de Fiesque, Rotrou était fait pour plaire à Richelieu. Jamais il n'avait tendu, comme tant d'autres, une main avide aux libéralités du grand ministre; jamais il ne s'était laissé éblouir par l'éclat trompeur d'une fortune sujette à tant de revirements soudains.

> Hélas! qu'un faible effort change les favoris!
> Qu'ils sont près de la haine, alors qu'ils sont chéris (1)!

Mais il avait vu la faveur, d'abord incertaine, du cardinal s'affermir de jour en jour; il avait assisté à ces complots sans cesse renaissants, sans cesse domptés, à ces exécutions sanglantes, dont on trouverait la justification en plus d'un passage de ses œuvres :

> La perte d'un sujet dangereux à l'État,
> Avant tout autre soin, importe au potentat :
> Tel membre, retranché du corps d'une province,
> Est le salut du reste, et le repos du prince (2).

Si l'on fait la part de ces maximes républicaines qui sont la parure obligée, classique, pour ainsi dire, de tout drame, sur-

---

(1) Rotrou, *Occasions perdues*, III, 1.
(2) *Laure persécutée*, I, 5.

tout imité des anciens, si l'on cherche à définir, non pas la politique de Rotrou — le mot serait trop ambitieux — mais l'esprit de son théâtre, on s'étonne d'y voir en cent endroits la raison d'État glorifiée. Le nombre est grand parmi ses personnages de ceux qui taxent la douceur de faiblesse. Ne croirait-on pas entendre Richelieu parler à Louis XIII, et non Polynice à Jocaste :

> Je tiens indifférent d'être craint ou de plaire.
> Qui règne aimé des siens en est moins absolu.
> Cet amour rompt souvent ce qu'il a résolu.
> Plus est permis aux rois à qui plus on s'oppose :
> Une lâche douceur au mépris les expose ;
> Le peuple, trop aisé, les lie en les aimant.
> Il faut, pour être aimé, régner trop mollement (1).

Depuis longtemps d'ailleurs, le poète avait fait un public aveu de son admiration pour celui que calomniaient ses protecteurs. L'*Hercule mourant* (1632), dédié au cardinal, est précédé d'une ode remarquable moins par la verve lyrique que par l'évidente sincérité de l'enthousiasme pour ce « démon de la France » qui enfante chaque jour des « miracles. » Si l'on pardonne au poète l'abus des souvenirs et des comparaisons mythologiques, tout le reste semble emporté par un vif élan de reconnaissante sympathie :

> Tel on voit ton savant génie,
> Au service de notre roi,
> Conduire d'une égale foi
> Toutes les choses qu'il manie.
> On ne voit sa sincérité
> Gauchir d'un ni d'autre côté,
> Quoique jamais il ne repose,
> Et, dans ses travaux inouïs,
> L'unique but qu'il se propose
> Est la volonté de Louis.

Aux yeux de Rotrou, le despote s'évanouit ; il ne veut plus voir que le grand politique. Ce roi qu'on disait opprimé par son ministre, il le relève en l'associant à l'œuvre entreprise, en lui faisant comprendre à quel point Richelieu lui est nécessaire :

---

(1) Rotrou, *Antigone*, II, 4.

Sauve-le de tout accident,
Puisqu'il n'est malheur où mon prince
Peut tant perdre qu'en le perdant.

C'était comprendre Richelieu comme il voulait être compris. Mais il vit bientôt de près, de trop près peut-être, le ministre qu'il admirait de loin, et les petits côtés du grand homme lui apparurent. D'une part, l'Académie française était fondée; mais, de l'autre, l'Académie de campagne des cinq auteurs rendait au cardinal des services moins relevés. On regrette pour Rotrou qu'il ait fait partie seulement de la dernière. Mais, en dépit des fréquents voyages qu'exigeaient les répétitions de ses pièces, en dépit du plaisir qu'il éprouvait à respirer parfois encore ce « doux air de la Seine (1), » qu'on n'oublie pas, il restait fidèle à Dreux et refusait de se fixer à Paris, soit par amour pour sa ville natale, soit par crainte des tentations nouvelles contre lesquelles il ne se sentait pas assez aguerri. Le règlement étroit — s'il exista jamais — qui faillit écarter Corneille de l'Académie, en écarta, dit-on, Rotrou pour toujours (2). Est-ce vraiment pour Rotrou seul qu'il le faut regretter?

« Il y avait, dit Geoffroy, cinq versificateurs ordinaires de la chambre de Son Éminence; c'étaient des nègres que le cardinal chargeait de l'exécution de ses plans; ils sont connus sous le nom des cinq auteurs. Corneille avait le malheur d'être du nombre. Cet écrivain, qui ne respirait que la liberté romaine,

---

(1) Rotrou, *Célimène*, I, 1.
(2) On ne comprend guère comment M. Dareste a pu écrire : « Boisrobert, Conrart, Chapelain, Rotrou et le grand Corneille comptèrent parmi les fondateurs de cette compagnie qui fut l'Académie française. » (*Histoire de France*, l. XXIX, t. V.) Si nous en croyions pourtant un curieux ouvrage, dont nous devons la communication à l'obligeance de M. Jarry, c'est Rotrou qui aurait suggéré à Richelieu l'idée de créer une académie à l'exemple de celle que Clémence Isaure avait fondée à Toulouse. (*Jean Rotrou, dit le Grand*. Dreux, Lemenestrel, 1869.) Mais les deux lettres de Rotrou à Richelieu qu'on y produit, pour la première fois, d'après les notes d'une petite nièce du poète, la comtesse Milon de Lernay, outre qu'on n'en révèle pas la source et qu'elles ne portent pas de date précise, sont d'un tour et d'un style trop modernes pour ne pas éveiller le soupçon, quand même elles ne proviendraient pas de la collection Chasles. — M. L Person fait remarquer qu'aucun article du règlement de l'Académie n'imposait la résidence; il cite les exemples de Balzac, Maynard, Godeau, Corneille même, et conclut que, si Rotrou ne fut pas reçu, c'est qu'il ne se présenta pas.

fut sur le point d'être chassé et disgracié pour avoir eu l'audace de changer quelque chose à l'acte qui lui avait été confié. » Glorifier ainsi Corneille, c'est le glorifier aux dépens de Rotrou, injustement confondu dans la foule des « manœuvres dramatiques. » Mais relever Rotrou, ce n'est pas amoindrir Corneille; c'est le grandir encore : car ces deux gloires jumelles ne sauraient être divisées sans en être affaiblies.

Parti d'une idée juste, et comprenant à merveille l'influence morale, même politique, du théâtre, Richelieu eut le double tort de croire qu'on pouvait soumettre à une règle despotique un art qui vit de liberté, et de mal choisir les poètes qu'il « embrigada » pour l'aider dans cette œuvre impossible. Les uns étaient trop médiocres, les autres trop indépendants.

Qu'était-ce que Colletet, le plus vieux de tous? Un avocat, qui eut une seule fois la fantaisie d'être poète dramatique, et n'y revint plus. Que Boisrobert? Un autre avocat, devenu abbé, mais resté valet, hâbleur et libertin, médiocre en tout, bien que spirituel, et célèbre par ses disgrâces au théâtre avant de l'être par ses disgrâces à la cour. A côté de cet étrange abbé (abbé de Thélème), voyez le visage défiguré du maigre et pâle Claude de l'Estoile, seigneur du Saussay. Il n'a rien écrit encore pour le théâtre, et ce qu'il écrira un jour lui vaudra moins de renom que sa mort, causée par une indigestion de confitures. Mais il connaît les règles, mérite rare encore : car les règles viennent à peine d'être inventées.

C'est une découverte dont Corneille et Rotrou ne paraissent pas se douter. L'un, qui se permettra d'avoir du génie contre les règles, n'est pas encore l'auteur du *Cid*. L'autre, qu'il ne faut point s'étonner de voir nommer avant Corneille, n'est pas seulement compté parmi « les plus beaux esprits du temps (1); » il est l'arbitre du théâtre. C'est vers lui que se tournent les regards inquiets des jeunes poètes; c'est lui qu'ils assiègent de leurs « importunes visites (2). » S'il paraît dans sa loge de l'Hôtel de Bourgogne, vers laquelle tant de têtes sont levées, ils lui font la révérence et disent : « Voilà M. de Rotrou; il a bien parlé de ma pièce. » Où donc est Corneille? Ces débutants ne songent point à lui; mais ils déclarent « que l'*Innocente infidélité* est la plus belle pièce de Rotrou, quoiqu'on ne s'ima-

---

(1) *Comédie des comédiens*, de Scudéry (1634).
(2) Vers à un ami de Dreux.

ginât pas qu'il pût s'élever au-dessus de celles qu'il avait déjà faites (1). »

Seul peut-être, Rotrou a deviné le génie qui s'ignore lui-même; dès 1633, il s'écrie, avec cet orgueil modeste qui sera le trait distinctif de son ami :

> Pour te rendre justice autant que pour te plaire,
> Je veux parler, Corneille, et ne me puis plus taire.
> Juge de ton mérite, à qui rien n'est égal,
> Par la confession de ton propre rival (2).

D'instinct, ils s'étaient compris et ils s'étaient aimés. Ne poursuivaient-ils pas le même but, la gloire, « cet objet des belles volontés…, cet aimant des esprits généreux (3)? » N'étaient-ils pas étrangers tous deux à cette jalousie mesquine, qui est un aveu d'infériorité? « Les plus beaux succès des autres, écrivait Corneille, ne produisent en moi qu'une vertueuse émulation, qui me fait redoubler mes efforts pour en avoir de pareils (4).» Et il le prouvait en triomphant des succès de Rotrou, en associant son nom au sien, en répétant, avec une bonhomie qui n'est pas sans fierté : « M. Rotrou et moi nous ferions subsister des saltimbanques (5). » A son tour, Rotrou, désenchanté des joies de l'amour, cherche dans l'amitié des joies égales, sinon supérieures, qui puissent remplir la capacité de son âme :

> Il est des amitiés plus fortes que l'amour (6).

D'autres, qui, avec un apparent enthousiasme, avaient salué le « soleil » levant, s'étaient vite offusqués de sa lumière trop éclatante. Après avoir tendu à Corneille une main amie, Scudéry et Mairet lui avaient déclaré une guerre implacable. Qu'importait à Corneille! Ne lui restait-il pas celui qui, à condition de pouvoir l'appeler son maître, se laissait volontiers appeler son « père? » A la veille du *Cid*, ce « père » si jeune, hier encore si frivole, mais guéri maintenant et mûri par une douloureuse expérience, relevait, dans la société des Cinq

---

(1) La Pinelière, *le Parnasse ou la Critique des poètes* (1635).
(2) Élégie en tête de la *Veuve*; c'est la plus longue des pièces liminaires.
(3) Rotrou, *Clorinde*, III, 1.
(4) Épître en tête de la *Suivante*.
(5) *Menagiana*.
(6) Rotrou, *Agésilan de Colchos*.

auteurs, le courage de Corneille, timide à force d'être fier ; il lui apprenait à s'estimer à sa juste valeur et à dédaigner ceux qui le dédaignaient. Au lendemain de ce triomphe, qui fut aussi le sien (car les *Sosies* de Rotrou eurent à l'Hôtel de Bourgogne le même succès que le *Cid* au Marais (1), son amitié s'accroît avec son admiration ; il salue Corneille grand homme, il est heureux de son bonheur.

> Aux esprits généreux,
> Annoncer un bonheur, c'est être bien heureux (2).

Il refuse de prendre dans la ligue des envieux la place d'honneur qu'on y offrait aux anciens amis de Corneille. Seul, il le défend contre tous, et, pour le mieux défendre, se jette dans la mêlée, se fait satirique et pamphlétaire : l'un des écrits qu'a vu naître la querelle du *Cid* a paru à certains critiques porter la marque, sinon la signature de Rotrou (3). Présent, il l'éclaire par ses conseils ; absent, il le soutient et le console par des lettres qu'on voudrait avoir conservées pour y voir le cœur des deux amis à nu :

> L'ami qui souffre seul fait une injure a l'autre (4).

Combien Corneille eût souffert davantage de ces mille piqûres d'amour-propre, si Rotrou n'eût été là pour tout adoucir ! et qui sait si le découragement du grand homme n'eût pas été irrémédiable sans lui, si nous ne lui devons pas tant de chefs-d'œuvre, dont Corneille, isolé, aigri, écœuré, n'eût pas daigné laisser à la postérité l'éternel patrimoine ? Ce ne sera point assez : pour se donner le plaisir de louer son ami, devenu le maître de la scène française, il fera violence à l'histoire ; par le plus admirable des anachronismes, un martyr chrétien glo-

---

(1) « Depuis deux jours, le public a été diverti du *Cid* et des *Deux Sosies* à un point qui ne se peut exprimer. » (Lettre de Chapelain, du 22 janvier 1637.)

(2) Rotrou, *Clorinde*, V, 4.

(3) « *L'inconnu et véritable ami de MM. Scudéry et Corneille* est de Rotrou. » (Nicéron.) Nous devons dire pourtant que plusieurs critiques n'attribuent pas à Rotrou cet écrit, d'ailleurs médiocre.

(4) Rotrou, *Venceslas*, III, 2. Il y a eu certainement des lettres échangées entre eux : ainsi un billet de Corneille à Rotrou, daté du 14 juillet 1637, nous apprend que c'est l'*Honrado Ermano* de Lope de Vega, si étrange pourtant, qui suggéra à Corneille l'idée de ses *Horaces*.

rifiera sur cette même scène ces drames cornéliens, qui, justement acclamés,

> Portent les noms fameux de Pompée et d'Auguste,
> Ces poèmes sans prix, où son illustre main
> D'un pinceau sans pareil a peint l'esprit romain (1).

N'est-ce pas le dernier mot de la « généreuse émulation » dont parlait Corneille que de s'effacer derrière son rival et de jouir de sa gloire en la publiant? Une amitié si désintéressée serait touchante entre des amis vulgaires. Entre des hommes si grands par l'esprit, entre des poètes (race personnelle, s'il en fut) elle devient un exemple précieux, digne d'être mis en lumière, surtout aux époques où il est le plus rare. A quoi bon d'ailleurs y insister? Le propre de ces dévouements qui relèvent l'espèce humaine et protestent contre l'universel égoïsme, c'est d'échapper à toute définition. Si l'on se demande en dernier ressort pourquoi ces deux âmes s'embrassèrent d'une étreinte si intime, on sent qu'on ne peut répondre que par la vieille et simple réponse : parce que c'était Corneille, parce que c'était Rotrou.

Qu'on ne fasse donc pas à Rotrou l'injure de mettre en doute son indépendance, alors qu'on vante celle de Corneille. Soyons sûrs que Corneille lui-même eût réclamé contre ce partage inégal. Lui qui se vantait d'être à Son Eminence (2), il n'eût pas désavoué les louanges à la Montoron sous lesquelles Rotrou accable le cardinal, dans l'élégie placée en tête de la *Veuve*. Richelieu d'ailleurs ne les payait-il pas en même monnaie? Ne faisait-il pas célébrer les cinq auteurs par la *Gazette*, dans les prologues, dans les avis au lecteur? Leurs comédies n'étaient-elles pas représentées devant la cour entière, avec un luxe de mise en scène inconnu à l'Hôtel de Bourgogne et au Marais? Eux-mêmes, désignés au respect de tous comme les rois du théâtre, ne siégeaient-ils pas sur un banc séparé, où ils ne perdaient pas un seul murmure d'approbation? Si c'est là de la domesticité, il faut avouer que Richelieu s'entendait à la

---

(1) *Saint-Genest*, I, 5.
(2) Préface d'*Horace*. Dans l'avertissement de *Cléagénor et Doristée*, Rotrou se félicite que « d'incomparables acteurs » aient « mis la comédie à un si haut point, qu'elle est le plus doux divertissement du plus sage roi du monde et *du plus grand esprit de la terre.* »

rendre légère et que plus d'un auteur moderne n'en ferait pas fi.

Par malheur, Richelieu ne put soutenir jusqu'au bout ce rôle de président d'une société d'admiration mutuelle. Il ne s'était pas contenté d'imposer les sujets et le canevas général de la *Comédie des Tuileries*, de l'*Aveugle de Smyrne*, de la *Grande pastorale*, enchaînant ainsi d'avance les libres caprices de l'imagination. Habitué à tout réglementer, il distribuait les cinq actes de chaque pièce à ses cinq auteurs, comme les corps d'armée à ses généraux ou les charges à ses secrétaires d'État. La durée même de ce travail impossible était limitée avec une inflexible précision. Au bout d'un mois, jour pour jour, cette académie en sous-ordre se réunissait dans le cabinet du cardinal. Sur la table du conseil les cinq opérateurs déposaient avec gravité leurs cinq actes. Problème plus malaisé à résoudre que ceux de la politique! De ces actes isolés, différents par l'esprit, la couleur et le ton, il s'agissait de faire un drame harmonieux! Richelieu présidait, collaborait parfois, revisait toujours. A son défaut, Desmarets de Saint-Sorlin jouait, sans trop de succès, au Richelieu. Lui aussi, tragique malgré lui, se voyait dans la cruelle obligation d'avoir du génie par ordre. Il y faisait ses efforts; mais de plus grands que lui n'y réussissaient pas.

Tomber de Richelieu à Desmarets, c'est humiliant: dépenser, en une seule année, dix mille vers à quatre pièces en cinq actes, c'est le plus ingrat des labeurs, même quand la besogne est divisée, surtout quand elle l'est; car il y a des collaborations qui la rendent plus lourde encore. Plus mûr, plus hautain peut-être, à coup sûr moins insouciant de cet avenir qu'il touchait presque du doigt, Corneille s'indignait de voir tant de temps perdu pour sa renommée et cherchait avidement l'occasion d'une rupture. Avec moins de raideur apparente, Rotrou n'était guère plus expert en ce métier. Si jamais imagination a été impatiente de la règle, c'est assurément la sienne; elle avait besoin de se jouer dans le libre espace. Sans doute, d'humeur plus facile, il se laissa vivre et ne se soucia point de précipiter l'inévitable crise; tout entier à la joie de la liberté reconquise, et l'épaule encore toute meurtrie du joug pesant des comédiens, il trouvait léger celui du cardinal (1); mais il en

---

(1) Dans certains actes, il s'intitule gentilhomme ordinaire de Mgr l'éminentissime cardinal duc de Richelieu, seigneur de Thoisy, conseiller du roi, etc. (M. Person).

sentit le poids dès que Corneille ne l'aida plus à le porter. S'il eût tardé à suivre son ami dans sa retraite, comment expliquerait-on que la société des cinq auteurs se soit si promptement dissoute? Pour occuper un seul fauteuil vide dans l'académie privée du cardinal, vingt rivaux se seraient présentés, tous chargés de titres, tous convaincus de leur mérite et de l'infériorité de leurs concurrents, tous certains d'avance de faire oublier Pierre Corneille. D'où vient qu'on ne fit pas appel à leur dévouement? Apparemment de ce qu'il y eut plus d'un vide, de ce que le maître tout-puissant, impuissant en ceci, dut reconnaître l'inutilité d'une nouvelle épreuve condamnée à un nouvel échec. Le départ de Rotrou dut être, il est vrai, plus tardif et moins bruyant ; car il avait des tempéraments à garder dans sa conduite vis-à-vis d'un protecteur si puissant ; mais qu'aurait-il fait désormais dans cette société qu'à ses yeux la retraite de Corneille avait décapitée?

Sont-ce là de ces conjectures hasardées auxquelles nous réduisent et le silence ingrat des contemporains et le silence modeste du poète? Non : car ses propres aveux nous le montrent poussant l'indépendance jusqu'à la sauvagerie :

> On m'accuse partout de peu de complaisance (1).

Dans la seule pièce lyrique où il nous ait parlé de lui-même, (on était discret au dix-septième siècle) il se déclare insensible aux beautés du Cours-la-Reine, comme aux flatteries des courtisans qui l'admirent et s'étonnent de ne point trouver dans sa « hantise » les mêmes charmes qu'en ses vers. A Vincennes, au Louvre, il reste froid ; les repas où rit la gaieté rabelaisienne de Boisrobert lui soulèvent le cœur :

> En l'état où je suis, qui veut bien m'affliger
> N'a qu'à m'entretenir de repas et de noces.
> Et, quoique des seigneurs me pensent obliger,
>   Je hais d'entrer en leurs carrosses (2).

N'est-ce point un cri parti de l'âme, où l'homme se trahit tout entier? Loin, bien loin sont ces confidences apprêtées des poètes modernes, toujours si heureux d'être aidés par le public à se débarrasser de leurs secrets intimes, et de pouvoir pren-

(1) Vers à un ami de Dreux.
(2) *Ibidem.*

dre, jusqu'en leurs tristesses, des poses savamment étudiées!
C'est dans une lettre familière que Rotrou laisse échapper cette plainte, dont il ignorait que l'écho dût arriver jamais jusqu'à nous. D'autres envient sa faveur à la cour, sa popularité au théâtre; lui en souffre. Le triste métier, en vérité, que celui de poète à la mode. Il faut qu'il soit sans cesse tout à tous; ses gestes sont observés, ses paroles recueillies avec religion. S'il est simple, grave, et se contente d'avoir du génie, il voit bientôt s'éclaircir les rangs de ses fidèles désabusés; il est bientôt laissé à sa grandeur solitaire. S'il a de l'esprit, c'est pis encore; car il est condamné à en avoir à chaque heure, à chaque minute, à perpétuité! C'est un bel instrument dont tout le monde veut jouer.

Rotrou s'était lassé de ce rôle d'amuseur public; avec quelque amertume, il le fait sentir :

> Je souffre trop quand je songe
> Aux moyens de dire un bon mot (1).

Cette noble gaucherie des âmes fières, tant de fois glorifiée chez Corneille, la voilà donc avouée par Rotrou! Et les actes, d'accord ici avec les paroles, prouvent mieux que tous les plaidoyers à quel point il fut mauvais courtisan. Peut-être Richelieu, qui permettait à Colletet de le contredire, n'eût-il pas été blessé de rencontrer chez Rotrou les mêmes résistances que chez Corneille. Mais qu'il se fît le partisan le plus militant de l'auteur du *Cid!* Qu'il allât jusqu'à défendre contre les parodies de Boisrobert, les critiques envieuses de Mairet, les fanfaronnades de Scudéry, une pièce où l'héroïsme castillan d'un duelliste était idéalisé, au moment même où le duel à l'intérieur était frappé de peines rigoureuses, où les Espagnols, à l'extérieur, menaçaient la France de l'invasion, voilà qui dépassait la mesure de l'indépendance tolérée. Dans cette fameuse querelle, se déclarer pour Corneille, c'était se déclarer contre Richelieu. Rotrou fut assez maladroit pour ne pas le comprendre. Ou plutôt il le comprit à merveille; mais son choix était fait : d'un côté, il voyait les valets du Palais-Cardinal, meute hurlante, tenue en respect par l'épée haute de Rodrigue; de l'autre, Corneille et le public. Dans la balance, incertaine d'abord, il jeta le poids de son nom, et peut-être, grâce à lui, pen-

(1) Vers à un ami de Dreux.

cha-t-elle plus tôt du côté de Corneille. Témoin de cette mêlée, Boileau eût modifié son vers célèbre, et dit, réunissant les deux amis dans le même hommage :

> En vain contre le *Cid* un ministre se ligue,
> Si Rotrou pour Chimène a les yeux de Rodrigue.

Cette indépendance n'était point de l'ingratitude : car Rotrou n'oubliait point ce qu'il devait à Richelieu ; mais il devait plus encore à Corneille.

A Richelieu il devait une idée plus sérieuse de son art, une conduite plus ordonnée de sa vie. Au lendemain d'une crise d'où la dignité de son caractère n'était qu'à grand'peine sortie intacte, il pouvait craindre une rechute prochaine et irrémédiable. Le bras un peu brutal, mais sûr de Richelieu, le soutint et ne lui permit plus de chanceler : pour la première fois, il sentit ce que peut une volonté ferme au service d'une intelligence droite. A cette école un peu tyrannique, il apprit, non seulement à vouloir, mais à écrire et à penser avec fermeté. L'ordre et la règle lui apparurent enfin, non plus comme des entraves gênantes, mais comme les conditions mêmes de tout progrès durable.

Retenu d'ailleurs dans un milieu distingué, où le langage était poli sans effort, l'esprit élevé sans contrainte, où tant de nobles sujets d'étude s'offraient d'eux-mêmes à l'observateur, il s'y appropriait les qualités variées et délicates qui faisaient l'honnête homme au dix-septième siècle. Ce ne fut pas le moindre des services que lui rendit Richelieu : car, de plus en plus attiré vers Dreux, vers la vie provinciale et bourgeoise, qui le reposait des émotions d'autrefois, le poète risquait d'oublier Paris et de s'y faire oublier. A Dreux, il eût vécu dépaysé, démodé, loin de ce grand mouvement de rénovation qui emportait alors les esprits. Héros d'une petite ville et d'un petit cercle d'adorateurs béats, il n'eût jamais été qu'un grand homme de province. Chaque voyage à Paris l'y eût fait paraître comme un revenant des anciens jours, comme un disciple attardé de Hardy et de l'Astrée, obstiné à n'habiter qu'un monde de fantaisie, tantôt roulant les gros yeux d'un matamore de tragi-comédie, tantôt soupirant les fades complaintes d'un berger de pastorale. C'est Richelieu qui le sauva de ce danger, et qui lui ouvrit, pour ainsi dire, les portes du monde réel, au seuil duquel l'attendait Corneille.

Rotrou avait précédé de quelques pas Corneille sur la grande route qui menait à l'art vrai, ou plutôt dans les sentiers un peu détournés qui l'y eussent conduit tôt ou tard. Rejoint bientôt et devancé par ce rival que rien n'attardait dans sa marche, il ne le suivit pas de trop loin. Mérite-t-il pourtant d'être comparé à l'un de ces navigateurs sans gloire, capables tout au plus de repasser par où Colomb a passé, et de dire : « J'ai fait le même voyage (1) ? » Sans doute, Corneille procède avant tout de lui-même, bien que son génie, on veut bien l'accorder, « ait pu s'épurer à l'exemple des bienséances nouvelles introduites par Rotrou. » Mais est-il équitable de toujours regarder du même côté, de se complaire toujours à constater l'influence de Corneille sur Rotrou, sans se demander jamais si Rotrou à son tour n'a point été utile à Corneille? Parce que le *Cid* a tout effacé dans son rayonnement, est-ce une raison pour oublier qu'il a été précédé d'une longue période de tâtonnements, et que, pendant cette période obscure, le conseiller, l'appui, le guide de Corneille a été Rotrou ?

Si l'on comparait les œuvres jumelles des deux amis, de *Mélite* à l'*Illusion comique*, et de l'*Hypocondriaque* à *Agésilan de Colchos*, on se convaincrait sans peine que ce n'est pas Rotrou qui était alors l'imitateur. Mais peut-être son influence a-t-elle retardé le libre élan du génie de Corneille en le contraignant à s'attarder dans un genre équivoque ; peut-être va-t-elle s'évanouir, dès qu'à l'horizon se lève l'aurore du *Cid*? Jamais, au contraire, elle ne se montre plus à découvert. N'est-ce pas en 1634 que le Cléandre de l'*Heureux naufrage*, retrouvant Floronde et sûr d'être aimé d'elle, jetait à tous les échos ce cri de l'enthousiasme cornélien, répété deux ans plus tard par Rodrigue :

> Que le sort désormais arme toute l'Epire,
> Qu'il oppose à mon bras quelque chose de pire,
> Que n'exécuterai-je, avec ce beau second,
> Et de quel ennemi ne pâlira le front ?

Corneille a pris l'idée, mais y a imprimé sa marque. En plus d'un autre passage, il a reçu de Rotrou et gardé jusqu'à la forme de ses vers les plus connus :

---

(1) Vinet, *Poètes du siècle de Louis XIV*. Le même M. Vinet donne comme « certain » que Rotrou débuta au théâtre après Corneille ; c'est le contraire qui est certain.

> A qui possède un charme il n'est rien d'impossible...
> On fait un homme mort, qui se porte très bien (1).

On serait fort embarrassé de dire qui des deux poètes, à cette grande date de 1636, peut revendiquer comme siens des vers écrits à la même heure, nés d'une inspiration commune, peut-être de communes confidences. Le valet d'un de ces matamores que Corneille, dans l'*Illusion*, et Rotrou, dans *Amélie* (1636) avaient, presque en même temps, fait monter en grade et transportés de la farce dans la comédie d'intrigue, parodiait-il don Diègue et Rodrigue, quand il se lamentait sur ce ton tragique :

> Jamais traître que lui n'a fait rougir ce front :
> Il tache mon honneur, et j'ai part en l'affront ?

Avec l'accent d'une douleur plus sincère, le Don Sanche des *Deux Pucelles* (1636) se lamente de son déshonneur :

> O fortune ennemie
> Quel affront ai-je à craindre après cette infamie ?

Qu'on écarte, si l'on veut, comme indignes de notre attention, ces ressemblances de détail, qui persistent, même après le *Cid*; mais qu'on avoue aussi que, même après le *Cid*, Rotrou sait garder son originalité propre. Les visibles progrès de son talent ne sont point l'effet fatal des progrès du génie de Corneille : car, dès 1631 (2), on en peut suivre la marche lente et sûre, dont *Venceslas* et *Saint-Genest* sont le terme, d'avance prévu.

Quoi qu'il en soit, il est certain que dès lors la vie et le caractère de Rotrou se transforment et s'apaisent. Grâce à une pension royale (3), il n'était plus réduit à vivre d'expédients ; mais ces sortes de pensions intermittentes n'avaient jamais soustrait aucun poète à la dépendance des grands, et Rotrou voulait être libre. Quand acheta-t-il la charge de lieutenant civil, assesseur criminel et commissaire examinateur au comté et bailliage de Dreux ? Après ses premières pièces, selon quelques-

---

(1) Rotrou, *Heureux naufrage*, III, 4 ; *Agésilan*, V, 2.
(2) C'est l'année de l'*Heureuse constance* et des *Ménechmes*.
(3) *Parnasse français*, de Titon du Tillet, art. *Rotrou*. Cette pension était de mille livres, selon MM. E. Fournier et Guizot, de six cents, selon M. Jarry.

uns. Mais qui ne voit qu'un tout jeune homme, qui vient de dire un éclatant adieu à la vie de famille et de province pour se jeter dans la vie fiévreuse de Paris, sans argent d'ailleurs comme sans autorité, n'a pu même songer à conquérir une magistrature provinciale, toujours confiée à des hommes plus sérieux et plus mûrs? Plus tard seulement il put regarder comme sienne une charge que plusieurs de ses ancêtres avaient occupée, d'où l'avait éloigné sa vie hasardeuse, dont le rapprocha sans doute la protection de Richelieu.

Or, depuis la querelle du *Cid*, cette protection se faisait moins empressée. Nommer Rotrou lieutenant civil de Dreux, c'était l'écarter en le récompensant. Rien ne le retenait plus à Paris, d'où Corneille s'était enfui pour chercher à Rouen une retraite, d'abord découragée, puis laborieuse et féconde. Seul, Rotrou était resté sur la brèche; il ne compte pas d'années mieux remplies: de 1636 à 1640, huit pièces de lui se succèdent sur la scène. A partir de cette date, elles se font plus rares. N'est-ce point que les voyages de Rotrou, retenu à Dreux par ses fonctions nouvelles, deviennent plus rares aussi? A quoi bon supposer qu'il ait attendu la mort de Richelieu pour renoncer tout à fait à Paris, par dépit de ne pouvoir obtenir les bonnes grâces de Mazarin, à qui il avait dédié *Don Bernard de Cabrère* (1)?

Il est vrai que Mazarin estimait les gens à proportion du besoin qu'il avait d'eux, et qu'il ne croyait point avoir besoin de Rotrou. Mais d'autres, qui ne portaient pas les moindres noms de France, étaient moins dédaigneux. C'était le maréchal de Guébriant, dont la veuve devait tenir sur les fonts de baptême un neveu de Rotrou. C'était le brillant et téméraire Henri de Lorraine. C'était Créqui. Il leur dédiait son *Antigone*, son *Bélisaire*, son *Venceslas*, « encore tout glorieux des applaudissements qu'il a reçus de la plus grande reine du monde et de la plus belle cour de l'Europe. » La résolution extrême et si tardive qu'on lui prête n'était donc point nécessaire; en tout cas, elle ne fut point tenue: car c'est précisément par son crédit à la cour que le lieutenant civil de Dreux sut se rendre utile à ses administrés. En 1643 déjà, dans la curieuse préface de sa *Clarice*, l'auteur parle de son séjour à Dreux comme d'un fait définitif, connu de tous, lorsqu'il dit, s'excusant d'avance

---

(1) Cette pièce est précédée d'une élégie adressée à Mazarin.

des fautes d'impression : « Je demeure à seize lieues de l'imprimerie. »

On se plaît d'ailleurs à croire que cette année 1640 fut doublement décisive pour Rotrou : car c'est le 9 juillet 1640 qu'il se marie (1), et son mariage, qui se fit dans une ville voisine de Dreux, à Mantes, dut suivre de près ou précéder de fort peu son retour. Marguerite le Camus n'a point fait parler d'elle (2); son mari n'a point songé à étonner la postérité par l'énumération complaisante de ses mérites vrais ou faux. D'avance sans doute, il était de l'avis de la Rochefoucauld : « Il ne faut guère parler de sa femme (3). » Du moins pouvons-nous croire que des considérations vulgaires ne dictèrent point le choix de l'homme qui venait de peindre de traits si vifs l'enfer des unions mal assorties :

> La femme et le mari que la contrainte assemble
> Sont deux fiers ennemis contraints de vivre ensemble,
> Dont par la seule mort la haine se résout.
> Chaque partie est là le bourreau de son tout,
> Et la malheureuse âme à ce joug asservie
> S'acquiert par cet enfer celui de l'autre vie (4).

Mais il est de lui aussi, ce tableau tout opposé des joies que « deux belles âmes » peuvent goûter au sein du mariage :

> C'est là qu'un couple heureux l'un de l'autre dispose,
> Qu'en se réservant tout on donne toute chose,
> Que la raison s'accorde avec la volupté
> Et qu'au milieu des fers on est en liberté (5).

Heureuses les unions qui n'ont pas d'histoire ! Celle de Corneille — qui, comme il était naturel, se maria la même année que son ami — ne fit guère plus de bruit, bien que le cardinal, dit-on, s'en soit mêlé. Plus discret, Rotrou pensait sans doute

> Qu'en fait de mariage
> Qui prend le moins d'avis est toujours le plus sage (6).

---

(1) *Dictionnaire* de Jal.
(2) Née en 1615, Marguerite le Camus ou Camus devait avoir vingt ans lors de son mariage.
(3) *Maximes*, 364.
(4) *Captifs*, V, 5.
(5) *Belle Alphrède*, IV, 1.
(6) *Clarice*, II,

En ce temps où nos hommes célèbres se sentent devinés et suivis jusque dans les plus intimes replis de leur vie privée, où il n'est point pour eux de malheur qui ne soit aggravé encore, de joie qui ne soit déflorée par une publicité banale, il fait bon voir Pierre Corneille et Jean Rotrou, exilés volontaires au fond de la province, répandre à flots leur esprit au dehors, et, au dedans, cacher leur vie. A Paris, sur le théâtre, ils sont tout entiers à tous ; à Dreux, à Rouen, près du foyer modeste où retentit à peine l'écho lointain de leurs succès, ils se retrempent dans le bonheur obscur et bourgeois. Ne craignons point qu'ils s'y énervent : ils en sortent plus forts, avec je ne sais quoi de plein et de mieux équilibré.

La profonde sensibilité qui éclate partout dans la vie et dans les œuvres de notre poète trouvait donc à se satisfaire en s'épurant, et le passé, si cher qu'il fût à l'amant de Sylvie, ne pouvait le disputer longtemps à l'avenir. Au complet abandon de cette âme restée jeune, toujours altérée de tendresse, ne se mêla donc l'amertume d'aucun regret. Tout entier à ses affections nouvelles et à ses nouveaux devoirs, il vit — trop peu de temps, hélas ! — grandir autour de lui quatre enfants. En ce siècle, où l'on s'occupe trop de l'homme pour prêter grande attention à l'enfant, c'est l'enfance qui inspire à Rotrou quelques-uns de ses plus beaux vers. Ici, il nous attendrit sur le sort de ces enfants martyrs,

Ces fruits à peine éclos, déjà mûrs pour les cieux (1).

Là, il sourit avec une paternelle indulgence aux faiblesses mêmes de ces enfants, toujours réprimandés, toujours certains du pardon :

Les fautes des enfants blessent légèrement ;
Une larme, un soupir les efface aisément (2).

L'aîné des siens, Jean (1644-1706), héritier du nom de son père, n'hérita point de son goût pour la poésie, et fut curé de la paroisse du Chêne, près d'Evreux. Ses deux filles, Elisabeth et Marguerite, qui avaient reçu le nom de sa mère et de sa femme, devaient entrer au couvent, l'une à Pont-de-l'Arche,

(1) *Saint-Genest*, II, 5.
(2) *La Sœur*, IV, 2.

l'autre à Chartres (1). La destinée a de ces ironies : à l'auteur de la *Pèlerine amoureuse*, comme à l'auteur de *Clitandre*, elle donne des enfants que seule la vie religieuse appelle et retient. S'il en eût été le témoin, Rotrou eût-il été attristé de cet anéantissement de sa famille? Qui le sait? Lui-même, dans les dernières années de sa vie, semble avoir incliné de plus en plus vers cette piété attendrie où le besoin d'aimer, de prier, de pleurer parfois entraînait alors tant d'âmes encore tout émues du tumulte des passions.

Dans ces élans de ferveur religieuse, il était soutenu par un de ses compatriotes, Antoine Godeau, qu'il avait rencontré jadis à l'hôtel de Rambouillet, au temps où l'évêque de Grasse n'était encore que le nain de Julie. De communs souvenirs les avaient rapprochés depuis (2), et aussi de communs sentiments. Tous deux avaient connu les enivrements du monde; tous deux s'en étaient lassés; mais Godeau, resté bel esprit sous la robe épiscopale, était plus sincère dans son zèle qu'infaillible dans son goût. C'est le zèle religieux qui parlait seul, lorsqu'il conseillait à son ami « de s'attacher à des ouvrages de piété, où il croyait qu'il réussirait bien, connaissant, comme il faisait, le fond de son cœur et de son génie (3). » Les ouvrages du poète étaient-ils donc toujours si profanes? et tous les psaumes délayés par Godeau valent-ils ces deux vers des *Pensées du religieux*, sorte de méditation, d'une mélancolie toute moderne, sur le néant de la beauté humaine :

> L'os d'une cuisse ou d'une main
> Traînera dans un cimetière ?

L'auteur de *Saint-Genest* n'avait-il pas assez montré quelles beautés nouvelles le drame rajeuni pouvait puiser dans l'inspiration religieuse? Fallait-il enchaîner cette imagination créatrice à la besogne servilement orthodoxe des traductions et des paraphrases sacrées? Rotrou ne se laissa pas convaincre, et fit bien : après *Venceslas*, il écrivit *Chosroès*.

Et pourtant une anecdote légendaire nous représente ce grave

---

(1) D'autres disent qu'une seulement fut religieuse.
(2) Dans les papiers de Conrart on trouve des lettres de Godeau à l'une des sœurs de Rotrou, déguisée sous le nom de Bellinde, « cette farouche bergère. »
(3) Dom Liron, *Singularités littéraires*.

magistrat, ce père de famille, arrêté, pour une dette insignifiante, à Paris, où il venait lire son *Venceslas*, contraint de vendre vingt pistoles aux comédiens un chef-d'œuvre qui les enrichit, puis refusant avec dignité le présent qu'ils lui offrent, pris d'un remords tardif. Ce n'est pas une des moindres difficultés de la critique que d'écarter ces légendes ingénieuses qui font cortège aux grands écrivains, et, sous prétexte d'orner la réalité trop nue, la défigurent. Souvent elles contiennent leur part de vérité, du moins de vérité morale et littéraire, pour ainsi dire : car elles résument en un trait expressif l'opinion des contemporains sur le caractère ou le talent d'un grand homme. Il est malheureux pour Rotrou qu'ils aient gardé surtout le souvenir de sa jeunesse insouciante et endettée; mais en pouvait-il être autrement? L'éclat de ses folies juvéniles avait frappé tous les yeux ; la sévère grandeur de ses dernières années se laissait volontairement ignorer. Voilà pourquoi l'on a transporté à *Venceslas* une anecdote qui eût pu être vraie de la *Diane* ou de la *Célimène;* voilà pourquoi le lieutenant civil de Dreux, trois ans avant sa mort, nous est peint des mêmes couleurs que jadis le mercenaire des comédiens. Comment ne s'aperçoit-on pas que c'est rompre tout lien entre une vie, dont on critique la frivolité incurable, et une mort, dont on avoue l'héroïque fermeté? N'est-ce pas en apprenant à bien vivre qu'on se prépare à bien mourir?

Qui vit avec honneur doit mourir constamment (1).

Le dévouement de Rotrou n'est point un de ces emportements sublimes qui purifient une âme souillée; c'est le couronnement naturel d'une vie parfois agitée, jamais avilie, et ennoblie avant sa fin ; c'est le soir paisible d'un jour orageux.

L'année 1650 fut triste pour la France aussi bien que pour les lettres. Au dehors, l'Espagnol menaçait les frontières, que Condé, prisonnier de la cour, n'était plus là pour défendre. Au dedans, en face d'une reine impérieuse et d'un roi enfant, appuyé sur un ministre plus rusé qu'héroïque, la guerre civile se déchaînait ; les ducs de La Rochefoucauld et de Bouillon tenaient Bordeaux et tendaient la main à l'étranger. Une immense inquiétude envahissait les esprits, hésitants entre la duplicité

---

(1) Rotrou, *Hercule mourant*, V, 6.

de la cour et les prétentions hautaines des princes. C'étaient les orages du ministère de Richelieu, sans Richelieu.

Pendant cette grande crise politique et surtout morale, Rotrou, témoin attristé, mais non découragé, se réfugiait de plus en plus dans la retraite et dans le travail. Non pas qu'il se désintéressât d'un spectacle si curieux : ces héros de cape et d'épée, ces amazones guerrières, qui mêlaient si étroitement la politique à l'amour, ces aventuriers et ces traîtres, il les connaissait bien. Plus d'une fois il les avait fait monter sur la scène, d'où ils étaient maintenant descendus, pour jouer leur rôle dans la grande tragi-comédie de la Fronde. La fiction avait pris corps et s'était faite réalité. Mais ce genre de spectacle avait tué l'autre ; des théâtres fermés la misère avait chassé les comédiens ; Jodelet faisait le coup de feu aux barricades. Esprit tempéré, fort peu révolutionnaire, mais fort indépendant, Rotrou devait rester à l'écart de cette mêlée confuse des partis. Au moment même où Corneille accepte la charge de procureur général des États de Normandie, en remplacement d'un magistrat frondeur, son ami, plus prudent ou plus modeste, borne son ambition au paisible exercice d'une lieutenance civile. Mais il ne fuit ni la fatigue, ni le danger : en ces temps troublés, il sait se dévouer aux intérêts de tous, et c'est pour tous aussi qu'il donnera sa vie.

Où était Rotrou, quand Dreux se vit tout à coup en proie à un fléau pire que la guerre civile, la peste, ou plutôt (car l'imagination populaire, encore tout émue des grands désastres d'autrefois, transformait en peste toute épidémie dangereuse) une sorte de fièvre pourprée, suivie de transports au cerveau ? A Paris, selon les uns ; il y faisait répéter une comédie nouvelle ; peut-être était-il à la veille d'enrichir la scène française d'un nouveau chef-d'œuvre. Mais, quand il apprend la terrible nouvelle, il n'hésite pas. Que lui fait la gloire littéraire ? La voix grave du devoir parle plus haut que toute autre à cette conscience où vit la religion de l'honneur :

Aussi bien que l'Etat, l'honneur a ses maximes (1).

Sourd aux supplications de ses amis, sans trouble, sans fracas, il va droit au danger, comme un général qui court s'enfermer dans une place assiégée, pour y vaincre ou pour y mourir

---

(1) Rotrou, *Don Bernard de Cabrère*, IV, 1.

avec les siens. Écarter ce beau roman (1), est-ce amoindrir le dévouement de Rotrou ? C'est le grandir au contraire : plus il sera froidement conçu, plus il aura droit à l'admiration de ceux pour qui le vrai courage est le courage réfléchi.

Rien n'appelait plus Rotrou dans ce Paris triste et fiévreux, trop attentif au drame qui se jouait à Bordeaux pour prendre plaisir aux tragi-comédies romanesques. Celui qui était à Paris et n'en revint pas, c'était le lieutenant général, et non le lieutenant civil. Sans doute le prudent magistrat avait lu Montaigne, ce maire épicurien de Bordeaux, qui n'était pas né pour le sacrifice, et le disait « Que Montaigne s'engouffre quand et la ruyne publicque, si besoing est ; mais s'il n'est pas besoing, je sauray bon gré à la fortune qu'il se sauve, et, autant que mon debvoir me donne de chorde, je l'emploie à sa conservation. »

Marchander ainsi avec le devoir et ne se donner qu'à demi, Rotrou ne le savait pas. Il ne trouva pas mauvais que le lieutenant général absent lui laissât le soin d'avoir du dévouement pour lui. Déjà le maire, Claude de Rotrou, son cousin germain, était mort. Lui seul restait pour maintenir le bon ordre dans la ville et pour faire rentrer la paix dans les esprits. En vain madame de Clermont d'Antragues lui offre l'hospitalité de son château, situé à une lieue de Dreux : si près de ses concitoyens, Rotrou se fût senti encore trop loin d'eux. En vain son frère l'appelle à Paris, dans une lettre émouvante, où, pour mieux toucher le cœur du poète, il semble se faire poète lui même :

> C'est un pressant discours que les larmes d'un frère (2).

Mais il reste maître de lui, sachant que « dans un grand dessein, pleurer, c'est s'affaiblir (3). » Autant l'appel fraternel est entraînant, autant la réponse est grave et résolue : la forme en a pu être diversement reproduite (4) ; mais l'esprit n'en sau-

---

(1) Les biographes qui nous montrent Rotrou à la cour, près de son frère, maître d'hôtel du roi, sont bien obligés de citer la lettre célèbre écrite de Dreux à ce même frère.
(2) Rotrou, *Iphigénie*, II, 3.
(3) Rotrou, *Deux Pucelles*, III, 1.
(4) Dans ses *Notes biographiques et critiques sur Rotrou*, M. L. Person fait observer que le seul document authentique sur ce point est la notice insérée en 1738, par dom Liron, dans ses *Singularités historiques*, et com-

rait être mis en doute et se résume dans ce vers du poète :

> La plus cruelle mort vaut une lâche vie (1).

Belle maxime, mais combien plus belle lorsqu'on y sait conformer sa vie et sa mort! Et pourtant l'on eût eu peine à reconnaître le rimeur aventureux, le joueur enfiévré d'autrefois dans l'austère magistrat qui secourait les pauvres, visitait les hôpitaux, et, au chevet des malades, savait toujours trouver quelque parole d'immortelle espérance. Avait-il donc fermé son âme à toutes les espérances mondaines ?

> Le plus désespéré, voyant la mort, recule (2).

Mais lui, dans toute la maturité de l'âge et du talent, que de raisons il avait de croire à l'avenir, à la gloire, au bonheur ! Tout souvenir de la jeunesse épicurienne s'était-il effacé chez ce stoïcien de quarante ans à peine, qui avait si bien compris et chanté la joie de vivre :

> La vie est à chacun une belle maîtresse...
> Heureux ou malheureux, on redoute la mort.
> Le plus constant frémit, quand il la voit paraître :
> Tout malheureux qu'on est, c'est un grand bien que d'être (3).

Non, il n'y a point de grands sacrifices sans grands déchirements intérieurs. Ce n'est point d'une âme paisible, ni le sourire aux lèvres que ce poète dit adieu à la poésie, ce père de famille à ses enfants. Il savait tout le prix de la vie noblement employée :

> La vie aux gens de cœur n'est jamais importune (4).

Non, Rotrou ne fut pas un de ces stoïques aux yeux secs, qui courent au-devant de la mort avec un enthousiasme plus éton-

---

posée d'après un mémoire de Pierre Rotrou de Saudreville, frère du poète ; elle mentionne les instances de ce frère, le refus de Rotrou d'aller le retrouver à Paris, la démarche de madame de Clermont d'Antragues, mais ne donne comme certaines que les lignes suivantes de Rotrou : « Ce n'est pas que le péril où je me trouve ne soit fort grand, puisqu'au moment où je vous escris, les cloches sonnent pour la vingt-deuxième personne qui est morte aujourd'hui. Ce sera pour moy quand il plaira à Dieu. »

(1) *Belle Alphrède*, II, 4.
(2) *Hercule mourant*, II, 2.
(3) *Filandre*, II, 2 ; *Belle Alphrède*, V, 10 ; *Crisante*, II, 2 ; *Captifs*, V, 2.
(4) *Agésilan*, I, 2.

nant que vraiment grand, c'est-à-dire que vraiment humain. Un héros ne nous émeut que dans la mesure où il est homme. La résignation n'est point la forfanterie :

> Nul n'évite la mort, plusieurs l'ont souhaitée (1).

C'est encore Rotrou qui l'écrit ; mais lui-même ne la souhaita pas et ne pouvait pas la souhaiter. S'il l'envisagea pourtant d'un regard intrépide, c'est que depuis longtemps il s'était familiarisé avec cette austère perspective qui borne l'horizon de toutes les ambitions humaines. Dès sa jeunesse, on l'a vu écrire à son ami de Dreux cette lettre, disons mieux cette ode, où éclate l'ardente sincérité d'un Polyeucte janséniste, éclairé par « la grâce, » désabusé du monde et de ses félicités « de verre, » affamé des choses d'en haut. Plus tard, dans les *Pensées du religieux*, cette élégie si poignante, le poète des amoureuses aventures, avec la lugubre complaisance d'un Hamlet français, rêvant dans un cimetière, avait contemplé le « je ne sais quoi » humain. Dans son théâtre même, on est frappé de rencontrer à chaque pas des vers empreints d'une tristesse sereine et fortifiante, où la loi fatale de la mort est proclamée sans emphase, acceptée sans amertume :

> Se plaindre de mourir, c'est se plaindre d'être homme...
> Mourir est un tribut qu'on doit aux destinées,
> Où leur décret fatal n'a point prescrit d'années ;
> On doit sitôt qu'on naît ; il faut, sans s'effrayer,
> Quand la mort nous assigne, être prêt à payer (2).

Il était prêt ; sans rien braver, il s'attendait à tout, et si, en face du péril, l'écho d'un de ces vers jadis applaudis se réveilla parfois au fond de sa mémoire, il n'en dut pas être troublé. Cette simple et calme vertu n'a point paru assez émouvante aux faiseurs de romans et de mélodrames. M. Jules Janin lui-même, qui a fort bien dit de Rotrou : « Il a vécu comme un galant homme, il est mort comme un héros, » a éprouvé le besoin de draper ce héros et d'enjoliver cette mort. Il nous a peint le lieutenant civil de Dreux se promenant à travers les rues tendues de draps mortuaires, tandis que les mourants autour de lui chantent le *De profundis* et que les cloches au

---

(1) *Laure persécutée*, I, 3.
(2) *Saint-Genest*, V, 2 ; *Iphigénie*, II, 3.

loin sonnent un glas éternel. En sommes-nous donc venus à n'admirer que des héros d'opéra? Le dévouement modeste et volontairement obscur des héros véritables ne pourra-t-il se passer de mise en scène ?

> Une belle action se produit toute nue (1).

Celui qui l'a dit, l'a prouvé. C'est toute nue aussi qu'il faut la contempler et la proposer pour modèle à ceux qui seraient tentés d'en méconnaître la silencieuse grandeur. Rotrou sut mourir simplement, c'est le plus bel éloge qu'on puisse faire de la fin d'un homme de théâtre. Trois jours après sa lettre à son frère, le 28 juin 1650 (2), l'auteur de *Saint-Genest* avait accompli son sacrifice. Un jour de souffrances avait suffi :

> La mort qui frappe tôt s'en fait moins ressentir (3).

Le registre de l'état civil de Dreux ne constata ce jour-là qu'un décès, et c'est le sien : en s'éloignant, le fléau que son dévouement avait fait reculer avait voulu cette dernière victime. Il avait plu à Dieu, comme il l'avait annoncé, de prendre sa vie, et il l'avait donnée de bon cœur, étant de ceux qui, sentant le corps s'anéantir peu à peu, sentent de plus en plus aussi vivre en eux l'âme immortelle :

> L'esprit, qui vient du ciel, est à lui seulement (4).

On célébra ses funérailles dans l'église paroissiale de Saint-Pierre de Dreux, près de laquelle il repose obscurément, sans que sur une seule pierre on puisse lire avec certitude son grand nom.

Au moment où Rotrou mourait à Dreux, Corneille, bientôt rendu aux lettres par la politique, créait le drame, ou plutôt le renouvelait, après son ami. Oubliant peut-être *Venceslas* et *Saint-Genest*, Paris acclamait don Sanche et Nicomède, ces chefs-d'œuvre tout chauds encore des luttes récentes. Qui sait si, lui aussi, au spectacle des passions contemporaines, Rotrou ne se fût pas élevé au-dessus de lui-même ? Qui sait si, devant

---

(1) *Bélisaire*, II, 11.
(2) C'est à cette date que le registre des obits de Dreux mentionne « l'inhumation de M. le lieutenant particulier de Rotrou. » (M. Person.)
(3) *Bélisaire*, V, 5.
(4) *Laure persécutée*, I, 10.

ses yeux mourants, ne s'étendaient pas des régions encore inexplorées, sorte de terre promise du drame, où il ne devait jamais entrer? Du moins, s'il eut cette vision, elle ne lui fût point amère. Ne laissait-il pas après lui l'ami en qui il se refusa toujours à voir un rival, l'ami dont le nom, déjà immortel, devait immortaliser le sien? Que lui importait de disparaître, pourvu qu'il disparût seul! Il se survivait en Pierre Corneille; il ne mourait pas tout entier.

II

ÉTUDE LITTÉRAIRE — L'ŒUVRE DE ROTROU.

Quand on embrasse d'un coup d'œil l'histoire du théâtre au dix-septième siècle, on est frappé de voir, après le tumulte fécond de l'ère cornélienne, un grand silence se faire peu à peu, et la solitude, une solitude majestueuse, s'établir autour de Racine, ce monarque absolu de la tragédie à son apogée. Thomas Corneille procède avant tout de son frère. Quinault abandonne bientôt la tragédie pour l'opéra. Pradon seul affronte la lutte; mais à quoi peut servir un Pradon, si ce n'est à relever par sa petitesse la sereine hauteur d'un Racine? On dirait un arbre au tronc lisse et droit, à l'harmonieux feuillage, mais qui aurait pris pour lui toute la sève et ne laisserait rien vivre à son ombre.

Autour de Corneille, au contraire, quelle hâte de croître et de surgir à la lumière! Quel enchevêtrement de rameaux vivaces, poussant en liberté, dans tous les sens, s'étouffant parfois l'un l'autre! Quelle forêt, dont les cimes inégales portent les noms de Mairet, Tristan, Scudéry, du Ryer! Le grand Corneille, au milieu, dresse sa tête un peu nue, qu'égaye le voisinage de Rotrou; car nul n'approche plus de lui, sans l'égaler. Autant Corneille s'élève au-dessus de Rotrou, autant Rotrou s'élève au-dessus de ses rivaux. Et peut-être sur certains points ne le cède-t-il pas à Corneille lui-même. Génie abstrait, Corneille s'impose à la raison, émeut l'admiration ou la terreur; mais fait-il une part suffisante à cet invincible besoin du rêve qui sommeille au fond de nous? Même après avoir admiré la sévère netteté des paysages du Poussin, l'on peut trouver du charme à l'esquisse volontairement indécise

·de tel maître moderne, chez qui les contours se laissent deviner plutôt qu'apercevoir. Même après Corneille on peut lire Rotrou; car le « vieux » Rotrou est plus moderne qu'on ne pense. C'est une surprise délicate pour le lecteur, un peu défiant d'abord, bientôt rassuré, que de rencontrer, à côté de bien des subtilités et des fadeurs, ici la mâle énergie de Corneille, là cette sensibilité presque féminine, cette exquise pénétration de Racine, plus loin encore le merveilleux tourmenté ou la profonde mélancolie de Shakespeare. L'œuvre de Rotrou est un de ces pays à peine explorés, dont quelques sommets se distinguent dans le lointain, mais qui réservent mille découvertes imprévues au voyageur patient. Combien pourtant ont fait le voyage?

A force de se dire le « père » de Corneille et de s'effacer derrière son « fils, » Rotrou s'est résigné au rôle toujours ingrat de précurseur et s'est relégué dans la foule des écrivains archaïques qu'on ne lit plus sans y être contraint. Dès le dix-septième siècle, il n'est plus qu'à moitié compris. Si Mairet et Tristan lui rendent hommage, c'est l'un pour rappeler qu'il lui a servi de modèle (1), l'autre pour le copier, pour battre monnaie avec ce grand nom (2). Perrault et Saint-Évremond le citent (3), mais parmi combien d'autres dont la postérité se souvient à peine! Baillet ne sait déjà plus quel est le nombre de ses pièces, ni de quelle charge il a été investi (4). Seul, *Venceslas* survit, dernier débris d'une gloire ancienne. C'est *Venceslas* que J. B. Rousseau, du fond de son exil de Bruxelles, prie d'Olivet de lui envoyer, mais hélas! avec les œuvres de La Chapelle, de Péchantré, de Campistron, de Duché!

Par bonheur, Voltaire, novateur par les idées, classique par le style, était passionné pour la renommée littéraire d'un siècle dont il se sentait l'héritier naturel. S'il a tort peut-être de faire remonter la mode des stances au poète qu'il appelle le « fondateur du théâtre (5), » il a raison de lui accorder du génie,

---

(1) Epître dédicatoire des *Galanteries du duc d'Ossonne.*

(2) Il arrangea pour le théâtre, en 1653, une pièce intitulée : *Amaryllis ou la Célimène de Rotrou.*

(3) Perrault, *Poème sur le règne de Louis XIV;* Saint-Évremond, *Sur les tragédies* (1677).

(4) *Jugements des savants* (1722).

(5) *Siècle de Louis XIV; Catalogue des écrivains.*

si l'on entend par génie la libre expansion de la verve naturelle, opposée à la médiocrité laborieuse :

> Quand Nature se tait, la science est muette;
> Le travail de cent ans ne peut faire un poëte (1).

Docile écho de Voltaire, La Harpe répète après lui : « De tous ceux qui ont écrit avant Corneille, Rotrou est celui qui avait le plus de talent. » Mais c'est encore *Venceslas* que jugeait La Harpe, et Voltaire n'y ajoutait que *Saint-Genest*.

D'où vient donc qu'en dépit de tant de dons heureux, Rotrou n'ait marché l'égal ni de Corneille, ni de Racine, bien qu'il ait été le maître de tous deux? Est-ce seulement, comme le croit M. Guizot (2), la faute du temps où il vécut? Mais, s'il ne put mettre à profit autant que Racine les grands exemples de Corneille, il vécut assez du moins pour applaudir aux premiers exploits de la tragédie renaissante et pour s'en inspirer. Lui-même, avant de connaître Corneille, il avait la conscience de son talent et l'instinct de ce qu'exigeait le théâtre avili. Que lui manquait-il donc? Assurément, ce n'était point le cœur. Si c'est du cœur que vient le grand style avec les grandes pensées, si « pour bien exprimer, il faut bien ressentir (3), » nul poète ne pouvait se croire mieux doué que lui. Si l'originalité consiste tout entière dans l'essor aventureux de la fantaisie, nul n'a été plus original. Avec le rimeur de sa *Pèlerine amoureuse*, il eût pu s'écrier :

> Chacun est son Phébus, sa Muse et sa Minerve,
> Et la nature seule inspire notre verve.

Mais c'est précisément ce dédain de toute discipline qui faillit le perdre. Il est des règles qu'on n'enfreint point impunément. Emporté par le courant, si rapide, de la vie facile, incapable de se corriger, surtout de se contenir, Rotrou a trop tard essayé de reprendre possession de lui-même. Corneille, patient parce qu'il se sait immortel, n'est arraché que malgré lui à sa paisible retraite de Rouen. Impatient de se dépenser en cent œuvres improvisées, Rotrou n'est rendu à Dreux que tout étourdi encore des enivrements de Paris. L'un, dans le silence

---

(1) Rotrou, *Pèlerine amoureuse*, V, 5.
(2) *Corneille et son temps*.
(3) Rotrou, *Filandre*, I, 1.

et la solitude, construit tout d'une pièce ses chefs-d'œuvre ; l'autre se débat au milieu du tourbillon mondain, fait effort pour se recueillir, et ne réussit qu'à semer çà et là des scènes admirables. Il a de grands coups d'aile, mais qui ne le soutiennent pas toujours à la même hauteur. Lorsqu'enfin il sort de cette lutte, vainqueur, mais épuisé, son génie déjà mûr n'a plus assez de souplesse pour se transformer. Il écrit pourtant *Saint-Genest*, *Venceslas*, *Chosroès*, et il meurt, laissant à ceux que le labeur opiniâtre effraye le profond enseignement de ses triomphes incomplets.

Il n'a pas su se dégager tout à fait du passé, voilà sa faiblesse ; mais il a su entrevoir l'avenir et le préparer ; voilà sa force et sa gloire.

La part du passé, c'est la tragi-comédie romanesque. Sur les trente-cinq pièces, écrites en vingt-deux ans, dont se compose le théâtre de Rotrou, dix-sept sont des tragi-comédies, sept des tragédies, onze des comédies, dont plusieurs ne sont autre chose que des tragi-comédies déguisées ; car le trait distinctif de ce théâtre, c'est la confusion perpétuelle des genres. Par là il semble le disciple fidèle de ce Hardy, dont il a le style facile, avec une curiosité plus précieuse dans l'expression. Au fond, c'est Lope de Vega qu'imite Rotrou, comme Lope imite nos anciens romanciers du moyen âge. Cette société guerrière et galante, dont la vie hasardeuse était réfléchie dans l'imbroglio dramatique comme dans le roman d'aventures, qui s'y mirait avec un plaisir presque enfantin, et qui se passionnait pour les Espagnols, vaincus aux frontières, vainqueurs sur la scène, ne se doutait guère, en admirant Lope ou Cervantes, qu'elle admirait à travers eux nos vieux conteurs rajeunis.

Elle aussi, la tragi-comédie de Rotrou est « fille du roman. » Comment ne l'aurait-elle pas été ? Le roman était partout, et ne déplaisait pas à l'esprit français, qui n'était encore devenu ni si raisonneur ni si abstrait. Ce n'est point seulement parce que l'Espagne était à la mode que Rotrou se fit d'abord Espagnol : car il y a différentes façons de l'être, et Corneille, par exemple, ne l'est pas de la même façon que Rotrou. Même en ses comédies les plus fantaisistes, on sent un esprit replié sur lui-même et qui regarde vers l'intérieur plus volontiers que vers le dehors. La littérature française, au sortir de ce labyrinthe, parfois obscur, du seizième siècle, à la veille de s'engager sur la grande route unie et bien éclairée du dix-septième, est à l'un de ces tournants où il faut prendre un parti. Les uns, dédaignant les réalités extérieures, s'éblouissent du spectacle des réalités intellectuelles qu'ils évoquent ; ils poursuivent l'être moral jusqu'en ses nuances les plus fugitives ; ils analysent, raffinent, et pourtant créent, sans que la logique ordonnance de leurs créations en altère la vivante unité. Les autres, moins pressés d'atteindre le but, sans doute parce qu'ils n'en ont point de précis, donnent à leurs sens la fête des couleurs et des bruits. Peut-être le cadre leur fait-il un peu oublier les personnages ; mais le cadre est si beau ! La métaphysique de l'âme humaine ne les séduit pas : objets et sentiments, tout se présente à leur esprit sous une forme concrète et mouvante ; tout se détache en relief, dans la lumière.

Lope de Vega, à qui Rotrou doit le sujet de sept de ses pièces (1), était un de ces affamés de spectacles matériels, moins préoccupés de peindre la passion en elle-même que « les catastrophes extérieures produites par la passion (2). » Aucun modèle n'était plus aimable ni plus dangereux ; précoce dans ses passions comme dans son génie, après une jeunesse brillante, Lope vieilli semblait toujours jeune à ses admirateurs, confondus d'une aussi incroyable fécondité. C'est le privilège de quelques grands esprits de refleurir ainsi éternellement. Vivants, ils entrent, sans étonnement, dans l'immortalité qui leur est due ; ils portent légèrement le fardeau de leur gloire, et les cheveux blancs semblent n'être pour eux qu'une couronne de plus. Rotrou ne fut pas de ces privilégiés : il vécut moins et finit mieux que Lope, qui, même sous l'habit religieux, ne sut pas vieillir avec dignité (3). A cette école, il apprit à méconnaître l'utilité de la règle volontairement subie, à estimer peu l'harmonieuse perfection de l'ensemble, pourvu que les détails fussent éclatants. Il s'agit bien d'observer les mœurs et de peindre les caractères ! L'important est d'éblouir le spectateur par l'enchantement d'une fantaisie dramatique, voisine parfois de la féerie. Que sont la *Bague de l'oubli* et *l'Innocente infidélité*, sinon de pures féeries, où les magiciens et les sorcières

---

(1) Les *Occasions perdues*, l'*Heureuse constance*, la *Belle Alphrède*, *Don Bernard*, *Don Lope* et *Saint-Genest*.
(2) Henri Martin, *Histoire de France*, XII, 74.
(3) Les révélations de la Barrera nous l'ont appris récemment.

s'emploient de leur mieux à faire vivre un merveilleux trop artificiel pour émouvoir?

En vain les savants, tout blancs d'Aristote, protestent au nom des unités. Lope faisait hardiment aborder des flottes en Hongrie, semait d'oliviers la plaine qui entoure Paris, et nous représentait Saint-Denis comme un pays de montagne. Rotrou montre un égal dédain de la couleur locale et de l'exactitude géographique : n'est-ce pas dans l'*Innocente infidélité* que des courtisans du roi d'Épire se battent au pistolet? C'est encore en Épire que l'*Heureux naufrage* nous transporte ; mais cette Épire tout idéale ressemble fort au royaume de Colchos, au duché de Terre-Neuve, au pays fabuleux de Guindaye, où Florisel est jeté par la tempête, à la veille d'aborder... en Silésie(1)! Dans la même pièce, dans le même acte, on passe des côtes d'Oran à Londres (2), ou de Hongrie en Dalmatie, puis de Dalmatie en Hongrie, pour retourner en Dalmatie(3). La scène est partout et nulle part. On ne peut qu'admirer, en ces temps reculés, l'extraordinaire facilité de la locomotion.

Veut-on savoir à quoi se reconnaît une tragi-comédie vraiment digne de ce nom? A ce signe qu'il se trouve toujours à point nommé quelqu'un pour empêcher un grand crime, et que les criminels se laissent tuer l'un après l'autre, avec une remarquable complaisance. Les honnêtes gens n'imitent pas les brigands sur ce point : dans la *Céliane*, où un duel se livre devant les dames, comme aux beaux temps de la place Royale, tous les personnages jurent de mourir et se résignent fort bien à vivre.

Tout entier au soin laborieux de compliquer à plaisir l'intrigue, d'entasser les récits et les monologues, le poète emprunte à la comédie espagnole ou italienne ses types convenus. C'est le matamore, dont les fanfaronnades et les lâchetés égayaient tant nos aïeux ; c'est, en face du capitan Rhinocéronte, le pédant Hippocrasse, transformé sur le tard en galant de comédie(4); c'est enfin, à côté de la dupe éternelle, l'éternelle entremetteuse, la nourrice, devenue bientôt plus modeste sous

---

(1) *Agésilan de Colchos*.
(2) *Belle Alphrède*.
(3) *Heureuse constance*. De même, dans *Antigone*, la scène est tantôt dans Thèbes, tantôt au dehors ; dans le cours de la pièce des *Captifs*, on voit Philocrate partir d'Étolie pour l'Élide et en revenir au quatrième acte.
(4) *Clarice*.

les habits de la suivante. Ces ombres chinoises suppléent à l'existence réelle qu'elles n'ont pas par une agitation vraiment fébrile : elles se démènent, se rapprochent, se heurtent, se réconcilient et se brouillent dans un chaos étrange, qui semble un rêve, et qui donne pourtant l'illusion de la vie.

Mais que nous suivions Doristée dans une caverne de voleurs, ou que, dans une cour imaginaire, nous assistions à ce spectacle d'un roi qui s'endort pendant le récit des victoires remportées pour lui, qu'un billet de sa maîtresse distrait de toute autre affaire, et qui, pour la relever d'un faux pas, laisse échapper les requêtes les plus urgentes (1), nous sentons trop que nous errons à travers le domaine de la fantaisie, sur ce terrain neutre et idéal, où tous les personnages se rencontreront comme par hasard, où tous les discours se tiendront, sans éveiller aucun écho. Travestissements, enlèvements, duels, méprises, tempêtes, naufrages, galants rendez-vous et brillants coups d'épée, évanouissements, — on en compte jusqu'à deux en deux vers (2), — reconnaissances, tout nous avertit qu'il faut lire les tragi-comédies de Rotrou avec la même curiosité indulgente que l'*Amadis* et l'*Astrée*, où plus d'une (3) a pris naissance.

Les reconnaissances surtout sont un élément d'intérêt dont s'est privé, un peu malgré lui, le drame moderne. Ce temps est loin de nous où l'héroïne d'émouvantes aventures pouvait retrouver son père dans un chef de pirates arabes (4), où un frère pouvait reconnaître son frère, échappé à l'esclavage des Turcs (5). On ne remplacera pas les Turcs au théâtre : dignes successeurs de ces Sarrasins, qui jadis avaient alimenté nos chansons de geste, ils rendaient tant de services à si peu de frais ! Ils fournissaient à la tragi-comédie, à la comédie même, tant de faciles dénouements ! Avec les Turcs c'est l'imprévu qui disparaît.

N'est-ce rien pourtant que l'imprévu ? N'est-ce rien que le roman, même invraisemblable ? Sans doute, Rotrou s'y attarda plus longtemps que Corneille. Sans doute, alors que son ami dessinait d'un crayon si précis les figures de ses Romains, il

---

(1) *Don Bernard de Cabrère.*
(2) *Amélie.*
(3) Surtout *Agésilan* et l'*Heureux naufrage.*
(4) *Belle Alphrède.*
(5) *La Pèlerine amoureuse;* voyez aussi *la Sœur.*

s'obstinait à tracer encore les flottantes silhouettes de personnages qui ne sont d'aucun temps ni d'aucun pays. Qu'importe, si l'on demande à ces féeries légères, non pas la perfection du drame ou l'exactitude de l'histoire, mais seulement ce qu'elles peuvent donner, un court moment d'illusion, et l'oubli des réalités basses? Si la raison proteste, l'imagination est satisfaite : ne faut-il pas qu'elle ait aussi sa part? Au seuil du dix-septième siècle, libre encore, elle s'égaye en mille fictions capricieuses; bientôt on la verra disciplinée, asservie à la raison. Est-ce à nous de condamner ses écarts, en un temps où elle a pris si complètement sa revanche, aux dépens de la raison? Sous la dictature de Richelieu, les esprits, lassés du présent, inquiets de l'avenir, se réfugiaient dans la fable et s'y rafraîchissaient. N'avons-nous donc rien à oublier? ou, plus dédaigneux que le vieux La Fontaine, ne prenons-nous plus plaisir à voyager parfois dans le pays illimité de la rêverie, de l'inconnu, de l'impossible?

Ce pays d'ailleurs a ses ombrages, ses fleurs, ses fontaines,

Que frisent les zéphyrs de leurs fraîches haleines (1),

ses paysages un peu vagues, mais doux, qui reposent les yeux. D'Urfé, Hardy et leurs successeurs avaient mis à la mode la pastorale. Il n'y a pas une seule pastorale dans le théâtre de Rotrou ; mais aussi il n'y a pas une seule tragi-comédie qui n'y soit pleine des souvenirs, des dissertations, des procédés de la pastorale.

« Je ne trouve jamais le chant des oiseaux, écrivait Saint-Évremond, que je ne me prépare au bruit des ruisseaux ; les bergères sont toujours couchées sur des fougères, et on voit moins les bocages sans les ombrages dans nos vers qu'au véritable lieu où ils sont. Or, il est impossible que cela ne devienne à la fin fort ennuyeux (2). » Par une réaction légitime contre cette nature apprêtée et fausse, le dix-septième siècle oublia trop la vraie nature. Distrait du spectacle des choses extérieures par la contemplation de l'être raisonnable, il eut rarement ce sentiment de la vie universelle qui se réveilla au dix-huitième siècle pour déborder dans la poésie du dix-neu-

---

(1) *Agésilan*, III, 1 ; *Florimonde*, I, 2.
(2) *De la poésie*.

vième. Boileau eût-il trouvé ce vers simple et toujours jeune du vieux Rotrou à son début :

> On est aise, au printemps, de voir que tout est vert? (1)

C'est que, même aux heures ardentes de sa jeunesse, le poète avait aimé les champs baignés par cette lumière du jour qui lui a inspiré tant de jolis vers, et la solitude des grands bois, où il se peint à nous, absorbé dans une contemplation silencieuse :

> L'œil fixe, les lèvres muettes,
> Foulant du pied les fleurs embrassant ses genoux (2).

Sans doute il faut faire la part de la convention dans ces attendrissements factices sur les « parterres odorants, » dans ces perpétuelles confidences adressées aux « chantres de l'air. » Mais quelques comparaisons champêtres gardent comme un parfum des bergeries de Racan. Par exemple, un amant, qui, sans être heureux, protège le bonheur d'un autre, nous apparaît

> Tel qu'un chêne élevé, dont les rameaux superbes
> Des chaleurs de l'été garantissent les herbes,
> Et conservent des fleurs le teint frais et vermeil
> Quand lui-même languit aux rayons du soleil (3).

L'intérêt de ces détails agréables, que relève un accent plus personnel, c'est qu'ils font mieux ressortir les passions diverses dont l'âme humaine est agitée. Comme tout vrai poète dramatique, Rotrou ne songe pas à peindre la nature pour elle-même; c'est seulement par le côté où elle nous touche qu'il nous la laisse entrevoir. Un rendez-vous banal se transfigure, dès que la nature semble en être complice, et Clorimand parle d'avance le langage d'un moderne héros de drame :

> Jamais cet horizon ne se vit plus en paix;
> Jamais le ciel ne prit un bandeau plus épais.
> Qu'en cette heureuse nuit j'ai la fortune amie !
> Je n'entends aucun bruit, la lune est endormie...
> Rien ne veille que moi, ma maitresse et l'amour (4).

---

(1) *Hypocondriaque*, IV, 4.
(2) Vers à un ami de Dreux.
(3) *Clarice*, I, 11.
(4) *Occasions perdues*, III, 2.

L'obscure sympathie des choses pour l'homme est pressentie, la nature s'associe à nos chagrins et à nos joies. Dans une invocation lyrique à l'Amour, l'un des personnages de Rotrou s'écrie :

> Tu fais paraître nos douleurs
> Dans les choses qui n'ont point d'âme (1).

Eh bien, il semble que parfois, chez Rotrou, les choses aient une âme et que notre âme la comprenne.

> Cet œillet, se penchant, semble vous rendre hommage (2) ;

Quel poète contemporain désavouerait ce poétique madrigal d'un amant à celle qu'il aime? Le mélange même de la mythologie ne refroidit pas cet adieu de Céliandre à des lieux peuplés de chers souvenirs :

> Beaux lieux où s'est passé ce mystère d'amour,
> Que vos chantres ailés en parlent tout le jour ;
> Qu'Eole vous révère, et que jamais haleine
> Que celle des zéphyrs ne souffle en cette plaine ;
> Qu'on laisse dans vos bois vos dryades en paix,
> Et que le bûcheron n'en approche jamais (3) !

Les mots ont vieilli; mais le sentiment est resté vrai. Une langue insuffisante au service d'une exquise sensibilité, voilà Rotrou tout entier. Tout autre que lui se fût affadi et corrompu dans ce passage à travers la tragi-comédie ; lui, s'y dégagea peu à peu de ses défauts et y fortifia ses qualités natives. A vrai dire, il ne cultiva jamais la tragi-comédie pour elle-même. Comme s'il avait eu conscience de la fausseté du genre, il s'y sentit toujours mal à l'aise. Tantôt, par une révolte du bon sens gaulois, il semble s'égayer aux dépens de ses propres inventions, et sa fine raillerie touche de bien près alors à la comédie. Tantôt, au milieu des plus froides dissertations, le ton s'élève tout à coup et devient tragique sans effort. En somme, la tragi-comédie, dans le théâtre de Rotrou, n'est le plus souvent qu'une sorte de champ de bataille où la comédie et la tragédie triomphent tour à tour. C'est, qu'on nous passe le mot, une école de

---

(1) *Céliane*, I, 2.
(2) *Bague de l'oubli*, I, 1.
(3) *Clorinde*, IV, 4.

gymnastique et d'escrime où Rotrou s'exerce à manier, soit l'arme légère de l'ironie, soit le glaive bien trempé du drame. Il en sort assoupli et aguerri, capable, non seulement de laisser loin derrière lui les Mairet et les Tristan, mais aussi de lutter, sans trop de désavantage, avec Plaute et d'ouvrir la route à Molière.

L'auteur de *Venceslas* poète comique ! Pourquoi pas ? L'auteur de *Macbeth* l'est bien. Ce n'est pas un des moindres étonnements du lecteur peu familier avec Rotrou, que de voir, à certains moments, cette œuvre vieillie et démodée en apparence s'illuminer d'un sourire finement moqueur. Si c'est le propre de l'esprit gaulois de n'être dupe de rien, et de le dire, Rotrou, par un certain côté, en dépit de ses accès de mélancolie, se rattache à cette tradition, qui a pu s'interrompre parfois, qui toujours s'est renouée. En vain le lourd éclat du soleil d'Espagne et d'Italie, les brumes de l'Angleterre, les nuages métaphysiques de l'Allemagne semblent voiler parfois le clair génie de la France : après bien des éclipses passagères, il reparaît plus lumineux. En vain les Latins se flattent d'avoir conquis la Gaule ; elle reste gauloise, et se rit de ses vainqueurs. Pastorale, roman, tragi-comédie, qu'importe ! La matière en peut être italienne ou espagnole ; mais, si l'esprit français la pétrit, elle n'est plus que française. Ce sont les mêmes aventures, également incroyables ; mais, si nous sommes tentés de nous y laisser toucher, un mot jeté en passant nous avertit de ne pas trop les prendre au sérieux.

Ainsi fait Rotrou. Soyons sûrs qu'il est le premier à se divertir des romans dramatiques dont les comédiens lui imposent les extravagances goûtées du public. Que de « serviteurs, » d' « esclaves, » de « mourants, » avec « un œil mort, un teint blême, » supplient leur « soleil, » leur « aurore, » leur « sainte, » d'arrêter le torrent inquiétant de leurs pleurs et de les arracher à une mort certaine ! Par bonheur, dans la même seconde, ils se désespèrent et se consolent :

> Reviens, belle homicide, et si par mon trépas
> Je dois prouver ma flamme à tes chastes appas...
> Mais sa fuite m'oblige, et me permet de taire
> Ce qu'aussi bien ses yeux ne me verraient pas faire (1).

(1) *Céliane*, IV. 1.

Ils ne sont pas rares, ceux qui laissent échapper ces aveux, ceux qui tournent eux-mêmes en ridicule leurs déclarations larmoyantes,

> Qui, mourants, languissants, et si près de leur fin,
> Ressuscitent le soir de la mort du matin (1).

L'un n'eût pas mieux demandé que de quitter la vie; mais quoi! son âme s'obstine à ne pas vouloir s'arracher de son corps (2). L'autre remet son épée au fourreau, par piété : le ciel s'oppose à son suicide, et puis, ce que sa main ne peut faire, ses chagrins le feront assez tôt (3). Tel autre encore se plaît à désespérer celles qui l'aiment, et les renvoie « au siècle d'Oriane, » au temps du « bon Amadis, » aux *Métamorphoses* (4)! Ce qu'il y a de curieux, c'est que les femmes paraissent moins disposées encore à prendre au sérieux cette comédie de l'amour. Céphise est la raison même et la froide sagesse; elle veut bien aimer, pourvu que l'amour soit paisible et tempéré :

> Depuis qu'on a conçu tant de mélancolie,
> Et qu'on l'appelle amour, je l'appelle folie...
> Thimante, il est aisé de parler de trépas;
> Je veux mourir, souvent, et ne me hâte pas...
> Invente, si tu peux, des moyens salutaires;
> Mais ta mort ne saurait avancer tes affaires (5).

C'est avec le même bon sens aiguisé de malice qu'Hermante raille Félismond, son mourant éternel :

> Tels sont des amoureux les discours ordinaires;
> Ils réclament toujours ces morts imaginaires.
> Mais tel, qui nous paraît la souhaiter le plus,
> Ne la demande point, qu'assuré du refus (6).

D'avance elles sont rassurées contre un événement fatal, et comment ne le seraient-elles pas?

> D'où viendrait, Dionis, une mort si soudaine ?
> Votre teint est si bon et votre voix si saine !

---

(1) *La Sœur*, II, 4.
(2) *Amélie*, II, 7.
(3) *Filandre*, II, 4.
(4) *Pèlerine*, II, 2; *Florimonde*, I, 1.
(5) *Filandre*, I, 2; I, 4.
(6) *Innocente infidélité*, III, 1; *Florimonde*, V, 1.

> J'ignore de vos maux la naissance et le cours,
> Et je puis toutefois répondre de vos jours (1).

Voilà le vrai Rotrou, celui qui s'asservit à la mode, à condition de la pouvoir railler de temps en temps. Ainsi, dans l'*Astrée*, Hylas, l'amoureux frivole, s'égaye aux dépens des amants fidèles ; ainsi, chez Lope de Vega, le gai visage du *gracioso* rit à côté des héros castillans. Mais Rotrou va plus loin que Lope de Vega et que d'Urfé. Il ne se contente pas de ridiculiser le jargon des transis, qui souffrent, brûlent et meurent :

> C'est le style ordinaire, et, pour peu que l'on aime,
> On souffre, on brûle, on meurt ; tous en disent de même (2).

Si le rôle de réformateur est trop pesant pour lui, du moins il déclare la guerre au « galimatias » de la poésie amoureuse ; il s'acharne contre elle, comme s'il lui en voulait de s'être imposée à lui. D'abord, ces critiques sont discrètes ; l'exagération de certains portraits, de certaines descriptions galantes est finement indiquée, dans les vers où Alidor répond à Lysis, qui lui demande un compliment rimé pour sa maîtresse :

> Il est vrai que j'ai l'art de flatter qui me plaît :
> Je peins, quand bon me semble, un œil plus beau qu'il n'est.
> Je dore les cheveux, où ma plume se joue
> A noircir un sourcil ou farder une joue...
> J'ai toujours de la neige, et quelquefois j'en mets
> Sur un sein qui n'en eut et n'en aura jamais.
> Je prête à qui je veux des œillets et des roses ;
> Je donne de l'éclat aux plus communes choses,
> Et j'ai fait estimer cent visages divers
> Qui n'avaient toutefois rien de beau qu'en mes vers (3).

Puis, la critique se fait plus mordante, et les épigrammes vont à l'adresse de plus d'un poète contemporain :

> Mes vers, comme beaucoup, ne sont point approuvés
> Par un mélange obscur de termes relevés,
> Dont le sens est confus, et qui ne signifient
> Que la stérilité de ceux qui versifient,

---

(1) *Amélie*, II, 5.
(2) *Clarice*, I, 2.
(3) *Célimène*, II, 2.

> Qui plaisent toutefois, et sèment des appas
> Au peuple, admirateur de ce qu'il n'entend pas (1).

Il y a, dans les *Captifs* de Rotrou, une scène dont Plaute ne pouvait même concevoir l'idée, et qui appartient en propre à son imitateur original. Le geôlier Pseudole, amoureux de Célie, se fait poète pour lui plaire et s'épuise à poursuivre une rime insaisissable.

> Je voudrais que la rime en fût bien naturelle :
> Puisqu'elle ne vient point, allons au-devant d'elle...
> — Comment, tu fais des vers? — Ah! mon ange, est-ce vous?
> — Mon ange! — Eh bien, mon ciel, mon soleil, mon aurore!...
>
> *(Il lit.)*
>   A *Célie, galimatias.*
>
> « Geôlière des geôliers, adorable Célie,
> J'en mets d'autres aux fers, et ta beauté me lie ;
> J'emprisonne le monde, et suis ton prisonnier.
> Possédant les plaisirs où l'Amour nous convie,
> Et, sans cueillir les fruits de l'amoureuse vie,
> Ne laisse pas couler ton âge printanier. »
> Que t'en semble? — Ils sont beaux et passent mon mérite.
> — Ce mot de *printanier*, ce me semble, est d'élite ;
> Mais trouves-tu mal dit *geôlière des geôliers?*
> Ce n'est point là parler en termes d'écoliers.
> Tels qu'ils sont, après tout, ils sont vers de caprice :
> On sait bien que cet art n'est point mon exercice (2).

N'oublions pas que cette scène était écrite trente-quatre ans avant les *Femmes savantes* et l'*Art poétique*. Molière et Boileau peuvent venir : car, si la langue est faible encore, le goût est déjà mûr. Molière surtout — qu'il ait été ou non l'ami de Rotrou (3) — était fait pour le comprendre. Tout devait lui plaire chez notre poète, et les hasards d'une vie longtemps aventureuse, et la spontanéité de la verve, et la foi dans la « nature, » qui seule fait le poète, et le dédain des règles savantes, qui

---

(1) *Pèlerine amoureuse*, V, 5.
(2) *Captifs*, IV, 1, 2.
(3) M. Ed. Thierry, sur un exemplaire de la *Bague de l'oubli* ayant appartenu à Molière, avait lu cette dédicace manuscrite : « Donné à M. J.-B. Poquelin par son amy Rotrou, » Mais lui-même a depuis exprimé ses doutes, trop justifiés par ce fait que l'autographe précieux appartenait à la collection Chasles.

n'est pas le dédain de toute règle : car, avant Molière, Rotrou avait étudié les modèles, et, plus que tous, le « grand génie de la comédie, » Plaute, dont il fait, dans sa préface de *Clarice*, un éloge où la parenté des deux natures se révèle.

Né dans un temps où l'imitation ne devait jamais être un esclavage, Rotrou avait compris, un des premiers, qu'imiter de certaine façon, c'est créer encore. Tandis que ses contemporains se confiaient à leurs propres forces ou se contentaient d'habiller à la française les imbroglios italiens et espagnols, il empruntait à Plaute trois de ses meilleures comédies, les *Ménechmes*, avant Regnard, l'*Amphitryon*, avant Molière, les *Captifs*, avant Roy, même avant du Ryer.

Mais c'est ici qu'éclate la différence des tempéraments. Mettons à part les *Captifs*, dont l'ingénieuse élégance ne peut être comparée au pathétique simple et franc du latin. Est-il un contraste plus frappant que celui qui oppose aux *Ménechmes* de Rotrou les *Ménechmes* de Regnard? Quelle verve entraînante et folle chez Regnard! Quelle gravité douce chez Rotrou, malgré la gaieté de certaines situations et de certains mots! L'un pousse à l'extrême la vivacité latine; l'autre atténue, voile, attendrit tout. Où est la courtisane rapace? Où est la femme romaine, la *matrona dotata*, vertueusement acariâtre? Où est l'éternel *pater-familias*, défenseur convaincu de la puissance absolue du mari, et capable, au lieu de consoler sa fille outragée, de lui imposer l'aveugle obéissance à celui qui l'outrage? Où sont et l'esclave prêt à tout et le parasite sans pudeur? A la courtisane s'est substituée une « cruelle, » qui a tort sans doute d'accepter des présents de Ménechme marié, mais qui reste honnête. La matrone sèche et grondeuse n'est plus qu'une épouse trahie, dont l'affection méprisée parle le langage de l'indignation éloquente. Son père, à son tour, ne formule plus des arrêts, mais insinue des conseils, et prêche la réconciliation, avec une indulgente philosophie. Quant au parasite, il n'est guère que l'hôte indiscret d'une bonne maison, de même que l'esclave Messénie n'est qu'un valet dévoué, mais raisonneur, que son maître n'a vraiment pas besoin d'affranchir : car, digne ancêtre des valets du dix-huitième siècle, il lui donne des leçons d'égalité :

> Les habits seulement font notre différence.

Quelle figure pourtant ferait Messénie à côté de Valentin, le valet du « chevalier Ménechme ? » La spirituelle insolence de ce Mascarille parisien l'aurait bientôt déconcerté ; la hardiesse de ses expédients et la facilité de sa morale lui eussent paru, comme à nous, équivoques. Valentin, ce futur homme d'affaires, Turcaret ou Figaro de l'avenir, traite d'égal à égal le maître dont il reçoit les étranges confidences. Et comment ce maître s'en pourrait-il sentir blessé ? Il n'a plus guère de l'honnête homme que la politesse des manières. Ne le voit-on pas courtiser, en même temps que la jeune Isabelle, la vieille Araminte, qui lui donne de l'argent, profiter d'une confusion pour recueillir un héritage qui ne lui était pas destiné, voler son frère, qui d'ailleurs est le dernier des rustres ? Que Rotrou est loin de cette corruption élégante ! Sans doute il n'a pas eu le courage de prendre un parti : sa comédie n'est plus tout à fait antique et n'est pas tout à fait moderne, tandis que Regnard, d'un pas léger, foule gaiement le sol de France. Mais notre vieux poète a pour lui, avec la supériorité d'intérêt dramatique (1), la supériorité morale. Même dans la comédie, c'est quelque chose.

Est-ce manquer de respect à Molière que de préférer aussi, non pour l'esprit du dialogue, mais pour la valeur morale des caractères, les *Sosies* de Rotrou à son *Amphitryon* ? Assurément Molière a connu et souvent copié les *Sosies*. De nombreuses ressemblances de détail ont été relevées, et plus d'un trait comique, aiguisé peut-être, mais non méconnaissable, a été restitué au modeste prédécesseur dont Molière eût bien fait de ne pas oublier le nom en utilisant les idées. Mais il est difficile d'être à la fois plus semblable par la forme, plus dissemblable par l'esprit. Que, dans la pure comédie, Molière triomphe sans peine ; que sur un langage vieilli il jette l'éblouissante broderie de son style ; qu'il ait plus d'aisance et de gaieté, tout le monde en conviendra ; mais tout le monde aussi devra convenir, avec M. Saint-Marc Girardin, que le ton est moins sérieux, moins « héroïque » chez Molière que chez Rotrou. Une comédie héroïque et sérieuse par endroits est-elle encore une comédie ? Oui, quand le maître des dieux y est mêlé à des aventures,

---

(1) Chez Regnard, le chevalier, qui n'a pas été ravi, mais a fait la guerre en Allemagne et passe pour mort aux yeux de son frère, nous avertit de la ressemblance extraordinaire d'où viendra la méprise, et devine la vérité dès le premier acte.

qui seraient facilement vulgaires, si elles étaient contées d'un ton frivole, avec un scepticisme souriant.

Faut-il en vouloir à Rotrou, si, abordant un sujet à ce point étranger à nos idées, il s'est pénétré de son modèle et a essayé d'en faire revivre l'esprit? Après avoir, dans les *Ménechmes*, tempéré la verve de Plaute par la délicatesse attendrie de Térence, il avait eu ce bonheur de rencontrer une autre pièce du même Plaute, qui, sans atténuation hypocrite, sans rajeunissement douteux, pouvait être transportée toute vive sur la scène, une pièce où les dieux et les hommes se heurtaient dans un pêle-mêle étrange, sans voiler pourtant d'aucune ombre équivoque l'aimable et pur visage d'Alcmène. Il eût suffi pour le séduire, ce portrait unique de la vraie femme romaine, rendu plus charmant encore par le voisinage de tant d'autres portraits peu flatteurs. Aussi, avec quelle piété il en respecte les traits! La voilà bien, cette femme exquise par son bon sens comme par sa sensibilité. Tantôt, avec une mélancolie qui n'est point affectée, elle se plaint du peu de durée des joies humaines; tantôt elle laisse voir naïvement l'orgueil que les succès de son mari lui inspirent. A la grâce féminine elle sait joindre, quand il en est besoin, une fermeté presque virile; blessée par les soupçons d'Amphitryon, sa fière pudeur se redresse. Elle proteste, au nom de « la loi d'hymen, immuable et sacrée. » Tout autre qu'Amphitryon la jugerait innocente seulement à l'entendre, tant la dignité sereine de son attitude et la hauteur de son honnêteté découragent la calomnie. Qu'a fait Molière de l'Alcmène antique? Plus moderne, il est plus plaisant, mais à quel prix! Son Amphitryon n'est qu'un Sganarelle de plus haut étage. Pour se travestir, son Jupiter vient de quitter, on le sent, la blonde perruque aux grandes ondes; mais il n'a pu si bien faire qu'on ne voie briller encore, au travers de son masque, le royal sourire du jeune dieu de tant d'Alcmènes plus faciles. Comment l'Alcmène de Plaute et de Rotrou eût-elle été comprise désormais? Aussi les *Sosies*, malgré l'éclat de leur premier triomphe, furent-ils bientôt délaissés. Molière ne fit rien pour les relever de ce discrédit. Personne pourtant ne croira qu'avant de faire paraître l'*Amphitryon*, il ait jugé utile de brûler près de quatre cents exemplaires des Sosies (1); car, à ce compte, il eût fallu brûler aussi

---

(1) Nicéron, tome XVI.

la Sœur, cette autre comédie de Rotrou, si souvent représentée par la troupe de Molière.

La Sœur est une des comédies les plus gaies du dix-septième siècle, et l'on peut victorieusement l'opposer à ceux qui contestent à Rotrou la franchise de la verve comique. Il faut bien qu'elle ne soit pas médiocrement plaisante, puisqu'on l'a tant exploitée. L'exposition est celle des *Fourberies de Scapin*, comme la dernière scène rappelle la scène de Marinette et de Gros-René, au quatrième acte du *Dépit amoureux*. Il est en effet proche parent de Scapin, cet Ergaste, qui se laisse arracher l'un après l'autre les mots de la bouche par son maître impatient, et qu'impatiente à son tour la longueur des récits de son maître. Plus affectueux peut-être que Scapin dans son dévouement, mais aussi hardi dans ses inventions, il s'expose, comme lui, gaiement au gibet, pour sauver Lélie d'abord, pour le plaisir de tromper ensuite. Jamais pris en défaut, il a toujours réponse à tout; il est tour à tour Sganarelle et Covielle : car le turc fantaisiste de *la Sœur* est devenu le latin macaronique du *Médecin malgré lui*, et le valet du *Bourgeois gentilhomme* se borne à répéter en prose ce qu'Ergaste avait dit en vers :

ANSELME.
T'en a-t-il pu tant dire, en si peu de propos ?
ERGASTE.
Oui, le langage turc dit beaucoup en deux mots.

Ce n'est point assez : voici l'*Avare* et *Tartufe* qui appellent une comparaison glorieuse pour Rotrou. Anselme assurément n'est point Harpagon ; l'avarice chez lui n'a point desséché le cœur. Et pourtant ce bon père fait le désespoir de sa fille en lui destinant pour mari le vieux Polydore. Mais quoi! « Il n'a pas cinquante ans! » et puis, il s'offre à la prendre sans dot. On pourra le brouiller avec Polydore, on ne lui arrachera point cette idée fixe : sans dot ! et si Eraste, parti plus sortable, est enfin accepté, c'est que lui aussi ne demandera pas de dot. N'essayez point de le raisonner : il ne conçoit pas d'autre manière de s'*engendrer* — encore un mot pris à Rotrou par Molière. Les représentations d'Ergaste ne l'émeuvent pas plus que les prédictions ironiques de Dorine n'émeuvent l'Orgon du *Tartufe*. Outrée de tant d'obstination, Dorine s'écrie :

Elle, elle n'en fera qu'un sot, je vous le jure.

Mais le cri de Dorine n'est que l'écho du cri d'Ergaste :

> Toute femme enfin n'en peut faire qu'un sot.

On sait de quel ton la soubrette de Molière reproche à Mariane son indécision larmoyante, de quel ton elle lui conseille la fermeté :

> Si son Tartufe est pour lui si charmant,
> Il le peut épouser sans nul empêchement.

Mais on ne sait pas assez qu'avant elle la Floris de l'*Heureuse constance* avait donné à Rosélie, sur le même ton, les mêmes conseils :

> Vous êtes amoureuse, et non pas votre frère.
> Ce qui se passera, c'est à vous à le faire.
> S'il désire à son gré vous choisir un époux,
> Faisant pour vous l'amour, qu'il l'épouse pour vous.

Ce n'est point pour le plaisir stérile de rabaisser le grand renom de Molière qu'on signale ici tant de visibles emprunts. L'éloge vraiment flatteur n'est pas l'éloge exclusif, et l'on s'en défie avec raison quand il ne va pas sans le dénigrement systématique des rivaux. Même dans les imitations qui s'imposent le plus au regard, il faut savoir reconnaître et saluer le génie, qui transfigure ce qu'il emprunte. Quand l'érudition curieuse aura réuni bien des traits épars, qu'aura-t-on prouvé contre le grand homme entre les mains de qui la médaille de bronze est devenue médaille d'or? Du moins, si la gloire de Molière ne souffre pas de ces rapprochements, la gloire de Rotrou en reçoit un éclat inattendu. Voilà donc l'homme que la critique, volontiers esclave des préjugés, a dédaigné si longtemps! Personne, pour ainsi dire, ne parle de lui, et tout le monde l'imite. On dirait un de ces vieux trésors dont les légendes nous entretiennent, que peu de gens ont découvert, où ils vont puiser en secret, pour étaler au dehors leur richesse, sans en révéler la source obscure.

Regnard, à qui les *Ménechmes* de Rotrou n'avaient pas été inutiles, prend dans la *Pèlerine* l'idée de ses *Folies amoureuses*. Quinault, dans ses *Rivales*, pille sans pudeur les *Deux Pucelles*. Marivaux et Legrand imitent les *Occasions perdues* et la *Bague de l'oubli* dans le *Prince travesti* et le *Roi de Cocagne*. En vérité, il est impossible qu'il n'ait pas été un poète comique original, celui qui a libéralement fourni à tant d'autres poètes leurs traits les plus imprévus. Que sera-ce donc, si tout à coup Racine se présente à nous, son théâtre à la main, et si, réparant un oubli voisin de l'ingratitude, il nous avoue que le maître de Corneille a été aussi le sien ?

Eh quoi ! Racine après Molière ? Ne sommes-nous pas égarés par une admiration de parti-pris ? Ne risquons-nous pas de ressembler à ces zélés commentateurs, hommes d'un seul livre et d'un seul poète, qui ne voient partout que leur auteur ? Non : le sort de Rotrou fut d'être moins un créateur qu'un initiateur, de montrer la route à d'autres et de ne pouvoir la suivre lui-même jusqu'au bout. Molière et Racine lui doivent beaucoup ; et pourtant il n'a égalé ni Racine, ni Molière. Mais il est grand pour les avoir faits plus grands que lui.

Vers le début du dix-septième siècle, de 1620 à 1630, une réaction s'était produite contre les grossièretés de l'âge précédent. Éprise de nouveauté et d'élégance, la jeune école littéraire avait souvent versé dans l'invraisemblance et le bel esprit. En aspirant vers la perfection de la forme, elle n'avait pas évité le gongorisme. Même au dix-septième siècle, on ne lui rendit pas tout à fait justice : car, d'un côté, elle avait réussi à faire revivre la comédie soutenue en vers et à lui rendre, sinon la clarté de l'intrigue, du moins la pureté du style ; de l'autre, elle avait poussé jusqu'au plus subtil raffinement l'étude des sentiments du cœur, et avait préparé ainsi aux tragiques futurs le plus délicat instrument d'analyse morale. Sous ce double rapport, Rotrou se rattache à cette école, qui familiarisait le public, non seulement avec les mille finesses du langage, mais encore avec les mille replis de l'âme humaine. C'est encore à une comédie que nous emprunterons ce mot d'Eroxène amoureuse :

> Va, Lydie, et dis-lui ce que pour mon repos
> Tu crois de plus séant et de plus à propos.
> Va, rends-moi l'espérance, ou fais que j'y renonce.
> Ne dis rien, si tu veux ; mais j'attends sa réponse (1).

« Le dernier vers est charmant, » M. Guizot l'a dit avant nous (2) ; mais était-il besoin de le dire ?

---

(1) *La Sœur*, II, 3.
(2) *Corneille et son temps.*

Armé de cette connaissance du cœur humain, volontiers tragique, même dans la comédie, Rotrou devait se sentir à l'aise dans la tragédie soutenue. Ici encore pourtant, il fit paraître cette défiance de soi-même qui pour un écrivain est le commencement de la sagesse : après sept succès, il se remit à l'école des anciens. Seulement il choisit mal ses premiers modèles. Comme Corneille, mais avant lui, il se passionna pour Sénèque. Singulière destinée que celle de ce rhéteur dramatique, dont le nom même est un problème, dont les pièces ou plutôt les déclamations n'ont point été faites pour le théâtre et qui, au seizième, au dix-septième siècle, s'impose à l'admiration des hommes de théâtre, qui, soutenu, pour ainsi dire, par eux, monte sur la scène française, lui que la scène latine n'avait pas connu ! C'est par la fausse apparence de la grandeur qu'il séduisait de fortes intelligences, éprises de la grandeur vraie, mais inhabiles à en discerner les caractères. La Rome qu'ils admiraient de préférence, c'était cette Rome espagnole, un peu emphatique et sentencieuse, que Balzac avait mise à la mode. Dans l'*Hercule mourant*, que Rotrou imita de l'*Hercules Œteus*, pouvant l'imiter des *Trachiniennes*, on compterait sans peine les vers simples, émus sans apprêt, comme ceux que prononce Alcmène tenant en main les cendres de son fils :

> En ce vase chétif tout Hercule est enclos ;
> Je puis en une main enfermer ce héros.

C'est la première pièce pourtant, avec la *Sophonisbe* de Mairet, où l'on puisse deviner la venue prochaine de *Médée*, cette avant-courrière du *Cid*. Le style tragique hésite encore entre l'enflure et la trivialité ; la peinture des sentiments manque de mesure et de vérité. On arrête trop notre vue sur les amours d'Arcas et d'Iole, « qui travaille en tapisserie, » et sur les madrigaux d'Hercule, à la fois galant et brutal. Mais vienne la crise où s'évanouissent toutes les petitesses, et ce banal soupirant deviendra un héros, d'autant plus grand qu'il n'est pas insensible, et ses plaintes nous toucheront d'une pitié respectueuse, lorsque nous le verrons, homme, regretter la vie, demi-dieu, s'étonner que la nature demeure impassible devant la mort d'Hercule :

> Les astres font leur cours ! le ciel ne se rompt pas !

A son tour, Déjanire ne sera pas toujours l'épouse acariâtre, qui rabaisse une grande passion aux proportions mesquines d'une querelle de ménage. Les emportements de sa jalousie, lorsqu'elle repousse sa rivale suppliante, annonceront de loin les fureurs d'Hermione; les éclats de sa haine indomptée ne la rendent point trop indigne d'être comparée à la Cléopâtre de *Rodogune*, heureuse de mourir, si elle meurt vengée :

> On se perd doucement, quand on perd ce qu'on hait,
> Et qui tue en mourant doit mourir satisfait.

Les admirateurs de l'art classique, simple et délicat, regretteront sans doute que cette jalousie, plus violente que touchante, dégénère en frénésie. Mais enfin c'était la passion déjà, quoique excessive, et, pour ainsi dire, matérielle. Plus d'une héroïne du drame romantique pourrait revendiquer pour aïeule la Déjanire de Rotrou.

C'est encore de Sénèque et de Stace, plus que d'Euripide, qu'il s'inspire dans son *Antigone*. Si ces Romains de la décadence l'attiraient par leurs défauts autant que par leurs qualités, combien la simplicité grecque devait lui sembler nue! Combien il devait trouver étrange la discrétion avec laquelle Sophocle laisse deviner, entrevoir à peine l'amour d'Hémon pour Antigone, et, sans l'étaler au grand jour de la scène, se contente d'en exposer l'effet tragique, convaincu sans doute que, pour en faire sentir toute la force, la mort, une mort vraie et sans phrases, est le plus éloquent des témoignages. Dans la pièce de Rotrou, avant de mourir réellement, Hémon meurt bien des fois en idée. Conversations galantes, protestations amoureuses, scènes de colère et de menaces, suicide dramatique accompli sur le théâtre, rien n'est épargné pour nous émouvoir, et nous sommes tout surpris de n'être pas émus. Mais quand Polynice, frère affectueux pour Antigone, implacable pour Etéocle, laisse échapper ce cri d'une âme incapable de se maîtriser :

> Je ne saurais vivre, et ne me venger pas;

quand, après l'issue fatale du combat, Antigone, la sœur intrépide, Argie, la triste et charmante veuve de Polynice, sur le champ de bataille assombri par la nuit tombante, se rencontrent pour la première fois, se reconnaissent et s'embrassent en pleurant, tout le reste est oublié. L'on ne songe même plus à critiquer la duplicité d'action signalée par Racine. L'unité du drame n'est-elle pas dans le caractère, un peu trop stoïcien peut-être, d'Antigone, dans ses craintes mêlées d'espérances déçues, dans sa douleur sans faiblesse, dans la résolution qu'elle prend et qu'elle soutient jusqu'au bout? et, pour nous préparer à ce sacrifice, ne faut-il pas que sa tendre préférence pour Polynice nous ait été depuis longtemps révélée?

En tout cas, l'*Antigone* de Rotrou est assez justifiée par la *Thébaïde* de Racine, plus romanesque et plus froide, bien que très postérieure. Du moins, Racine avoue, dans sa préface, que l'*Antigone* brille par quantité de beaux endroits (1). Dans son *Iphigénie*, les emprunts sont plus nombreux et plus frappants encore; mais le nom de Rotrou n'est plus même prononcé. Est-ce pour nous ôter la tentation d'aller rechercher, dans l'*Iphigénie* du vieux poète, tant de vers presque textuellement copiés (2)? Est-ce par une injuste méconnaissance de certaines scènes, que Racine seul, au témoignage de Marmontel, pouvait faire oublier? Certes, son Iphigénie est moins théâtrale, moins insensible en face de la mort, plus doucement, on serait tenté de dire plus chrétiennement résignée; mais n'a-t-elle pas déjà, chez Rotrou, la dignité d'une princesse qui a vu la cour? Achille est trop un héros de roman; mais c'est déjà l'Achille amoureux de Racine. Encore ces personnages sont-ils empruntés à Euripide. Mais le caractère original d'Ulysse, à qui Racine le doit-il, si ce n'est à Rotrou? et si la Clytemnestre de celui-ci, comme sa Déjanire, manque parfois de mesure, qui n'applaudirait à cette fière affirmation de la mère et de l'épouse :

> Vous conduisez les Grecs; moi, je conduis ma fille :
> Une mère est aussi le chef de sa famille;
> Partout où vous irez, je puis lever le front.

Par malheur, le sens de l'antiquité manquait à Rotrou. Peu soucieux, comme on dirait aujourd'hui, de la couleur locale, il nous peint Agamemnon tenant une lanterne sourde à la main, Achille et Ulysse se provoquant en duel comme deux contem-

---

(1) Il en était si convaincu qu'il emprunta d'abord le récit entier du combat des deux frères à l'*Antigone* du vieux poète.

(2) Un grand nombre de ces ressemblances ont été indiquées par M. Raynouard (*Journal des Savants*, mai 1823) et par M. Jarry, dans la thèse élégante et solide dont on s'est souvenu plus d'une fois ici.

porains du *Cid*. Au fond, ses tragédies antiques sont des tragi-comédies mal déguisées, surtout lorsqu'il n'imite plus personne : sa *Crisante* n'a d'autre mérite que de prêter aux Romains, avant *Horace* et *Cinna*, un langage vraiment romain, encore qu'un peu tendu. Son *Bélisaire*, dont lui-même confesse la chute, serait un beau drame, s'il ne s'appelait *Bélisaire*, et si, transportés en plein roman, nous pouvions prendre au sérieux ces personnages pseudo-historiques.

Au contraire, et par un singulier renversement des lois dramatiques, c'est dans la tragi-comédie que la tragédie est entrevue, en de trop rares et trop brèves échappées. M. Saint-Marc Girardin a observé avec finesse que telle héroïne des *Occasions perdues* ou de l'*Heureux naufrage* est sur le point de devenir Roxane ou Phèdre, mais que Rotrou s'arrête à ce point précis, satisfait d'avoir crayonné une esquisse et laissant à d'autres le soin de peindre le tableau, ignorant surtout l'art de tirer des situations les plus heureuses tout ce qu'elles contiennent d'émotion dramatique. Et pourtant il avoue qu'une au moins de ces esquisses est bien près d'être un tableau achevé, que le poète y a su, non seulement approfondir la passion, mais en varier l'expression, étrange et naturelle tout ensemble.

Je ne sais quel charme pénétrant s'attache à cette *Laure persécutée*, dont Lamotte a imité son *Inès de Castro*. On essayerait en vain de s'y soustraire ; il s'insinue au fond de l'âme délicieusement remuée. Que le poète avait raison dans sa préférence paternelle pour cette œuvre encore fraîche, où il semble que se soit fixé pour toujours comme un dernier sourire de sa jeunesse, sourire ému sans doute et voilé parfois de larmes, mais non pas de larmes amères. Si quelque critique impitoyable était tenté de proscrire la tragi-comédie, il ferait grâce tout au moins à *Laure persécutée*. Ce qui désarmerait sa sévérité, ce ne serait point seulement la brusque vivacité d'une exposition souvent admirée, ou la curieuse peinture de l'absolutisme royal, étalé sur la scène un an avant la naissance de Louis XIV :

> Sans rendre ni raison ni compte de mes vœux,
> Je veux ce que je veux, parce que je le veux.

Même, ce ne serait point le caractère de Laure, fort supérieur du reste au caractère de Déjanire pour la finesse et la discrétion. Nous sommes touchés de son courage en face de la mort, accueillie par elle presque avec joie, parce qu'elle mourra pour son amant, de sa tendre résignation, toujours prête au sacrifice de ses espérances les plus chères, de ses protestations éloquentes contre la tyrannie de ses persécuteurs. Mais le drame réel est tout entier dans le cœur de son amant Orantée, dans les fluctuations de cette âme passionnée, qui s'essaye en vain à la haine. Extrême en tout, il adore tour à tour et maudit. Tantôt il ordonne au comte, qui outrage Laure, de parler d'elle « en tremblant, comme des immortels; » tantôt, sur le plus léger indice, il renverse l'idole de son piédestal. Mais il s'efforce en vain de se faire illusion : il aime encore, alors qu'il croit mépriser ; il aime d'autant plus qu'il souffre.

Ne pouvant plus la voir, il se persuade qu'il ne le veut plus. A défaut d'elle, c'est à sa maison bien connue qu'il adresse ses brûlantes apostrophes; il invoque la porte par où tant de fois elle a passé, la fenêtre d'où tant de fois elle lui est apparue, comme si ces objets familiers vivaient et pensaient, pleins, eux aussi, du souvenir de l'être cher et des joies évanouies. Que sera-ce, si elle-même se montre, comme il le souhaite et le craint, si quelques belles larmes coulent?

Il ne parle point à Laure, mais il parle toujours d'elle. C'est dans ces contradictions ingénues d'un cœur encore tumultueux qu'est l'intérêt profond, universel de ce caractère et de ce drame. Corneille lui-même, ce puissant sculpteur de héros tout d'une pièce, n'eût peut-être pas écrit cette admirable scène II de l'acte IV, si fine que les lettrés seuls en peuvent bien saisir certaines nuances, si vraie qu'il suffit d'être homme pour en être ému. Qu'il est humain, en effet, cet Orantée à qui sa lâcheté est douce, qui s'en étonne et s'en accuse, mais veut être seul à s'en accuser, et s'indigne quand son confident se permet d'en sourire ! M. Saint-Marc Girardin nous assure qu'il n'a jamais lu cette scène à son auditoire de la Sorbonne, sans l'intéresser et sans l'émouvoir. Comment ne le croirait-on pas? Il la lisait à des jeunes gens. Bien à plaindre eût été celui qui ne l'eût pas comprise et n'y eût pas applaudi. Je ne sais quel tour de fantaisie shakespearienne y ajoute un charme de plus à la délicatesse toute classique. La forme est du dix-septième siècle; l'esprit semble tout moderne.

En écrivant *Laure persécutée*, Rotrou inventait le vrai drame, celui qui n'est pas tout entier dans les effets bruyants et le choc des mots sonores, qui, pour être fort, sait être discret, et qui, dédaigneux du luxe stérile de la mise en scène (1), se contente de peindre à notre raison plus qu'à nos yeux l'âme humaine toute vive, avec ses nobles élans et ses faiblesses touchantes. Par là, il est, lui aussi, un créateur, et, mieux que d'autres, mérite qu'on lui applique le mot du poète oriental : « Voilà celui qui sait comme on aime ! »

III

LES TROIS GRANDES TRAGÉDIES.

> Mon goût, quoi qu'il en soit, est pour la tragédie :
> L'objet en est plus haut, l'action plus hardie,
> Et les pensers pompeux et pleins de majesté
> Lui donnent plus de poids et plus d'autorité (2).

C'est Rotrou lui-même qui met cet éloge de la tragédie dans la bouche d'un de ses personnages. *Saint-Genest*, *Venceslas*, *Chosroès*, cette trinité dramatique consacrée par une longue admiration, ne le démentent pas : car le poète y touche aux plus hautes questions qui puissent nous préoccuper, Dieu, l'amour, la politique et la famille.

La tragédie peut être conçue sous deux aspects très divers. Tantôt elle s'enferme dans « le cercle sévère et volontairement restreint (3) » du poème classique. Corneille et Racine la portent à son plus haut point de perfection ; Voltaire, s'il ne la rajeunit, l'empêche du moins de tomber trop bas ; mais, après lui, elle s'étiole, pour ainsi dire. En dépit de quelques éclatantes résurrections, notre siècle s'est habitué à la considérer comme une chose disparue et qui vit seulement dans le passé. Tantôt, au contraire, brisant le moule fait à la mesure des fortes œuvres, et qui leur semble encore trop étroit, nos poètes mêlent le rire aux larmes, l'ironie à la terreur, prodiguent les antithèses, les

---

(1) Dans *Saint-Genest*, on voit le décorateur improviser un décor entre deux actes. On n'avait guère plus de souci de la couleur locale : le chapeau à plumes ou casque orné de plumes gigantesques était de rigueur, et Genest représente un martyr chrétien qui met « le chapeau à la main » pour adresser une prière à Dieu.
(2) *Saint-Genest*, II, 4.
(3) M. Legouvé : Discours pour l'érection de la statue de Rotrou.

coups de théâtre, les images grandioses ou familières, les élans lyriques, les digressions étincelantes. C'est le drame, et le drame est partout chez Rotrou. Peut-être même est-ce parce que sa variété inépuisable alarmait le goût scrupuleux des critiques d'autrefois qu'on n'a pas apprécié à sa juste valeur l'auteur de *Saint-Genest*.

Plus Corneille affermit ses pas sur le terrain solide et limité de l'histoire, plus on dirait que Rotrou aime à s'aventurer dans l'infini domaine de la fantaisie, si riche en trouvailles inattendues. On ne l'y suivait pas sans inquiétude. Moins timorés aujourd'hui, nous savons admirer la verve romantique aussi bien que la pureté classique, ou plutôt, rejetant ces vaines formules, nous comprenons que, si les grands romantiques du dix-neuvième siècle peuvent et doivent devenir des classiques, fût-ce malgré eux, les grands classiques du dix-huitième ont pu être romantiques à leur heure. Rotrou fut au premier rang de ces novateurs inconscients, qui ne firent pas école, mais déposèrent au sein de la littérature française un germe fécond que d'autres ont fait fructifier. Les poètes contemporains seraient ingrats, s'ils ne saluaient en lui un de leurs plus illustres ancêtres. Comme eux, il est plein de vers pittoresques et « qui peignent (1); » mais, plus que certains d'entre eux, il est simple, sachant bien que, comme il le dit,

> La vérité
> N'éclate jamais tant qu'en la simplicité (2).

Ce juste départ entre ce que Rotrou doit à son temps et ce qu'il ne doit qu'à lui-même, il est facile de le faire dans *Saint-Genest*, pièce étrange, qu'on a rapprochée de *Polyeucte* pour l'unique plaisir de faire une comparaison : car il y a loin de l'austérité janséniste qui triomphe dans *Polyeucte* à la fantaisie romanesque qui se joue dans *Saint-Genest*. Voltaire s'est donné pourtant la maligne satisfaction de poursuivre cette comparaison dans le détail et de louer Rotrou en plusieurs endroits aux dépens de Corneille. A quoi bon? Mieux vaut se borner à observer, avec Sainte-Beuve, que *Saint-Genest*, imité d'ailleurs de Lope de Vega (3), semble la postérité directe de

---

(1) Sainte-Beuve, *Port-Royal*, I, 1, 7.
(2) *Heureuse constance*, I, 3.
(3) Voir la découverte de M. Person dans la notice de *Saint-Genest*.

Polyeucte et qu'en ces deux tragédies seules revivent nos vieux mystères rajeunis. C'est faire tort à Rotrou que lui imposer tout autre parallèle. Sans doute Adrien et Genest, illuminés par la grâce, dévorés de la soif du martyre, ne sont pas indignes de parler le langage enthousiaste du martyr chrétien. La profession de foi d'Adrien rappelle celle de Polyeucte, avec moins de fermeté précise; les stances de Genest dans sa prison n'ont pas l'ampleur des stances de Corneille, bien que peut-être elles soient pénétrées d'une mélancolie plus moderne.

Mais que la situation est différente! Si vivement que nous touche le sort de Genest, ce païen farouche devenu chrétien fervent, le combat qui se livre dans son âme n'est point le combat émouvant de l'amour humain contre l'amour divin : car il est seul, et n'a même pas près de lui, comme l'Adrien dont il joue le rôle, sa Natalie, image effacée de Pauline, de même qu'Anthime est l'image effacée de Néarque. Dès lors, l'issue de la lutte se laisse trop prévoir, ou plutôt la lutte n'existe presque plus. En vain la comédienne Marcelle, une Stratonice animée de préjugés aussi aveugles, mais qui remplace les injures par des raisonnements, se fait, avec une chaleureuse âpreté, l'écho des objections dirigées par Celse contre le christianisme : on sait d'avance qu'elle sera vaincue. Entre la haine des persécuteurs et l'enthousiasme du néophyte, on cherche, sans la trouver, l'indulgente philosophie d'un Sévère.

Pourtant, on se révolte, quant on voit M. Guizot affirmer qu'il n'y a « rien de remarquable » dans *Saint-Genest*, venu plusieurs années après *Polyeucte*. On ne se résigne pas à mettre sur le même rang le *Saint-Genest* de Des-Fontaines, imitation servile de Corneille, représentée un an auparavant, et le *Saint-Genest* de Rotrou, imitation originale, où tout est renouvelé, transfiguré, créé à nouveau. Mais on accorde enfin que, si l'on envisageait la pièce de Rotrou seulement de ce côté, on ne lui rendrait pas justice. Ce que nous admirons en elle, c'est précisément ce qui mettait en défiance les contemporains, c'est le mélange, l'opposition du tragique et du comique (1), qui fait du premier chef-d'œuvre de Rotrou la tragédie la plus curieuse peut-être de tout le dix-septième siècle. Ce contraste d'ailleurs, ne le trouve-t-on pas jusque dans les modèles dont s'inspira

---

(1) Voyez le *Port-Royal* de Sainte Beuve, I, 1, 7.

notre littérature, avec trop de réserve parfois, jusque chez ces Grecs

Dont les rares brillants
Font qu'ils vivent si beaux encore après mille ans (1) ?

Chose étrange! Lorsque, dans ses tragédies antiques, Rotrou s'efforçait de s'approprier leur esprit, il le dénaturait. C'est seulement quand il les perd de vue qu'il se montre digne d'être leur émule; c'est à force d'être moderne qu'il conquiert le sens de la véritable perfection classique, à la fois une et variée, comme la nature, dont elle est l'image.

L'aimable simplicité que le pieux Tillemont vante en *Saint-Genest* (2) ne va pas sans quelque complication apparente: car, pendant trois actes, deux pièces parallèles se poursuivent, sans jamais se confondre, et toutes deux ont leur intérêt distinct, bien qu'inégal. Qu'on se figure un double tableau enfermé dans un seul cadre, mais dans un cadre qui serait lui-même le chef-d'œuvre de l'art le plus exquis. L'admiration pour le riche coloris de la peinture, pour le dessin original des personnages, n'empêcherait point d'admirer aussi les capricieuses arabesques qui courraient çà et là autour de telle scène touchante ou sublime, comme un rayon se joue autour d'un front sérieux. Loin de distraire l'attention qui est due avant tout au tableau, elles la soutiennent, la relèvent, s'il est besoin, et y mêlent un charme piquant d'imprévu.

Nous n'errons plus au hasard dans ce lieu idéal cher aux poètes classiques, dans cet économique « palais à volonté, » où se déroulent la plupart de leurs pièces abstraites. Tout se précise et s'anime : c'est dans les coulisses d'un théâtre que nous sommes introduits ; ce n'est pas un martyr quelconque, c'est le comédien Genest qui est le héros du drame, et sa profession, que le poète a soin de ne nous laisser jamais oublier, donne un relief plus vivant à ses moindres paroles. De là, un intérêt de curiosité, en même temps que d'admiration et de pitié. De là, bien des contrastes qui reposent notre esprit trop tendu, et renouvellent la source, vite épuisée, de l'émotion dramatique. Le deuxième acte semble un composé de *Polyeucte* et de l'*Impromptu de Versailles*. Ce même Genest, qui donne des leçons

---

(1) *Saint-Genest*, I, 5.
(2) *Mémoires pour servir à l'histoire ecclésiastique.*

de goût au décorateur et de sincérité à une actrice coquette, va, peu d'instants après, être frappé d'un coup de la grâce. N'est-il donc plus le même, et les deux premières scènes ne sont-elles que de brillants hors-d'œuvre? Tout au contraire, le chrétien n'efface jamais l'acteur, et l'art délicat du poète consiste à ménager la transition de la feinte à la réalité. Dès lors, combien plus significatif à nos yeux devient ce rôle, qui eût été facilement froid, si Genest ne l'avait joué pour son compte, avec un accent personnel qui double le prix de tant de beaux vers!

C'est par une double visite de la cour aux comédiens que Rotrou a soin d'achever le second et le troisième actes. Nous sommes transportés du palais de Maximien sur la scène de l'Hôtel de Bourgogne, où les petits marquis, trop empressés autour des actrices, troublent l'ordre de la représentation. Et pourtant l'acte III est pénétré d'un profond sentiment religieux. Tel vers où Adrien invoque l'appui de Dieu, à la veille du martyre :

Comme je te soutiens, Seigneur, sois mon soutien,

fait revivre au fond des mémoires le cri qu'Agrippa d'Aubigné met dans la bouche de son martyr protestant :

Ne me laisse, Seigneur, de peur que je te laisse!

Quelle situation plus pathétique que celle du IV⁰ acte, alors que Genest, las de parler pour un autre, découvre ses vrais sentiments? Quelle plus ferme et plus fière déclaration d'une foi persécutée, qui brave en face ses persécuteurs? Dioclétien s'irrite; les comédiens, dont Genest est l'unique appui, se désespèrent; mais, au milieu de leurs terreurs et de leurs larmes, voici que luit tout à coup un sourire. Plancien les interroge : avec une « franchise ingénue, » ils lui répondent : amoureuses et matamores, traîtres et pédants, touchants et risibles à la fois dans leur effarement, tous sont là, depuis l'acteur qui joue « parfois les rois et parfois les esclaves, » jusqu'à celui qui, modestement, représente « les assistants. »

Voilà les brusques antithèses qui scandalisaient tant les classiques à outrance; voilà, n'en déplaise à M. Guizot, ce qu'il y a de remarquable dans le *Saint-Genest* de Rotrou. On se plaît à y voir, non seulement un curieux témoignage de l'état de son esprit, encore hésitant entre la tragédie pure et le drame qui la renouvelle, mais une image saisissante de l'état de son âme, où les pensées profanes et les souvenirs du théâtre livrèrent aux pensées et aux espérances chrétiennes un long combat, apaisé enfin et couronné par une belle mort.

Dans *Venceslas*, Rotrou semble avoir pris un parti : de plus en plus il incline vers le drame, mais vers le drame d'où l'élément comique est exclu, et de plus en plus aussi il mérite les éloges de Voltaire, qui imitait de *Venceslas* son *Adélaïde du Guesclin* (1). Vendôme n'est qu'une copie un peu affaiblie de Ladislas :

> Toutes les passions en lui sont des fureurs.

Comme Ladislas aime Cassandre, il aime Adélaïde « d'un amour extrême, violent, effréné. » Comme lui, il trouve en son frère un rival ; comme lui, il le frappe ou croit le frapper. Mais du moins le fratricide de Ladislas est involontaire ; Vendôme a tout le loisir de préparer le sien. Il s'emporte, crie, menace, puis finit par bénir et pardonner. C'est un chevalier d'assez pauvre apparence auprès du sanglant Ladislas.

Et pourtant c'est dans *Venceslas* que Geoffroy trouve à peine quelques beaux vers semés « comme des perles sur du fumier. » Il est reconnaissant à Marmontel, comme d'une « bonne œuvre, » d'avoir rajeuni le vieux drame ; il s'indigne que Lekain, bravant l'autorité de M. de Duras, gentilhomme de la Chambre, se soit permis de rétablir les passages mutilés. Venceslas, selon lui, n'est qu'un « faible vieillard, retombé en enfance ; » Ladislas est un tigre qui soudainement se change en agneau. C'est que *Venceslas* est un drame aussi romantique que *Saint-Genest*, plus romantique peut-être : car Rotrou, cette fois, abandonnait les traces de Corneille. Il y a du sang répandu et des amours violemment traversées dans *Venceslas* comme dans le *Cid* ; mais quel rapport entre le héros castillan, amoureux des beaux coups d'épée presque autant que de Chimène, et ce sombre prince du Nord, qui tue dans l'ombre, sauvage en sa tendresse comme en sa haine ? Avec ses provocations chevaleresques et ses galants concetti, avec ses duels et ses entrevues, ses récits complaisants de bataille et ses duos d'amour longuement soupirés, le *Cid*, en dépit de la mort du comte,

---

(1) C'est pourtant l'auteur d'*Adélaïde du Guesclin* qui, dans sa *Dissertation sur la tragédie*, en tête de *Sémiramis*, regrettait que *Venceslas* fût entièrement fabuleux !

demeure à jamais égayé d'un rayon de jeunesse et de lumière. A ce drame étincelant il fallait pour cadre le pays du soleil. Au contraire, *Venceslas* semble né dans ces régions brumeuses où l'action se passe, patrie naturelle des longs rêves et des grands crimes, où du sol rude éclôt sans culture la fleur mystérieuse du drame.

Pour la première fois peut-être au théâtre, l'influence des sens sur l'âme est reconnue, approfondie, étudiée dans ses effets dramatiques. L'esprit autrefois triomphait de la matière; aujourd'hui la matière asservit l'esprit. L'homme, tel que le concevaient la plupart des poètes dramatiques du dix-septième siècle, était surtout un être de raison ; ses passions mêmes revêtaient, s'il est permis de le dire, une forme intellectuelle, si bien que les descendants dégénérés des grands tragiques le réduisirent souvent à l'état de fantôme impalpable. On sait combien depuis le physique s'est relevé de la sujétion du moral. Rotrou demeure dans la mesure : s'il peint Ladislas « serf de ses sens, » si Ladislas laisse échapper lui-même cet aveu :

> Ma raison de mes sens ne peut rien obtenir,

du moins les sens ne sont pas tout chez lui, et l'amour vrai qu'il ressent pour Cassandre ne nous est pas représenté comme la variété d'une maladie ! Mais combien fougueux est l'élan de cet amour ! c'est un vent d'orage qui emporte tout. Ladislas n'est pas seulement un prince altier et passionné, dont les caprices brisent toute barrière ; c'est un tempérament ardent, qui, dans la guerre, dans la chasse, dans tous les exercices violents du corps, cherche en vain à se distraire, et qui, après le « carnage du cerf, » plus impétueux que jamais, se répand en plaintes, en apostrophes, en accusations fébriles :

> Je mourais, je brûlais, je l'adorais dans l'âme,
> Et le ciel a pour moi fait un sort tout de flamme.

Ses impatiences, ses brusques éclats, ses contradictions, ses amères palinodies, tout révèle une nature excessive. Les délicats, qui se plaisent dans les régions tempérées et qu'épouvantent ces soudaines éruptions de volcan, pourront crier à la folie furieuse. Qu'auront-ils prouvé, sinon que les manifestations de l'amour varient à l'infini et que chacun a sa façon différente de les concevoir ? Qui mieux que Rotrou savait envisager la passion sous ses aspects changeants ? L'auteur de

Venceslas est-il bien celui de *Laure persécutée*? L'amour d'Orantée ressemble-t-il à l'amour de Ladislas? Qu'importe, si c'est toujours l'amour! Là, tout était discret; ici, tout est brutal. Là, tout se passait au fond de l'âme ; ici, tout se traduit au dehors en mouvements saccadés.

Cette sauvage grandeur du caractère de Ladislas devait inspirer plus d'étonnement encore que d'admiration aux contemporains, habitués à la peinture des amours abstraites, où la tête prend une part aussi grande que le cœur. C'était un spectacle tout nouveau pour eux que celui d'un homme dont l'émotion, non seulement bouleverse l'âme, mais fait les nerfs frémir et le sang courir plus rapide dans les veines. Tout parle aux yeux. Voici Ladislas ensanglanté, qui s'affaisse sur un siège, et nous livre en tremblant la confidence de son crime, pendant qu'au ciel « la lune pâlissante » décroît. Le voici, lui tout à l'heure si arrogant, qui, devant les questions de son père, peut à peine balbutier quelques mots incertains. L'apparition du duc, qu'il croit avoir tué, la dénonciation de Cassandre, qui lui apprend à lui-même son fratricide, augmentent sa stupeur. Est-ce la réalité? N'est-ce qu'un mauvais rêve? Silencieux, éperdu, il écoute et semble ne pas comprendre. Une force aveugle l'a poussé en avant, puis, le crime accompli, l'a tout à coup abandonné, comme un instrument passif qui a fait son œuvre. Il reste là, presque inconscient, puis se réveille et se souvient de son devoir.

L'assassin dès lors se transfigure en héros. Non pas en héros aimable, quoiqu'en dise Fontenelle (car la pourpre royale elle-même cachera mal le sang dont il est souillé) mais en héros qui impose le respect. Au lieu de l'avilir, cette crise le grandit. Il n'est pas digne encore d'être l'époux de Cassandre; mais il est digne déjà d'être roi.

C'est sur le trône qu'il monte, et non sur l'échafaud; grand sujet de scandale pour ceux qui confondent l'art dramatique avec la morale en action. Un assassin couronné, quel thème de déclamations faciles! Il paraît qu'on n'en avait point vu avant Ladislas. Mais qui ne sent avec quelle habileté le poète nous a préparés à ce dénouement inévitable? Cette admirable exposition, qui, en face d'un vieux roi mourant, met un jeune prince impatient du frein, ne nous apprend-elle pas que tous les désordres de Ladislas viennent de l'oisiveté où il languit, lui qui s'est déjà signalé par tant d'exploits, lui qui brûle de se signaler encore dans le haut rang où sa naissance et son ambition l'appellent :

> Croit-on de ce fardeau ma jeunesse incapable ?

Il est prêt à régner, et le prouve en prenant le ton et l'esprit d'un roi. S'il hait le duc d'une haine implacable, c'est que, sous Venceslas affaibli, le duc est le vrai roi ; c'est qu'il rougit de voir abaisser à ce point l'orgueil royal. Il est soupçonné de bien des crimes ; mais en est-il coupable ? L'exagération même de la rumeur publique n'en démontre-t-elle pas la fausseté ? En tout cas, ses vices lui enlèvent-ils la faveur populaire ? Empêchent-ils le peuple entier de se soulever pour l'arracher à la mort ? et cette sorte de plébiscite tumultueux ne justifie-t-il pas la décision de son père ? Une double fatalité a pesé jusqu'à présent sur ce fratricide malgré lui : la fatalité du sort, qui le tient si longtemps éloigné du trône, le livre en proie à la fatalité du tempérament, qui le pousse aux abîmes. Son père le sait bien, et c'est parce qu'il le sait qu'il le désarme en le couronnant.

Il n'est donc point vrai que l'autorité paternelle soit avilie en Venceslas. La gravité souvent solennelle de sa parole s'impose à Ladislas lui-même, qui, incapable de se maîtriser ailleurs, devant son père doit se taire et se contenir. Quand, dans le silence de la nuit, en face du meurtrier, dont le meurtre n'est pas encore révélé, se dresse l'austère figure du vieux roi, quel contraste dramatique entre la confusion du fils et la sérénité du père ! Quel accent de mélancolie pénétrante dans les paroles de Venceslas ! D'où vient qu'il se plaise à rappeler que sa mort est prochaine ? C'est qu'il sait que sa vie est un obstacle, une gêne pour Ladislas, et qu'il veut le décider à une patience désormais facile. D'où vient qu'il l'aime pourtant ? C'est qu'il voit revivre en Ladislas la femme qu'il aimait, et qui n'est plus là ; c'est surtout qu'en cet héritier de son pouvoir, en ce soldat intrépide, en ce politique qui sait déjà le métier de roi, il contemple avec complaisance Venceslas rajeuni, continué, glorifié dans l'avenir. Mais sa complaisance n'est point lâche : il avertit son fils que, s'il lui donne une occasion de le punir, il ne sera pas épargné :

> Lors, pour être tout roi, je ne serai plus père,
> Et, vous abandonnant à la rigueur des lois,
> Au mépris de mon sang je maintiendrai mes droits.

Si cette menace avait été vaine, on aurait accusé Venceslas de faiblesse; qu'on ne l'accuse plus de sévérité inattendue, si elle s'accomplit. Il n'y a point de contradiction, point de brusque soubresaut dans son caractère : car il se borne à tenir sa promesse. Résolu à faire son devoir de roi, il se souvient encore qu'il est père; mais le devoir triomphe de l'affection, et le théâtre de Corneille n'a pas de plus belle scène que celle où Venceslas embrasse son fils avant de l'envoyer à la mort. S'il pardonne enfin, est-ce, comme on l'a souvent dit, que la tendresse paternelle a vaincu l'autorité royale? Ne faisons pas à Venceslas l'injure de le croire si facile à vaincre. Mais, d'un côté, il ne peut oublier sans honte la parole donnée. De l'autre, il est assiégé par les supplications des ennemis mêmes de Ladislas, et par la révolte du peuple il se voit contraint déjà d'accorder un humiliant pardon. Un seul moyen lui reste de pardonner avec dignité : c'est de pardonner en se sacrifiant. Il sait que ce pardon suffira, non seulement pour lui conserver un fils, mais pour donner à la Pologne un grand roi. Plusieurs fois déjà, l'idée de l'abdication s'est présentée à lui sans qu'il l'ait repoussée; maintenant, elle s'impose. Il pardonne donc moins en père qu'en roi, moins par affection que par patriotisme et par politique.

Les intérêts de la politique en lutte avec les affections de famille, voilà tout *Venceslas*; voilà aussi tout *Chosroès*, la plus régulière, mais non la moins émouvante des tragédies du poète. *Venceslas* pourrait se résumer en ce vers d'une pièce analogue de Rotrou :

> Contre son propre sang un roi doit la justice (1);

et *Chosroès* en cette autre maxime, qui consacre l'inviolabilité de la puissance paternelle :

> Contre un père enfin l'enfant a toujours tort (2).

Bien que *Venceslas* et *Chosroès* « se ressemblent par leur opposition même (3), » les critiques, qui ont tant parlé de la première tragédie, semblent n'avoir pas connu la seconde, dont l'exposition brusque et fière n'est pas moins belle. En vain

---

(1) *Don Lope de Cardone*, V, 2.
(2) *Saint-Genest*, I, 1.
(3) Saint-Marc Girardin, *Cours de littér. dram.*, II.

M. d'Ussé de Valentiné, contrôleur général de la maison du roi, comme Marmontel pour *Venceslas*, s'était donné la peine de vêtir au goût du jour ce drame terrible, d'une logique inexorable. Le public, qui admirait *Nicomède*, se souciait fort peu de vérifier si *Chosroès* en était le modèle. Ceux mêmes qui se hasardaient à faire la comparaison convenaient volontiers que la pièce de Rotrou en était écrasée. Il est vrai que Siroès n'a pas la hauteur d'ironie de Nicomède, que Laodice est très supérieure à Narsée; mais est-il sûr que Mardesane soit au-dessous d'Attale? Dans la première partie de la pièce, son désintéressement et sa sincérité conquièrent notre sympathie; dans la seconde, sa grandeur d'âme conquiert notre admiration. S'il recule devant le pouvoir dont sa mère fait briller les séductions à ses yeux, ce n'est pas qu'il se défie de ses forces : c'est qu'il ne veut pas du trône usurpé sur l'héritier légitime. Ses hésitations s'appuient sur de sérieuses raisons de politique autant que d'honnêteté ; s'il obéit enfin, c'est par contrainte. Mais, comme il est sans illusion dans la fortune, il est sans faiblesse dans l'adversité. Accusé, il dédaigne de se justifier :

> Eh bien, prince, la mort domptera cet orgueil.
> — On ne peut mieux tomber du trône qu'au cercueil.

Celui qui parle ainsi était « né pour régner » au moins autant qu'Attale, et si aucun d'eux ne règne, du moins Mardesane sait mourir en roi.

Il n'a pourtant qu'un rôle secondaire dans la tragique partie qui se joue entre Palmiras et Sira: car Chosroès est un vieillard halluciné que dirige à son gré l'hypocrite et altière Sira, et Siroès n'est roi que grâce à Palmiras. Ici, du moins, *Nicomède* est égalé, sinon surpassé en certains endroits. Que nous sommes loin de la risible pusillanimité d'un Prusias et de la diplomatie mesquine d'une Arsinoé ! Également ambitieux, mais de façon diverse, Sira, la reine, cette Agrippine qui veut « régner en autrui » et Palmiras, le satrape disgracié, cet Acomat aussi rusé, aussi vraiment oriental, se pénètrent tout d'abord l'un l'autre et se menacent du regard. « Périr ou régner, » telle est la devise de ces deux adversaires, qui se combattent avec les mêmes armes, et couvrent d'un masque de désintéressement les moins désintéressées des espérances. Pour atteindre leur but, tous deux ne reculent devant aucun crime, et leur politique impitoyable parle le même langage :

> Du trône où l'on se veut établir sûrement
> Le sang des ennemis est le vrai fondement.
> Il faut de son pouvoir d'abord montrer les marques,
> Et la pitié n'est pas la vertu des monarques.

Ce ne sont point là des maximes abstraites; ce sont des règles de conduite auxquelles tous les personnages se conforment. Sira se dispose à frapper son ennemi; mais il la prévient et la force à boire elle-même le poison qu'elle lui préparait. Elle avoue tout, ou plutôt elle se glorifie de tout; prisonnière, mourante, elle menace encore. La Cléopâtre de *Rodogune* n'est pas plus superbement implacable.

Seul, Siroès ne se résigne pas à sacrifier tout sentiment humain aux cruelles nécessités de la politique. « Mais c'est mon père enfin! » telle est son unique réponse aux perfides conseils de Palmiras. Quand, pour défendre ses droits et ses jours menacés, il a consenti à prendre le pouvoir, il se refuse encore à ne plus voir un père dans l'aveugle époux de Sira. Il se sent encore fils, au moment où Chosroès prisonnier va paraître devant lui; il demande du temps pour affermir son courage, et le temps ne sert qu'à le détacher de plus en plus des « barbares vertus » qu'on lui conseille. Voici pourtant qu'arrive l'heure de la terrible entrevue : déjà Chosroès vaincu et détrôné s'apprête à maudire le vainqueur assis sur son trône usurpé; mais il n'a pas le temps d'achever sa malédiction: l'usurpateur a disparu, il n'y a plus qu'un fils, qui, tombé aux genoux de son père, pleure, se repent et se soumet.

C'est pour rester père que Venceslas avait cessé d'être roi; c'est pour rester fils que Siroès abdique. La majesté du nom paternel est peut-être encore plus saisissante en Chosroès qu'en Venceslas : Chosroès, en qui elle s'incarne aujourd'hui, n'en est-il pas tout ensemble et le violateur et la victime? L'image sanglante de son père Hormisdas, tué par lui, hante son intelligence égarée, et l'entraîne vers un abîme toujours ouvert devant ses yeux. Avec la paix de l'âme, il a tout perdu : raison, santé, pouvoir, et le poète ne craint pas d'étaler sur la scène ses transports furieux, de nous le peindre invoquant les Furies, vengeresses des affections de famille foulées aux pieds. La fatalité antique semble peser désormais sur cette tête vouée au malheur : un enchaînement de crimes et de calamités presque inévitables semble relier d'avance au meurtre d'Hormisdas le meurtre de Chosroès. Son fils l'épargne pourtant ; mais il ne s'épargne pas lui-même. C'est de sa propre main qu'il se punit, offrant ainsi à son père assassiné un tribut « qu'il attend » et que Siroès lui refuse.

L'histoire assure, il est vrai, que Siroès laissa mourir de faim son père au fond d'un cachot. Mais que fait à la poésie la sèche exactitude de l'histoire ? *Saint-Genest*, *Venceslas*, *Chosroès* sont fort peu historiques. Qu'importe, si les personnages que crée le poète sont vivants, plus vivants que les héros de la tradition, plus vivants que nous-mêmes ? Impitoyable, Siroès eût été plus vrai, de cette vérité historique que la vérité dramatique vaut bien ; il eût été moins humain. C'est à la poésie que nous donnons raison contre l'histoire ; notre âme est comme soulagée quand nous voyons cette sombre tragédie s'attendrir vers la fin, quand la nature l'emporte sur la politique, quand parmi tant de sang versé coulent quelques larmes généreuses.

Il y a plus de fantaisie dans *Saint-Genest*, plus d'amertume dans *Venceslas*; mais *Chosroès* a quelque chose de plus complet, de plus mûr, de plus fortement tragique. Le caractère commun de ces trois chefs-d'œuvre, qui forment le couronnement austère d'un théâtre si varié, c'est qu'ils étendent à l'infini, avant *Nicomède*, le champ du drame ; c'est qu'ils sont un anneau de la chaîne qui va de l'auteur d'*Hamlet* à l'auteur de *Ruy Blas*. Ce n'est point au hasard qu'on prononce de tels noms : le nom du vieux Rotrou en soutient fièrement le voisinage. Si ce poète mort à quarante ans avait eu le temps de se livrer tout entier, qui sait s'il n'eût pas été, deux siècles avant Victor Hugo, le Shakspeare de la France ?

IV

CONCLUSION

Au milieu des ruines de Ctésiphon, se dresse encore aujourd'hui le palais de Chosroès, débris imposant des temps d'autrefois, indestructible témoin des grandeurs disparues et des crimes oubliés. Bien des pierres manquent aux parois latérales, même à la façade ; mais la voûte gigantesque du portail est restée debout (1). Telle, l'œuvre de Rotrou, à demi ruinée, étonne encore les yeux par ses proportions immenses, et les rassure par la solidité de ses parties essentielles. Le spectacle de ces ruines, toujours vivantes, malgré l'air de vétusté qui ne leur messied pas, pleines, ici d'une lumière étincelante, là d'une terreur mystérieuse, n'inspire pas de mélancolie : car elles font revivre autre chose que l'ombre d'un grand nom. L'orgueil de la volonté humaine y semble rayonner et l'écroulement même de tout ce qui entoure le monument ne sert qu'à le grandir : car une âme vit en lui et ne souffre pas qu'il périsse tout entier.

Assurément, dans le théâtre de Rotrou, la plupart des pièces de la jeunesse n'ont laissé qu'un vain nom derrière elles; mais de ces pièces mêmes combien de scènes sont dignes de survivre, les unes vibrantes d'une gaieté toute française, les autres pénétrées, pour ainsi dire, d'un subtil parfum de délicatesse, ou relevées par la vérité originale du sentiment! Bien des vers sont entachés de mauvais goût; mais combien d'autres aussi, forts et pleins de sens, nous font tressaillir par l'imprévu du trait ou la profondeur de la pensée! S'agit-il donc ici de réhabiliter une gloire méconnue? Non, Rotrou n'a pas besoin d'être réhabilité; il a besoin seulement d'être mieux lu et mieux compris : car il suffit de le lire pour le comprendre et de le comprendre pour l'aimer.

En lui les lettrés aimeront toujours le poète dont Molière n'a pas dédaigné de suivre les traces, à qui Racine alla demander le secret des mouvements les plus imperceptibles du cœur humain, qui doit peut-être à Corneille d'avoir rencontré la tragédie vraie, mais qui, en revanche, apprend à Corneille comment le drame moderne peut sortir sans effort de la tragédie antique élargie. Ils admireront dans son œuvre la variété inépuisable des sujets, des tons et des couleurs, la tragi-comédie aventureuse, illuminée de soleil, près de la terreur tragique, dont l'âme est obsédée et comme étouffée, le rire franchement épanoui près des sanglots qui soulèvent la poitrine haletante, la passion frivole et insouciante près de la passion amère et de la jalousie furieuse.

Mais ils aimeront, ils admireront plus encore, s'il est possible, l'homme que le poète, ou plutôt ils ne les sépareront pas

---

(1) Madame Ida Pfeiffer, *Voyage autour du monde*.

car l'œuvre se confond avec la vie. Par la frivolité même de leurs débuts et la sérieuse dignité de leur fin, ne témoignent-elles pas toutes deux d'un grand effort et d'une grande victoire remportée par Rotrou sur lui-même? Ne sont-elles pas toutes deux pénétrées du même esprit, du même souffle d'inaltérable honnêteté? Parfois, chez d'autres, le rire de la comédie laisse après lui je ne sais quelle méprisante amertume; la peinture de la passion tragique trouble l'âme d'une inquiétude malaisément apaisée. Chez Rotrou, le rire est toujours sain, que du cœur il monte aux lèvres, comme un flot abondant qui jaillit de lui-même, ou qu'il se tempère d'une douce gravité. Ses tragédies les plus émouvantes, celles où l'angoisse nous étreint longuement, comme celles où bouillonnent les passions indomptées, s'achèvent sur une impression de tristesse sereine. L'âme tendre du poète n'a pu soutenir jusqu'au bout la pesante horreur du drame et dans ce ciel orageux a fait luire un rayon de pitié. Un martyr qui meurt pour sa foi, un père qui se sacrifie à son fils, un fils qui dépose sa couronne aux pieds de son père, voilà les spectacles qu'il nous offre. En bas, se déchaîne la tempête tumultueuse des amours et des haines; en haut, resplendit l'idée supérieure du devoir, qui, après bien des révoltes, comme chez Corneille, domine et apaise tout.

Corneille et Rotrou! Ces deux noms semblent inséparables, et rarement en effet on les sépare. C'est là pour Rotrou un honneur à la fois et un danger; c'est presque une injustice envers sa mémoire : car, si le redoutable voisinage de Corneille ne l'écrase pas, il mérite néanmoins d'être jugé à part. Les historiens de la littérature se croient quittes envers lui quand ils ont cité *Venceslas* et *Saint-Genest*. A la vérité, une rue de Paris porte son nom, et sa ville natale lui a élevé, un peu tardivement, une statue sur sa principale place publique. L'Académie française, qui regarde comme siens tous les noms qui ont honoré les lettres, a rendu justice, la première, à ce poète qui fut un citoyen. En 1811, elle indiquait comme sujet du prix de poésie la mort héroïque de Rotrou. Millevoye obtint le prix : n'était-il pas fait pour comprendre Rotrou, celui qui devait mourir trop tôt pour la poésie?

Mais, si les qualités de l'homme étaient mises en pleine lumière, celles du poète restaient méconnues. Si, pour la seconde fois, l'Académie appelle sur ce nom trop oublié l'attention du public intelligent, ce n'est plus seulement qu'elle veuille donner raison à celui qui écrivait, ne sachant pas prophétiser sa propre destinée :

> Qui meurt par sa vertu revit par sa mémoire (1).

C'est aussi, c'est surtout qu'elle a voulu faire rendre en son nom un public hommage de respect et d'admiration au poète qui manque à sa gloire, et dont la propre gloire est si loin d'égaler le vaillant mérite. Rotrou pourtant aimait la gloire et ne s'en cachait pas :

> De tous les beaux objets la gloire est le plus doux ;
> Aussi, de tous les biens, ce bien seul est à nous (2).

Il avait confiance en la justice de l'histoire, qu'il appelle « la plus chère espérance des grands cœurs. » Sa confiance n'a pas été trompée : l'histoire a enregistré son noble dévouement. C'est maintenant aux lettres, trop longtemps ingrates, qu'il appartient de s'enorgueillir d'un si mâle génie, de rajeunir cette vieille renommée, et de replacer dans le groupe des grands tragiques, à quelque distance de l'auteur du *Cid*, le poète qui, dans sa mort, sinon dans sa vie, fut plus Cornélien que Corneille.

(1) Rotrou, *Crisante*, II, 2.
(2) *Saint-Genest*, I, 3.

NOTICE

SUR

LES SOSIES

Dans la préface de sa *Clarice*, où Rotrou glorifie Plaute, il écrit : « Deux ou trois de ses pièces sur qui j'ai jeté les yeux, et qui ne doivent rien à celles que j'ai déjà mises en notre langue, feront encore admirer cet incomparable comique sur la scène française, si l'inclination qui me reste pour le théâtre, et la passion que j'ai d'avoir l'honneur de divertir encore le premier esprit de la terre, me peuvent faire trouver, parmi mes occupations nécessaires, le temps de leur version. »

La *Clarice* est de 1641. Nous n'avons de Rotrou aucune imitation du comique latin postérieure à cette date. Mais trois comédies antérieures s'inspirent de Plaute. Ce sont : 1º les *Ménechmes* (1632), édités en 1636 et dédiés au comte de Belin. — 2º les *Sosies* (1636), édités en 1638, in-4, chez Antoine de Sommaville, dédiés à Roger du Plessis, marquis de Liancourt. Plus tard, parut un opuscule très rare : *Dessein du poème de la grande pièce des machines de la Naissance d'Hercule, dernier ouvrage de M. de Rotrou*, Paris, 1640, in-4 de 12 pages. — 3º les *Captifs* (1638), édités en 1640, imités aussi de Plaute par du Ryer, en 1656, et par Roy, en 1714.

La moins antique de ces comédies est assurément la dernière. Mais les *Ménechmes*, que M. Naudet appelle « une ingénieuse traduction libre, » étaient déjà plutôt une imitation assez lointaine, et ce n'est pas sans raison que l'auteur se vante de les avoir « habillés à la française. » C'est ainsi qu'on y lit, avant Molière, une piquante satire des médecins ridicules, qui prennent des airs majestueux pour « consulter sur quelque mal de dents, » et découvrent aux gens des maladies qu'ils n'ont pas.

Dans les *Sosies* même, est-on sûr qu'il soit la fidèle reproduction de l'esclave antique, ce Sosie qui a la terreur salutaire du guet, et qu'effarouche tant l'idée de loger dans la maison du roi? Il faut avouer pourtant que, sauf dans le prologue et au cinquième acte, Rotrou a suivi de fort près les traces du poëte latin ; mais, comme l'observe M. Saint-Marc Girardin, il a su choisir les traits qui pouvaient être compris du lecteur français, et y a joint de son propre fonds quelques autres, que Molière s'approprie, en répudiant toutefois le grave alexandrin, qui convenait si bien chez Rotrou à l'expression éloquente de la douleur d'Alcmène.

Quant aux nombreux passages imités de Rotrou par Molière, dans une thèse qu'il faut toujours consulter quand il s'agit de notre poëte, M. Jarry les a énumérés.

LES SOSIES

COMÉDIE

1636

PERSONNAGES

JUNON, faisant le prologue,
JUPITER, sous la ressemblance d'Amphitryon.
MERCURE, sous la ressemblance de Sosie.
AMPHITRYON, mari d'Alcmène.
ALCMÈNE, femme d'Amphitryon.
CÉPHALIE, suivante d'Alcmène.
SOSIE, valet d'Amphitryon.
LES CAPITAINES.

PROLOGUE

JUNON.

Sœur du plus grand des dieux (car ce nom seul me reste),
Honteuse, je descends de la voûte céleste,
Et, veuve d'un époux qui ne mourra jamais,
Le fuis puisqu'il me fuit, et lui laisse la paix.
Les maîtresses enfin l'emportent sur l'épouse;
Elles sont les Junons, et je suis la jalouse.
Il me prescrit la terre et leur marque les cieux,
Et du bras qu'il leur tend il me pousse en ces lieux.
Ses premières amours, cette fille profane,
Que dessous les habits et le nom de Diane
(Diane qui préside à la virginité)
Ce traître dépouilla de cette qualité,
N'y règne-t-elle pas sous la forme d'une ourse,
Et son mal de son bien ne fut-il pas la source?
Quel fruit eut mon courroux de transformer son corps?
Elle occupe le ciel, et m'en voici dehors :

Ma vengeance profite aux objets de ma haine,
Et j'établis leur gloire en méditant leur peine.
Sur ce trône éternel les sept filles d'Atlas
A ma confusion ne brillent-elles pas?
Des pudiques la gloire est due aux vicieuses,
Et le crime de trois en fit sept glorieuses.
Vis-je pas qu'à ma honte Ariane y monta
Par la faveur du fils dont Sémèle avorta?
Les deux astres jumeaux que l'Océan révère
N'y triomphent-ils pas du péché de leur mère?
L'honneur ne conduit plus en ces champs azurés;
Les vices aujourd'hui s'en sont fait les degrés;
Où la vertu régna le déshonneur habite,
Et le crime a le prix qu'eut jadis le mérite.
Mais que ma plainte à tort ramène les vieux ans
Où le temps lui fournit des objets si présens!
Alcmène ira bientôt y posséder la place
Que sans doute déjà ce perfide lui trace;
Déjà je crois l'y voir, en pompeux appareil,
Venir remplir un lieu plus haut que le soleil,
D'un regard dédaigneux braver ma jalousie,
Et, riante à mes yeux, savourer l'ambroisie :
C'est ce superbe objet de mon juste courroux
Qui tire de mon lit cet adultère époux,
Qui, comblant de faveurs son ardeur effrénée,
M'ôte les saints baisers qu'il doit à l'hyménée;
C'est d'elle (si du sort qui régit l'univers
Les livres éternels à mes yeux sont ouverts),
C'est d'elle que va naître un héros indomptable,
Un Alcide, un prodige aux monstres redoutable,
Qui seul doit plus que tous obscurcir mon renom,
Et qui seul doit régner au mépris de Junon.
Combien dure la nuit qui le promet au monde!
Le soleil par respect n'ose sortir de l'onde,
Et, par solennité, la courrière des mois
Contre l'ordre des nuits n'en fait qu'une de trois :
Ainsi, pour honorer ce qui me déshonore,
Le Ciel même fléchit, le jour ne peut éclore,
Et pour un fruit honteux de baisers criminels
La nature interrompt ses ordres éternels.
Mais qu'il naisse et commence une incroyable histoire,
Sa peine avec usure achètera sa gloire :
Le noir séjour des morts, l'air, la terre, le ciel,
Vomiront contre lui tout ce qu'ils ont de fiel;

Mortel, il est l'objet d'une immortelle haine :
Aussitôt que ses jours commencera sa peine ;
Les lions, les serpents, les hydres, les taureaux,
Seront de son repos les renaissants bourreaux ;
Et je regretterais une heure de sa vie
Qui d'un nouveau travail ne serait poursuivie.
Je sais que son courage, égal à son malheur,
Remplira l'univers du bruit de sa valeur,
Que, lion, plus lion que tous ceux de Némée,
Il lassera ma haine à sa perte animée ;
Je sais que ses effets passeront mes desseins,
Que mes yeux seront las bien plus tôt que ses mains,
Qu'il achèvera plus que je ne délibère,
Et que par ses exploits il prouvera son père.
Mais que des enfers même il sorte glorieux,
Que, second Encelade, il attaque les cieux,
Et mette la frayeur au sein du dieu de Thrace,
Mon seul ressentiment, ma seule passion
Saura bien triompher de son ambition.
D'autres armes manquant à ma fureur extrême,
Je n'opposerai plus que lui-même à lui-même ;
Lui-même il se vaincra ; s'il naît pour vaincre tout,
De ce dernier ouvrage il viendra bien à bout.
Je veux qu'il ait ensemble et la gloire et la honte,
Qu'au rang de ses vaincus quelque jour on le compte ;
S'il triomphe de tout, et si pour son trépas
Tout autre est impuissant, il ne le sera pas ;
Lui-même contre lui servira ma colère
Mieux qu'hydre, que serpents, que lion, que Cerbère,
Et ne laissera pas à la postérité
L'audace d'attenter à la divinité.

FIN DU PROLOGUE

LES SOSIES
COMÉDIE

ACTE PREMIER

SCÈNE I
(La nuit.)
MERCURE, seul.

Vierge, reine des mois et des feux inconstants
Qui président au cours de la moitié du temps,
Lune, marche à pas lents, laisse dormir ton frère,
Tiens le frein aux coureurs qui tirent ta litière,
Cependant que mon père, enivré de plaisirs,
Au sein de ses amours le lâche à ses désirs.
Prête avec moi ton aide à cette jouissance,
Et de ta chasteté ne prends point de dispense ;
Absolu comme il est sur tous les autres dieux,
A notre obéissance il doit fermer les yeux.
Le rang des vicieux ôte la honte aux vices,
Et donne de beaux noms à de honteux offices ;
C'est éloquence à moi que de servir ses feux,
Que de persuader les objets de ses vœux ;
Et mon nom est celui de messager du Pôle,
Qui de mon père en terre apporte la parole.
Retarde en sa faveur la naissance du jour.
Mais Sosie en ces lieux avance son retour :
Pour servir Jupiter cessons d'être Mercure ;
Allons de ce valet emprunter la figure,
Et troublons son esprit d'un si plaisant souci,
Que, s'ignorant soi-même, il s'éloigne d'ici.
                                    (Il sort.)

SCÈNE II
SOSIE, seul, une lanterne à la main.

Quelle témérité pareille à mon audace
Pourrait entrer au sein du dieu même de Thrace ?

A quelle complaisance un serf est-il réduit,
Qu'il faille marcher seul à telle heure de nuit?
Si du guet par hasard la rencontre importune
Se trouve sur mes pas, quelle est mon infortune?
Mon innocence alors, veuve de tout secours,
Emploira vainement et raison et discours;
Ces gens, pour mon malheur, trop pleins de courtoisie,
Me voudront recevoir contre ma fantaisie,
Et, croyant me traiter bien honorablement,
De la maison du roi feront mon logement.
Le plaisir de mon maître à ce malheur m'expose;
Son imprudence ainsi de mes heures dispose :
A ses commandements le jour ne suffit pas,
Il lui plait que la nuit exerce encor mes pas;
Quelque mal qui m'arrive, il croit tout raisonnable
A qui semble être né pour être misérable.
Chez les grands le servage est plus rude en ce point
Qu'aux forces le travail ne s'y mesure point,
Qu'on n'y distingue point le droit de l'injustice,
Et qu'il faut que tout ploie au gré de leur caprice;
Leur esprit, franc de soins en son oisiveté,
Trouve à tous nos travaux de la facilité,
Et, sans considérer jour, nuit, chaud, ni froidure,
Veille, course, ni peine, à leur avis n'est dure.
Mais dessus son malheur si longtemps méditer,
Au lieu de l'amoindrir ne fait que l'irriter;
Il est plus à propos que mon humble pensée,
Compagne de mes vœux, vers le ciel soit dressée,
Et que je reconnaisse avec soumission
Les biens que nous tenons de sa protection.
Certes, en ce combat, contre toute apparence,
Ses faveurs ont de loin passé notre espérance;
Tous ont exécuté plus qu'ils n'avaient promis :
Chaque coup mettait bas un de nos ennemis,
Et mon maître, à nous voir les destins si propices,
A douté si des dieux marchaient sous ses auspices.
Des rebelles enfin l'espérance est à bas;
Créon est rétabli dedans tous ses États,
Et mon maître vainqueur m'envoie à ma maîtresse
Annoncer cette heureuse et commune allégresse.

SCÈNE III

MERCURE, en habit et visage de Sosie; SOSIE.

MERCURE.
Inspiré de mon père à qui tout est connu,
Représentons celui que je suis devenu.
Le voici qui, rêveur, sa harangue étudie.
SOSIE.
Mais consultons un peu ce qu'il faut que je die :
Car je fuyais plus fort au plus fort du combat,
Et de frayeur encor le cœur au sein me bat.
Plus leurs bras s'employaient à ce sanglant office,
Plus mes jambes aussi se donnaient d'exercice ;
Je mesurais mes pas à l'ardeur de leurs coups,
Et la peur m'animait autant qu'eux le courroux.
MERCURE.
Ce menteur éternel, à soi seul imitable,
Une fois pour le moins se trouve véritable.
SOSIE.
N'omettons rien pourtant dont on puisse juger
Que j'aie été présent au plus pressant danger;
Et ce que je n'ai vu que par les yeux des autres,
Jurons impudemment de le tenir des nôtres.
Avisons en nous-même à parler à propos.
Je ferai mon récit, à peu près, en ces mots :
Madame, Amphitryon (arrivés que nous sommes),
Entre les principaux, a fait choix de deux hommes,
Gens de cœur et zélés sur tous les citoyens,
Pour envoyer d'abord vers les Téléboyens;
Tous deux partent du camp, avec ordre d'apprendre
Si Ptérèle prétend ou se perdre ou se rendre,
S'il veut par son devoir se procurer la paix,
Ou s'il veut que du bruit nous passions aux effets.
Mais en lui ces hérauts trouvent une âme altière,
Qui de notre fureur augmente la matière.
D'une audace effrontée il repart aigrement
Qu'il trouvera sa paix en notre monument,
Qu'il a depuis longtemps appris de son courage
A ne s'effrayer pas d'un si léger orage,
Et que ses gens et lui, vieillis dans les hasards,
Verraient sans peur le foudre aux mains même de Mars.
Mon maître, à ce rapport, fait sortir notre armée :

D'un funeste flambeau la guerre est allumée ;
Les drapeaux déployés, chacun marche en son rang,
Et ne respire plus que carnage et que sang.
L'ennemi d'autre part, en superbe équipage,
L'impatience aux mains et l'audace au visage,
Sort l'enclos de sa ville, et, par un vain orgueil,
Semble sous ses remparts marquer notre cercueil.
D'un et d'autre côté les trompettes résonnent ;
La terre d'alentour rend les airs qu'elles sonnent :
A ce bruit éclatant le cœur croît aux soldats,
Et cette noble ardeur leur fait croître le pas.
Les chefs des deux partis, après quelques prières,
Par qui chacun se croit rendre les dieux prospères,
Sollicitent leurs gens et marchent à la fois,
Mais font mieux par l'exemple encor que par la voix.
Alors tout ce qu'on a d'adresse et de courage,
En ce pressant besoin on le met en usage ;
L'effet de la promesse en l'ouvrage se voit :
Le sang dérobe au fer la lueur qu'il avoit ;
Il tombe par ruisseaux, il coule à chaque atteinte,
L'herbe en prend la couleur et la terre en est teinte.
Chaque arme, à chaque choc, produit autant d'éclairs ;
Le bruit en retentit dans le milieu des airs,
Et cet humide lieu, non sans raison, s'étonne
Que, hors de son espace, il pleuve, éclaire, et tonne.
La victoire à la fin se déclare pour nous ;
Il tombe autant de corps que nous portons de coups :
Le mort et le mourant pêle-mêle s'entasse ;
Mais leur trépas est beau : chacun meurt en sa place ;
L'ordre est en ce désordre, et de ces nobles cœurs
Le courage héroïque étonne les vainqueurs.
Avec nous leur vertu leur partage la gloire ;
Mais la force et le sort nous donnent la victoire ;
Nos efforts sont suivis d'un prospère succès,
Et notre joie alors va jusques à l'excès.

MERCURE.

Certes, la vérité, hors de ce qui le touche,
Sort nûment et sans art de sa profane bouche :
Car nous vîmes du ciel les deux camps se heurter ;
Mon père y mit la main.

SOSIE.

J'oubliais d'ajouter
Que le plus noble exploit qui finit la querelle
Fut celui de mon maître en la mort de Ptérèle ;

Sa main, rouge du sang de ce superbe roi,
Remplit ce qui resta de terreur et d'effroi ;
L'espoir abandonna ces généreuses âmes,
Et lors nos gens sans peine achevèrent leurs trames.
Enfin ce grand combat finit avec le jour ;
Mais jamais le soleil ne fit un si long tour.
Quelque heureux qu'il nous fût, il me fut une année ;
Car je ne mangeai point de toute la journée ;
Je fus du rang des morts, et la faim en effet
Me fit autant mourir que le fer aurait fait.
En ces mots à peu près je ferai ma harangue.
Certes, je n'osais tant espérer de ma langue ;
Elle a fait son devoir en cette occasion,
Et n'a rien entrepris à ma confusion.
Marchons donc ; je m'amuse, et ma charge me presse
D'aller de ce récit réjouir ma maîtresse.

MERCURE, à part.

Prenons de sa figure et de son propre nom
Le droit de le chasser de sa propre maison :
Mettons feintes, serments et malice en usage ;
Représentons ses mœurs ainsi que son visage ;
Battons-le de ses traits. Mais pourquoi dans les cieux
D'un si fixe regard attache-t-il ses yeux ?

SOSIE, regardant le ciel.

Par quelle ivrognerie ou quel plaisant caprice
A le dieu de la nuit oublié son office ?
Il semble que ces feux, cloués au firmament,
Contre leur naturel n'aient plus de mouvement ;
Je ne vois dévaler dans leurs grottes liquides
Orion ni Vesper, ni les sept Atlantides :
La lune semble fixe, et jamais le soleil,
Si leur cours est si lent, ne rompra son sommeil.

MERCURE, à part.

Achève, heureuse nuit, d'obéir à mon père,
Et de longtemps encor ne finis ta carrière.

SOSIE.

Amants, que cette nuit vous veut favoriser !

MERCURE.

Mon père en fait l'épreuve, et sait bien en user.

SOSIE.

Autre ne fut jamais de si longue durée
Qu'une où de mille coups j'eus la peau déchirée,
Où cent valets sur moi se lassèrent les bras.
La lune, pour me voir, arrêta court ses pas :

ACTE I, SCÈNE III.

De vrai, cette première était plus longue encore,
Et je désespérais du retour de l'aurore.
J'arrive enfin chez nous ; entrons, nous y voici.
Mais, à l'heure qu'il est, que fait cet homme ici ?

MERCURE, à part.

Il est poltron au point où plus on le peut être.

SOSIE, à part.

Je crains bien pour ma bourse un changement de maître.

MERCURE, à part.

Il tremble.

SOSIE, à part.

Et je conçois, du bruit que font mes dents,
Un présage assuré de mauvais accidents.
Cet homme officieux, s'étonnant que je veille,
Quand si profondément tout le monde sommeille,
Soigneux de mon repos plus qu'il n'en est besoin,
Me va faire dormir, sans doute, à coups de poing.
Combien de ce repos la crainte me travaille !
Dieux ! quel homme voilà ! quel port et quelle taille !

MERCURE, à part.

Pour accroître sa peur, menaçons, parlons haut.
Sus, mes poings, donnez-moi le repas qu'il me faut ;
Faites un compagnon de sort et de disgrâce
Aux quatre hommes qu'hier j'assommai sur la place :
Ils surent qu'au besoin vous êtes bons et lourds.

SOSIE.

Je ferai le cinquième ! O malheur des mes jours !

MERCURE, à part.

De votre premier coup ne laissez dents en bouche.

SOSIE, à part.

Eh ! de quoi donc manger ? Je suis mort, s'il me touche.

MERCURE.

Voici de la matière à notre noble ardeur ;
Je sens ici quelqu'un.

SOSIE, à part.

O la funeste odeur !

MERCURE.

Il ne peut être loin et vient de long voyage.

SOSIE, à part.

Cet assommeur devine.

MERCURE.

Il approche ; courage !

SOSIE.

Si tu me dois toucher, contre ce mur au moins,

Par gloire ou par pitié, daigne amollir tes poings.
####### MERCURE.
Chargeons-le d'importance.
####### SOSIE.
Eh! je suis las de sorte
Que, sans charge, moi-même à peine je me porte.
####### MERCURE.
Mais où ce malheureux détourne-t-il ses pas?
####### SOSIE.
Quel serait mon bonheur s'il ne me voyait pas!
####### MERCURE.
Sa voix, ou je m'abuse, a frappé mon oreille.
####### SOSIE.
Et sa main va frapper la mienne à la pareille.
####### MERCURE.
Il vient, je l'aperçois.
####### SOSIE.
J'ignore qui je suis
En l'état malheureux où mes jours sont réduits;
De peur le poil me dresse et tout le corps me tremble;
Mon ambassade et moi sommes péris ensemble.
Mais ta vertu, Sosie, au besoin se dément:
Il est seul comme toi; parle-lui hardiment.
####### MERCURE.
Toi qui portes Vulcain en cette corne esclave...
####### SOSIE.
Mais toi qui brises tout et qui fais tant du brave...
####### MERCURE.
Où s'adressent tes pas?
####### SOSIE.
Que t'importe? Où je veux.
####### MERCURE.
Es-tu libre ou captif?
####### SOSIE.
Oui.
####### MERCURE.
Mais lequel des deux?
####### SOSIE.
Lequel des deux me plaît, ou tous les deux ensemble.
####### MERCURE.
Ce maraud veut périr.
####### SOSIE.
Tel menace qui tremble.

ACTE I, SCÈNE III.

MERCURE.
Mais qui, de grâce, es-tu? Qui t'amène en ce lieu?
SOSIE.
J'appartiens à mon maître; es-tu content? Adieu.
MERCURE.
J'arracherai, pendard, cette langue effrontée.
SOSIE.
Ses remparts sont trop bons pour s'y voir affrontée.
MERCURE.
Poltron, répliques-tu? Que viens-tu faire ici?
SOSIE.
Mais qu'y cherches-tu, toi qui t'en mets en souci?
MERCURE.
Créon y fait veiller les gardes de la ville.
SOSIE.
Oui, mais notre retour rend ce soin inutile.
Va, laisse cette charge aux gens d'Amphitryon.
MERCURE.
Ami, qui que tu sois, ou domestique ou non...
SOSIE.
Eh bien?
MERCURE.
  Fuis tôt, et perds cette humeur suffisante,
Ou ta réception ne sera pas plaisante.
SOSIE.
Je suis de ce logis; c'est où tendent mes pas,
Et tous tes vains discours ne m'en chasseront pas.
MERCURE.
Je te vais rendre vain, sais-tu de quelle sorte?
En ne te chassant pas, mais faisant qu'on t'emporte.
Çà, mes poings, travaillons.
SOSIE.
    Mais pour quelle raison
Me met un étranger hors de notre maison?
Quel droit y prétend-il?
MERCURE.
   Hors de la maison, traître?
SOSIE.
Oui, puisque j'y demeure et qu'elle est à mon maître.
MERCURE.
Quel maître?
SOSIE.
  Amphitryon, chef du peuple thébain,
Qui, chargé de lauriers, arrivera demain.

MERCURE.

Et ton nom, imposteur?

SOSIE.

On m'appelle Sosie.

MERCURE.

O dieux! quelle impudence, ou quelle frénésie!

SOSIE.

Je ne m'abuse point, je parle sainement.

MERCURE.

L'imposteur! l'effronté! de quelle audace il ment!
On t'appelle...?

SOSIE.

 Sosie.

MERCURE.

 A ton dam, misérable,
Tu viens si prestement de forger cette fable :
De cette invention cent coups seront le prix.
 (Il le bat.)

SOSIE.

Au secours! au voleur! Tout est sourd à mes cris.

MERCURE.

Au mensonge, pendard, tu joins encor la plainte!

SOSIE.

Je ne t'ai point menti, je t'ai parlé sans feinte.

MERCURE.

Quoi! Sosie est ton nom?

SOSIE.

 Je te l'ai dit, hélas!

MERCURE.

Sosie?

SOSIE.

 Et plût au ciel ne le fussé-je pas?

MERCURE.

Mes poings, cent coups encor pour cette menterie.

SOSIE.

Qui veux-tu que je sois, dis-moi donc, je te prie?
Epargne un malheureux.

MERCURE.

 Dis ton nom, affronteur.

SOSIE.

Je suis ce qui te plaît, je suis ton serviteur :
Car tes coups m'ont fait tien.

MERCURE.

 Ton audace est extrême

Jusques à m'affronter et prendre mon nom même ?
C'est moi qui suis Sosie, et dans cette maison
Jamais d'autre que moi n'en a porté le nom.
Que viens-tu faire ici ?

SOSIE.

Chercher mon cimetière,
Et fournir à tes coups une indigne matière.

MERCURE.

Es-tu Sosie encor ? Réponds, qui l'est de nous ?

SOSIE.

Plût aux dieux le fût-il, et reçût-il les coups !

MERCURE.

Approche, dis ton nom, parle ; quel est ton maître ?

SOSIE.

Tu m'as mis en état de ne me plus connaître.
A quelle déité s'adresseront mes vœux ?
Mon maître est...

MERCURE.

Qui ?

SOSIE.

Je suis...

MERCURE.

Quoi ?

SOSIE.

Rien, si tu ne veux.

MERCURE.

Que t'importe mon nom, et quelle extravagance
Te le fait usurper avec tant d'arrogance ?

SOSIE.

De grâce, permets-moi de parler librement ;
Tu sauras qui je suis en deux mots seulement.

MERCURE.

Oui, parle ; ma bonté t'accorde cette trêve.

SOSIE.

Amphitryon...

MERCURE.

Dis tôt.

SOSIE.

Sosie...

MERCURE.

Après, achève.

SOSIE.

Sosie, Amphitryon...

MERCURE.
Que crains-tu? parle tôt.
SOSIE.
Faisons donc trêve aux coups, ou je ne dirai mot.
MERCURE.
Oui, je te la tiendrai.
SOSIE.
Je te crois, mais sur peine.
MERCURE.
Que Mercure à jamais prenne Sosie en haine!
SOSIE.
Pour rompre son serment il est trop généreux.
MERCURE.
Parle.
SOSIE.
Je suis Sosie.
MERCURE, le battant.
Encore, malheureux!
SOSIE.
Arrête, j'ai fait trêve et ton serment te lie.
MERCURE.
Ces coups sont un remède à guérir ta folie,
Et ton mal, je m'assure, est décru de moitié.
SOSIE.
O déplaisant remède, importune pitié!
Fais ce qui te plaira : mais cette violence
Ne saurait plus longtemps m'obliger au silence.
Ta fourbe peut bien être un obstacle à mes pas;
Mais toutes ces raisons ne me changeront pas.
Je n'emprunte le nom ni la forme d'un autre;
Je suis le vrai Sosie, et ce logis est nôtre.
MERCURE.
O le fou! l'insensé!
SOSIE.
Ce sont tes qualités.
Mon maître Amphitryon, ses ennemis domptés,
Ne m'a-t-il pas du port envoyé vers Alcmène
Lui conter du combat la nouvelle certaine?
N'en arrivé-je pas une lanterne en main?
Voilà pas le palais de ce prince thébain?
Ne te parlé-je pas? sais-je pas que je veille?
Tes poings ne m'ont-ils pas étourdi cette oreille?
Que n'opposé-je donc ma défense à tes coups?
A quoi perds-je le temps? que n'entré-je chez nous?

ACTE I, SCÈNE III.

MERCURE.
Dieux! de quelles couleurs il sait peindre un mensonge!
Dois-je croire mes sens? Veillé-je, ou si je songe?
Il dit de point en point ce qui m'est arrivé;
Car mon maître en effet, le combat achevé,
Et sa main de Ptérèle ayant coupé la trame,
M'a du port Euboïque envoyé vers sa femme
Lui conter de nos faits l'heureux événement.

SOSIE.
Je ne me connais plus : en cet étonnement
Il me mettrait enfin au terme de le croire.
Quel présent lui fut fait après cette victoire?

MERCURE.
D'un vase précieux où Ptérèle buvait....

SOSIE, à part.
Il sait tout mieux que nous; sans doute il nous suivait.

MERCURE.
Que mon maître aussitôt fit marquer de ses armes.

SOSIE.
Quelle lumière, ô dieux! dissipera ces charmes?
Il l'a déjà sur moi par la force emporté,
Et la raison encor semble de son côté.
Mais ma mémoire enfin a de quoi le confondre,
Et, sans être moi-même, il n'y saurait répondre.
Lorsque plus vivement choquaient les bataillons,
Qu'allas-tu faire seul dedans nos pavillons?

MERCURE.
D'un flacon de vin pur...

SOSIE.
    Il entre dans la voie.

MERCURE.
Près d'un muid frais percé j'allai faire ma proie.
Hardi, je l'assaillis, et lui tirai du flanc
Cette douce liqueur qui tenait lieu de sang.

SOSIE.
Je suis sans repartie après cette merveille,
S'il n'était par hasard caché dans la bouteille.
Il ne me reste plus avec quoi contester.

MERCURE.
Eh bien! suis-je Sosie? as-tu lieu d'en douter
T'ai-je assez bien guéri de cette frénésie?

SOSIE.
Mais moi, qui suis-je donc, si je ne suis Sosie

MERCURE.

Prends ce nom, si tu veux, quand je l'aurai quitté,
Mais, devant, défais-toi de cette vanité.

SOSIE.

Certes, à dire vrai, plus je le considère,
D'autant plus ma créance à ma crainte défère ;
Il n'a proportion, couleur, marque ni traits,
Que le miroir aussi ne marque en mon portrait ;
On ne peut qu'ajouter à ce rapport extrême ;
En un autre aujourd'hui je me trouve moi-même :
Démarche, taille, port, menton, barbe, cheveux,
Tout enfin est pareil, et plus que je ne veux.
Mais cet étonnement fait-il que je m'ignore ?
Je me sens, je me vois, je suis moi-même encore,
Et j'ai perdu l'esprit si j'en suis en souci.
Ne l'interrogeons plus. Entrons ; qu'entends-je ici ?

MERCURE.

Traître, où vas-tu ?

SOSIE.

Chez nous.

MERCURE.

Ah ! c'est trop ; le ciel même
Ne te pourrait soustraire à ma fureur extrême.
Tu t'obstines encore à me persécuter ?

SOSIE.

Comment de mon devoir puis-je donc m'acquitter ?
Ne m'est-il pas permis de dire à ma maîtresse
Ce qui m'est ordonné par une charge expresse ?

MERCURE.

Oui, mais non à la mienne, ou de ce même seuil
Où tu veux aborder je ferai ton cercueil.

SOSIE.

Retirons-nous plutôt. O prodige ! ô nature !
Où me suis-je perdu ? quelle est cette aventure ?
Qui croira ce miracle aux mortels inconnu ?
Où me suis-je laissé ? que suis-je devenu ?
Comment peut un seul homme occuper double place ?
Moi-même je me fuis, moi-même je me chasse ;
Je porte tout ensemble et je reçois les coups ;
Je me vais éloigner, et je serai chez nous.
Quel est cet accident ? Retournons à mon maître.
Et plût au ciel aussi qu'il me pût méconnaître !
De cet heureux malheur naîtrait ma liberté,
Et ce serait me perdre avec utilité. (Il sort.)

SCÈNE IV
MERCURE, seul.

Ai-je avec gloire enfin abattu son audace?
Ne l'ai-je pas réduit à me céder la place?
Mon père cependant, sans importunité,
Possède le sujet qui tient sa liberté :
Son absolu pouvoir se permet toute chose ;
Ni refus ni froideur à ses vœux ne s'oppose ;
Son bonheur est tout pur, et ses ravissements
Passent les voluptés des plus heureux amants.
Mais, comblé des faveurs d'une beauté si rare,
L'heure approche bientôt qu'il faut qu'il s'en sépare,
Et le jour doit enfin succéder à la nuit.
Taisons-nous, le voici ; la porte a fait du bruit.

SCÈNE V
JUPITER, ALCMÈNE, MERCURE.

JUPITER, sous la figure d'Amphitryon.
Avecque ce baiser je te laisse mon âme ;
Adieu, conserve autant que j'emporte de flamme.
Hyménée à mes yeux ne fut jamais si beau ;
Jamais d'un si beau feu n'éclaira son flambeau ;
Jamais de Jupiter les agréables crimes
En douceur n'ont passé nos baisers légitimes :
Surtout conserve-toi ; le temps est expiré
Où nous doit naître un fruit si longtemps désiré,
Où Thèbes de ma couche attend un capitaine,
Digne sang de mon sang et de celui d'Alcmène.
ALCMÈNE.
Quel si pressant besoin vous tire de ce lieu,
Où le salut à peine a précédé l'adieu ?
JUPITER.
Je m'acquitte des soins où Créon me destine :
Par l'absence du chef, tout le corps se ruine ;
Mon amour même ici dérobe à mon devoir
Ce court et doux moment que j'ai pris pour te voir :
Moi-même j'ai voulu t'apprendre les nouvelles
Du fruit de mon voyage et du sort des rebelles,
Et t'offrir de ma main ce riche vase d'or

Qui jadis de Ptérèle embellit le trésor.
Adieu, laisse-moi rendre un devoir à mes armes;
Et laisse mon retour au seul soin de tes charmes.
(Alcmène sort.)
Déesse du repos, nuit, mère du sommeil,
Achève enfin ta course, et fais place au soleil.

ACTE DEUXIÈME

SCÈNE I

AMPHITRYON, SOSIE.

AMPHITRYON.

Marche tôt.

SOSIE.

Je vous suis.

AMPHITRYON.

Marche, peste des hommes.

SOSIE.

Tels sont nos attributs, malheureux que nous sommes!
Pestes, ivrognes, fous, impudents, effrontés,
On nous donne à bon prix toutes ces qualités;
Défiances, soupçons, coups, injures, menaces,
Le servage est l'objet de toutes ces disgrâces.

AMPHITRYON.

Tu murmures, pendard?

SOSIE.

Et pour dernier malheur,
On y défend encor la plainte à la douleur.

AMPHITRYON.

Ma patience, ô dieux! est bien incomparable,
D'avoir pu si longtemps souffrir ce misérable.

SOSIE.

Dites ce qui vous plaît, suivez votre courroux:
C'est à moi de souffrir, puisque je suis à vous;
Mais je ne vous dirai, quelque sort qui me suive,
Que la vérité même, et que ce qui m'arrive.

AMPHITRYON.
Oses-tu, malheureux, encor me soutenir
Ce qui ne fut jamais ni ne peut avenir,
Qu'étant ici présent, tu sois chez nous encore?
SOSIE.
C'est l'effet d'un pouvoir que moi-même j'ignore;
Mais je ne vous mens point.
AMPHITRYON.
Misérable est celui
Sur qui pend le malheur qui t'attend aujourd'hui.
SOSIE.
Je ne me défendrai d'un traitement si rude
Qu'avecque la vertu qu'enjoint la servitude.
AMPHITRYON.
Ton impudence encor s'obstine à me jouer!
C'est bien haïr ta vie, il le faut avouer:
Tu m'oses soutenir avecque tant d'audace
Qu'un même homme en même heure occupe double place?
SOSIE.
Je le maintiens encor.
AMPHITRYON.
Te confondent les dieux!
SOSIE.
Leur foudre, si je mens, m'extermine à vos yeux!
AMPHITRYON.
Quelle confusion à la mienne est pareille,
Et combien justement douté-je si je veille!
SOSIE.
Que désirez-vous plus? je vous l'ai dit cent fois,
Et vous verrez l'effet s'accorder à ma voix.
A quoi tant répéter ce discours inutile?
Me voici dans les champs, et je suis à la ville.
Parlé-je cette fois assez disertement,
En termes assez clairs, assez distinctement?
Nos fautes font bien moins que votre défiance
Ce malheur qui chez vous nous ôte la créance.
Malheur, Amphitryon, à ceux que comme moi
Un sort abject et bas rend indignes de foi!
AMPHITRYON.
Traître, qui te croira? quel esprit si crédule
Ne tiendra comme moi ce conte ridicule,
Que tu sois au logis, et que tu sois ici?
SOSIE.
J'en suis le plus confus et le plus en souci;

Mais il n'est rien plus vrai.
AMPHITRYON.
Dessus quelle apparence
As-tu si fermement fondé cette assurance ?
SOSIE.
Il est trop vrai, vous dis-je, et cet étonnement,
S'il vous touche si fort, me touche également.
Je n'ai pas cru d'abord à cet autre moi-même :
J'ai démenti mes yeux sur ce rapport extrême ;
Mais j'ai tant fait enfin que je me suis connu ;
Je me suis tout conté comme il est avenu,
Jusques à me citer la coupe de Ptérèle ;
J'ai mon nom, mon habit, ma forme naturelle ;
Enfin je suis moi-même, et deux gouttes de lait
N'ont pas, à mon avis, un rapport si parfait.
J'ai trouvé, quand bien las j'ai ma course achevée..
AMPHITRYON.
Quoi ?
SOSIE.
Que j'étais chez nous avant mon arrivée ;
Je travaillais ensemble et j'étais en repos,
Fatigué par les champs, et là frais et dispos.
AMPHITRYON.
Dieux ! comme il est troublé ! Cette disgrâce insigne
Est le fatal présent de quelque main maligne,
Quelque méchant esprit rencontré sur ses pas..
SOSIE.
Vous l'avez deviné, je ne le nîrai pas.
Cette maligne main, si forte et si hardie,
D'un orage de coups m'a la joue étourdie.
AMPHITRYON.
Qui t'a battu ?
SOSIE.
Moi-même.
AMPHITRYON.
Et pourquoi ?
SOSIE.
Sans raison.
AMPHITRYON.
Toi ?
SOSIE.
Moi, vous dis-je, moi qui suis à la maison.
AMPHITRYON.
Écoute, observe ici l'ordre que je désire,

Et réponds mot pour mot à ce que je vais dire.
Quel est, premièrement, ce Sosie inconnu
Qui t'a tout raconté ce qui t'est avenu?

SOSIE.

Il est votre valet.

AMPHITRYON.

Trêve à sa courtoisie.
Deux me sont superflus, et j'ai trop d'un Sosie.

SOSIE.

Le ciel ne soit jamais favorable à mes vœux,
Si je ne vous fais voir que vous en avez deux!
Celui que je vous dis, ma vivante peinture,
Passerait pour moi-même aux yeux de la nature;
Il m'est pareil de nom, de visage, de port;
Il m'est conforme en tout, il est grand, il est fort,
Et m'a de sa valeur rendu des témoignages :
Enfin je suis doublé ; doublez aussi mes gages.

AMPHITRYON.

Un semblable miracle est trop prodigieux
Pour m'en fier à moins qu'au rapport de mes yeux.
Mais as-tu vu ma femme?

SOSIE.

Ayant fait mon possible
Pour me rendre d'abord votre porte accessible,
Enfin, rompu de coups, j'ai rebroussé mes pas.

AMPHITRYON

Et qui t'en a chassé?

SOSIE.

Moi, ne vous dis-je pas?
Moi que j'ai rencontré, moi qui suis sur la porte,
Moi qui me suis moi-même ajusté de la sorte,
Moi qui me suis chargé d'une grêle de coups,
Ce moi qui m'a parlé, ce moi qui suis chez vous.

AMPHITRYON.

Le sommeil t'a surpris, t'a montré ton image,
Et ne t'a fait qu'en songe accomplir ton voyage.

SOSIE.

Non, non, vos propres yeux vous le feront savoir ;
Ce n'est point en dormant que je fais mon devoir :
J'ai veillé pour mon mal, j'ai veillé pour ma honte ;
Veillant, je me suis vu ; veillant, je vous le conte :
Je me suis de cent coups, veillant, froissé les os ;
J'ai veillé malheureux, et trop pour mon repos.

AMPHITRYON.

Hâtons-nous, suis mes pas, et m'oblige à te croire,
Faisant mes propres yeux témoins de cette histoire.
Par cette vue enfin je resterai confus.

SOSIE.

Allons, mais que les coups, s'il se peut, n'en soient plus.

(Ils sortent.)

SCÈNE II
ALCMÈNE, CÉPHALIE.

ALCMÈNE.

Par quel ordre fatal, ma chère Céphalie,
Faut-il que la douleur aux voluptés s'allie?
Quel important besoin, quelle nécessité
Enchaîne ainsi la peine à la prospérité?
C'est la première loi des lois de la nature
Qu'ici-bas un plaisir s'achète avec usure ;
Aux grands comme aux petits, aux rois comme aux bergers
Les maux sont naturels et les biens étrangers.
Je l'éprouve, chétive, et je sais par moi-même
Quelles sont les rigueurs de cette loi suprême ;
Moi, dis-je, dont tu vois que les tristes amours
Pour une bonne nuit ont tant de mauvais jours ;
Moi, veuve d'un vivant, moi triste et solitaire,
Dont le soleil se couche aussitôt qu'il éclaire.
Tu vois qu'Amphitryon en une même nuit
Entre, sort, vient, s'en va, se laisse voir et fuit ;
Sa venue en mes yeux trouve à peine des charmes,
Que sa perte aussitôt y vent trouver des larmes ;
Son retour me ravit ; mais ce ravissement
Par l'ennui du départ est payé doublement.

CÉPHALIE.

Ce plaisir pour le moins doit soulager vos peines,
Qu'il ramène vainqueur les légions thébaines,
Qu'il a fait une histoire illustre à nos neveux,
Que ses moindres exploits ont surpassé nos vœux,
Que la rébellion laisse nos terres calmes,
Et qu'il revient chargé de lauriers et de palmes :
Ces prix de sa valeur, ces rameaux toujours verts
Feront durer son nom autant que l'univers ;
Il a mis sa mémoire au rang des belles choses ;
Il n'a plus à cueillir que des lis et des roses,

Et désormais vos yeux, ces tyrans amoureux,
De tous ses ennemis sont les plus dangereux.
ALCMÈNE.
Il est vrai que l'honneur dessus l'amour l'emporte,
Tant honnête soit-elle, et tant soit-elle forte :
De tous les beaux objets la gloire est le plus doux ;
Aussi de tous les biens ce bien seul est à nous.
Les trésors sont des biens, mais il les faut défendre ;
On vante un noble sang, mais on le peut répandre ;
Ce soir emportera tel qui vit aujourd'hui,
Et de ses jours le sort est plus maître que lui :
La vertu, ce seul bien, de soi-même dispose ;
Elle possède tout, et donne toute chose,
Et le sort... Mais que dis-je ? il revient sur ses pas.

SCÈNE III
LES MÊMES ; AMPHITRYON, SOSIE.

AMPHITRYON, à part.
Le plaisir est plus doux quand on ne l'attend pas,
Et ma vue en ce lieu sera d'autant plus chère
Qu'elle est moins attendue et que moins on l'espère.
ALCMÈNE, à part.
De quel avis nouveau naît ce prompt changement ?
Je ne sais que juger en cet étonnement.
Ma chaste affection, lui serais-tu suspecte ?
Douterait-il, hymen, combien je te respecte ?
Vient-il voir à quel point me touche son départ ?
Quelque tard qu'il arrive, il vient encore tard.
J'ignore quelle fin son retour se propose ;
Mais je bénis l'effet, quelle qu'en soit la cause.
AMPHITRYON, abordant Alcmène.
Le ciel te rie, Alcmène, et soient bénis les dieux
Dont le soin provident me ramène en ces lieux !
Viens-je aussi désiré que je te suis fidèle,
Et t'es-tu conservée aussi saine que belle ?
SOSIE, à part.
Le beau ravissement, et le plaisant transport
Qu'elle me veut marquer par ce muet abord !
Quelle est cette surprise, et quel trouble l'agite ?
La porte aurait parlé depuis qu'elle médite.
AMPHITRYON
Dieux ! quels sont ces mépris et ces retardements

Que ta défense apporte à nos embrassements?
ALCMÈNE.
Mais quel dessein plutôt, ou quelle humeur vous porte
A me venir railler et jouer de la sorte?
Qui, vous oyant parler, ne croirait qu'à ce jour
Vous faites en ce lieu votre premier retour,
Et que vous m'apportez les premières nouvelles
De votre heureux succès et du sort des rebelles?
AMPHITRYON.
Qui le croirait ainsi ne s'abuserait pas :
Je viens de prendre port, j'arrive de ce pas ;
Et ce baiser, payé d'une froideur si forte,
Est le premier salut que ma bouche t'apporte.
ALCMÈNE.
Raillons, s'il faut railler ; vos plaisirs me sont doux,
Et je suis obligée à souffrir tout de vous :
Mais quel sujet retarde ou rompt votre voyage?
Avez-vous observé quelque mauvais présage?
Êtes-vous menacé par le vol des oiseaux?
Quelque soudain orage a-t-il ému les eaux?
Avez-vous redouté le pouvoir de Neptune,
Et laissez-vous l'armée au soin de la Fortune?
AMPHITRYON.
Et quand, s'il t'en souvient, partis-je de ce lieu?
ALCMÈNE.
Au lever du soleil vous m'avez dit adieu.
AMPHITRYON, à Sosie.
Sosie, écoute. O dieux ! quelle est sa frénésie?
ALCMÈNE.
Je croirai là-dessus le rapport de Sosie.
SOSIE.
Elle dort ; laissons-la, nous troublons son repos :
Peut-elle sans rêver nous tenir ces propos?
ALCMÈNE.
Non, non, je vous entends, je discours et je veille :
Veillant, je vous ai vus.
AMPHITRYON.
Quelle est cette merveille?
SOSIE.
Si d'un pilote adroit nos vaisseaux gouvernés,
Dormant, jusqu'en ce lieu nous avaient amenés,
Et que ce bon nocher pût introduire au monde
L'art de ramer sur terre aussi bien que sur l'onde?

AMPHITRYON.
Tu nous brouilles encore en cette occasion,
Et veux entretenir cette confusion.
SOSIE.
C'est irriter les fous que de les contredire :
La folie est un mal que le remède empire.
AMPHITRYON, à Alcmène.
A quoi dois-je imputer un si mauvais accueil?
A ton extravagance, ou bien à ton orgueil?
Est-ce là cet abord de respect et de flamme
Que doit à son époux une pudique femme?
Sont-ce là ces transports d'amour et de devoir
Qu'en ces occasions tu m'as toujours fait voir?
ALCMÈNE.
Hier, à votre arrivée, avec quelle allégresse
Vous vins-je recevoir et vous fis-je caresse!
Je craignis justement que ma civilité
Ne passât du devoir à l'importunité.
CÉPHALIE.
S'il en était besoin, j'en rendrais témoignage.
AMPHITRYON, à Sosie.
Nous sommes tous deux fous, si l'une et l'autre est sage.
SOSIE.
Mais peut-être tous quatre, et c'est mon sentiment.
AMPHITRYON.
Alcmène, est-ce folie ou divertissement?
Que t'est-il arrivé? quelle douleur te presse?
Ce fâcheux accident naît-il de ta grossesse?
ALCMÈNE.
Je parle sainement.
AMPHITRYON.
Moi, je vins hier ici?
Tu l'oses soutenir?
ALCMÈNE.
Vous, et Sosie aussi.
SOSIE.
Oui, mais je n'entrai pas.
AMPHITRYON.
Sa manie est extrême!
SOSIE.
Et je n'y vis que moi, qui m'en chassai moi-même.
AMPHITRYON.
Écoute, Alcmène, et crois ce fidèle rapport :
Nos vaisseaux cette nuit se sont rendus au port,

Où j'ai pris le repas, où j'ai la nuit passée,
Où l'espoir de ta vue a flatté ma pensée,
D'où nous sommes partis ce matin seulement,
Et d'où nous arrivons en ce même moment.

ALCMÈNE.

Faites à vos discours trahir votre mémoire ;
Croyez ce qui n'est pas, si vous le voulez croire,
Et divertissez-vous à me mettre en souci ;
Mais dès hier arrivés vous mangeâtes ici,
D'où vous n'êtes partis qu'au réveil de l'aurore.

AMPHITRYON.

Je ne me connais plus ; moi-même je m'ignore.

ALCMÈNE.

De quoi puis-je tenir, sinon de votre voix,
L'agréable récit du fruit de vos exploits,
L'incomparable ardeur de ces foudres de guerre
Qui semblent être nés pour conquérir la terre,
La prise de Télèbe, et le triste destin
Qui renversa l'orgueil de ce peuple mutin :
Votre duel enfin, et la mort de Ptérèle,
De qui, sinon de vous, tiens-je cette nouvelle ?

AMPHITRYON.

Je t'ai fait ce récit ?

ALCMÈNE.

Sosie était présent.

SOSIE, à part.

Il ne m'en souvient point. Ô le débat plaisant !

AMPHITRYON.

Il rit, et justement, de ton erreur extrême.

ALCMÈNE.

Peut-il, instruit par vous, parler contre vous-même ?

AMPHITRYON, à Sosie.

Dis-le, si tu le sais ; m'as-tu vu l'aborder ?

SOSIE.

Êtes-vous fol aussi de me le demander,
La voyant, comme elle est, de sens si dépourvue ?

AMPHITRYON, à Alcmène.

Au moins crois l'un des deux.

ALCMÈNE.

Je ne crois que ma vue ;
Je vous parle sans art et sans déguisement,
Et n'ai point d'intérêt à parler autrement.
Mais désavoûrez-vous une preuve certaine

Dont je vous vais convaincre et me tirer de peine ?
Ne tiens-je pas de vous ce riche vase d'or
Dont on vous fit présent ? Le nirez-vous encor ?

AMPHITRYON.

Non, il t'est destiné; t'en a-t-on avertie ?

ALCMÈNE.

Vous me l'avez baillé.

AMPHITRYON.

Quand ?

ALCMÈNE.

A votre sortie.
Trouverez-vous encor de quoi le contester ?
Vous plaît-il de le voir ? le ferai-je apporter ?

AMPHITRYON.

Voyons. Dieux ! quel miracle égale ce prodige ?

ALCMÈNE.

Apportez, Céphalie.

(Céphalie va chercher le vase d'or.)

SOSIE.

Elle est folle, vous dis-je ;
Le voici que je porte : il est dans ce sachet,
Fermé de votre main et de votre cachet.

AMPHITRYON.

Le sceau me semble entier.

SOSIE.

Avant que de ce terme
Elle passe en un pire, ordonnez qu'on l'enferme,
Pour votre sûreté comme pour son repos.

AMPHITRYON.

Cet avis, ce me semble, est assez à propos.

ALCMÈNE.

Il est bien véritable, il faut que je le die,
Que les fous en autrui trouvent leur maladie,
Qu'ils tiennent tous esprits dans le défaut des leurs,
Et qu'ils se peignent tout de leurs propres couleurs.

CÉPHALIE, apportant le vase d'or.

Le voici.

ALCMÈNE.

Donnez-moi. Voyez si cette folle
Vous a fait concevoir une attente frivole,
Vous qui désavouez ce que vous avez fait ;
Est-ce une illusion, ou ce vase en effet ?

AMPHITRYON.

O dieu, maître des dieux ! divinité suprême !

Sosie, approche; tiens, le voilà, c'est lui-même.
Elle nous a charmés.
SOSIE.
Il le faut croire ainsi;
On ne le peut sans charme avoir ôté d'ici.
AMPHITRYON.
Ouvre, romps le cachet.
SOSIE.
Quelle est cette aventure?
L'art veut à reproduire imiter la nature,
Et, comme vous et moi sommes déjà doublés,
Ce vase l'est encore, ou nous sommes troublés.
AMPHITRYON.
Hâte-toi.
SOSIE.
Voilà fait. O dieux!
AMPHITRYON.
Apporte, montre.
SOSIE.
Que vous puis-je montrer, si rien ne s'y rencontre?
O prodige inouï!
AMPHITRYON.
Retourne sur tes pas,
Traître; il le faut trouver.
SOSIE.
Ne le tient-elle pas?
Pour me l'avoir commis, qu'importe qui le rende?
AMPHITRYON, à Alcmène.
De qui l'as-tu reçu?
ALCMÈNE.
De qui me le demande.
AMPHITRYON.
A quelle heure? où? comment? dis tout de point en point.
ALCMÈNE.
Je vous vais tout conter, je ne me défends point.
Hier, au point que la nuit tendait ses sombres voiles,
Et qu'on voyait au ciel les premières étoiles...
AMPHITRYON.
Après?
ALCMÈNE.
Je vous tendis les bras.
AMPHITRYON.
Un si courtois accueil déjà ne me plaît pas.

ACTE II, SCÈNE III.

ALCMÈNE.
Je reçus et rendis le salut ordinaire.

AMPHITRYON.
J'ai peur d'avoir tant fait qu'il m'en doive déplaire.
Mais continue : après?

ALCMÈNE.
J'appris de vous enfin
Des contraires partis le contraire destin,
Et comme sous Créon toute la terre tremble...

AMPHITRYON.
Lors?

ALCMÈNE.
Il fallut manger, nous lavâmes ensemble.

AMPHITRYON.
Et puis?

ALCMÈNE.
Nous prîmes place où le couvert fut mis.

AMPHITRYON.
Tout cela m'est suspect : nous étions trop amis.
Enfin, après souper?

ALCMÈNE.
Fatigué du voyage...

AMPHITRYON.
Je crains, et justement, d'en savoir davantage.

ALCMÈNE.
Vous vous mîtes au lit.

AMPHITRYON.
Je tremble. Achève; après?

ALCMÈNE.
J'en usai comme vous, et vous suivis de près.

AMPHITRYON.
Où? c'est ici le point que surtout j'appréhende.

ALCMÈNE.
Auprès de vous. Pourquoi? quelle est cette demande?

AMPHITRYON.
Comment! en même lit?

ALCMÈNE.
Avec la liberté
Qu'une pudique femme a de l'honnêteté,
Et par la loi d'hymen, immuable et sacrée,
Qui m'y donne ma place et m'en permet l'entrée.

AMPHITRYON.
O malheur!

ALCMÈNE.
Qu'avez-vous ?
AMPHITRYON.
Tais-toi, ne parle plus ;
Ce funeste discours me rend assez confus.
O malheur de mes jours ! malheureux hyménée !
Malheureuse cent fois ma triste destinée !
O voyage, ô triomphe à mon honneur fatal !
SOSIE.
Ce mal est si commun que ce n'est plus un mal ;
Le plus fin aujourd'hui le souffre par coutume,
Et le fou seulement de regret s'en consume.
ALCMÈNE.
Qu'est-ce ? qu'a mon époux ?
AMPHITRYON.
Horreur de ma maison,
Ne m'appelle jamais de ce funeste nom.
Avec d'autres que moi tu partages ma couche ;
Tu reçois des baisers d'autres que de ma bouche.
O dieux ! ô Jupiter, tu vis ce suborneur
D'un immortel affront diffamer mon honneur,
Et, cruel, à tes yeux tu souffris cette injure !
SOSIE.
Je ne sais quel caprice est celui de nature ;
J'ignore son dessein ; mais, à ce que je vois,
Vous êtes pour le moins aussi double que moi.
Quelqu'autre Amphitryon se donne en votre absence
Le même soin que vous et la même puissance ;
Ailleurs que dans le camp il s'est porté des coups ;
Combattant pour autrui, l'on combattait pour vous.
ALCMÈNE.
J'atteste de Jupin la puissance suprême
Que mon lit n'a reçu de mortel que vous-même,
Ou que vive je brûle en la place où je suis !
Femme, j'ose jurer ; mais, chaste, je le puis.
Les biens de mes parents sont un vil héritage ;
J'eus la crainte des dieux et l'honneur en partage ;
Ma pudeur, mon respect, ma chaste affection,
Plus que tout autre bien, sont ma possession.
AMPHITRYON.
Tout esprit, tout conseil et tout sens m'abandonne ;
J'ignore qui je suis, et ne connais personne.
SOSIE.
Quelque savant démon, en la magie expert,

Fait qu'ainsi tout se change, et se double et se perd.

AMPHITRYON.

Si faut-il avec soin éclaircir cette affaire.

ALCMÈNE.

Vous avez liberté comme droit de le faire.

AMPHITRYON.

Même j'en ai moyen : si j'amène du port
Naucrate, ton parent, croiras-tu son rapport ?
Il sait ce que j'ai fait depuis notre venue,
Et n'a pas d'un moment abandonné ma vue.
Consens-tu, si sa voix convainc tes faussetés,
A rompre le lien qui joint nos libertés ?

ALCMÈNE.

Soit qu'il prouve ma faute, ou me trouve innocente,
Si vous le désirez, il faut que j'y consente.

AMPHITRYON.

Je reviens. Va, Sosie, entre et m'attends chez nous.

(Il sort.)

ALCMÈNE.

Qui rend cet insensé de soi-même jaloux ?

SOSIE, à Alcmène.

Puisque nous sommes seuls, bannissons toute feinte :
Guérissez-moi l'esprit d'une mortelle crainte.
Ne m'avez-vous point vu ? ne suis-je point chez nous ?
Et ne m'attends-je point pour m'accabler de coups ?

CÉPHALIE.

Que dit cet insensé ?

ALCMÈNE.

Ne m'approche pas, traître,
Suppôt d'un imposteur, valet digne du maître.

ACTE TROISIÈME

SCÈNE I
JUPITER, seul.

Je suis ce suborneur, ce faux Amphitryon
Qui remplis tout d'erreur et de confusion.
Que tout charme défère à la beauté d'Alcmène
Qui rend un dieu sensible à l'amoureuse peine,
Qui l'attire du ciel en ce bas élément,
Et qui réduit son maître à cet abaissement.
Tels sont tes jeux, Amour, et ta gloire est extrême
Jusqu'à t'être éprouvé contre Jupiter même,
Jusqu'à vouloir d'un dieu des vœux et des autels,
Et le faire souffrir pour des objets mortels.
Tantôt, pour m'asservir quelques beautés rebelles,
Tu me fais emprunter des ongles et des ailes ;
Du doux chant des oiseaux ta vertu quelquefois
En des mugissements a transformé ma voix ;
J'ai d'autres fois chanté mon amoureux martyre
Sur la flûte de Pan, sous la peau d'un satyre ;
Et sous la forme d'or ton pouvoir souverain
M'a fait trouver passage en des portes d'airain.
Mais ce chaste sujet de l'amour qui me presse
Sort, les larmes aux yeux : modérons sa tristesse ;
Chassons pour quelque temps le trouble de ces lieux ;
Mais ne la détrompons que pour la tromper mieux.

SCÈNE II
ALCMÈNE, CÉPHALIE, JUPITER.

CÉPHALIE.
Madame, où courez-vous ?
ALCMÈNE.
     Furieuse, interdite,
Je marche, je discours, je rêve, je médite,
Je cède à ma douleur, je suis son mouvement
Sans dessein, sans conseil et sans allégement :

Je vais, sans observer sentier, route, ni place,
De penser en penser et d'espace en espace,
Et mes pas incertains se perdent à chercher
Un endroit assez sombre où pouvoir me cacher.
Ma foi devient suspecte. O dieux ! pourquoi, ma vie,
Pourquoi dès le berceau ne me fus-tu ravie ?
Que ne me sauvas-tu d'un affront si honteux ?
Tant soit faux un soupçon, il est pourtant douteux ;
On ne peut réparer une injure si lâche :
Qui lève cet affront n'en lève pas la tache ;
L'honneur qu'on a noirci l'est éternellement,
Et qui lui porte un coup frappe mortellement.

JUPITER, à part.
Il n'est cœur de rocher qui tînt contre ses larmes ;
Une extrême sagesse accompagne ses charmes,
Et sa possession ne se peut mériter
A moins qu'en être époux ou qu'être Jupiter.

CÉPHALIE.
Laissez, laissez passer des nuages si sombres :
Bientôt la vérité dissipera ces ombres ;
L'arbitre souverain des dieux et des mortels,
S'il ne vous fait justice, est indigne d'autels ;
Tout enfin se découvre, et sa juste balance
Ne confond pas le crime avecque l'innocence.

ALCMÈNE.
A sa plainte lui-même il forge un fondement,
Et pour me démentir soi-même il se dément ;
Il veut de son office instruire ma mémoire,
Et me prescrit des lois d'oublier et de croire.
S'il cherche des raisons à de mauvais desseins,
S'il hait de notre hymen les nœuds chastes et saints,
Quelle nécessité lui fait forger des songes,
Nier des vérités, assurer des mensonges,
Et prendre pour témoins les hommes et les dieux
D'un discours si contraire au rapport de ses yeux ?
Puisque, maître absolu, de mes vœux il dispose,
Que mon consentement lui promet toute chose,
Et que sans grand effort je lui puis obéir,
Jusqu'à l'abandonner, et jusqu'à le haïr.
La loi de notre honneur toute autre loi précède ;
Jalouse on le conserve, avare on le possède ;
Pour lui nous devons tout, pour lui tout est permis,
Et qui hait notre honneur est de nos ennemis.

JUPITER, à part.

Enfin laissons-nous voir, calmons ce grand courage;
D'une seule parole apaisons cet orage.

ALCMÈNE.

Le voici de retour. Fuyons cet affronteur,
Fléau de mon repos, ce subtil imposteur.

JUPITER.

Chère Alcmène, où fuis-tu? pourquoi si fort émue?
De qui te veut parler détournes-tu la vue?

ALCMÈNE.

Je la détourne ainsi de qui m'est odieux;
Ce qui déplaît au cœur ne saurait plaire aux yeux.

JUPITER.

De qui t'est odieux?

ALCMÈNE.

Oui; toujours incrédule,
Croyez que je vous mens et que je dissimule.
Mais le ciel voit mon cœur exempt de fiction,
Et connaît combien forte est cette aversion.

JUPITER.

Il connaît combien prompte est aussi ta colère,
Et comme il me déplaît d'avoir pu te déplaire.
Celui n'aime pas bien qui peut tôt se venger,
Et c'est trop de rigueur pour un mal si léger.

ALCMÈNE.

Laissez, retirez-vous : pouvez-vous sans folie
Agréer que ma main à la vôtre s'allie,
La main d'une impudique, une profane main?
Ne me souffrez jamais si votre esprit est sain.
Quoi! celle que vous-même accusez d'infamie,
Vous ne la traitez pas comme votre ennemie?
Vos résolutions se laissent ébranler,
Et, sans être insensé, vous me pouvez parler?

JUPITER.

Tu crois donc que mon cœur ait avoué ma bouche?
Non, trop sensiblement cette injure te touche,
Et certes plus avant que je n'espérais pas.
Pour t'ôter de souci, je reviens sur mes pas.
Tu fais d'un passe-temps une sensible offense;
Je voulais seulement éprouver ta constance,
Et, loin de témoigner tant de ressentiment,
Tu devais partager ce divertissement.

CÉPHALIE.

Son mal m'était commun, j'en avais l'âme atteinte;

Aussi qui n'eût jugé qu'il lui parlait sans feinte ?
ALCMÈNE.
Pourquoi n'amenez-vous ce fidèle témoin
Qui peut de fausseté me convaincre au besoin?
JUPITER.
Fais-tu d'une risée un discours d'importance,
Et d'un mot dit par jeu tires-tu conséquence?
ALCMÈNE.
Je sais combien l'affront me touche vivement.
JUPITER.
Mon regret m'en punit assez cruellement,
Et ce que j'en croyais démentait mes paroles.
ALCMÈNE.
J'ai fait par ma vertu qu'elles étaient frivoles :
A vos mauvais soupçons elle a tranché le cours;
Mais je le veux trancher à vos mauvais discours.
Détournons les malheurs où l'hymen nous expose,
Et pour les détourner ruinons-en la cause;
Laissons faire à ce jour ce qu'un autre ferait,
Et rompons un lien qui nous étoufferait.
JUPITER.
Ah! ne m'oblige pas à tant de pénitence :
Proportionne au moins le supplice à l'offense;
Oppose ta froideur aux baisers que je veux,
Et de quelque mépris paie aujourd'hui mes vœux.
Mais qu'aucun accident me sépare d'Alcmène!
Souhaite-moi la mort plutôt que cette peine :
Si quelque autre est plus sage en mon opinion,
Qu'à jamais Jupiter haïsse Amphitryon !
ALCMÈNE.
Mais qu'il l'aime plutôt, et qu'il lui soit prospère.
JUPITER.
J'ai juré justement, justement je l'espère.
Puis-je espérer aussi de vaincre ta rigueur?
ALCMÈNE.
Dieux! qu'avec peu d'effort vous me gagnez le cœur,
Et que j'ai de bonté !
JUPITER, l'embrassant.
Tel est l'ordre des choses,
Que toujours quelque épine accompagne les roses :
Quelque nœud si serré qui joigne deux amours,
Toujours quelque accident en traverse le cours;
Mais notre ardeur enfin de ces douces querelles,
Comme un feu d'un peu d'eau, prend des forces nouvelles;

D'un petit différend naît une longue paix,
Et d'une triste cause il sort de beaux effets.
CÉPHALIE.
Enfin un doux repos à ce trouble succède,
Comme un calme profond que l'orage précède.
ALCMÈNE.
Quel pardon n'obtiendrait un si beau repentir?
Mon cœur en est touché jusqu'à le ressentir.
D'une et d'autre façon j'ai beaucoup d'innocence;
Je prends part au supplice, et j'ai reçu l'offense.
JUPITER.
La glace brûlera, quand ce cœur généreux
Aura pu concevoir un dessein rigoureux,
Alors qu'un souverain de si noble naissance
Pourra cruellement user de sa puissance,
Que ce sein, le palais des Grâces et d'Amour,
Aura pu d'un tyran devenir le séjour.
Aussi, certes, à voir ce miracle visible,
On est bien insensé si l'on est insensible :
Pour moi, si, souverain des dieux et des mortels,
Je voyais cet objet au pied de mes autels,
M'en laissant adorer, je croirais faire un crime;
Je voudrais de son dieu devenir sa victime,
Et je croirais du prix de la terre et des cieux
N'acheter pas assez un regard de ses yeux.
Juge combien l'espoir d'obtenir davantage
Mettrait donc d'artifice et de soins en usage;
Et si ni ton époux, ni ta fidélité
Aux vœux d'un tel rival soustrairaient ta beauté.
ALCMÈNE.
Cet éloge affecté, cette ardeur sitôt née
Sortent à mon avis des lois de l'hyménée;
Un pareil compliment ne vous est pas commun.
JUPITER.
Je ne l'achève pas, puisqu'il t'est importun :
Il témoigne en effet un peu de jalousie,

(A Céphalie.)

Mais qui ne te nuit point. Vous, appelez Sosie;
Qu'il amène les chefs du reste des soldats,
S'ils sont encore au port, prendre ici le repas.
(A part.)
Ainsi de la maison sans soupçon je le chasse,
Où Mercure aussitôt occupera sa place.

(Céphalie sort.)

SCÈNE III
ALCMÈNE, JUPITER.

ALCMÈNE.
Si je vous l'ose dire, et si j'en crois mes yeux,
Le temps qui détruit tout vous est officieux :
Il semble que ce corps tienne des destinées
L'heur de ne vieillir pas avecque les années,
Et ce teint, que les soins ne sauraient altérer,
Jette un éclat nouveau qui vous fait révérer.
JUPITER.
Tu me rends la pareille, et te sens trop solvable
Pour vouloir un moment être ma redevable ;
Ton éloquence enfin paye mon compliment.
(Alcmène sort.)

SCÈNE IV
JUPITER, SOSIE.

SOSIE.
Êtes-vous tous deux fous ? quel est ce changement ?
JUPITER.
Vois quelle heureuse paix suit cette douce guerre.
SOSIE.
Je croyais que le ciel s'unirait à la terre
Avant qu'on rétablît cette division.
JUPITER.
L'amour naquit-il pas de la confusion ?
Un chaos fut auteur de toute la nature.
SOSIE.
Jupiter soit béni d'une telle aventure !
JUPITER.
Hé quoi ! ne sais-tu pas que je voulais gausser ?
SOSIE.
Je croyais le contraire, il le faut confesser.
JUPITER.
Cours de ce pas au port prier les capitaines
Qui commandaient sous moi les légions thébaines,
De se rendre au palais, et d'y prendre un repas.
SOSIE.
Entrez : je vais voler, je ne marcherai pas.
(Il sort.)

JUPITER.

Toi qui du ciel en terre apportes mes nouvelles,
Quitte ce champ d'azur et fends l'air de tes ailes :
Adroit, dérobe-toi de la table des dieux ;
Descends, divin Sosie, et te rends en ces lieux.

(Il sort.)

SCÈNE V

MERCURE, seul, descendant du ciel sous la figure de Sosie.

Hommes, dieux, animaux, sortez de mon passage ;
S'éloigne qui pourra, fuie quiconque est sage !
Mais malheur à celui qui ne m'évite pas !
J'abats, romps, pousse, brise, et mets tout sous mes pas.
J'obéis à mon père et viens servir mon maître :
Tel un bon serviteur, tel un bon fils doit être ;
Qui veut de son devoir s'acquitter dignement
Doit forcer tout obstacle et tout empêchement ;
Ce soin m'a fait quitter une réjouissance
Par qui les dieux d'un dieu célèbrent la naissance :
Car Hercule va naître, et par un ordre exprès
Tous les dieux en font fête et boivent à longs traits.
Oh ! comme le nectar s'avale à tasse pleine !
Bacchus, le bon ivrogne, en a perdu l'haleine ;
Mome, à force de boire, a cessé de railler,
Et, pressé du sommeil, ne fait plus que bâiller ;
Mars voit, pris comme il est, des troupes d'Encelades
Qui dans le ciel encor dressent des escalades,
Et, de son coutelas son ombre poursuivant,
Au grand plaisir de tous se bat contre du vent ;
Vulcain, ce vieux jaloux, plein jusques à la gorge,
Souffle un air aussi chaud que celui de sa forge ;
Saturne, le bon père, en a jusques aux yeux ;
Pallas même et Vénus, trinquant à qui mieux mieux,
Noyent le souvenir de leur vieille querelle
Dedans cette liqueur aux dieux si naturelle :
Junon seule, bouffie et de haine et d'orgueil,
Lorsque je suis entré m'a fait un triste accueil,
Se promène à grands pas un peu loin de la troupe,
Et, contre sa coutume, a refusé la coupe.
Ainsi la jalousie a jusque dans le ciel
Dégorgé son poison et répandu son fiel ;
Mais, la laissant enfin avecque sa colère,

J'ai voulu comme un autre honorer le mystère :
Ganymède y faisait l'honneur de la maison,
Et m'apportait déjà la dixième raison,
Quand la voix de mon père a parti de la terre :
Cette voix de ma main a fait tomber le verre,
D'où Vénus a vu choir sur ses riches habits,
S'étant trouvée au droit, un ruisseau de rubis.
Tout en désordre enfin j'ai traversé les nues
Par les routes de l'air à mes yeux si connues,
Et, pour ne pas ravir l'espace d'un moment
A l'ardeur que je dois à ce commandement,
Dedans ce vaste champ j'ai changé de figure :
Je suis Sosie en terre, au ciel j'étais Mercure.
J'arrive enfin à temps. On ouvre ; quelqu'un sort.

SCÈNE VI

MERCURE, CÉPHALIE.

CÉPHALIE.
Que tes pas sont légers ! viens-tu déjà du port ?
MERCURE, à part.
Je passe pour Sosie, et, pour ne rien confondre,
C'est sous ce nom aussi que je lui dois répondre.
Hâtons-nous ; consultons, en ce besoin pressant,
Notre immortelle essence à qui rien n'est absent.
Il est à peine au port.
CÉPHALIE.
Tu n'amènes personne !
MERCURE.
O le maître importun et le mal qu'il me donne !
Non, un trait de la main du plus adroit archer
Fend l'air moins promptement qu'on ne m'a vu marcher.
CÉPHALIE.
Enfin qu'as-tu trouvé ?
MERCURE.
Que ma course était vaine :
Car je n'ai vu nocher, soldat, ni capitaine ;
Le rivage est désert, chacun s'est retiré,
Ou plutôt j'ai trouvé ce que j'ai désiré :
Car à moins de mangeurs d'autant meilleure chère.
Entrons.
CÉPHALIE.
Attends un peu.

MERCURE.
La faim me désespère.
CÉPHALIE.
De l'œil Amphitryon a semblé m'avertir
Que je l'obligerais de...
MERCURE.
De quoi?
CÉPHALIE.
De sortir.
Laissons-leur un moment.
MERCURE.
Comprends-tu ce langage?
Et ce moment qu'il veut, sais-tu pour quel usage?
CÉPHALIE.
Pour obtenir peut-être un pardon plus exprès
De l'affront qu'il a fait à ses chastes attraits,
Ou pour lui faire part...
MERCURE.
De...
CÉPHALIE.
De quelque nouvelle
Qu'il tient secrète et veut n'être apprise que d'elle.
MERCURE.
Tu ne l'entends pas mieux?
CÉPHALIE.
Quel que soit leur dessein,
Je n'ai lu jusqu'ici ni veux lire en son sein :
Ma curiosité jamais ne m'importune ;
Je laisse toute chose au soin de la fortune,
Et ne pénètre point dans les secrets d'autrui.
MERCURE.
Oh! que tu sais bien mieux!
CÉPHALIE.
Sosie est toujours lui.
MERCURE.
Je suis ce qui te plaît ; mais la faim qui me presse,
Quel que soit leur secret, condamne ma paresse.
Entrons: lorsqu'il s'agit d'un excellent repas,
Mille secrets d'État ne m'arrêteraient pas.

ACTE QUATRIÈME

SCÈNE I

AMPHITRYON, seul.

Et sur tout le rivage, et par toute la ville,
J'ai fait pour le trouver une course inutile :
Il n'est temple, bureau, halle, jeu, carrefour,
Dont, pour le rencontrer, je n'aye fait le tour.
Mais rien ne me succède, et sa recherche est vaine ;
Ma seule lassitude est le fruit de ma peine.
Je trouve tout changé, tout est ici confus ;
On s'y perd, on s'y double, on ne s'y connaît plus.
Cet importun destin, qui brouille toutes choses,
Aura mêlé Naucrate en ces métamorphoses :
Nous sommes deux doublés ; celui-là s'est perdu.
Quand notre état premier nous sera-t-il rendu ?
Quand se termineront ces changements étranges ?
Quand veux-tu, Jupiter, débrouiller ces mélanges ?
Entrons, et, s'il se peut, sachons quel imposteur
De ces confusions est le subtil auteur.
Tirons par la rigueur, si la douceur est vaine,
Cette confession de la bouche d'Alcmène ;
Étouffons ce serpent, perdons ce suborneur,
Et puisse tout périr plutôt que mon honneur !
(Il frappe à la porte.)
Holà ! quelqu'un ici !

SCÈNE II

MERCURE à la fenêtre, sous la figure de Sosie ; **AMPHITRYON**.

MERCURE.
Qu'est-ce ?
AMPHITRYON.
     Ouvre tôt la porte.
MERCURE
Que veut cet insolent qui heurte de la sorte ?

AMPHITRYON.

Ouvre, c'est moi.

MERCURE.

Qui, moi ?

AMPHITRYON.

Moi, qui te parle, moi.

MERCURE.

T'exterminent les dieux, toi qui me parles, toi !
Jamais si violent n'éclata le tonnerre.
S'il frappe encore un coup, il mettra tout par terre.

AMPHITRYON.

Comment ?

MERCURE.

Qu'est-ce ? comment ? que veut cet insensé ?

AMPHITRYON.

Quoi, tout, jusqu'aux esprits, est ici renversé ?
Quel dieu de ce désordre a ma maison remplie ?
Sosie !

MERCURE.

Eh bien ! c'est moi ; crains-tu que je l'oublie ?
Achève, que veux-tu ?

AMPHITRYON.

Traître, ce que je veux !

MERCURE.

Que ne veux-tu donc point ? réponds-moi, si tu peux.
Il pense s'adresser à quelque hôtellerie,
De la façon qu'il frappe, et qu'il parle et qu'il crie.
Eh bien ! m'as-tu, stupide, assez considéré ?
Si l'on mangeait des yeux, il m'aurait dévoré.

AMPHITRYON.

Quel orage de coups va pleuvoir sur ta tête !
Moi-même j'ai pitié des maux que je t'apprête.
Sois-je aussi cher aux dieux que je vais en ta mort
Faire un exemple horrible à tous ceux de ton sort !

MERCURE.

Mais si ce malheur même arrive à qui menace ?

AMPHITRYON.

A-t-il perdu l'esprit ? Dieux ! quelle est son audace ?
Mais qu'attends-je en ce lieu ? Traître, tu n'ouvres pas ?
Rompons tout, brisons tout, et mettons tout à bas !

MERCURE.

Spectre, qui que tu sois, fantôme, ombre vivante,
Qui crois par ta menace exciter l'épouvante,
Si ta fuite, insensé, tarde encore un moment,

Si du pied, de la main, ou du doigt seulement,
Même du souffle seul, tu touches cette porte,
Devine quel congé cette tuile te porte :
Un passeport du jour aux éternelles nuits.
AMPHITRYON.
Connais-tu qui te parle, et sais-tu qui je suis?
MERCURE.
Ni je ne te connais, ni ne te veux connaître.
AMPHITRYON.
Misérable est le serf qui s'attaque à son maître.
MERCURE.
Toi, mon maître?
AMPHITRYON.
    Qui donc?
MERCURE.
        O le doux passe-temps!
AMPHITRYON.
Je te le vais, pendard, apprendre à tes dépens.
S'il se peut, que l'on m'ouvre ; ou, si tu peux descendre...
MERCURE.
Autre qu'Amphitryon n'a droit de me l'apprendre ;
Je ne reçois des lois d'autres maîtres que lui.
AMPHITRYON.
Qu'entends-je? quel parais-je? et qui suis-je aujourd'hui?
Sosie, ouvre les yeux ; quelle est ta frénésie?
Je suis Amphitryon, ou tu n'es pas Sosie.
MERCURE.
Ne l'ai-je pas bien dit qu'il était insensé?
Passe, mauvais bouffon ; tu t'es mal adressé ;
Passe, laisse mon maître, en l'entretien d'Alcmène,
Posséder le repos qui succède à sa peine.
La guerre faite aux champs, laisse la paix chez nous,
Et ne fais point mon temps l'exercice des fous.
AMPHITRYON.
Quels fous, et qui ton maître?
MERCURE.
        Amphitryon, te dis-je.
A combien de discours cet importun m'oblige!
AMPHITRYON.
Eh! de grâce, Sosie, ôte-moi de souci.
Tu dis qu'Amphitryon...
MERCURE.
    Oui, te dis-je, est ici.

AMPHITRYON.
En la chambre d'Alcmène?
MERCURE.
Et dessus son lit même.
AMPHITRYON.
Que résoudrai-je, ô dieux! en ce désordre extrême?
Que ferai-je? en quel lieu s'adresseront mes pas?
Sosie, encore un coup ne me connais-tu pas?
MERCURE.
Oui, pour un importun.
AMPHITRYON.
Descends, lâche; ouvre, traître,
Peste, ivrogne éternel, qui méconnais ton maître.
Nous verrons, à la fin d'un passe-temps si doux,
Si tu reconnaîtras ce que pèsent mes coups.
MERCURE.
Attends, au nom des dieux.
AMPHITRYON.
Te puissent-ils confondre!
MERCURE.
Je te vais envoyer qui te saura répondre.
AMPHITRYON.
Qu'il vienne, qu'il paraisse.
MERCURE.
Il te fera raison.
AMPHITRYON.
Périssent valet, femme, et famille, et maison!
(Mercure sort.)
Dieu, souverain des dieux, je réclame ton aide:
Tu peux seul à ma peine apporter du remède.
Éclaircis mes soupçons, débrouille ce chaos;
Si tu ne veux ma perte, établis mon repos;
Dessille-nous les yeux, dissipe ce nuage,
Et rends-moi pour le moins mon nom et mon visage.

SCÈNE III

SOSIE, TROIS CAPITAINES, AMPHITRYON.

PREMIER CAPITAINE.
Tu nous en contes bien; qui t'en a tant appris?
Oh! comme tu joûrais de crédules esprits!
SOSIE.
Il n'est rien plus certain.

ACTE IV, SCÈNE III.

PREMIER CAPITAINE.
                        A d'autres ces chimères,
Ces contes à plaisir, ces coups imaginaires.
            SOSIE.
Pour mon dos toutefois c'étaient des vérités,
Et vous doutez à tort de ces duplicités.
Vous fasse Jupiter partager notre peine,
Et puissiez-vous produire un autre capitaine
Qui vous traite d'abord comme je fus traité,
Et qui convainque enfin votre incrédulité !
            PREMIER CAPITAINE.
Cette production ne serait pas plaisante ;
J'ai le dos assez bon, mais j'ai la main pesante,
Et l'épreuve sur moi ne m'en plairait pas fort.
Réserve-toi tes coups, tes souhaits et ton sort.
            SECOND CAPITAINE.
Avançons, le voici.
            SOSIE.
            Je crains quelque disgrâce.
            SECOND CAPITAINE.
Comment ?
            SOSIE.
            Voyez que seul, errant en cette place,
Il murmure en lui-même, et semble avec les yeux
Vouloir manger la terre et menacer les cieux.
            PREMIER CAPITAINE.
En attendant la faim, rêvant, il se promène.
            SOSIE.
Vous pourrez mal dîner, si ma crainte n'est vaine.
            AMPHITRYON, à part.
Je doute quel succès est le plus glorieux,
Ou celui des vaincus, ou des victorieux ;
La fin de mon triomphe est un désordre extrême
Qui me rend plus vaincu que n'est le vaincu même,
Et d'un si long voyage, et si laborieux,
Le seul travail est mien, la gloire en est aux dieux.
            SOSIE, aux capitaines.
Arrêtez, un mot seul me tirera de peine.
            AMPHITRYON, à part.
Que ce vice ait fait brèche à la vertu d'Alcmène !
Quel prodige inouï peut plus nous étonner,
Et quelle honnêteté ne doit-on soupçonner ?
La coupe de Ptérèle est une autre merveille
Qui ne se peut comprendre et n'a point de pareille,

Et l'ouïr de nos faits conter l'événement
Passe toute créance et tout étonnement.
Mais je conçois la fourbe, et tout cet artifice
De l'esprit de Sosie est sans doute un caprice
Que lui-même, accusé, ne peut désavouer,
Puisqu'à mes propres yeux il ose me jouer.

SOSIE.

On parle ici pour moi? La fatale journée!
Quelque incommodité m'est encor destinée.

AMPHITRYON, à part.

Mais s'il peut aujourd'hui tomber entre mes mains,
Misérable est son sort sur tous ceux des humains.
Il peut compter ce jour le dernier de sa vie.

SOSIE.

Il m'obligerait fort, s'il perdait cette envie.
A qui naît fortuné tout lui succède bien;
Un malheureux fait mal, même en ne faisant rien.
Allez, sachez de lui quelle est cette disgrâce,
Et faites, s'il se peut, que ce désir lui passe.

PREMIER CAPITAINE.

Le ciel, Amphitryon, soit propice à vos vœux!

AMPHITRYON.

Vous venez justement à l'heure où je vous veux :
Enfin votre rapport nous tirera de peine.
Quel sort si favorable en ce lieu vous amène?

PREMIER CAPITAINE.

Nous vous obéissons, mandés expressément,
Et Sosie est porteur de ce commandement.

AMPHITRYON.

Quoi! de ma part?

PREMIER CAPITAINE.

Sosie au moins nous l'a fait croire.

AMPHITRYON.

O ciel! avec mon nom perds-je encor la mémoire?
Qui de ces mandements chargea cet insensé?
Où vous a-t-il trouvés? où l'avez-vous laissé.

PREMIER CAPITAINE.

Le voilà.

AMPHITRYON.

Qui?

PREMIER CAPITAINE.

Sosie.

AMPHITRYON.

Où?

ACTE IV, SCÈNE III.

PREMIER CAPITAINE.
Devant vos yeux même.
Ne le voyez-vous pas?

AMPHITRYON.
Ma colère est extrême
Jusqu'à m'ôter le sens et jusqu'à m'aveugler.
Approche : c'est toi, traître, à qui je veux parler,
Toi, peste des mortels, dont l'audace effrontée,
A ma vue, à mon su, jusqu'à moi s'est portée,
Qui tout soin, tout devoir et tout respect à bas,
Veux railler tout le monde et ne m'exceptes pas :
Le ciel même, le ciel, à mes desseins contraire,
Ne te soustrairait pas à ma juste colère.
(Les capitaines veulent arrêter Amphitryon.)
Laissez, votre défense irrite mon courroux.

PREMIER CAPITAINE.
Écoutez-moi.

AMPHITRYON.
(A Sosie.)
Parlez. Mais, toi, reçois les coups.

SOSIE.
Pourquoi? quelle furie, à ma perte animée,
De cette aveugle ardeur a votre âme enflammée?
Ai-je où vous m'envoyez fait un trop long séjour,
Et pouvais-je plus tôt être ici de retour?

PREMIER CAPITAINE.
Arrêtez.

SOSIE.
Je suis mort. Quel démon vous agite?
J'ai couru, j'ai volé; peut-on marcher plus vite?

AMPHITRYON.
De ton audace enfin ai-je tiré raison?
Traître, voilà le toit, la tuile, la maison;
Reconnais-tu la porte, et vois-tu la fenêtre
D'où tu feignais tantôt de ne me pas connaître?

PREMIER CAPITAINE.
Vous a-t-il offensé?

AMPHITRYON.
Me le demandez-vous?
Il me veut, l'insolent, éloigner de chez nous;
Il me ferme la porte, il me joue, il me chasse,
Et de cette fenêtre il m'use de menace

SOSIE.
Moi?

AMPHITRYON.
De combien de coups ne m'as-tu menacé,
Si j'eusse osé heurter, ou si j'eusse avancé ?
Veux-tu nier, coquin ?

SOSIE.
Pourquoi ne le nierai-je ?
Nommez tout autre crime, un vol, un sacrilège,
Des empoisonnements et des assassinats ;
J'aurai même raison de ne les nier pas.
N'ai-je pas en ces gens un trop clair témoignage ?
Ne les mandez-vous pas ? viens-je pas du rivage ?
Vous puis-je faire injure en vous obéissant ?
Vous voyais-je du port, et vous parlais-je absent ?
N'y suis-je pas allé par votre charge expresse ?

AMPHITRYON.
De moi ?

SOSIE.
Que j'ai laissé parlant à ma maîtresse,
Après l'heureux accord qui vous a réunis ?

AMPHITRYON.
Comment, Alcmène et moi ?

SOSIE.
Dont les dieux soient bénis !

AMPHITRYON.
Es-tu capable encor de cette effronterie ?

PREMIER CAPITAINE.
Que je vous dise un mot : laissez-le, je vous prie.
Les divers accidents arrivés en ces lieux,
Si j'en crois ses discours, sont si prodigieux
Qu'il serait à propos d'en faire plus d'enquête
Avant que cet orage éclatât sur sa tête :
Quelque charme secret vous peut brouiller ainsi,
Qui mériterait bien qu'on s'en mît en souci.

AMPHITRYON.
Entrons et me prêtez et vos soins et votre aide
A chasser de ce lieu l'erreur qui nous possède.

SCÈNE IV

LES MÊMES ; JUPITER.

JUPITER.
Que m'a-t-on rapporté ? que veut cet insolent,
Qui trouble mon repos d'un bruit si violent ?

Que ne parut au camp cette humeur importune
Qui veut à ma valeur devoir son infortune,
Qui m'offre après la paix des exploits superflus,
Et m'apporte du sang, quand je n'en cherche plus?

SOSIE.

Voici, voici, Thébains, la doute consommée :
Ce seul Amphitryon commanda votre armée ;
Que votre gloire en lui connaisse son auteur.
L'autre est un insolent, un fourbe, un imposteur.

PREMIER CAPITAINE.

Que voyez-vous, mes yeux? quelle est cette merveille?

SECOND CAPITAINE.

Que vois-je? ô Jupiter! rêvé-je, ou si je veille?

SOSIE.

Que ne lui parlez-vous? C'est lui, n'en doutez plus :
Voyez qu'à son abord l'autre reste confus.

JUPITER.

Nobles enfants de Mars, compagnons de ma gloire,
Quel désordre nouveau trouble notre victoire?
Entrez, qu'attendez-vous? Ne m'honorez-vous pas
De votre compagnie en un mauvais repas?
Quelle occupation avez-vous rencontrée
Et quel séditieux retarde votre entrée?

AMPHITRYON.

O dieux! ô Jupiter! protège mon honneur ;
J'implore ton secours contre ce suborneur.
Et vous, chers compagnons de ma longue fortune,
Avec qui j'ai la peine et la gloire commune,
Nobles chefs des Thébains, vous de qui les lauriers
A l'abri de l'orage ont mis tant de guerriers,
Si j'ai votre valeur si longtemps éprouvée,
La guerre dure encore et n'est pas achevée :
Nous n'avons combattu ni vaincu qu'à demi ;
Voici qu'il se présente un second ennemi :
Le triomphe au vainqueur engendre une querelle,
Non plus pour un Créon, non plus contre un Ptérèle,
Puisqu'enfin nos mutins se sont assujettis,
Mais un combat où seul je fais les deux partis,
Une guerre où pour vaincre il faut que je succombe,
Où pour me soutenir le sort veut que je tombe,
Un prodige, un désordre, une confusion
Où contre Amphitryon combat Amphitryon ;
Mais plutôt un duel que l'enfer me déclare.
En deux Amphitryon son pouvoir me sépare :

J'ai des charmes à vaincre, et cet enchantement
Suspend déjà vos yeux et votre jugement.
SOSIE.
Ton éloquence en vain médite une surprise :
L'autre est l'Amphitryon que chacun autorise ;
Il doit passer pour tel au jugement de tous,
Et tu n'as plus en moi de matière à tes coups.
JUPITER, aux capitaines.
Je crois vous faire tort, si je romps mon silence
Pour vous désabuser sur cette ressemblance :
Votre sang vous trahit, s'il ne vous dit assez
Qui de nous est celui sous qui vous le versez ;
Votre rare valeur ne peut, sans être ingrate,
Ne reconnaitre pas sous quel chef elle éclate,
Puisqu'en quelque façon, ô généreux guerriers,
La mienne contribue à cueillir vos lauriers.
Ce n'est donc point de l'art que j'attends ma défense ;
De vos seuls sentiments je fais mon éloquence ;
La faiblesse parait dans le besoin de l'art ;
C'est aux fausses beautés qu'on applique le fard :
Plus l'innocence est nue et plus elle a de force,
Et l'on nous veut tromper alors qu'on nous amorce.
PREMIER CAPITAINE.
Quelle est cette aventure, et quelle occasion
A jamais excité tant de confusion ?
Le ciel même, le ciel, trompé par son ouvrage,
Ne pourrait discerner l'un ni l'autre visage :
S'il se peut toutefois vidons ce différend.
SOSIE.
Le premier est un fourbe, il est trop apparent.
AMPHITRYON.
Ce fourbe tôt ou tard te rendra cette injure.
SOSIE.
Te perde Jupiter !
AMPHITRYON.
    Te confonde Mercure !
JUPITER, aux capitaines.
Balancez-vous encor dessus ce jugement ?
PREMIER CAPITAINE.
Qui n'y balancerait ? C'est certes justement.
Mais répondez tous deux.
AMPHITRYON.
    Auteur de la nature,
Qui te fait, Jupiter, emprunter ma figure ?

ACTE IV, SCÈNE IV.

PREMIER CAPITAINE.
Ne parlez qu'à moi seul. Vous, quel est votre nom?
AMPHITRYON.
Amphitryon, vous dis-je.
PREMIER CAPITAINE.
Et vous?
JUPITER.
Amphitryon.
AMPHITRYON.
Qui suis fils de Dias.
JUPITER.
Qui suis mari d'Alcmène.
AMPHITRYON.
Nommé chef par Créon...
JUPITER.
De la troupe thébaine.
AMPHITRYON.
Qui, lorsque le soleil...
JUPITER.
Approchait du lion...
AMPHITRYON.
Fus porter la terreur...
JUPITER.
A la rébellion.
AMPHITRYON.
La mort suivit l'effroi...
JUPITER.
De ce peuple rebelle.
AMPHITRYON.
Voici la propre main...
JUPITER.
Par qui mourut Ptérèle.
AMPHITRYON.
D'un vase précieux...
JUPITER.
Où buvait le mutin...
AMPHITRYON.
Il me fut fait présent...
JUPITER.
Qui fut tout mon butin.
AMPHITRYON.
Enfin victorieux...
JUPITER.
Je partis du rivage....

AMPHITRYON.
Laissant aux ennemis...
JUPITER.
La mort ou le servage.
AMPHITRYON.
Un favorable vent...
JUPITER.
Nous a rendus au port.
AMPHITRYON.
Me voici de retour...
JUPITER.
Et voici mon abord.
AMPHITRYON.
Mais chacun aujourd'hui...
JUPITER.
Me semble méconnaître.
AMPHITRYON.
Voilà qu'un suborneur...

JUPITER, mettant l'épée à la main.
Arrête, tu mens, traître.
Fais mieux faire à ta main que ta bouche n'a fait,
Et du discours enfin prouvons-nous par l'effet.
AMPHITRYON.
Cette voie en effet est la meilleure preuve ;
C'est par elle qu'il faut qu'Amphitryon se treuve,
Et que j'ôte la vie à qui m'ôte mon nom.
Donnons.

PREMIER CAPITAINE.
Amphitryon, épargne Amphitryon ;
Exerce ta valeur ailleurs qu'à te détruire ;
Veuille en d'autres plutôt encor te reproduire.
Tous deux épargnez-vous, calmez cette fureur ;
Je connais le moyen de nous tirer d'erreur.
Vous, parlez le premier. Le jour de la victoire
Qui sur les Taphiens nous acquit tant de gloire,
De quoi, de votre part, reçus-je un ordre exprès ?
AMPHITRYON.
De faire sur le port tenir des vaisseaux prêts....
JUPITER.
Où j'eusse mon recours au cas de la défaite.
PREMIER CAPITAINE.
Et quelle autre ordonnance encore me fut faite ?
AMPHITRYON.
Que mes coffres surtout, conservés avec soin...

JUPITER.
Ne nous pussent manquer en l'extrême besoin.
PREMIER CAPITAINE.
Remplis de quel argent ?
AMPHITRYON.
De cent talents attiques.
JUPITER.
De cent Ioniens, et de deux cents Persiques.
PREMIER CAPITAINE.
Tous deux également disent la vérité,
Et me laissent confus par cette égalité.
JUPITER.
A quoi perds-je le temps ? qui me peut méconnaître ?
D'où vient cet insolent me disputer mon être ?
Quel droit imaginaire a cet audacieux
De contredire Alcmène et démentir ses yeux,
Elle que cette erreur plus que toute autre touche,
Qui cette nuit encore a partagé ma couche ?
AMPHITRYON.
Qu'entends-je ? quelle injure égale mon affront,
Et de quelle rougeur sens-je peindre mon front ?
Mais quoi ! ne suis-je pas cet Amphitryon même
Qui fit Taphe l'objet de sa valeur extrême,
Arcanane, Télèbe, et cent peuples divers
Que j'ai soumis aux lois de Créon que je sers ?
JUPITER.
C'est moi qui de mon père ai vengé l'homicide
Sur toute l'Achaïe et toute la Phocide,
Qui sur la mer Égée ai conquis cent vaisseaux,
Et laissé la frayeur en l'empire des eaux.
AMPHITRYON.
Dieux ! qu'a-t-il réservé ? que peut-il dire encore ?
Je doute qui je suis, je me perds, je m'ignore ;
Moi-même je m'oublie et ne me connais plus.
PREMIER CAPITAINE.
Pour moi, puisqu'à ce point chacun reste confus,
Dans ces doutes enfin, l'avis où je m'arrête
Est de suivre celui chez qui la table est prête.
Qui de vous nous a fait préparer le repas ?
JUPITER.
Moi, qui vous ai mandés.
PREMIER CAPITAINE.
Nous suivrons donc vos pas.

JUPITER.

Entrons.
(Jupiter et le premier capitaine sortent.)

SECOND CAPITAINE.
Pour ce rêveur la porte sera close ;
Qu'il médite à loisir sur la métamorphose.

AMPHITRYON.
Quoi ! cet affront encore à tant d'autres est joint ?

SECOND CAPITAINE.
Point, point d'Amphitryon où l'on ne dîne point.
(Il sort.)

SOSIE.
Oh ! qu'un heureux effet succède à mon envie !
(Il sort.)

AMPHITRYON, seul.
Quoi ! par cet imposteur ma maison m'est ravie,
Mes valets, mes amis, ma famille, mon nom,
Et par Amphitryon périt Amphitryon ?
Non, non, à qui tout manque il reste du courage,
Et l'innocence enfin surmontera l'outrage :
Sans consumer de temps en frivoles discours,
Allons de Créon même implorer le secours,
Et par son aide, jointe à l'ardeur qui l'enflamme,
Faisons plutôt périr valets, amis, biens, femme,
Enfants, parents, voisins, honneur, charges, maison,
Que de cet affronteur je n'aye ma raison.

ACTE CINQUIÈME

SCÈNE I

SOSIE, MERCURE, le battant.

SOSIE.
Je suis mort ! au secours ! épargnez-moi, de grâce.
Sosie ! hélas ! ta main sur toi-même se lasse !
Tu frappes sur Sosie ! Arrête, épargne-toi.

MERCURE.
Ce passe-temps me plaît ; j'aime à frapper sur moi.

ACTE V, SCÈNE I.

SOSIE.

Trêve, au nom de Mercure, à ta valeur extrême !
Je renonce à mon nom, je renonce à moi-même.
S'il est vrai que Sosie aime de s'outrager,
Je ne suis plus Sosie, épargne un étranger.

MERCURE.

Entrer effrontément, et jusqu'à la cuisine,
C'est bien haïr ta vie et chercher ta ruine ;
La cuisine, mon centre, et mon appartement,
Mon unique séjour, mon ciel, mon élément,
Traître, je t'y rencontre, et ta mine affamée
Vient des mets qu'on y dresse escroquer la fumée !
Respecte-la, profane, et n'y rentre jamais
Qu'assuré d'en sortir en qualité de mets,
Et de laisser la vie où tu cherches à vivre.

SOSIE.

Quel chemin, quel dessein, quel conseil dois-je suivre,
Sosie infortuné ?

MERCURE.

Sosie ?

SOSIE.

Arrête, non ;
Battu, froissé, meurtri, ces titres sont mon nom,
Puisque je n'ai tendons, muscles, veines, artères,
Où ce nom ne se lise en sanglants caractères ;
Nom fatal, nom maudit, dont ton bras est parrain.

MERCURE.

Appelles-tu maudit un présent de ma main ?

SOSIE.

Ah ! garde tes présents, porte ailleurs tes caresses ;
En faveur de quelque autre étale tes largesses :
Ta libérale humeur outrage en s'exerçant,
Et le bien que tu fais accable en se versant.

MERCURE.

Adieu ; quand tu voudras, ce bras à ton service
Te fournira toujours une heure d'exercice.

(Il sort.)

SOSIE, seul.

Le ciel, traître, sur toi répande tes bienfaits,
Et lui sois-tu l'objet des offres que tu fais !
Cesse, ma patience ; éclate, ma colère ;
Il m'est honteux de craindre et lâche de me taire :
Reviens, qui que tu sois, ou sorcier, ou démon ;
Reviens, oui, je soutiens que Sosie est mon nom.

Ah! de quelle fureur est mon âme saisie !
Oui, je suis une, deux, trois, quatre fois Sosie :
L'oserais-tu nier ? que dis-tu là-dessus ?
Tu recules, poltron, et tu ne parais plus ?
Tu l'emportes d'adresse, et sais que mon courage
Se résout lentement à repousser l'outrage ;
Mais lorsque ma colère est prête d'éclater,
Lâche, tu disparais et sais bien l'éviter.
Enfin, que résoudra ma créance incertaine ?
Au lieu de dissiper, le temps accroit ma peine,
Et je commence enfin, non sans quelque raison,
A douter qui je suis, d'où, de quelle maison :
Car pour quel intérêt voudrait m'ôter mon être
Ce Sosie inconnu qui me fait méconnaître ?
M'envirait-il un sort dont les fruits les plus doux
Sont des veilles, des soins, des jeûnes et des coups ?
Non, mon cerveau, troublé de quelque frénésie
S'est à tort imprimé ce faux nom de Sosie,
Ce nom qui, malheureux entre tout autre nom,
Comme l'ambre la paille, attire le bâton.
Mais quoi! qui suis-je donc ? Ah! cette ressemblance
Tient à tort si longtemps mon esprit en balance :
Convainquons l'imposture, et conservons mon nom ;
Soyons double Sosie au double Amphitryon.
Malheureux que je suis, par une loi commune,
Cherchons le malheureux et suivons sa fortune ;
Compagnon de son sort, partageons son souci ;
S'il périt, périssons ; s'il vit, vivons aussi.

(Il sort.)

SCÈNE II

JUPITER, MERCURE, ALCMÈNE, CÉPHALIE, LES CAPITAINES.

JUPITER.

Souffre que le devoir après l'amour s'acquitte,
Et que je rende au roi ma première visite.
Adieu, conserve-toi pour ce fruit précieux
Qui va naître à la terre à la honte des cieux,
Et dont j'osais prédire, et non sans connaissance,
Que Jupin sera cru l'auteur de sa naissance,
Et qu'un jour ses exploits les moins laborieux
Ne lui devront pas moins qu'un rang entre les dieux.

ALCMÈNE.

S'accomplissent vos vœux, le ciel lui soit prospère,
Et pour comble de bien qu'il soit digne du père !
Allez, que peu de temps achève votre cour,
Et pressez le départ pour presser le retour.

(Elle sort.)

JUPITER.

Vous, plus dieux que mortels, vivants foudres de guerre,
Nobles cœurs que les cieux envîront à la terre,
Quittes envers Créon, faites pour ses neveux
Une troupe de chefs dignes de vous et d'eux.

PREMIER CAPITAINE.

Nés pour vivre et mourir dessous votre conduite,
Nous ne vous quittons point ; agréez notre suite.

JUPITER.

Non, un point important y doit être agité,
Qui me demande seul près de sa majesté,
Et me défend l'effet de votre courtoisie.

SECOND CAPITAINE.

Nous vous obéissons.

JUPITER.

Adieu. Suis-moi, Sosie.

MERCURE.

Qu'Amphitryon enfin demeure Amphitryon,
Sosie soit Sosie, et chacun ait son nom !

(Ils sortent tous, excepté les trois capitaines.

SCÈNE III

LES TROIS CAPITAINES.

PREMIER CAPITAINE.

Plus sur ce que je vois je pense et je repense,
Et moins peut mon discours établir ma créance :
Cet accident si rare et si prodigieux
Est un jeu de nature à la honte des yeux.

SECOND CAPITAINE.

Mais l'enfer est auteur de ce désordre extrême,
A la honte plutôt de la nature même.
Jugeons-en sainement : cet extrême rapport,
A bien considérer, n'est point exempt de sort.

TROISIÈME CAPITAINE.

Il faut laisser aux dieux juger d'une aventure
Qui ne nous touche point et passe la nature :

Celle-ci me confond, mais ne m'empêche pas...
Mais de quelle furie il revient sur ses pas!

SCÈNE IV

AMPHITRYON, SOSIE, LES GARDES DE CRÉON, LES CAPITAINES.

AMPHITRYON.

Voyez à quel souci mon malheur vous oblige.
Quelle étrange aventure égale ce prodige?
Lorsque, victorieux des ennemis du roi,
J'apporte ici la paix, j'ai la guerre chez moi.
L'ennemi que je cherche au rivage euboïque
Me cherche chez moi-même, et s'y rend domestique;
La révolte, ce monstre à mes coups endurci,
Me devance au retour : je la retrouve ici.
Créon, par ma valeur craint par toute la terre,
Voit ma propre maison me déclarer la guerre.
Chez moi-même étranger, je rétablis autrui;
Pour moi-même impuissant, j'exécute pour lui;
Vainqueur, je le réclame, et, le soir, sa couronne
Me prête le secours qu'au matin je lui donne.

LE CAPITAINE DES GARDES.

Ce que vous nous contez est si prodigieux
Qu'à peine en croirons-nous le rapport de nos yeux,
Et que je m'imagine aller à main armée
Attaquer un fantôme, une ombre, une fumée.

AMPHITRYON.

L'incroyable rapport de ce spectre et de moi
A même en sa faveur fait balancer ma foi.
A peine me connais-je en ce désordre extrême;
Me rencontrant en lui, je me cherche en moi-même,
Et je me crois ici bien moins qu'à la maison
En ce combat des sens avecque la raison.
Mais cette ressemblance est assez confirmée
Par le récent abus des chefs de notre armée :
L'incertain jugement que ces gens ont rendu
Laisse encore à présent leur esprit suspendu;
Cette distinction ne leur est pas possible,
Et leur incertitude est encore invincible.
Voyez comme, troublés par cet étonnement,
Ils ne peuvent asseoir de certain jugement.

PREMIER CAPITAINE.

Que dit-il? N'est-ce pas de votre courtoisie
Que du port ce matin, amenés par Sosie,
Nous tenons le repas qu'on a dressé chez vous?

SOSIE.

J'aidais à l'apprêter, mais j'ai dîné de coups.

AMPHITRYON.

Voyez jusques où va cette méconnaissance :
Je leur étais présent, même dans mon absence!
A qui ne semblera ce discours fabuleux,
Que, parlant à Créon, je mangeasse avec eux,
Que je fusse à la cour ensemble et chez Alcmène,
Et fisse des festins, lorsque j'étais en peine?

LE CAPITAINE DES GARDES.

Joignons-nous, avançons, et cherchons l'imposteur.

SECOND CAPITAINE.

L'artifice est subtil, quiconque en soit l'auteur.

AMPHITRYON.

Mourons, s'il faut mourir, mais qu'avec moi périsse
D'un si sensible affront l'auteur et la complice!

LE CAPITAINE DES GARDES.

L'honnêteté d'Alcmène est hors de tout soupçon.

AMPHITRYON.

Elle a failli pourtant d'une ou d'autre façon.
S'agissant de l'honneur, l'erreur même est un crime;
Rien ne peut que la mort rétablir son estime.
   (Il frappe à la porte.)
Entrons, rompons, brisons; secondez mon dessein;
Surprenons, s'il se peut, l'adultère en son sein.
Partout l'honnêteté repose à porte ouverte;
Cette porte fermée assure encor ma perte :
Le vice seulement aime de se cacher;
La femme qui s'enferme a dessein de pécher.
Joignez donc vos efforts à ma juste colère;
Frappons, brisons, entrons, convainquons l'adultère.
   (On entend un grand éclat de tonnerre.)

PREMIER CAPITAINE, tombant.

Quel effroyable bruit, accompagné d'éclairs,
Trouble et change sitôt la région des airs?

AMPHITRYON.

Qu'entends-je? hélas! quels dieux faut-il que je réclame?
La terre ouvre son centre, et le ciel est de flamme.

SOSIE.

Terre, ciel, hommes, dieux! qui me vient secourir?
Quoi! puis-je en même jour et doubler et périr?
(Ils tombent tous évanouis.)

SCÈNE V

LES MÊMES ; CÉPHALIE, effrayée.

CÉPHALIE.

Quel effroi, quelle horreur, quel bruit, quelle épouvante!
Respiré-je le jour? suis-je morte ou vivante?
Où vais-je? que deviens-je? où sera mon recours?
Le ciel même peut-il m'apporter du secours?
Mais ce grand bruit enfin calme sa violence;
Les cieux ont à la nue imposé le silence :
Cet ordre rétablit mes sentiments perclus,
Et l'horreur du trépas ne m'épouvante plus.
O dieux! quelle frayeur fit jamais tant de peine?
Et dans quel appareil le ciel visite Alcmène!
Mais qu'aperçois-je? hélas! de quel nombre de corps
A le tonnerre accru le triste rang des morts?
Amphitryon est mort, et de cette tempête
Ses lauriers infinis n'ont pu sauver sa tête ;
La mort les a changés en de tristes cyprès.
Pour le mieux reconnaître approchons-en plus près.
Mon maître, Amphitryon !

AMPHITRYON.
Je suis mort. Qui m'appelle?

CÉPHALIE.
Sois bénie, ô Jupin, ta puissance immortelle,
Qui des coups de ton foudre a garanti son sort!
Amphitryon, parlez.

AMPHITRYON.
Que veux-tu? Je suis mort.

CÉPHALIE.
Levez-vous.

AMPHITRYON.
Qui me tient?

CÉPHALIE.
Moi, votre Céphalie.

AMPHITRYON, se levant.
De quels traits, sans mourir, est ma vie assaillie!
Quoi! je revois le jour?

ACTE V, SCÈNE V.

CÉPHALIE
Rassurez vos esprits.
D'une égale frayeur nous étions tous surpris ;
Mais un bon calme enfin succède à cet orage.

LE CAPITAINE DES GARDES.
Quel charme de nos sens nous suspendait l'usage ?
Revoyons-nous le jour ?

PREMIER CAPITAINE.
Dieux ! qu'est-ce que je vois ?

SECOND CAPITAINE.
Conservons-nous la vie après un tel effroi ?

SOSIE.
Quoi ! nous n'en mourons pas ? Je croyais que la terre
Dessous les coups du ciel se brisait comme verre,
Et ne pourrait sauver un de ses habitants.
Mais qu'à ce grand orage il succède un beau temps !

CÉPHALIE.
Quand un dieu veut en terre annoncer sa venue,
C'est ainsi qu'il en use : il fait parler la nue.
Oyez, par la merveille arrivée en ces lieux,
Combien votre maison doit être chère aux dieux.

AMPHITRYON.
Dis tôt donc, hâte-toi de me tirer de peine.
Mais me reconnais-tu ?

CÉPHALIE.
Oui, pour mari d'Alcmène.

AMPHITRYON.
Vois bien.

CÉPHALIE.
Je vous vois trop.

AMPHITRYON.
Ne t'abuses-tu point ?

CÉPHALIE.
Croyez-vous que la peur m'ait troublée à ce point ?

AMPHITRYON.
Qui suis-je ?

CÉPHALIE.
Amphitryon.

AMPHITRYON.
De toute ma famille
La raison est restée à cette seule fille,
Ou leur aveuglement naissait de leur dessein.

CÉPHALIE.
Je suis la plus troublée, et tout le reste est sain.

AMPHITRYON.

Que n'est fou tout le reste, et qu'Alcmène n'est sage!
Mais que de la raison elle a perdu l'usage!
L'affront que j'en reçois me trouble tellement
Que j'en perds sens, repos, raison et jugement.

CÉPHALIE.

Quelque apparent sujet où ce mépris se fonde,
Il blesse une vertu qui n'a point de seconde.
Par un récit, témoin de son honnêteté,
Oyez combien à tort vous en avez douté.
Sachez premièrement que pendant ce tonnerre
Cette chaste princesse a mis deux fils par terre.

AMPHITRYON.

Le ciel est trop soigneux de conserver mon nom.

SOSIE.

Oh! que d'Amphitryons d'un seul Amphitryon!

CÉPHALIE.

Mais écoutez comment : quelques douleurs légères,
Du terme finissant communes messagères,
L'ont à peine obligée à réclamer les dieux,
Que de soudains éclairs éblouissent nos yeux,
Et que votre maison, de ces feux éclairée,
Du bas jusqu'aux lambris paraît être dorée.
Alcmène cependant, et sans cris et sans pleurs,
Ordinaires effets de pareilles douleurs,
Aussitôt qu'elle souffre, aussitôt soulagée,
De ce riche fardeau se trouve déchargée.

AMPHITRYON.

Le ciel est trop soigneux de ma postérité,
Et ne la traite pas comme elle a mérité.

CÉPHALIE.

Son innocence enfin vous sera manifeste;
Ne m'interrompez point, écoutez ce qui reste :
A peine ils sont lavés que nous voyons l'un d'eux
Étendre et déployer ses petits bras nerveux,
Et des pieds et des mains, par des efforts étranges,
Se défendre sur nous de la prison des langes;
Et, l'ayant au berceau non sans peine rendu,
(O prodige incroyable, et jamais entendu!)
Deux horribles serpents ailés, à larges crêtes,
Dressant vers ce berceau leurs venimeuses têtes,
D'un vol impétueux sur lui se sont lancés.

AMPHITRYON.

O dieux!

CÉPHALIE.
Ne craignez rien : lui, ses langes forcés,
Tant qu'à son petit corps ne resta nul obstacle...
AMPHITRYON.
Que dit-elle, bons dieux? qui croira ce miracle?
CÉPHALIE.
Les prend, les presse au col, et leur fait à tous deux
Faire autour de ses bras cent replis tortueux.
De leur col allongé sort une jaune bave
Qui coule entre ses doigts et tout le bras lui lave;
Il serre enfin les mains, redouble ses efforts
Et tous deux étouffés à terre tombent morts.
AMPHITRYON.
Dieux ! par ton seul récit leur venin m'est funeste;
Ce seul discours me tue.
CÉPHALIE.
Écoutez donc le reste.
Alcmène, entre la peur et l'admiration,
Ayant vu comme nous passer cette action :
« O dieux, a-t-elle dit, quelle est cette aventure,
Et qui la fera croire à la race future?
Quel sera cet enfant si grand et si petit? »
Là d'une claire voix la chambre retentit,
Et ces termes distincts ont frappé nos oreilles :
« Cet enfant sera dieu, tous ses faits des merveilles,
La gloire son objet, l'univers sa maison;
Son père est Jupiter, qu'Hercule soit son nom. »
A cette voix succède un horrible tonnerre;
J'ai vu le ciel s'ouvrir, j'ai vu fendre la terre;
Le feu, les ondes, l'air et tous les éléments,
Sans ordre, se sont vus hors de leurs fondements,
Et je croyais déjà toucher ma sépulture;
Dans ce commun débris de toute la nature.
Je courais, effrayée, et fuyais sans dessein,
Lorsque la terre enfin a raffermi son sein.
Les cieux se sont fermés, l'air est resté tranquille,
Ma frayeur sans effet, et ma fuite inutile.
AMPHITRYON.
Je plaindrais mon honneur d'un affront glorieux,
D'avoir eu pour rival le monarque des dieux !
Ma couche est partagée, Alcmène est infidèle :
Mais l'affront en est doux, et la honte en est belle;
L'outrage est obligeant; le rang du suborneur
Avecque mon injure accorde mon honneur.

(Un nouvel éclat de tonnerre se fait entendre.)

Mais quel nouvel orage à ce calme succède ?
O Dieu, maître des dieux, je réclame ton aide.

SCÈNE VI

(Le ciel s'ouvre.)

LES MÊMES, JUPITER, en l'air.

JUPITER.

Rassemble, Amphitryon, et possède tes sens ;
    C'est bien ici le même foudre
    Dont je mis les Titans en poudre :
Mais il ne tombe pas dessus les innocents.

Roi, monarque des rois, dieu, souverain des dieux,
    Pour tirer ton esprit de peine
    Et soutenir l'honneur d'Alcmène,
De mon trône éternel je descends en ces lieux.

Je suis le suborneur de ses chastes attraits,
    Qui, sans l'emprunt de ton image,
    Quelque beau que fût mon servage,
Pour atteindre son cœur aurait manqué de traits.

D'un fils frère du tien, digne sang de mon sang,
    Sa couche vient d'être honorée,
    Qui de cette basse contrée
Un jour des immortels viendra croître le rang.

Il reçoit l'être, l'âme, et naît presque à la fois ;
    Et, pouvant tout sur la nature,
    J'en romps l'ordre en cette aventure,
Et fais faire à trois nuits l'office de neuf mois.

Deux horribles serpents étouffés par ses mains
    Ont déjà marqué sa naissance,
    Et qu'homme d'immortelle essence,
Il passe en dignité le reste des humains.

Qu'Hercule soit le nom de ce jeune héros ;
    Que par lui chacun te révère ;
    Chéris le fils, aime la mère,
Et possède avec elle un paisible repos.

(Il remonte au ciel.)

AMPHITRYON.

Cet agréable charme est enfin dissipé.
Qu'à bénir le charmeur chacun soit occupé ;
Alcmène, par un sort à toute autre contraire,
Peut entre ses honneurs conter un adultère ;
Son crime la relève, il accroît son renom,
Et d'un objet mortel fait une autre Junon.

LE CAPITAINE DES GARDES.

Ce que vous avez craint vous comble d'une gloire
Dont les ans ne pourront altérer la mémoire.

PREMIER CAPITAINE.

Pour tout dire en deux mots, et vous féliciter,
Vous partagez des biens avecque Jupiter.

(Ils sortent tous, excepté Sosie.)

SOSIE, seul.

Cet honneur, ce me semble, est un triste avantage :
On appelle cela lui sucrer le breuvage.
Pour moi j'ai, de nature, un front capricieux
Qui ne peut rien souffrir, et lui vint-il des cieux.
Mais j'ai trop, pour mon bien, partagé l'aventure ;
Quelque dieu bien malin avait pris ma figure.
Si le bois nous manquait, les dieux en ont eu soin ;
Ils nous en ont chargés, et plus que de besoin.

FIN DES SOSIES.

NOTICE

SUR

LAURE PERSÉCUTÉE

La tragi-comédie de *Laure persécutée*, imitée de l'Espagnol Bermudez, fut représentée en 1637 et éditée en 1639 chez Toussaint-Quinet, avec une dédicace à mademoiselle de Vertus. En 1646, parut une autre édition, dédiée à M. de Créqui, premier gentilhomme de la chambre du roi.

Dans les tragi-comédies de Rotrou, la jalousie nous est peinte sous son double aspect : tantôt plaisante, tantôt terrible, elle éveille l'ironie, la pitié ou la terreur; mais le sourire, à peine né sur les lèvres, y meurt bientôt, devant telle explosion soudaine, autant qu'éphémère, de la passion, et l'émotion, rarement profonde et durable, se tempère bientôt d'un sourire.

Ainsi, l'héroïne des *Occasions perdues*, Hélène, reine de Naples, est jalouse de sa confidente Isabelle, qui joue trop bien, à son gré, la comédie amoureuse où elle lui a imprudemment assigné un rôle; mais enfin elle se résigne, en princesse qui se respecte, à épouser un prince qu'elle ne connaît pas. L'ardente Salmacis, reine de Dalmatie, que le poëte de l'*Heureux naufrage* nous montre également jalouse de Céphalie, sa sœur, va jusqu'à vouer à la mort Cléandre, coupable de dédaigner sa passion, et, après l'avoir fait monter sur l'échafaud, furieuse et désespérée tout à la fois, le supplie de ne pas la perdre en se perdant; mais elle aussi pardonne, et cette tragédie s'achève en vaudeville, par un double mariage.

La Sidonie de l'*Agésilan* a des raisons plus sérieuses de haïr Florisel, qui l'a trahie. Et pourtant, quand Florisel tombe entre ses mains, quand elle peut disposer de sa vie, elle hésite, partagée entre un légitime ressentiment et un amour que rien ne peut déraciner de son âme; elle souhaite et redoute qu'on lui obéisse, elle « veut et ne veut pas, » elle « demande sa mort et désire sa vie. » C'est une Chimène moins pure, une Hermione moins constamment énergique. Combien nous préférons ces incertitudes si naturelles d'une âme passionnée à la rage forcenée d'Arthémise, qui, dans l'*Heureuse constance*, veut manger le cœur et boire le sang de son amant infidèle!

Toutes les héroïnes de Rotrou ne sont pas montées à ce ton parfois mélodramatique. Il est des âmes paisibles qu'une longue sérénité met à l'abri des orages de la jalousie et qui s'ouvrent seulement à la tristesse résignée. Telle est cette charmante Parthénie, de l'*Innocente infidélité*, sœur plaintive de Laure, persécutée comme elle, et, comme elle, fidèle jusqu'au bout à son amour, même quand elle est outragée de celui qu'elle aime : « Si je lui déplais, il m'est doux de mourir ! »

Aux yeux de Rotrou, d'ailleurs, on n'est pas maître d'aimer ni de haïr. Une destinée plus forte que l'homme le maîtrise et le pousse en avant, vers le bonheur ou vers les abîmes. C'est par « ce fatal instinct qui dispose des âmes » (*Belle Alphrède*, I, 4, *Heureux naufrage*, III, 2, 3) que Laure et Orantée sont unis dès la première heure, et pour jamais. De là un charme de jeunesse, une fraîcheur d'émotion qu'on ne retrouve plus dans l'*Inés de Castro* de Lamotte, imitée de *Laure persécutée*. Inès est la femme de don Pèdre et leurs enfants viennent se jeter aux genoux du roi Alphonse le Justicier, leur aïeul. Se figure-t-on Laure sous les traits d'une mère de famille ? La fleur de l'illusion n'en serait-elle pas flétrie ?

Bien que la tragi-comédie de Rotrou s'inspire de l'espagnol, on peut affirmer sans crainte qu'elle est une création originale, par le mélange intime et curieux de l'idéal, qui est de tous les temps, et de la galanterie convenue, qui, par exemple, au 5e acte, donne à l'auteur l'idée de cette consultation renouvelée des cours d'amour du moyen âge. Dans sa thèse si complète et si fine sur Rotrou, M. Jarry a bien pu rapprocher *Laure persécutée* de la comédie de Shakspeare, *Beaucoup de bruit pour rien*, et comparer la tromperie de Boracchio à celle d'Octave. Il a pu retrouver chez Rotrou, presque mot pour mot, la terrible hyperbole de *Macbeth :* « La vaste mer n'a pas assez de gouttes pour la laver. » Mais ces rapports, comme ceux de l'*Innocente infidélité* avec *Roméo et Juliette*, sont tout fortuits. Rotrou n'a pas imité Shakspeare : il l'a deviné.

LAURE PERSÉCUTÉE

TRAGI-COMÉDIE

1637

PERSONNAGES

LE ROI DE HONGRIE.
ORANTÉE, fils du roi de Hongrie.
LE COMTE.
LAURE.
LYDIE, confidente de Laure.
OCTAVE, gentilhomme d'Orantée.
CLIDAMAS, gouverneur de Laure.
ARBAN, serviteur d'Orantée.
CLÉONTE, gentilhomme du roi.
L'INFANTE.
LES VALETS.
LE CAPITAINE DES GARDES.
Les gardes.

La scène est en Hongrie.

ACTE PREMIER

SCÈNE I

ORANTÉE, LE COMTE; GARDES.

LE COMTE.
Seigneur, au nom du roi, j'arrête votre altesse.
ORANTÉE.
Raillez-vous?
LE COMTE.
J'obéis, et j'en ai charge expresse.
ORANTÉE.
Comte!
LE COMTE.
Seigneur!

ORANTÉE.
Passez, que de semblables jeux
Ne soient à leur auteur des plaisirs hasardeux :
Songez à votre tête.
LE COMTE.
En cas de raillerie,
Je pourrais justement craindre votre furie,
Et je craindrais encor pour ma témérité
Si je vous arrêtais de mon autorité :
Mais le roi m'obligeant à cette violence,
Accusez sa rigueur, non pas mon insolence ;
Son ordre est un bouclier à la main qui le sert,
Et ce même bouclier tient ma tête à couvert.
ORANTÉE.
Eh ! comte, d'où lui naît cette aveugle colère
Qui lui fait dépouiller tout sentiment de père,
Et le veut obliger à punir en son fils
Ce qu'il pardonnerait même à ses ennemis ?
Qu'il expose mon crime à l'exacte censure
Du plus sévère esprit qui soit en la nature ;
Que mon pire ennemi rende ce jugement :
Loin de me condamner, il plaindra mon tourment.
Aimer est mon forfait, et mon juge est mon père.
Quel forfait est plus doux ? quel juge plus sévère ?
Jamais de ce beau feu ne fut-il enflammé,
Et puis-je être son fils s'il n'a jamais aimé ?
LE COMTE.
Aimer est un beau crime, et surtout excusable ;
Mais l'inégalité rend le choix méprisable.
Il souhaite à vos vœux plus de proportion ;
Il condamne l'objet, non pas la passion.
ORANTÉE.
L'Amour, cette puissance aux libertés fatale,
Ce doux maître des cœurs, rend toute chose égale ;
Il sait bien mesurer les objets aux désirs,
Et la proportion est où sont les plaisirs.
LE COMTE.
Mais on a vu souvent du mauvais choix d'un prince
Naître le déshonneur de toute une province.
Notre intérêt est joint à la rigueur du roi :
Un prince comme vous est plus aux siens qu'à soi.
ORANTÉE.
De l'insolence encor passer jusqu'à l'injure !
Je l'entends, malheureux, et, lâche, je l'endure.

Déshonorer l'État! moi, traître! en quoi? comment?
LE COMTE.
Non pas encor, Seigneur, mais on craint seulement.
ORANTÉE.
Et quoi?
LE COMTE.
L'événement d'une amour obstinée
Qui vous peut engager jusques à l'hyménée.
On ne vous défend pas ces mouvements légers
Dont vous ne prétendez que des fruits passagers :
Votre père en cela s'accorde avec votre âge,
Et vous les retrancher serait vous faire outrage.
Mais il ne peut souffrir qu'un objet inégal
Prétende avecque vous jusqu'au nœud conjugal,
Et que votre jeunesse, encor bouillante et prompte,
Vous couvre le premier d'une éternelle honte.
Car cette Laure enfin, avec tous ses appas,
N'a rien qui puisse plaire à des yeux délicats,
Et la commune voix en fait une peinture
Qui ne l'enrichit point des dons de la nature :
Elle est noble, on le croit; mais, au reste, Seigneur,
Fort pauvre de fortune, et peut-être d'honneur.
ORANTÉE.
Impudent, imposteur, ton insolence extrême
Va jusqu'à cet outrage et jusqu'à ce blasphème!
Qui me tient qu'en ce lieu je n'écris de ton sang
Le mérite de Laure et quel sera son rang?
Crois, trop crédule esprit, qu'à ta seule ignorance
Tu dois l'impunité de cette irrévérence,
Que ton salut dépend de ne connaître pas
Ce chef-d'œuvre immortel de vertus et d'appas.
Si son nom sort jamais de ta profane bouche
Qu'avec tous les respects dus à ce qui me touche,
Et qu'en attribuant à ce jeune soleil
Les qualités de l'autre, à peine son pareil,
Sache que cette main soutiendra son estime,
Et que ton châtiment suivra de près ton crime.
Parle d'elle en tremblant, comme des immortels,
Et jamais qu'à genoux et au pied des autels.
LE COMTE.
J'excite avec regret votre juste colère;
Mais je suis d'autre part les mouvements d'un père
Qui veut être obéi, qui guide ici mes pas,
Qui seul m'ouvre la bouche et me lève le bras.

J'ai failli toutefois, et mon sang sans défense
S'offre, s'il est besoin, de laver mon offense,
Et de faire rester froide et sans mouvement
La langue qui parlait contre mon sentiment.
Car cette Laure enfin, que j'ai tant abaissée,
Passe tous les efforts de l'humaine pensée ;
J'ai fait un monstre affreux d'une divinité :
Mais le roi nous oblige à cette lâcheté.

ORANTÉE.

Tu ne pouvais pas mieux qu'avec les mêmes armes,
Ni plus tôt réparer le tort fait à ses charmes :
Tu m'obliges autant que tu m'as offensé,
Et tu relèves mieux que tu n'as abaissé.
Allons, ta complaisance à ton dessein me range,
Et ma prison sera le fruit de ta louange.

LE COMTE.

Quel importun devoir m'est enjoint aujourd'hui !

ORANTÉE.

Va, comte, je me rends ; c'est assez, je te sui.

LE COMTE.

Attendant votre paix, ces gardes que je laisse
En votre appartement suivront donc Votre Altesse.

ORANTÉE.

Allons.

LE COMTE.

    Croyez, Seigneur, que la bonté du roi
Révoquera bientôt cette sévère loi.

(Ils sortent.)

SCÈNE II

LAURE, LYDIE.

LYDIE.

Le mérite aujourd'hui, contre l'erreur commune,
Fait voir qu'il est parfois maître de la fortune.
Vous la voyez esclave, en ce prince amoureux,
Embrasser vos genoux et vous offrir ses vœux.

LAURE.

Quand elle se présente avecque tant de pompe,
Ce n'est qu'un faux éclat qui brille, mais qui trompe.
On a moins de créance à qui promet le plus,
Et souvent tout offrir est un adroit refus.
Vois-tu pas à quel point le roi nous persécute,

Et qu'avant que je monte il médite ma chute?
Ayant à surmonter un ennemi si fort,
Quel fruit dois-je espérer des caresses du sort?
LYDIE.
Le prince forcera ce qui vous importune.
En possédant son cœur vous tenez sa fortune :
Autant qu'il est aimable, autant il est constant.
(A part.)
Octave, hélas! pourquoi n'en puis-je dire autant?
LAURE.
L'Amour engendre en nous cette délicatesse,
Que ce que nous aimons, s'il ne nous rit, nous blesse :
Un regard un peu froid, échappé sans dessein,
Nous est un trait mortel qui nous perce le sein.
Mais croyez qu'au besoin vous verriez en Octave
Les ardeurs d'un amant et les soins d'un esclave.
Dieux! de quelle vitesse il porte ici ses pas!

SCÈNE III

LES MÊMES; OCTAVE.

OCTAVE.
Ah! faites que le roi ne vous rencontre pas,
Madame! Ni le ciel, ni la mort elle-même,
Refusant son secours à sa fureur extrême,
Ne pourraient s'opposer à ce forcènement,
Ni prolonger vos jours d'une heure seulement.
Pour vous dire en deux mots quelle est votre misère,
Ce prince est arrêté par l'ordre de son père,
Et par cet ordre même on vous cherche partout;
On court par le palais de l'un à l'autre bout;
La porte en est fermée, et contre sa poursuite
Ce serait perdre temps que d'opposer la fuite :
Cette recherche enfin ne tend qu'à votre mort.
LAURE.
Eh bien! il faut mourir, si c'est l'arrêt du sort.
Nul n'évite la mort, plusieurs l'ont souhaitée :
Après tout, c'est un fruit de l'amour d'Orantée.
OCTAVE.
Un seul remède s'offre assez heureusement.
LAURE.
Quel?

OCTAVE.
De vous travestir.

LAURE.
Et de quel vêtement?

OCTAVE.
D'un des pages du prince, et sous cet équipage
Tenir lieu près de lui de maîtresse et de page :
Celui qui le portait est mort depuis trois jours.
Mais il se faut hâter.

LAURE.
Dieux ! soyez mon recours !

(Elle sort avec Octave.)

SCÈNE IV

LYDIE, seule.

De quel soin il la sert ! de quelle ardeur extrême !
Laure, je crains pour vous, mais bien plus pour moi-même :
Le traître à toutes deux vient d'annoncer la mort,
A moi par son silence, à vous par son rapport.
Mais peut-être qu'à tort, interdite et confuse,
Je me trahis moi-même, et moi-même m'abuse.
L'ordre d'assister Laure en ce besoin pressant
Rend ma plainte coupable et son soin innocent,
Et je me forge en l'air le soupçon qui m'afflige ;
Car, de croire qu'il aime où le prince à dessein,
C'est une folle crainte, indigne de mon sein.
Mon amour toutefois, encore en défiance,
Ne peut laisser qu'au temps résoudre ma créance ;
Un ver de jalousie, un importun penser
Est bien prompt à venir, mais bien lent à chasser.

SCÈNE V

LE ROI, LE COMTE ; GARDES.

LE ROI.
Eh bien, s'est-il rendu ?

LE COMTE.
C'en est fait, Sire : au reste,
D'un esprit si tranquille et d'un œil si modeste,
Qu'avec plus de douceur ni plus courtoisement
Il n'eût pu recevoir ni rendre un compliment.

LE ROI.

Mais cette enchanteresse et trompeuse sirène
Dessus ses volontés est toujours souveraine ?

LE COMTE.

Le temps...

LE ROI.

Comment, le temps ? peut-être qu'à ce jour
L'infante de sa vue honorera ma cour :
Les lettres de mes gens, l'alliance conclue
Me font d'un jour à l'autre attendre sa venue ;
Et voilà qu'il me met, par sa brutalité,
Au point d'appréhender ce que j'ai souhaité !
Une fille inconnue, un rebut de fortune,
Aux siens, à la nature, à soi-même importune,
Sans naissance, sans nom, sans pays, sans pouvoir,
Pauvre, et qui pour tout bien n'a pas même l'espoir,
Honteux spectacle au ciel, vile charge à la terre,
Traverse mes desseins, me déclare la guerre,
Et se sert du pouvoir de quelques faux appas
Pour priver de repos mon fils et mes États !
Prévoyants médecins, en ce besoin extrême
Usons contre un grand mal d'un remède de même ;
Et, pour ne périr pas, habiles matelots,
Jetons ce qui nous pèse à la merci des flots.
Servons contre son gré cet imprudent Ulysse,
Et faisons, pour son bien, que sa Circé périsse.

LE COMTE.

La perte d'un sujet dangereux à l'État
Avant tout autre soin importe au potentat :
Tel membre retranché du corps d'une province
Est le salut du reste et le repos du prince.

LE ROI.

Comte, joignez vos pas à nos soins diligents :
J'ai su qu'elle est ici par quelqu'un de mes gens,
Et, brûlant d'étouffer ce serpent domestique,
A ce honteux devoir moi-même je m'applique.
Entrez là ; moi, je passe en cet appartement.

(Ils sortent.)

SCÈNE VI

LAURE, seule, déguisée en page.

O ciel ! joins ton secours à ce déguisement,
Ou j'oppose à ma mort une inutile peine ;

Chaque objet me la montre, et chaque pas m'y mène.
Que vois-je, malheureuse? où s'adressent mes pas?
Voici de qui dépend ma vie ou mon trépas.
Passons, et, s'il se peut, gardons qu'il ne nous voie.

SCÈNE VII

LAURE, LE ROI, LE COMTE, OCTAVE; GARDES.

LAURE, se cachant.

Où fuirai-je?

LE COMTE.
Holà, page, arrêtez, faites voie!

LE ROI.

Qu'est-ce?

LE COMTE.
Un page du prince.

LE ROI.
Approche, page.

LAURE, à part.
O dieux!
Rien peut-il que la mort me tirer de ces lieux?
Nuages, couvrez-moi!

LE ROI.
Quelle est cette contrainte?
Parle, lève les yeux, et bannis cette crainte.
Ne sers-tu pas le prince?

LAURE.
Oui, Sire.

LE ROI.
Sous quel nom?

LAURE.
(A part.)
De Célio. Je tremble : arme-toi, ma raison.

LE ROI.
Depuis quand?

LAURE.
Ne voici que la seconde lune
Depuis que ce bonheur honore ma fortune,
Et je vais, s'il plaît, Sire, à Votre Majesté,
Le trouver où j'ai su qu'on le tient arrêté.

LE ROI.
Réponds auparavant à ce que je désire.

LAURE, à part.

Hélas! que répondrai-je, et que saurais-je dire?
O terre! ouvre ton sein; soleil, retire-toi!
Nuages, derechef, tombez et couvrez-moi!

LE ROI.

Connais-tu cette Laure en beauté sans seconde,
Ce miracle où l'on dit que tant de grâce abonde?

LAURE.

Oui, je la connais, Sire, et n'y remarque point
De beauté ni de grâce estimable à ce point :
J'estime sa vertu bien plus que son visage,
Et, si je l'ose dire, en effet elle est sage.

LE ROI.

L'as-tu vue aujourd'hui?

LAURE.

Non, Sire ; mais je croi
Qu'encore ce matin...

LE ROI.

Allons, comte, suis-moi :
Je proteste des dieux la grandeur souveraine
Qu'avant la nuit sa mort satisfera ma haine.

(Ils sortent.)

LAURE, seule.

Que puis-je plus, chétive, espérer de mon sort,
Après la question et l'arrêt de ma mort?
Ciel, témoin de ma peine et de mon innocence,
A l'injustice humaine oppose ta puissance :
Les rois, tout dieux qu'ils sont, relèvent d'autres dieux :
Je récuse la terre, et j'en appelle aux cieux.

(Elle sort.)

SCÈNE VIII

ORANTÉE, seul.

Lâches soumissions, devoir, obéissance,
Insupportables lois que prescrit la naissance,
Présentez autre part vos conseils superflus ;
Injurieux respects, je ne vous connais plus :
Vos inutiles soins irritent sa colère ;
Plus je parais son fils, moins il paraît mon père.
Captif dans la prison, on me meurtrit dehors ;
Pour assassiner l'âme on enferme le corps.
Cruel, que Laure meure, et qu'avec la journée

De ce soleil d'amour la course soit bornée !
Ton pouvoir est trop faible, ou l'heure de ma mort
Devait de ton dessein précéder le rapport.
Tu n'as si forte tour ni garde si fidèle
Que je n'eusse forcée après cette nouvelle ;
Et les dieux soient bénis de n'avoir pas souffert
Qu'à ma juste furie aucun se soit offert !
J'ai, non sans grand sujet, craint en cette aventure
Un aveugle attentat d'amour sur la nature,
Et je n'ose assurer qu'en cette extrémité,
Serf de ma passion, j'eusse rien respecté.
Ote à mon désespoir ces funestes matières,
Père ingrat, et rends Laure à mes justes prières.
Retiens-toi tes honneurs, ta couronne, ton rang,
Et, si tu veux encor, reprends jusqu'à ton sang ;
Mais ne m'ôte pas Laure, ou, me l'ayant ravie,
Donne ordre, et promptement, qu'on m'ôte aussi la vie ;
Autrement... Holà, page, ici ! Que fait le roi ?

SCÈNE IX
ORANTÉE, LAURE.

LAURE, à part.

Il ne me connaît pas.

ORANTÉE.

Cherchons Laure, suis-moi :
Seul, prouve-moi ta foi, quand chacun m'abandonne ;
Seul, joins ton sang au mien, si le besoin l'ordonne.
Mourons avecque Laure ; allons, ne craignons rien :
Mais vendons chèrement notre sang et le sien.

LAURE.

Oui, Seigneur, je suivrai votre louable envie ;
Laure ne mourra point qu'on ne m'ôte la vie :
Je sais que, la perdant, aussitôt je vous perds ;
Pour vous aussi je l'aime, et pour vous je la sers.

ORANTÉE.

Mes yeux, m'abusez-vous ? Que vois-je ? Approche, page.
Qui de ma Laure, ô dieux ! t'a donné le visage ?
Est-ce vous, ma princesse ? O sort ! que tu m'es doux !

LAURE.

Quoi, Seigneur, au besoin me méconnaissez-vous ?

ORANTÉE.

A peine puis-je encor désabuser ma vue,

Et vous-même au miroir, par vous-même déçue,
Ne vous connaîtriez pas sous ce faux vêtement.
Qui vous a conseillé ce travestissement?
LAURE.
Votre fidèle Octave, et, sans son assistance,
J'opposais à ma perte une vaine défense.
Cet habit m'a soustraite à la fureur du roi :
De ce pas à moi-même il s'est enquis de moi,
Et je vois bien qu'il faut qu'une même journée
Éclaire pour ma perte et pour votre hyménée.
Vienne donc le parti qui vous est destiné,
Et que ce triste accord de mon sang soit signé!
Chaque jour de Pologne on attend sa venue.
Ne lui préférez pas une fille inconnue,
Étrangère, sans bien, et dont l'extraction
Avec votre naissance est sans proportion.
Oui, Seigneur, épousez, quelque ardeur qui vous presse,
L'intérêt de l'État bien plus qu'une maîtresse.
Le peuple est en ce point plus heureux que les rois
Qu'ils n'ont pas comme lui la liberté du choix,
Qu'attachés par leur rang au bien de leurs provinces,
Ils épousent en serfs, et leurs sujets en princes.
ORANTÉE.
Ah! madame, la peur altère votre foi :
Qui juge mal d'autrui fait mal juger de soi.
Moi! que je vous perdisse, et qu'après cette perte
On voulût qu'en mon lit une autre soit soufferte!
O l'effroyable monstre, et l'horrible serpent
Que je croirais sentir en ma couche rampant!
Du penser seulement son regard m'empoisonne;
Je tremble et je frémis de l'horreur qu'il me donne.
Non, non, le roi ne peut, avec tout son courroux,
Faire que je ne vive ou meure avecque vous.
Oui, Laure, nos destins auront même aventure;
Nous aurons même trône ou même sépulture.
LAURE.
Mais l'infante?
ORANTÉE.
Un des miens lui porte de ma part
Un assuré moyen d'empêcher son départ :
Je lui mande en deux mots que ma foi s'est donnée
Avant qu'on proposât ce second hyménée,
Et que mon père à tort m'a si tard déclaré
Ce glorieux dessein qui m'eût trop honoré.

Ces termes à peu près sont le sens du message
Qui ne saurait faillir d'arrêter son voyage.
LAURE.
Mais que je crains, mon prince, avec juste raison,
Qu'ayant, comme je crois, forcé votre prison,
La colère du roi contre vous ne s'aigrisse !
ORANTÉE.
Que n'aurais-je franchi, quel fort, quel précipice,
Pour combattre sa rage et pour vous conserver ?
J'ai hasardé ma vie afin de la sauver.
Mais voici... qui des deux, mon tyran ou mon père ?
LAURE.
De grâce, fléchissez ; vous vaincrez sa colère.

SCÈNE X

LES MÊMES ; LE ROI, LE COMTE ; GARDES.

LE ROI.
Quoi ! comte, ce rebelle a forcé sa prison ?
Fureur, non plus fureur, mais justice et raison,
Pouvez-vous châtier d'un supplice assez rude
Sa désobéissance et son ingratitude ?
Soldats, soyez témoins du serment que je fais,
Et me le reprochez si je le romps jamais :
Par ce front couronné, cette tête sacrée,
De mes ennemis même et crainte et révérée,
Et par cette invincible et vengeresse main
Qui tient de cet État la balance et le frein,
Je jure, — et plaise aux dieux que la raison en cesse ! —
Que, s'il aigrit d'un mot la fureur qui me presse,
Que si, mutin qu'il est, il montre seulement
La moindre répugnance à mon commandement,
La peine qu'il mérite, et que je lui prépare,
Laissera de ma haine un exemple si rare
Aux pères comme moi bons et comblés d'ennui,
Aux fils contredisants et mutins comme lui,
Que tout langage humain, tout âge et toute histoire
En gardera l'horreur avecque la mémoire.
Sans rendre ni raison, ni compte de mes vœux,
Je veux ce que je veux, parce que je le veux.
LAURE, à Orantée.
Retirez-vous : je tremble, et tout mon sang se glace.

ORANTÉE, à genoux.

De vos bontés, Monsieur, j'espère plus de grâce :
La nature et le sang vous parleront pour moi
Contre cette peu juste et trop sévère loi.

LE ROI.

Te voilà, malheureux ? Avec quelle impudence
Oses-tu maintenant paraître en ma présence ?

ORANTÉE, se relevant.

Pour me justifier, j'attends que le courroux,
Ce mauvais conseiller, s'éloigne un peu de vous,
Et j'appelle, Monsieur, de vous-même en colère
A vous-même, mon prince, et mon juge et mon père,
Qui conservez la forme en rendant l'équité,
Et ne condamnez point sans avoir écouté.
L'arrêt de ma prison, rendu sans cette forme
Qu'on ne refuse pas au fait le plus énorme,
Peut être transgressé comme une injuste loi
Qui ne vient d'un parent, d'un juge, ni d'un roi.

LE ROI.

Et qu'alléguerais-tu qui purgeât ton offense ?

ORANTÉE.

Encore un criminel produit-il sa défense.

LE ROI.

Avec quel argument détruis-tu mon pouvoir ?
Quelle loi t'affranchit de celle du devoir,
Inviolable et sainte autant que naturelle ?

ORANTÉE.

Celle de la raison, encor plus forte qu'elle.

LE ROI.

La loi de la raison ne te permet donc pas
Un hymen qui regarde et nous et nos États.

ORANTÉE.

Tant s'en faut.

LE ROI.

Toutefois, à ce joug indomptable,
Quand on te le propose avec parti sortable,
Tu poursuis lâchement un hymen inégal,
Aux tiens, à ton État, à ton honneur fatal,
Honteusement épris des impudiques flammes
De la plus vicieuse et plus vile des femmes.

LAURE, à part.

Voilà mes qualités.

ORANTÉE.

Monsieur, s'il m'est permis,

Je ferai quelque jour mentir mes ennemis :
Si j'obtiens ce bonheur, vous verrez un visage
Qui ne ressemble point à cette fausse image :
Par lui je convaincrai votre crédulité
De trop de confiance et de facilité :
Laure est l'achèvement de toutes les merveilles ;
Sa grâce est sans défaut, ses vertus sans pareilles ;
Ce Dieu qui se dévore et qui se reproduit,
Qui se cherche soi-même et soi-même se fuit,
N'a vu, voit, ni verra dans toute la nature
De merveille passée, ou présente ou future,
Riche du moindre éclat, ni des moindres trésors
Qui parent son esprit, et son âme et son corps.

LE ROI.

Dieux ! avec quelle honte et quelle patience
De ton mauvais esprit fais-je l'expérience !
Fou, stupide, insensé, si l'usage et le temps
Ne t'ont encor pourvu de raison ni de sens,
Laisse-toi gouverner par ceux dont la sagesse
Avecque tant de soin pour ton bien s'intéresse ;
Ou si, dans cette jeune et bouillante saison,
Tu n'es absolument dépourvu de raison,
Soumets ton sens au mien, et défère à qui t'aime
Avant que, te sentant, tu t'aimasses toi-même.
Ta passion est juste, et ta Laure, dis-tu,
Est la sagesse même, et la même vertu !
Quel aveugle respect, quelle bonté m'arrête
Que ma main de ton corps ne sépare ta tête,
Où le raisonnement, du bon sens séparé,
Ne produit rien de mûr et rien que d'égaré ?

LE COMTE.

Remettez-vous, Seigneur, et qu'en vous la prudence
Bannisse la fureur d'avecque la puissance.
Régner et s'emporter font un mauvais accord ;
L'un est d'un faible esprit, l'autre d'un homme fort ;
L'un rend serf de soi-même, à l'autre on rend hommage ;
L'un est une puissance et l'autre est un servage.

ORANTÉE.

Ce corps, qui vient de vous, est vôtre absolument ;
L'esprit, qui vient du ciel, est à lui seulement :
Disposez donc du corps, traitez-le comme vôtre ;
Mais permettez au ciel de disposer de l'autre.

LE ROI.

O belle conséquence ! ô fou raisonnement !

Le ciel est donc auteur de ton aveuglement?
Sa providence donc te destine une femme
Perdue, abandonnée, entre toutes infâme,
Qui de mille assouvit les désirs dissolus,
Et capable de tout, si ce n'est d'un refus ;
Au reste, à ce qu'on dit, bien moins belle que vaine,
Et qu'un œil délicat ne souffrirait qu'à peine.
C'est là ce digne objet et ce choix précieux
Qu'à l'honneur de ta couche ont destiné les cieux?

ORANTÉE.

Quiconque vous ait fait cette fausse peinture,
Si j'en apprends le nom, il mourra, je le jure.
Pour vous laisser la vie en ce juste courroux,
Il ne me faut pas moins que la tenir de vous :
Mais qu'à jamais les dieux en prolongent la course!
Mon sang me vient du vôtre, il révère sa source.
Laure, au reste, est honnête, et j'atteste les dieux
Que ma mère elle-même, oui, ne véquit pas mieux ;
Et, touchant les défauts qu'on peint en son visage,
Si quelqu'un qui l'ait vue a tenu ce langage,
Et s'il ne vous flattait, je suis un imposteur :
Faites couper un jour la langue du menteur.
Non, Seigneur, il n'est rien que Laure ne surpasse ;
Auprès de ce qu'elle est toute grandeur est basse :
Pour venir jusqu'à moi croyez qu'elle descend,
Et ne peut épouser un roi qu'en s'abaissant.

LE ROI.

Lâche sang de mon sang, avec quelque justice
Que mon ressentiment penche vers ton supplice,
Je veux à ta folie, et non à ton dessein,
Rapporter ces effets d'un jugement malsain,
Et je m'offre de faire, en présence du comte,
Un accord avec toi dont tu mourras de honte.
Mets cet infâme objet de ton lâche désir
En l'endroit le plus sûr que tu puisses choisir,
Et, si je puis prouver à ton impertinence
Et sa méchante vie et son incontinence,
Défère à mon vouloir, qui respire ton bien,
Comme, ne le pouvant, je me soumets au tien.

ORANTÉE.

Une fidèle preuve, et que j'en aurais eue
Ou par ma propre oreille, ou par ma propre vue,
Me la ferait haïr à l'égal de la mort.

LAURE, à Orantée, à part.

N'en crains rien.

ORANTÉE.
Oui, Seigneur, j'accepte cet accord
Par les sacrés respects où le sang me convie,
Et par ce qui m'est cher, le bien de votre vie.

LE ROI.
Que cette affaire donc reste aux termes qu'elle est.

ORANTÉE.
Détrompé, je me range au parti qui vous plaît.

(Le roi, le comte et les gardes sortent.)

SCÈNE XI
LAURE, ORANTÉE.

LAURE.
Vous plaignez bien la foi que vous avez donnée
A cette vicieuse, à cette abandonnée.

ORANTÉE.
Tant qu'au moindre soupçon qu'on t'en verrait former
Je mourrais à tes pieds pour te la confirmer.

LAURE.
Quoi ! pour une effroyable et si digne de haine ?

ORANTÉE.
La frayeur que tu fais est une douce peine.

LAURE.
Si laide, puis-je bien vous causer tant d'ardeur ?

ORANTÉE.
Tu feras bien du mal avec cette laideur.

LAURE.
De l'horreur !

ORANTÉE.
De l'amour !

LAURE.
De la peur !

ORANTÉE.
De l'envie !

LAURE, l'embrassant.
Mon prince ! mon espoir !

ORANTÉE.
Ma princesse ! ma vie !
Enfin vous confondrez, beaux yeux, beaux enchanteurs,
Vos persécutions et vos persécuteurs,

Et bientôt vos rayons, dissipant tout nuage,
En de fâcheux esprits ne verront plus d'ombrage.
Mais, ma chère princesse, attendant ce beau jour,
Seconde un joli trait que m'inspire l'Amour.
LAURE.
Quel? dites seulement.
ORANTÉE.
                D'aller au roi toi-même
Prouver en tes habits que ta grâce est extrême :
Je veux qu'il rende hommage à des charmes si doux.
LAURE.
En mes habits? Mon prince, à quoi m'obligez-vous?
ORANTÉE.
A rien : certaine fourbe, à ce sujet conçue,
Ne m'en fait espérer qu'une agréable issue.
Viens, je te la dirai.
LAURE.
            Si vous le souhaitez,
J'y cherche vos plaisirs, et non mes sûretés.

ACTE DEUXIÈME

SCÈNE I
OCTAVE, seul.

Je reconnais, Amour, ton pouvoir immortel ;
Mon âme t'est un temple, et mon cœur un autel :
Mais n'en exige point ce honteux sacrifice ;
Fais plutôt que l'autel et le temple périsse.
Moi, dieux, que j'aime Laure ! Insolent Ixion,
Quel dessein et quel vol prendrait ta passion ?
Que je perde sans fruit, par cette perfidie,
L'amitié de mon prince et l'amour de Lydie !
Inutile, importun et coupable penser,
De quel trouble d'esprit me viens-tu traverser ?
O signe trop sensible et preuve trop certaine
Du pouvoir de l'Amour sur la faiblesse humaine !
Un homme peut commettre en la garde d'autrui

Son honneur, ses trésors, son plaisir, son ennui,
Et ne rien réserver des secrets de son âme,
Et celui seul est fou qui confie une femme :
C'est là qu'il est fatal d'éprouver ses amis,
Et qu'on a hasardé ce qu'on leur a commis ;
C'est là que pour soi-même on n'est pas trop fidèle,
Et c'est de ce seul bien que l'avarice est belle.

SCÈNE II

LE ROI, OCTAVE.

LE ROI.
Dernier et seul moyen d'où dépend mon repos,
Octave, qu'en ce lieu je te trouve à propos !

OCTAVE.
Sire, aurais-je du sort reçu ce bon office
Que je pusse espérer de vous rendre service ?
De moi, Sire, de moi, dépend votre repos ?

LE ROI.
Oui, de toi, si tu veux : mais écoute en deux mots.
Quoique l'astre du jour, prêt à sortir de l'onde,
Semble plus souhaitable aux yeux de tout le monde
Qu'alors que, vers la mer précipitant son cours,
Avecque sa carrière il achève les jours,
Du premier toutefois on n'a que l'espérance,
Et de l'autre les yeux possèdent la présence :
Le bien présent est sûr, les futurs sont trompeurs ;
Un changement de temps, un amas de vapeurs,
Un vent, une tempête en un moment émue,
Aux yeux qui l'attendaient peut dérober sa vue.
T'expliquer maintenant cette comparaison,
Connaissant ton esprit, serait hors de saison.

OCTAVE.
Le prince serait-il ce soleil qui se lève,
Et vous, Sire, celui dont la course s'achève,
Vous dont les jours à peine ont atteint leur midi,
Dont l'âge le plus beau n'est pas encore ourdi ?

LE ROI.
Ayant compris mon sens, réponds à mon attente ;
Préfère au bien futur la fortune présente :
L'incertaine faveur d'un fils qui doit régner
Contre un père régnant ne te doit pas gagner ;
Outre qu'un jour, guéri de son jeune caprice,

Il voudra mal peut-être à qui lui rend service.
OCTAVE.
Sans égard du futur je dois tout à mon roi;
J'honore la couronne au front où je la voi.
Le sort me donne au fils, mais je me donne au père:
Chez vous je suis sujet et chez lui volontaire.
Oui, Sire, assurez-vous de ma fidélité
En quoi qu'il soit utile à Votre Majesté;
Car de m'imaginer nul dessein sur sa vie...
LE ROI.
Ah! tu verrais ma mort précéder cette envie :
Oui, tout auteur qu'il est de mon cruel ennui,
J'entends encor mon sang qui me parle de lui;
Il rend et ma menace et ma colère vaines,
Et je le verserais pour en remplir ses veines.
De cette affection naît l'utile dessein
Que si confidemment je répands en ton sein.
Mais tout ce long discours, dont je te sollicite,
A ton obéissance ôte de son mérite :
Tu sais, oui, tu le sais, et toi seul de ma cour
As vu naître et durer cette funeste amour,
Pour quel indigne objet ce lâche cœur soupire,
Et de quelle puissance il révère l'empire :
D'une fille inconnue, et de qui les parents
N'ont possédé chez moi ni dignité, ni rangs,
Étrangère, sans biens, et sans autre avantage
Que de quelques attraits qu'il trouve en son visage.
D'ailleurs, tu sais l'accord en Pologne arrêté,
Dont mon ambassadeur par mon ordre a traité,
Que la princesse vient, et que cette alliance
De toute la Hongrie est l'heur et l'espérance ;
Si bien que, si dans peu leur commerce ne rompt,
J'attends en l'attendant un éternel affront.
OCTAVE.
Sire, je connais trop quel transport le domine,
Et de quelle furie il court à sa ruine :
Mais j'ai beau lui blâmer cet amour inégal,
Pour souffrir le remède il aime trop son mal,
Et, malgré les raisons que j'employe contre elle,
Le prince n'en est pas moins soumis et fidèle.
LE ROI.
M'obstinant ce matin contre son sentiment,
Et blâmant sa folie et son aveuglement,
Autant qu'il l'estimait je l'ai dépeinte infâme;

J'ai couvert sa vertu de reproche et de blâme,
Et j'ai promis de faire à ses yeux aveuglés
Voir ses débordements honteux et déréglés.
Sa guérison dépend de cette connaissance :
Mais cette preuve, Octave, excède ma puissance ;
Car Laure, à ce qu'on dit, a trop d'honnêteté,
Et passe tout son sexe en cette qualité.
C'est donc en ce besoin qu'il faut que l'art agisse,
Et je n'en attends rien, si tu n'en es l'Ulysse.
Avecque cet accès qui t'est libre auprès d'eux,
Et ton esprit adroit, tu peux tout, si tu veux.
C'est ici que l'honneur est conjoint à la ruse :
Un malade obstiné meurt, si l'on ne l'abuse :
Les remèdes qu'on craint plaisent après l'effet,
Et quelquefois il faut cacher même un bienfait.
Prouve-moi donc ton zèle en ce besoin extrême ;
Sers ton maître, ton roi, ton pays et toi-même,
Et, guérissant un fol à sa perte obstiné,
Rends-toi digne du rang que je t'ai destiné.

OCTAVE.

Il n'est point de secret que le zèle n'inspire
Pour l'honneur de son prince et le bien de l'empire,
Et, touchant ce dessein, j'ose engager ma foi,
Inviolable gage entre les mains d'un roi,
Si d'un peu de bonheur le sort me favorise,
De conduire à l'effet cette juste entreprise.
Espérer de lui plaire, et présumer encor
Que cette Danaé se rende à des flots d'or,
C'est vouloir au soleil ôter de la lumière,
Et, chercher le matin au bout de sa carrière.
Il faut donc employer en cette occasion,
Au défaut de l'effet, l'art et l'illusion,
Et comme un enchanteur, par d'inconnus mystères,
Pour véritable corps fait passer des chimères,
Faire au prince abusé détester ses appas,
Lui faisant croire et voir ce qui ne sera pas.

LE ROI.

Mais avec quoi payer cette faveur extrême ?

OCTAVE.

Vous la payerez, Sire, avecque Laure même ;
C'est le prix que je veux de ma fidélité
Si je rends ce service à Votre Majesté.

LE ROI.

Fais donc, dérobe Laure, et Laure sera tienne :

En l'ôtant à mon fils, fais qu'elle t'appartienne;
Combats pour conquérir cette riche toison.
OCTAVE.
Le zèle qui m'anime en sera le Jason.
(Il sort.)

SCÈNE III
LE ROI, seul.

Voilà de ces flatteurs dont une cour abonde,
Que l'intérêt gouverne au gré de tout le monde,
Ennemis du repos, amis du changement,
Lâches, et résolus à tout événement :
Telles gens toutefois approchent la couronne;
On se sert de leur vice, et l'on hait leur personne.

SCÈNE IV
LE COMTE, LE ROI.

LE COMTE.
Sire, en la basse cour une jeune beauté
Attend qu'on la présente à Votre Majesté.
LE ROI.
Une jeune beauté?
LE COMTE.
   Plutôt la beauté même,
Que le plus continent ne peut voir qu'il ne l'aime;
Jamais rien de pareil ne parut en ces lieux
Pour la peine des cœurs et le plaisir des yeux.
LE ROI.
Qu'elle entre, voyons-la : si c'est quelque déesse,
Prions-la d'un miracle au besoin qui nous presse;
Prions-la de confondre et Laure et ses desseins,
Et de rendre à mon fils des sentiments plus sains.

SCÈNE V
LE ROI, LE COMTE, LAURE.

LAURE, aux pieds du roi.
Grand roi dont la justice égale la puissance,
Extermine le vice et soutient l'innocence,

De tous les gens de bien l'espoir et le recours,
Mon honneur offensé vous demande secours.
LE ROI.
Ah! comte, de quels traits de lumière et de flamme
Je sens percer mon cœur! Achevez donc, madame.
LAURE.
Mon nom est Éliante, et mon père autrefois
Reçut en votre cour d'honorables emplois ;
Son nom, malgré sa mort, vivra dans vos histoires ;
Il vous a de son sang acheté des victoires :
Ce fut Théodamas.
LE ROI.
J'ai connu sa valeur ;
Sa perte avecque vous m'est un commun malheur,
Et j'allais à sa gloire égaler sa fortune,
Quand il paya sa vie à cette loi commune.
LAURE.
Je vis donc avec lui mon espoir abattu ;
J'héritai pour tout bien de sa seule vertu ;
Mais le sort, m'enviant encor cette richesse,
M'a d'un puissant Tarquin fait la faible Lucrèce :
Un jour, dedans un temple où je priais les dieux,
Un jeune cavalier porta sur moi les yeux ;
Ce ne fut point au bal, ni sur une fenêtre
Qu'il put m'entretenir ou qu'il me vit paraître ;
Ce sont autant d'appâts qu'on tend aux libertés,
Et que j'ai toujours fuis et toujours évités.
Il me vit donc au temple, et là ces faibles charmes,
Dont les tristes effets me coûtent tant de larmes,
Sans qu'il s'en défendît par le respect des lieux,
M'acquirent les devoirs qu'il venait rendre aux dieux :
Il s'enquiert de mon nom, me suit, me rend visite,
Brûle, promet, languit, m'écrit, me sollicite,
Et ne fait rien enfin, avec tous ces efforts,
Qu'accroître et qu'irriter d'inutiles transports.
Mais, comme assez souvent nous passions sur ces rives,
Une autre fille et moi, quelques heures oisives,
A contempler des flots les divers mouvements
Ou bien de quelques fleurs faire des ornements,
J'avise en un moment l'appareil de ma perte,
Une superbe nef, de cent drapeaux couverte,
Où trop artistement on avait peint pour moi
Sur des croissants d'argent la terreur et l'effroi ;
Le chef de ce vaisseau, le turban sur la tête,

S'approche, fait du nôtre une prompte conquête,
Puis s'enfuit, glorieux du butin qu'il a fait ;
Quand moi, qui le croyais être Turc en effet,
Je hausse enfin les yeux, l'avise, le contemple,
Et vois que c'est celui qui m'avait vue au temple,
Qui, traître, me ravit sur un traître élément,
Et que ma perte oblige à ce déguisement.
Le ravisseur enfin use de l'avantage ;
Dans un calme profond mon honneur fait naufrage :
De ce mortel affront rien ne me peut sauver,
Et la mer n'a pas d'eaux assez pour m'en laver.
Vengeur de l'innocence et destructeur du vice,
Grand prince, mon honneur vous demande justice
Par les tristes ruisseaux des pleurs que j'ai versés,
Et par ces saints genoux que je tiens embrassés.

LE ROI.
Par les jours de mon fils, par cette chère vie
Pour qui je souffrirais qu'elle me fût ravie,
Par le bandeau royal qui doit couvrir son front,
Le sang du ravisseur lavera votre affront.
Ainsi puisse périr cette Laure importune,
Dont les prétentions vont jusqu'à sa fortune,
Qui nous remplit de trouble et de confusion,
Et qui sème entre nous cette division !
Nommez-le seulement.

LAURE.
Sire, il n'est nécessaire
Ni de savoir son nom, ni d'émouvoir l'affaire :
Commettez seulement quelqu'un à cet emploi,
Et je mettrai la chose aux termes que je dois.

LE ROI, au comte.
Oui, comte, à votre soin j'en commets la poursuite ;
Suivez en tout son ordre, et partout sa conduite.

LE COMTE.
J'exécuterai, Sire, avec fidélité
La charge que j'en ai de Votre Majesté.

LE ROI, à l'oreille du comte.
Approche, écoute un mot : puis-je avecque justice
Punir un criminel dont je deviens complice,
Moi qui sens que mon cœur incline à son forfait,
Qui commets de désir ce qu'il commit d'effet ?
Ah ! comte, le beau crime ! avec quel artifice
Ne voudrais-je en pouvoir mériter le supplice !
De quels puissants efforts mon cœur est combattu !

O merveilleux trésor de grâce et de vertu !
Que ta conquête est riche, et que la violence
Dont on peut t'acquérir est une belle offense !
Que te saurais-je, comte, offrir de précieux ?
Partage avec moi l'empire de ces lieux ;
Divisons entre nous mes biens et ma puissance,
Et de cette beauté m'acquiers la jouissance.

LE COMTE.

Dieux ! quel est ce pouvoir, que Votre Majesté
En soit sitôt réduite à cette extrémité ?

LE ROI.

Mais quel est son visage, où presque l'abondance
Des charmes qu'on y trouve en détruit la créance ?
Crois-tu qu'il soit possible auprès de tant d'appas
De vivre, de les voir et ne les aimer pas ?
Va, comte, parle-lui, soulage mon martyre ;
M'acquérant ses faveurs, tu t'acquiers un empire ;
Conduis ma passion au but que je prétends :
J'entre en mon cabinet pour t'en donner le temps.

(Il sort.)

SCÈNE VI

LE COMTE, LAURE.

LE COMTE, à part.

Quelque difficulté qu'à l'abord elle fasse,
La brèche déjà faite assure de la place.

(A Laure.)

Madame, ces beaux yeux, ces clairs flambeaux d'amour,
Plus dignes de donner que d'emprunter le jour,
Tout baignés qu'ils étaient de cette eau qui les lave,
Se sont d'un seul regard fait un illustre esclave,
Un roi qui vous adore, et dont la passion
Payerait de son sang votre possession.
Des faveurs qu'on lui fait son rang ôte le crime ;
Jamais avec son prince on ne perd son estime ;
Laissez-vous enchaîner à des liens dorés,
Et promettez le calme à ses sens égarés,
Comme lui de sa part, après cette allégeance,
Promet à votre honneur une prompte vengeance.

LAURE.

N'accusons plus le sort, il a trop fait pour moi,
Après tant de malheurs, si je plais à mon roi :
La perte de l'honneur à son sujet soufferte

Est à la plus honnête une honorable perte.
Allez, assurez-le que sur ce peu d'appas
Il est plus absolu que dessus ses États.
LE COMTE, à part,
Voilà sans trop attendre accorder ma requête,
Et j'emporte à bon prix une riche conquête.
(A Laure.)
Madame, assurez-vous que ce consentement
Est à votre fortune un heureux fondement.
Mais où promettez-vous du secours à sa peine?
LAURE.
Chez moi, d'où j'enverrai quelqu'un qui vous y mène.
LE COMTE.
Et quand?
LAURE.
Dès ce soir même. Adieu, car il est tard;
Un des miens de ce pas vous viendra de ma part.
(Elle sort.)

SCÈNE VII
LE ROI, LE COMTE.

LE ROI.
Comte, eh bien?
LE COMTE.
C'en est fait, la place s'est rendue,
Et contre cet assaut s'est fort peu défendue.
Que votre épargne, Sire, est un fort arsenal,
Et que l'or est un charme à la vertu fatal!
LE ROI.
Je me laisserais vaincre à l'ardeur d'Orantée,
Si par de si beaux yeux elle était excitée,
Et quiconque est esclave en si belle prison
Accorde la faiblesse avecque la raison.
Mais encor quelle est l'heure et la place assignée?
LE COMTE.
Chez elle pour ce soir la parole est donnée.
LE ROI.
Et sais-tu sa maison?
LE COMTE.
Laissez-m'en le souci.
Dans un moment au moins un des siens vient ici.

LE ROI, apercevant Orantée.
O dieux! il me fallait pour modérer ma joie
Rencontrer ce mutin. Quel malheur me l'envoie?

SCÈNE VIII
LES MÊMES ; ORANTÉE.

ORANTÉE.
Une dame, Seigneur, au sortir du palais,
D'une extrême beauté, si j'en connus jamais,
M'a chargé de vous voir touchant quelque promesse
Qu'elle dit avoir faite à l'ardeur qui vous presse,
Puis, trouvant à propos son carrosse en ces lieux,
Plus vite qu'un éclair s'est ravie à mes yeux.
LE ROI.
Touchant quelle promesse, et quelle est cette femme?
LE COMTE, à part.
Nous aurait-on joués?
ORANTÉE.
                C'est, Seigneur, cette infâme,
Cette fille perdue et cet objet d'horreur
Que vous persécutez avec tant de fureur ;
C'est celle qui tantôt, sous un habit de page,
Vous a vu la traiter avecque tant d'outrage ;
C'est celle où vos flatteurs trouvent tant de défauts,
Et ce sont ces appas qu'ils vous peignaient si faux.
Elle a cru comme moi qu'elle pouvait sans crime
Vous voir et vous ôter cette mauvaise estime,
Et, par un trait d'esprit de son invention,
A mis l'affaire au but de votre intention.
Jugez par cet essai de son adresse extrême,
Et touchant sa beauté consultez-vous vous-même,
Vous dont sitôt l'Amour, ce savant artisan,
A su de son censeur faire son partisan.
Considérez, Monsieur, si, depuis tant d'années
Que je vois ces beaux yeux qui font mes destinées,
J'aurais pu résister à ces jeunes vainqueurs
Si savants et si prompts à la prise des cœurs,
Et si, d'un seul regard vous ayant fait malade,
Ils m'auraient épargné. Voilà mon ambassade.
(Il sort.)

SCÈNE IX
LE ROI, LE COMTE.

LE COMTE.
Voilà d'un bel espoir un changement bien prompt;
Mais, le premier trompé, j'ai le premier affront.
LE ROI.
Tous mes sens interdits démentent mon oreille
Touchant cette impudence à nulle autre pareille.
Laure devant mes yeux, en ma chambre, et de jour!
L'ouïr, la voir, l'aimer, et la prier d'amour !
LE COMTE.
Que ferons-nous du Turc ? suivrons-nous sa galère ?
LE ROI.
Ah ! comte, au nom des dieux, n'aigris point ma colère;
J'en ai trop pour les perdre et faire souvenir
De l'affront qu'ils m'ont fait les races à venir.

ACTE TROISIÈME

SCÈNE I
LYDIE, OCTAVE.

LYDIE.
Eh bien, avec tant d'art, avec ce soin extrême,
Ressemblerai-je à Laure ?
OCTAVE.
 Oui, comme Laure même;
Avec ce vêtement, cette taille, ce port,
Et ce grave maintien qui l'imite si fort,
Avec ces assassins, cette poudre, ces mouches,
Et ce souris fatal aux cœurs les plus farouches,
Si tu prends peine encore à bien feindre sa voix,
Le prince entre vous deux hésiterait au choix ;
Outre aussi que la nuit, fidèle secrétaire
Des fourbes des amants, aidera ce mystère.
L'art a mis à propos ce cabinet chez vous,

Qu'une fenêtre basse expose aux yeux de tous,
Qui de tous les passants rend et reçoit la vue :
C'est là qu'il faut, Lydie, attendre ma venue,
Et qu'il faut essayer l'artifice amoureux
Qui promet du repos et pour nous et pour eux.
Moi, j'attends ici Laure, et, l'ayant introduite
Et laissée en sa chambre où je l'aurai conduite,
Avec avis exprès de ne paraître pas,
De crainte que le roi n'adresse ici ses pas,
Je viens au cabinet où joûra l'artifice
Qui rend à ces amants ce favorable office.

LYDIE.

Mais quel office encor ? je ne le comprends point ?
Beaucoup d'art, sans mentir, à ce mystère est joint.

OCTAVE.

Eh quoi ! ne sais-tu pas où Laure en est réduite ?
Peut-elle d'un monarque éviter la poursuite,
Tandis qu'il la croira nourrir ses premiers feux,
Songer encore au prince et recevoir ses vœux ?
Ce qu'il ne croira plus, s'il apprend qu'elle m'aime.

LYDIE.

Mais pourquoi, l'abusant, abuser Laure même,
Et ne lui dire pas le plaisir qu'on lui fait ?

OCTAVE.

Afin de n'ôter pas le mérite au bienfait,
Qui, n'étant point promis, oblige davantage ;
Outre que cette fille, avec ce grand courage
Qui donne un vol si haut à ses prétentions,
Verrait qu'on ferait tort à ses affections,
Et, brûlant d'une flamme et si noble et si belle,
Ne voudrait pas souffrir qu'on la crût infidèle.

LYDIE.

Le trait est d'habile homme et d'un esprit bien sain.

OCTAVE.

La seule piété m'oblige à ce dessein,
Et ton zèle de même à ce devoir t'invite
Et de cette faveur partage le mérite.
Laure vient de ce pas, et j'arrête en ce lieu
Pour la rendre en sa chambre.

LYDIE.

          Attendez donc.

OCTAVE.

                    Adieu.

(Lydie sort.)

SCÈNE II

OCTAVE, seul.

De ces divers détours la route est malaisée ;
Mais en ce labyrinthe il faut être un Thésée ;
Il faut promettre à tous et faire tout pour soi ;
Pour bien tromper le prince, il faut tromper le roi.
Employons Laure même en cette comédie ;
Quelqu'un prendra pour Laure, et l'autre pour Lydie.
Car il est important, et j'y saurai pourvoir,
Que le roi, la voyant, ne sache pas la voir :
Faisant qu'il la connût, j'exposerais sa vie
A l'ardente fureur dont il l'a poursuivie.
Amour, subtil enfant, seconde mon dessein,
Favorise ma flamme, ou me l'ôte du sein.
Hasardons tout : n'importe, au moins j'ai l'avantage
De ne pouvoir périr par un plus beau naufrage,
De ne pouvoir briser contre un plus bel écueil,
Ni dans plus belle mer rencontrer mon cercueil.

SCÈNE III

LE ROI, OCTAVE.

LE ROI.
Mon cher Octave, eh bien, qu'a produit ton adresse ?
Devons-nous espérer l'effet de ta promesse ?
OCTAVE.
Tout succédera, Sire, au gré de votre espoir ;
J'ai promis ce matin, et veux payer ce soir :
Laure et certaine fille ont un rapport extrême
Par qui j'ai résolu de vous tromper vous-même ;
Vous verrez Laure même, au rapport de vos yeux ;
Le lait, enfin, au lait ne ressemble pas mieux.
Cet extrême rapport semble un jeu de nature,
Qu'elle n'ait inventé que pour cette aventure.
Enfin espérez, Sire, un bel événement
Si le succès répond à ce commencement.
LE ROI.
Le triomphe obtenu, la dépouille en est tienne,
Et dès demain je veux que Laure t'appartienne :
Mais tout dépend de toi.

OCTAVE.
Laissez-m'en le souci.
Allez quérir le prince, et vous rendez ici.
(Le roi sort.)

SCÈNE IV
OCTAVE, seul.

J'élève un édifice avecque ces machines
Qui, s'il doit renverser, m'entraîne en ses ruines,
Et tu prends, mon amour, un vol audacieux :
Mais si je tombe, au moins je tomberai des cieux.
Je ne saurais périr pour un objet plus rare :
Ce soleil, comme l'autre, est digne d'un Icare.
Avançons, la voilà. Quelle infidélité
N'autoriserait-elle avec tant de beauté ?

SCÈNE V
LAURE, OCTAVE.

LAURE.
Eh bien ! la fourbe, Octave, est-elle pas plaisante ?
OCTAVE, à part.
Que dit-elle ? O propos qui détruit mon attente !
Mon espoir est trahi, mes secrets découverts,
Les machines à bas, l'édifice à l'envers.
LAURE.
Est-il temps que l'effet succède à la promesse,
Et qu'on le satisfasse au désir qui le presse ?
OCTAVE.
Qui, madame ?
LAURE.
Le roi.
OCTAVE, à part.
Dieux vengeurs des forfaits,
Qui les voyez dans l'âme avant qu'on les ait faits,
Que ma confusion punit ma perfidie !
LAURE.
Vous ne m'en dites rien ?
OCTAVE.
Que faut-il que je die ?
Oui, madame, il est vrai, ces innocents appas...

LAURE.
Le prince en rira bien, mais le roi n'en rit pas.
OCTAVE.
L'affaire succédant contre son espérance...
LAURE.
Elle m'a réussi contre toute apparence :
Lui donner tant d'amour avec si peu d'attraits,
Je ne m'en osais pas promettre tant d'effets.
Que dit-il de ce Turc et de cette Éliante?
La fourbe encore un coup n'est-elle pas plaisante?
OCTAVE, à part.
Ce discours cache un sens où je ne comprends rien,
Et mon espoir renaît ; achevons, feignons bien.
(Haut.)
Madame, pardonnez : l'inquiétude extrême,
Et le trouble où je suis pour votre intérêt même,
Ne me permettent pas de vous répondre un mot.
(A part, voyant venir le roi.)
C'est assez, il l'a vue... On vous cherche ; entrons tôt.
(Ils sortent.)

SCÈNE VI

LE ROI, ORANTÉE, LE COMTE.

ORANTÉE.
C'est elle ; mon amour ne dément point ma vue.
LE ROI.
Est-ce Laure ?
ORANTÉE.
Oui, monsieur, c'est Laure, je l'ai vue :
Je ne puis soupçonner l'éloignement des lieux ;
Mon cœur me l'a montrée aussi bien que mes yeux.
LE ROI, à part.
N'étant pas averti de cette ressemblance,
Je n'aurais pu des deux faire la différence ;
J'ai cru voir Laure même. Heureux commencement,
Ne sois pas démenti par ton événement !
ORANTÉE.
Quoi! de ces lâchetés Laure serait capable?
Non, les dieux pécheraient, le ciel serait coupable ;
La nature jamais n'aurait mis sous les cieux
Rien que de criminel et que de vicieux,
Et les noms en ce cas conviendraient mal aux choses ;

La nuit serait le jour, les épines des roses ;
Le vice serait beau, l'honneur serait honteux ;
L'incertain serait sûr, et le certain douteux.

LE COMTE.

Fort souvent en ce lieu je les ai vus ensemble.
Voulez-vous approcher ? Je les ois, ce me semble.

LE ROI.

Vous saurez discerner, si la bonté des dieux
Fait que la vérité vous dessille les yeux,
Les avis que m'inspire et l'âge et la sagesse
D'avecque les conseils d'une ardente jeunesse,
Et vous verrez, mon fils, que mon intention
Part et naît purement de mon affection.

SCÈNE VII

LES MÊMES ; LYDIE ET OCTAVE, dans un cabinet.

LYDIE, à Octave.

Ah ! ne m'opposez point des excuses frivoles ;
Répondez-moi du cœur, laissons là les paroles.
Octave, payez mieux les ardeurs que je sens
Qu'avecque des soupirs ou feints ou languissants,
Infidèles témoins d'une fidèle flamme,
Et qui ne disent point les sentiments de l'âme.

ORANTÉE, écoutant sous la fenêtre.

Ardeurs, flammes, soupirs, ah ! que m'apprenez-vous ?
Laure priant d'amour ! lui prié ! moi jaloux !

OCTAVE.

Mais, puisque vous savez que je dépends d'un maître,
Accordez donc les noms de valet et de traître.
Laure, eh quoi ! pourrez-vous priser avec raison
La foi qui vous viendrait par une trahison ?
Mon devoir, non pas moi, fait cette résistance ;
Je ne vous puis, constant, promettre de constance :
Quels si sacrés serments vous pourraient assurer
D'un qui pour s'engager se devrait parjurer ?
Libre, j'aurais assez d'ardeur et de courage
Pour oser souhaiter ce glorieux servage ;
Mais je dépends du prince, et cet engagement
Me défend d'attenter à son contentement.

ORANTÉE.

Ce désir te serait une funeste envie,
Et tout autre discours t'aurait coûté la vie.

LE ROI.
Eh bien, où fondez-vous votre fidélité ?
Dessus cette faiblesse et cette lâcheté ?
LYDIE.
L'Amour est bien enfant quand, tremblant et timide,
Il prend ou la prudence ou la raison pour guide :
Souffrons, puisqu'il est dieu, que tout lui soit permis,
Sans respect de parents, de maîtres, ni d'amis ;
Car enfin que prétend, avecque sa fortune,
Ce prince dont l'amour si longtemps m'importune ?
Qu'il soumette ses vœux aux volontés du roi,
Et me laisse à mon gré disposer de ma foi.
OCTAVE.
Quoi ! Laure est infidèle ?
LYDIE.
Octave est indomptable ?
OCTAVE.
De cette trahison mon cœur n'est pas capable.
ORANTÉE.
« Et me laisse à mon gré disposer de ma foi ! »
Ah ! c'est trop.
LE ROI.
Arrêtez.
ORANTÉE.
Monsieur, permettez-moi.
« Car enfin que prétend, avecque sa fortune,
« Ce prince dont l'amour si longtemps m'importune ! »
LE ROI.
Mon fils !
ORANTÉE, tirant son épée.
Souffrez, Monsieur, que mon juste courroux
Venge...
OCTAVE.
J'entends quelqu'un. Laure, retirons-nous.
(Octave et Lydie se retirent.)

SCÈNE VIII

LE ROI, ORANTÉE, LE COMTE.

ORANTÉE.
Sur son perfide sang, votre haine et ma flamme...
LE COMTE.
Seigneur, remettez-vous.

ORANTÉE.

Elle mourra, l'infâme.
« Qu'il me laisse à mon gré disposer de ma foi ! »
Oui, je te la remets, perfide, elle est à toi.
Oui, je renonce, ingrate, à la fausse victoire
Sur qui j'établissais le comble de ma gloire ;
Dispose de ta foi, lâche ; oui, je te remets
Ce bien imaginaire et que tu n'eus jamais.
Ah ! ciel ! ce n'est point toi qui régis la nature ;
Tes astres impuissants errent à l'aventure ;
La région du feu n'a point de pureté ;
La terre, quoi qu'on die, est sans stabilité ;
L'ombre produit les corps, et les corps suivent l'ombre ;
L'astre du jour est fixe, et sa lumière est sombre ;
Le visage de Laure a de douteux appas,
Et rien n'est assuré, puisqu'elle ne l'est pas.

LE ROI.

Enfin voilà, mon fils, cette chaste Lucrèce
Dont vous m'aviez si haut exalté la sagesse ;
Enfin vous apprendrez de l'usage et du temps
Combien il est trompeur d'abonder en son sens,
Et que la passion est un aveugle guide
Avec qui l'on s'égare en lui lâchant la bride :
C'est le bruit de la ville et celui de ma cour
Que mille avecque vous partageaient son amour,
Si tel bien toutefois, se partageant, se donne :
Car ce qu'on a pour tous on ne l'a pour personne.

ORANTÉE.

Je connais ma folie, et mon aveuglement
En cette trahison paraît trop clairement :
Mais que ne peut ce sexe alors qu'il dissimule !
Est-il œil qu'il n'aveugle, est-il cœur qu'il ne brûle ?
Perfide, tu devais, au moins par intérêt,
Attendre notre hymen, puisqu'il était si prêt,
Puisqu'aucune puissance, à nos vœux opposée,
N'eût d'avecque ta foi la mienne divisée,
Et que rien de trop fort ne s'offrait à mes yeux
De la part des mortels ni de celle des dieux.

LE ROI.

Quand le ciel pour nos fronts a marqué des couronnes,
Ses soins dès le berceau veillent sur nos personnes,
Gouvernent notre vie, et ne permettent pas
Que, destinés si haut, nous descendions si bas.
Il reste donc, mon fils, d'accomplir mon attente,

Et de tourner vos vœux du côté de l'infante :
Le bruit de ses appas est assez répandu
Pour vous promettre plus que vous n'avez perdu.
ORANTÉE.
Tous mes fers sont brisés, toute ma flamme est morte;
Choisissez les liens qu'il vous plaît que je porte;
Ordonnez-moi le feu qui brûlera mon cœur ;
Le triomphe tout prêt n'attend que le vainqueur.
LE COMTE.
Sire, après ce bonheur, que le ciel nous envoie,
Joignons à mille feux autant de cris de joie.
LE ROI.
Puisqu'à mes volontés vous soumettez vos vœux,
Il reste encor, mon fils, un seul point que je veux.
ORANTÉE.
Quel ? ordonnez, Monsieur.
LE ROI.
De tenir cet outrage
Trop au-dessous de vous et de votre courage
Pour vous devoir aigrir contre un sexe impuissant,
Que vous honoreriez même en le punissant :
Si vous n'épargnez Laure, épargnez votre gloire ;
C'est assez la punir qu'en perdre la mémoire.
ORANTÉE.
Cet arrêt est un frein à mon juste courroux ;
Je ne veux voir qu'Octave.
LE ROI, au comte.
Allons, retirons-nous.
(Le roi et le comte sortent.)

SCÈNE IX

ORANTÉE, seul.

Ne souffre pas encor qu'on blâme ta faiblesse,
Beau monstre apprivoisé dont la douceur nous blesse,
Manquement de nature agréable à nos yeux,
Mal, mais mal le plus beau des ouvrages des cieux;
Sexe, qui dompte tout, et n'as point de courage,
De nos fidélités objet lâche et volage,
Défends-toi de ma plainte et de ma passion,
Et vante ta constance après cette action.
Ah !

SCÈNE X
OCTAVE, ORANTÉE.

OCTAVE.

Qu'avez-vous, Seigneur ? quel trouble vous possède ?

ORANTÉE.

Une peine, une rage, un tourment sans remède.

OCTAVE.

Et quel ?

ORANTÉE.

De tous les maux qu'on souffre sous les cieux
Le plus insupportable et le plus furieux.

OCTAVE.

Quelque nouvel obstacle à votre mariage ?

ORANTÉE.

Non, ce serait un mal moindre que mon courage.

OCTAVE.

Quel donc ?

ORANTÉE.

La jalousie.

OCTAVE.

Et de qui ?

ORANTÉE.

Tu le sais.

OCTAVE.

Ni Laure ni sa foi ne changèrent jamais :
L'inviolable ardeur qu'elle vous a jurée
Aussi loin que sa vie étendra sa durée.

ORANTÉE, tirant un poignard.

Infâme recéleur de sa déloyauté,
J'écrirai de ton sang son infidélité.

OCTAVE.

Quoi, Seigneur, de mon sang ? D'où naît votre colère ?

ORANTÉE.

De l'affront que tu sais et que tu veux me taire,
Quoiqu'en cette rencontre, heureusement pour toi,
J'aye appris ton respect et reconnu ta foi.

OCTAVE.

Et de qui savez-vous que Laure est infidèle ?

ORANTÉE.

Tu le cèles encor ? De Laure, traître, d'elle ;
Elle te vient d'offrir la foi que j'en avois,

Et j'aurais démenti tout autre que sa voix.
####### OCTAVE.
Quoique instruit de sa vie, il est vrai, je l'ai tue,
Comme triste nouvelle et toujours trop tôt sue :
Ce qui doit affliger surprend toujours assez.
####### ORANTÉE.
Quoi ! mes bienfaits futurs, mes services passés,
Tant d'obstacles franchis, des transports si sensibles,
Signes de mon amour si clairs et si visibles,
Sont de trop faibles nœuds pour arrêter sa foi ?
Mon amour l'importune ? Ah ! je meurs ; soutiens-moi.
####### OCTAVE.
Il faut faire paraître au regret qui vous presse
Autant de fermeté comme elle a de faiblesse.
####### ORANTÉE.
Sexe ingrat !
####### OCTAVE.
Il est vrai que depuis quelques jours
Je suis persécuté de ses folles amours ;
Mais tout autre, s'offrant, serait prêt à lui plaire,
Elle ne fait refus ni n'en sut jamais faire ;
Vous manquez une place où mille ont réussi.
####### ORANTÉE.
Puis-je ouïr ce discours ? Effronté, sors d'ici !
####### OCTAVE.
Je m'en vais.
####### ORANTÉE.
Non, reviens, j'oublirai cette ingrate.
Mais il ne peut encor que ma douleur n'éclate,
Cherche quelqu'un des miens.
####### OCTAVE.
En ce ressentiment,
Au moins n'attentez rien.
####### ORANTÉE.
Non, fais tôt seulement.
(Octave sort.)

SCÈNE XI

ORANTÉE, seul.

Avec quelle constance, au courroux qui m'anime,
De ma divinité ferai-je ma victime ?
Faut-il donc ruiner le temple où j'ai prié,

Et démolir l'autel où j'ai sacrifié ?
Puis-je, l'ayant aimée à l'égal de moi-même,
D'un extrême sitôt passer à l'autre extrême ?
Non, sortez de mon sein, vains projets que je fais :
Je l'aime au plus haut point que je l'aimai jamais.
Je sais que ma constance, après un tel outrage,
Est bien moins un excès qu'un défaut de courage,
Et que le souvenir de sa déloyauté
Est un honteux reproche à mon honnêteté ;
Mais le mal que je sens ressemble à ces ulcères
Qui par quelque accident deviennent nécessaires,
Dont il est dangereux de se laisser guérir,
Et qu'on ne peut fermer sans se faire mourir.
O ridicule amour ! cœur lâche, cœur infâme,
Qui ne peux t'échapper des liens d'une femme !
Être si peu touché d'un si sensible affront !
Ne le ressens-tu point ? est-il tout sur mon front ?
Elle ne peut souffrir ni moi ni ma fortune ;
Un des miens la rejette, et moi je l'importune.
Ah ! cède, mon amour, à ce juste transport ;
Oui, je hais cette infâme à l'égal de la mort.
Mais quoi ! ne la voir plus ! Mon erreur reconnue
Peut m'en ôter l'amour et m'en laisser la vue !
Haïssons seulement ce qu'elle a d'odieux,
Et, l'abhorrant du cœur, admirons-la des yeux.
Hélas ! que résoudrai-je en cette peine extrême ?
A peine je la hais que je sens que je l'aime.

SCÈNE XII

OCTAVE, ORANTÉE ; GARDES.

OCTAVE.

Les voici.

ORANTÉE.

Suivez-moi.

OCTAVE.

Surtout gardez, Seigneur,
Que vos mains de son sang ne tachent votre honneur.

ORANTÉE.

Entrons.

SCÈNE XIII

LES MÊMES ; LAURE.

LAURE.

Eh bien, mon prince, après cet artifice
Puis-je rien entreprendre où je ne réussisse?
Avec adresse enfin ai-je trompé le roi?

ORANTÉE.

Oui, perfide, il est vrai, mais lui bien moins que moi.

LAURE.

Raillez-vous? Eh! seigneur, quelle est cette visite?
A quoi cette froideur, et pourquoi tant de suite?
Vous allez exciter un murmure apparent.

ORANTÉE.

Ce murmure aujourd'hui m'est tout indifférent,
Puisqu'il sera suivi d'une éternelle absence.

LAURE.

Qu'entends-je? O juste ciel, soutiens mon innocence!
Hélas! qu'ai-je commis?

ORANTÉE, à Octave.

Elle feint bien.

OCTAVE.

Fort bien.

LAURE.

Quel est donc entre vous ce secret entretien?
En quoi, mon cher Octave, ai-je pu lui déplaire?

OCTAVE.

Vos jours sont en danger : évitez sa colère.

ORANTÉE.

(A Octave.)   (A Laure.)
Mon cher Octave! Infâme!

LAURE.

En cet étonnement
Je demeure interdite et perds tout sentiment.
Quoi donc! à tant d'amour succède tant de haine?
Ah! faites que je meure, ou me tirez de peine.

ORANTÉE.

Non, non, il faut encor signaler vos appas;
Il importe beaucoup que vous ne mouriez pas.
Il reste à ces beaux yeux des libertés à prendre,
Et leur empire encor a bien loin à s'étendre :
Ne leur ôtez donc pas la lumière du jour;

Vivez pour notre gloire et pour celle d'Amour.
Cependant, ne craignez ni moi ni ma fortune,
Et n'appréhendez plus que je vous importune;
Je voudrais seulement, vous rendant votre foi,
Certains gages d'amour que vous avez de moi;
Ces gens les recevront, ordonnez qu'on les rende :
Ce n'est pas que la perte en effet en fût grande;
Mais ces tristes objets pourraient à l'avenir
Vous affliger l'esprit de quelque souvenir,
Et je veux que le temps efface notre histoire,
Et vous ôte de moi jusques à la mémoire.

LAURE.

Seigneur, ne tirez pas des pleurs que je répands
La preuve de ma vie, attendez-la du temps :
C'est à son seul pouvoir qu'appartient la défense
Et de ma passion et de mon innocence.
Je suivrai cependant l'ordre que je reçoi,
Et vous renverrai tout, sans reprendre ma foi;
L'effort que j'en ferais serait bien inutile;
La résolution n'en est pas si facile.
Heureux qui comme vous en peut user ainsi,
Qui se peut engager et dégager aussi !
Pour moi, je n'obtins pas ce bien de la nature ;
Je ne vous oublirai que dans la sépulture,
Et, si l'on aime encor séparé de son corps,
Vous aurez une amante en l'empire des morts.

(Elle sort.)

ORANTÉE.

Hélas! à mes regards l'ingrate s'est ravie.
Allons, sortons d'ici, j'y laisserais la vie.
Je sens bien que mon mal sera sans reconfort,
Et que ma guérison n'appartient qu'à la mort.

ACTE QUATRIÈME

SCÈNE I

ORANTÉE, seul, l'épée à la main à la porte de Laure.

Beau ciel de mon soleil, maison si désirée,
Rue où ma liberté s'est si bien égarée,
Belle porte de Laure, où cet astre d'amour,
T'ouvrant ou te fermant, ôte ou donne le jour ;
Fenêtre désormais à mes yeux défendue,
Pourquoi, chétif, pourquoi vous ai-je jamais vue ?
Et vous, jeunes tyrans des libertés des cœurs,
Beaux yeux, de ma franchise agréables vainqueurs,
Beaux meurtriers, qui, muets, avez tant d'éloquence,
Hélas ! combien déjà me dure votre absence !
Pourquoi par vos regards m'avez-vous tant de fois
Confirmé faussement le rapport de sa voix ?
J'ai bien, en vous croyant, joint la honte à l'injure ;
J'ai reçu deux meurtriers pour témoins d'un parjure ;
Aux soins de deux voleurs mon esprit s'est remis ;
J'ai pris pour conseillers mes mortels ennemis.

(Il s'assied sur le seuil de la porte.)

SCÈNE II
OCTAVE, ORANTÉE.

OCTAVE, sans voir le prince.

Le prince, en cette triste et soudaine retraite,
Ne m'a pas sans dessein sa présence soustraite :
Il proposait en vain de ne la revoir plus ;
Ses fers sont allongés, mais ne sont pas rompus ;
Des rivières plutôt, pour monter vers leur source,
Contre leur naturel, rebrousseraient leur course,
Que, pour quelque dépit qui rebute un amant,
Il cesse d'incliner et tendre à son aimant.

ORANTÉE.
Qu'entends-je ?

OCTAVE.
Quoi ? Seigneur, et si tard et sans suite !

ORANTÉE.

Que veux-tu? sans dessein, sans conseil, sans conduite,
Mon cœur, sollicité d'un invincible effort,
Se laisse aveuglément attirer à son tort.
Pour n'être pas témoin de ma folie extrême,
Moi-même je voudrais être ici sans moi-même.
Qu'un favorable soin t'amène sur mes pas !
Saisi, troublé, confus, je ne me connais pas,
Et ta seule présence, en ce besoin offerte,
Arrête mon esprit sur le point de sa perte.

OCTAVE.

Maudite trahison, source de ses douleurs,
Que ta triste semence est féconde en malheurs !
Quoi ! Seigneur, voulez-vous qu'une fille ait la gloire
D'avoir d'autorité conservé sa victoire,
D'oser impunément vous traiter de mépris,
Et, vicieuse ou non, régner sur vos esprits?
Domptez, par une utile et belle violence,
Cet amour qui vous brave avec tant d'insolence;
Il faut payer de force en semblable combat:
Qui combat mollement veut bien ne vaincre pas.

ORANTÉE.

Je l'avoue à toi seul, oui, je l'avoue, Octave,
En cessant d'être amant, je deviens moins qu'esclave,
Et, si je la voyais, je crois qu'à son aspect
Tu me verrais mourir de crainte et de respect :
Je ne sais par quel sort ou quelle frénésie
Mon amour peut durer avec ma jalousie ;
Mais je sens en effet que, malgré cet affront
Dont la marque si fraîche est encor sur mon front,
Le dépit ne saurait l'emporter sur la flamme,
Et toute mon amour est encore en mon âme.

OCTAVE.

Tout son espoir peut donc être encore en son sein,
Si l'ingrate a pour vous encor quelque dessein.
Quand, après le combat, l'ennemi se rapproche,
Notre paix est aisée et notre grâce est proche.
C'est un fatal dessein pour notre liberté
Que de revoir le joug que nous avons porté.
Rien n'est plus éloquent que les pleurs d'une femme ;
C'est une eau merveilleuse et qui nourrit la flamme;
Avec sa faiblesse elle peut tout forcer:
Qui consent de l'entendre est près de l'exaucer.
Comme sa voix est douce elle est persuasive,

Nous n'avons point de fiel dont elle ne nous prive;
Cette douceur nous plaît, et ce qui plaît surprend;
Si l'esprit n'est gagné, la volonté se rend ;
Si la voix ne peut rien, la personne nous touche ;
Tout en est éloquent : ses yeux aident sa bouche;
Toutes ses actions servent à son secours,
Et pour nous racquérir fait de muets discours;
La voyant sans science, on la croit sans malice,
Et toutefois sa vie est un pur artifice :
Laure, en un mot, Seigneur, n'est pas loin de sa paix.

ORANTÉE.

Moi! que je souffre Laure et lui parle jamais!
Que jamais je m'arrête et jamais je me montre
Où Laure doive aller, où Laure se rencontre !
Que je visite Laure et la caresse un jour!
Que Laure puisse encor me donner de l'amour!
Qu'ayant reçu de Laure un traitement si rude,
Laure me puisse plus causer d'inquiétude !
Les étoiles plutôt descendront en ces lieux,
Les arbres arrachés s'iront planter aux cieux,
Les poissons dedans l'air prendront leur nourriture,
Les bêtes dans la mer chercheront leur pâture,
On verra de son lieu sortir chaque élément,
Et tout sera compris en ce déréglement.

OCTAVE.

Mais si pour vous toucher elle n'a plus de charmes,
Pourquoi donc baignez-vous sa porte de vos larmes?
Quand l'esclave échappé rapproche la maison,
Il ne hait pas son maître et craint peu sa prison.

ORANTÉE.

A qui goûte un repos si calme et si tranquille,
Octave, aucun effort ne semble difficile:
Vivant comme tu fais, exempt de tout souci,
Tu crois qu'il m'est aisé d'en être exempt aussi;
Mais las! si de nos cœurs nous pouvions faire échange,
Combien tu trouverais ce changement étrange !
Que tu croirais ton mal loin de sa guérison,
Et que tu serais sourd aux lois de la raison !
Ce lieu te plairait tant, que peut-être l'aurore
En ramenant le jour t'y trouverait encore.

OCTAVE.

On souffre volontiers pour un bien qu'on poursuit;
Mais quand de sa poursuite on n'attend point de fruit,

ORANTÉE.
Que veux-tu? mon attente était une chimère
Qui porta des enfants semblables à leur mère;
Comme je bâtissais sur un sable mouvant,
J'ai produit des soupirs qui ne sont que du vent.
OCTAVE.
Mais si vous conefériez avec votre courage
D'un si peu supportable et si sensible outrage,
Et défendiez l'entrée à tout autre penser,
N'espéreriez-vous point que ce mal pût cesser?
ORANTÉE.
N'étant pas immortel, mon mal ne le peut être;
J'en trouverai la fin à force de l'accroître;
J'obtiendrai mon repos des mes propres douleurs,
Et par mes pleurs enfin je tarirai mes pleurs.
OCTAVE.
Lorsque le désespoir à ce point nous possède,
C'est un surcroît de mal, et non pas un remède.
ORANTÉE.
Qu'on m'a fait un plaisir et triste et déplaisant,
Et qu'on m'a mis en peine en me désabusant!
Qu'on a blessé mon cœur en guérissant ma vue!
Car enfin mon erreur me plaisait inconnue;
D'aucun trouble d'esprit je n'étais agité,
Et l'abus me servait plus que la vérité.
Moi, que du choix de Laure enfin je me repente!
Que jamais à mes yeux Laure ne se présente!
Que de Laure mon cœur ne m'ose entretenir!
Que Laure ne soit plus dedans mon souvenir!
Que pour Laure mon sein n'enferme qu'une roche!
Que je ne touche à Laure, et jamais ne l'approche!
Que pour Laure mes vœux aient été superflus!
Que je n'entende Laure et ne lui parle plus!
Frappe; je la veux voir.
OCTAVE.
Seigneur!
ORANTÉE.
Frappe, te dis-je.
OCTAVE.
Mais songez-vous à quoi votre transport m'oblige?
ORANTÉE.
Ne me conteste point.
OCTAVE.
Quel est votre dessein?

ORANTÉE, tirant son poignard.
Fais tôt, ou je te mets ce poignard dans le sein.
OCTAVE.
Eh bien, je vais heurter.
ORANTÉE.
Non, n'en fais rien, arrête;
Mon honneur me retient quand mon amour est prête,
Et, l'une m'aveuglant, l'autre m'ouvre les yeux.
OCTAVE.
L'honneur assurément vous conseille le mieux.
Retirons-nous.
ORANTÉE.
Attends que ce transport se passe.
Approche cependant; sieds-toi, prends cette place,
Et, pour me divertir, cherche en ton souvenir
Quelque histoire d'amour de quoi m'entretenir.
OCTAVE, assis.
Écoutez donc. Un jour...
ORANTÉE.
Un jour cette infidèle
M'a vu l'aimer au point d'oublier tout pour elle;
Un jour j'ai cru son cœur répondre à mon amour;
J'ai cru qu'un chaste hymen nous unirait un jour;
Un jour je me suis vu comblé d'aise et de gloire.
Mais ce jour-là n'est plus. Achève ton histoire.
OCTAVE.
Un jour donc, en un bal, un seigneur...
ORANTÉE.
Fut-ce moi?
Car ce fut en un bal qu'elle reçut ma foi,
Que mes yeux, éblouis de sa première vue,
Adorèrent d'abord cette belle inconnue,
Qu'ils livrèrent mon cœur à l'empire des siens,
Et que j'offris mes bras à mes premiers liens.
Mais quelle tyrannie ai-je enfin éprouvée !
Octave, c'est assez, l'histoire est achevée.
OCTAVE.
Je la commence à peine.
ORANTÉE.
Il suffit, je ne puis
Avoir plus longue trêve avecque mes ennuis.
Quelque lumière encore éclaire à sa fenêtre;
Crois-tu qu'un peu de bruit l'obligeât d'y paraître?

OCTAVE.
Sans doute, et c'est, Seigneur, l'histoire qu'il vous faut.
ORANTÉE.
Fais donc.
OCTAVE.
L'appellerai-je?
ORANTÉE.
Oui.
OCTAVE.
Laure!
ORANTÉE.
Un peu plus haut.
OCTAVE.
Laure, un mot!
ORANTÉE, se cachant.
Tout mon sang en mes veines se trouble;
Je veux sortir de peine, et ma peine redouble.

SCÈNE III

OCTAVE, LAURE, ORANTÉE.

LAURE.
Qui me demande? qu'est-ce?
ORANTÉE, à Octave.
Hélas! tu m'as perdu.
Viens, ne l'appelle plus.
OCTAVE.
Elle m'a répondu.
ORANTÉE.
Trouve quelque prétexte.
OCTAVE.
Attendez. C'est, madame,
Le prince...
ORANTÉE.
Que dit-il? ce traître me diffame.
OCTAVE.
Qui vous mande par moi qu'il renverra demain...
ORANTÉE.
Quoi, menteur?
OCTAVE.
Les écrits qu'il a de votre main.

LAURE.

Dis-lui que, sans me faire une ambassade vaine,
Il peut avec du feu s'épargner cette peine.

(Elle se retire et ferme la fenêtre.)

SCÈNE IV
OCTAVE, ORANTÉE.

ORANTÉE.

L'ingrate à mes regrets joint encor ses mépris.
Hélas! quel trouble, Octave, agite mes esprits!
L'amour qui me transporte, et l'affront qui me touche,
Tous deux également voulaient m'ouvrir la bouche;
Tous deux voulaient paraître et sortir à la fois,
Et tous deux se pressant m'ont étouffé la voix.

OCTAVE.

J'ai déguisé la mienne avec tout l'artifice
Que pouvait de mon soin requérir ce service,
Et Laure assurément n'a pas cru me parler.
Mais, Seigneur, il est tard et temps de s'en aller.

ORANTÉE.

Va, laisse, je te prie, à mon inquiétude,
Avant que je te suive, un peu de solitude.

OCTAVE.

Seigneur!

ORANTÉE.

Ah! que je hais ces soins désobligeants!
Va, te dis-je, et tantôt amène ici mes gens.

OCTAVE, à part.

Soyons tôt de retour : la fourbe découverte
Et de Laure et du jour me coûterait la perte.

(Il sort.)

SCÈNE V
ORANTÉE, seul.

Enfin me voici seul, et je puis librement
Écouter mon amour et mon ressentiment.
Mon cœur entre les deux également balance;
Honneur, pour m'arrêter use de violence;
Car, si j'ose la voir, quel que soit mon courroux,
Tu me verras, muet, tomber à ses genoux;

Un seul de ses regards m'arracherait les armes,
Et si je me plaignais, ce serait par des larmes.
Si j'ose l'aborder, son pardon est certain ;
L'ennemi qui visite a la grâce à la main.
Que résoudrai-je donc au mal qui me transporte ?
Attends-je que le jour me trouve à cette porte ?
C'est trop délibérer ; levons-nous, parlons-lui,
Mais d'une fausse voix et sous le nom d'autrui.

(Il frappe à la porte.)

SCÈNE VI.
LAURE, ORANTÉE.

LAURE.

Qui frappe ?

ORANTÉE.
C'est Octave. Un mot et je vous laisse.

LAURE.

Venez-vous croître encor la douleur qui me presse,
Et me rapportez-vous ces écrits malheureux,
Légitimes enfants d'un esprit amoureux,
Et si chers autrefois aux yeux de ce barbare
Qui reconnaît si mal une amitié si rare ?
La passion m'emporte : excusez ce transport.

ORANTÉE.

Le prince reconnaît qu'en effet il eut tort,
Et qu'en cette action il crut trop son courage.

LAURE.

Ma mort suivra de près un si sensible outrage,
Et j'aurai trop longtemps survécu son amour
Si j'attends pour mourir la naissance du jour.
J'aurais tort, il est vrai, si je trouvais étrange
Qu'au parti qui lui vient sa volonté se range,
Puisqu'enfin c'est l'arrêt et d'un père et d'un roi,
Et qu'un prince doit plus à ses États qu'à soi :
Mais d'amant me traiter en mortel adversaire,
Et m'imputer du mal à dessein de m'en faire !
Vouloir m'attribuer son infidélité,
Et ne pardonner pas à mon honnêteté !
C'est mal faire paraître une illustre naissance
Qui joint la courtoisie avecque la puissance,
Et c'est bien démentir cette discrétion
Qui présida toujours à son affection !

ORANTÉE.

J'ignore par quel art il a pu reconnaître
L'amour qu'encor ce soir vous m'avez fait paraître;
Mais cette connaissance a fait ce changement,
Et de sa jalousie est le seul fondement.

LAURE.

Octave, rêvez-vous? Quoi! votre humeur est vaine
Jusqu'au point d'avoir cru me causer de la peine!
L'esprit récuse ici l'autorité des sens;
Quelqu'un le contrefait. Attendez, je descends.
(Elle se retire.)

SCÈNE VII

ORANTÉE, seul.

O dieux! s'il se pouvait qu'en faveur de mon père
Octave eût employé la fourbe en ce mystère,
Et qu'on m'eût fait à tort soupçonner son honneur,
Serait-il quelque joie égale à mon bonheur?
Mon oreille a bientôt établi ma créance;
L'affaire méritait assez de défiance :
Le sage doit longtemps et bien voir ce qu'il croit,
Et même quelquefois douter de ce qu'il voit.
Mais, dieux! que cet abord trouve en moi de faiblesse!
Je doute si je meurs de joie ou de tristesse.

SCÈNE VIII

LAURE, LYDIE, un flambeau à la main ; ORANTÉE.

LAURE.

Lydie, est-il bien vrai que nous ne dormions pas?
Que vois-je? Eh! quoi! Seigneur, où s'adressent vos pas?
Votre pouvoir, d'accord avec votre courage,
De votre aversion vient-il finir l'ouvrage?
Votre main en mon sang se vient-elle tremper?
Tenez, voilà l'endroit où vous devez frapper.
Ne lui retardez point ce sanglant exercice;
L'attente me punit autant que le supplice :
Qui déplaît à son prince est digne du trépas.
J'ai déjà trop vécu si je ne vous plais pas.

LYDIE, à part.

Quand ma compassion me coûterait ta haine,
Octave, il faut qu'enfin je les tire de peine.

ORANTÉE.
C'est bien porter le cœur le plus dissimulé
Qui des flammes d'amour ait encore brûlé,
Et bien savoir user d'une fausse apparence
Que de se contrefaire avec tant d'assurance.
Qui croirait que jamais, d'effet ou de penser,
Qui me tient ce discours eût voulu m'offenser ?
Et toutefois mes yeux, lâche cœur, âme ingrate,
(Il faut à cette fois que ma douleur éclate)
Mes propres yeux ont vu l'affront que tu m'as fait,
Et l'apparence encor veut démentir l'effet !
Certes, Octave est lâche au péril de sa vie ;
Il devait seconder une si belle envie ;
Il se devait résoudre à cette affection :
La fortune vaut bien la résolution.

LAURE.
Puisque vous le voulez, il faut bien que j'endure
Une si rigoureuse et lâche procédure.
Ma complaisance même ira jusqu'à ce point,
Si cette erreur vous plaît, de ne vous l'ôter point :
Mais si votre rigueur ne hait mon innocence
Jusques à lui vouloir défendre sa défense,
J'espère assez du temps et de la vérité
Pour convaincre d'erreur votre crédulité.
Il ne faut pas, Seigneur, croire trop son courage ;
Votre condition répugne à cet outrage :
Tel nous voit aujourd'hui les armes à la main,
Qui les larmes aux yeux nous reverra demain.
Faites paraître Octave, et si son imposture
Vous laisse quelque doute ou quelque conjecture,
Ne vous contentez pas du fer ni du poison,
Vengez-vous par le feu de cette trahison :
Considérez, Seigneur, qu'il n'est adresse humaine
Que, pour m'ôter à vous et pour vous mettre en peine,
Après la paction qu'il vous fit arrêter,
Subtil au point qu'il est, le roi n'ait dû tenter,
Et, que, s'il a d'Octave exigé cet office,
C'est sans doute un esprit assez plein d'artifice
Pour avoir su tirer de quelque illusion
Votre ressentiment et ma confusion.
Sainte fille du temps, sors du sein de ton père,
Et viens-t'en toute nue éclaircir ce mystère.

LYDIE, à genoux.
En dussé-je encourir votre juste fureur,

Grand prince, il faut que j'aide à vous tirer d'erreur:
Octave est en effet auteur de l'artifice;
Mais il a prétendu vous rendre un bon office,
Et vous mettre à couvert des menaces du roi,
Lui faisant voir qu'ailleurs Laure engageait sa foi:
Ses habits imités, et ma voix déguisée
M'ont fait passer pour Laure en votre âme abusée:
Octave l'ayant mise en son appartement
Et s'étant où j'étais coulé secrètement,
Me fit contribuer en son adresse extrême,
Et, pour tromper le roi, vous abusa vous-même.
LAURE.
Soyez bénis, ô dieux! de qui le juste soin
Déjà pour mon honneur a produit un témoin.

SCÈNE IX

LES MÊMES; OCTAVE, GARDES.

OCTAVE.
O malheureuse nuit! la fourbe est découverte:
Je n'aperçois que trop l'appareil de ma perte.
ORANTÉE, l'épée à la main.
Viens, approche, imposteur; viens recevoir le fruit
D'une méchanceté plus noire que la nuit.
OCTAVE.
Ah! Seigneur, mon trépas souillera votre épée.
ORANTÉE.
Dans ton perfide sang elle sera trempée.
OCTAVE.
Je ne suis qu'instrument des volontés du roi;
Ma foi même, Seigneur, a corrompu ma foi;
Trop fidèle sujet et valet infidèle,
C'est pour avoir trop eu que j'eus trop peu de zèle.
LYDIE, à Laure.
Hélas! reconnaissez ce que j'ai fait pour vous;
Madame, en ma faveur apaisez son courroux. —
LAURE, à Orantée.
Si chez vous mon respect tient encor quelque place,
Je me jette à vos pieds: accordez-moi sa grâce.
ORANTÉE.
Traître, baise les pas et révère le nom
De la divinité d'où te vient ton pardon.
Mais serai-je compris en cette même grâce

Par qui vous désirez que son crime s'efface?
Puis-je d'un naturel si sensible et si doux
Espérer le pardon que j'implore à genoux?
Interdit, et pareil à ces esclaves traîtres
Qui, pensant échapper, ont rencontré leurs maîtres,
Madame, je ne puis que rentrer sous vos lois,
Et prier vos beautés de rétablir vos droits :
Car enfin vous venger serait votre dommage;
Ce serait ruiner votre propre héritage;
Vous vous appauvririez en me pensant punir,
Et c'est la seule mort qui nous doit désunir.

LAURE.

Faites-vous la faveur qu'il faut que je vous fasse;
Vous possédez mon cœur, prenez-y votre grâce,
Et reconnaissez-y si votre aversion
Aurait rien altéré de son affection.

OCTAVE.

Seigneur, votre alliance est déjà trop tardive;
Vous la devriez presser : demain l'infante arrive;
La nouvelle ce soir en est venue au roi.

ORANTÉE.

O dieux! Cléandre aussi m'a-t-il manqué de foi?
Ou mon père aurait-il diverti son message,
Qui devait de l'infante empêcher le voyage?
Résolvez-vous, madame, au joug que je prétends;
Soyons bons ménagers de ce reste de temps;
Faisons que le soleil, commençant la journée,
Demain nous trouve unis du saint nœud d'hyménée,
Et, laissant faire au roi des desseins superflus,
Nous ne pourrons donner ce que nous n'aurons plus.

ACTE CINQUIÈME

SCÈNE I

ORANTÉE, LAURE, CLIDAMAS, LYDIE, OCTAVE.

ORANTÉE.

Enfin notre courage a vaincu toutes choses,
Et parmi les soucis nous a trouvé des roses.

La joie après l'ennui suit enfin notre espoir ;
Un beau matin nous luit après un triste soir,
Et, parmi les effets de ces vicissitudes,
Le sort a mis la fin à nos inquiétudes.
CLIDAMAS.
J'ose espérer qu'un jour les dieux seront bénis
Par les fruits du beau nœud dont vous êtes unis,
Que les persécuteurs du repos de vos âmes
Deviendront partisans de vos fidèles flammes,
Et qu'avant que la nuit nous ait caché le jour,
Votre père lui-même avoûra votre amour.

SCÈNE II
LES MÊMES, ARBAN.

Hélas ! Seigneur, Cléandre, à la fin de son âge...
ORANTÉE.
Hélas !
ARBAN.
A devancé celle de son message :
D'un mal inopiné surpris sur le chemin,
Et sentant que sa vie était près de sa fin,
Il me mit en la main les papiers que j'apporte,
Et d'une faible voix me parla de la sorte :
« Cher Arban, me dit-il, j'ignore comme toi
Où tend mon ambassade et quel est mon emploi :
Car il m'est défendu, par ordre exprès du prince,
D'en voir l'instruction que hors de la province ;
Sa défense et mon mal ne me permettent pas
Ni de l'ouvrir ici, ni d'avancer mes pas :
Retourne donc à Bude, et, secret et fidèle,
Du trépas que j'attends porte-lui la nouvelle. »
La mort trancha sa vie avecque ce discours,
Et ne fut à son mal que l'œuvre de six jours.
ORANTÉE, à Laure.
Tu vois comme un malheur a trahi mon attente ;
Ce message empêchait le départ de l'infante :
Mais l'hymen, dont le nœud nous a joints cette nuit,
Aura la force au moins d'en empêcher le fruit.
Adieu : n'oublions rien en l'importante adresse
Où nous avons recours au besoin qui nous presse.
. . . .
. . . .

OCTAVE.

Belles prétentions, espérances passées,
Hélas! que mon malheur vous a tôt effacées,
Et que les fruits semés sur une trahison
Atteignent rarement leur dernière saison!

(Arban, Octave et Orantée sortent.)

SCÈNE III
CLIDAMAS, LAURE, LYDIE.

CLIDAMAS.

Ma fille, bénissez cette heureuse journée;
Elle vous apprendra de qui vous êtes née:
La princesse arrivant, le moment est venu
Que votre illustre sort vous doit être connu,
Qu'il vous faut secouer le joug de ma misère,
Et que vous allez perdre et recouvrer un père.

LAURE.

Que ce discours, mon père, est plein d'obscurité!
Ne tiens-je pas de vous le bien de la clarté?

LYDIE.

Madame, que j'attends avec impatience
Le fruit que produira cette heureuse espérance!

CLIDAMAS.

Non, ce n'est point, ma fille, en ce débile corps
Que nature a puisé ces visibles trésors:
Vous seriez un surgeon plus parfait que sa tige,
Et pour faire un miracle elle eût fait un prodige.
L'hymen qui vous allie à cet illustre sang
Entretient simplement sans hausser votre rang:
Il suffit; vous saurez cette heureuse nouvelle
Quand l'heure permettra que je vous la révèle;
Et si dès aujourd'hui l'infante est à la cour,
Vous en oirez la fin avant la fin du jour.
Entrons.

(Il sort.)

SCÈNE IV
LAURE, LYDIE.

LAURE.

Lydie, ô dieux! quelle est cette merveille?

LYDIE.

Divine comme vous, comme vous sans pareille,

Qui telle toutefois à peine me surprend :
Car mon cœur me disait quelque chose de grand,
Et le ciel, ce me semble, a sur votre visage
Mis je ne sais quels traits, marque d'un grand courage;
Un regard, un souris, un geste, une action,
Disent muettement votre condition :
Tout en vous rend pour vous ce secret témoignage,
Et j'ai cent fois du cœur entendu ce langage.

LAURE.
Tu viens, ayant d'Octave aidé la trahison,
De cette flatterie acheter ton pardon.

LYDIE.
Vous me connaissez trop pour punir une offense
Qui naît de ma sottise et de mon innocence :
Loin de vous desservir et vous affliger tant,
Je prétendais vous rendre un service important.

LAURE.
J'ai pour tous deux pourtant préparé du supplice,
Et je veux que le traître épouse la complice.

LYDIE.
Je n'en appelle point, suivez votre courroux ;
Punissez-nous bientôt d'un supplice si doux.

(Elles sortent.)

SCÈNE V

LE ROI, ORANTÉE, L'INFANTE, LE COMTE, L'AMBASSADEUR ; LES VALETS.

LE ROI.
Non, madame, le ciel n'a jamais sur princesses
Si libéralement étalé ses largesses :
Ces invisibles corps, ces fameux messagers
Porteurs de nouveautés aux pays étrangers,
Les bruits, à quelque point qu'ils vous aient estimée,
Vous laissaient au-dessous de votre renommée,
Et n'ont jamais atteint la moindre qualité
Ni de votre vertu ni de votre beauté.
Mon fils, sur ce sujet, vous dira sa pensée,
Ou plutôt la suivra : car je l'ai commencée,
Et l'aise qu'il fait voir témoigne clairement
Qu'avecque ce discours j'entre en son sentiment.

(Il sort avec le comte et l'ambassadeur.)

SCÈNE VI

ORANTÉE, L'INFANTE ; LES VALETS.

ORANTÉE.
Il faut être d'accord, beau sujet de mes peines,
Que c'est à la Hongrie à produire des reines,
Et qu'à tort la Pologne ose faire à ses rois
Prétendre le bonheur de vivre sous vos lois.
Non, le sort ne régit ni sceptre ni couronne
Ni du poids ni du prix du trésor qu'il me donne,
Et cent sceptres ensemble, à vos charmes offerts,
Ne pourraient ni payer ni mériter mes fers.
L'INFANTE.
Eh quoi! deux à combattre! ô dieux ! quelle éloquence
Ferait contre la vôtre une utile défense ?
Je me rends volontiers en telle occasion,
Où ma victoire tourne à ma confusion.

SCÈNE VII

LES MÊMES ; OCTAVE, LYDIE.

OCTAVE, à Orantée.
Une jeune beauté, qui nous est inconnue,
D'une instante prière implore votre vue.
ORANTÉE.
Que veut-elle? qu'elle entre.
LYDIE.
      O dieux ! de quels attraits
Le prince à cet objet eût ressenti les traits !
Qu'une si belle vue, avant son mariage,
Eût, malgré sa constance, ébranlé son courage !

SCÈNE VIII

LES MÊMES ; LAURE.

LAURE, à Orantée.
Prince, sur qui le ciel répand en ce beau jour
Les plus riches trésors et d'hymen et d'amour,
En faveur des beaux yeux dont vous sentez les flammes,
Et du sacré lien qui va joindre vos âmes;

Écoutez-moi, Seigneur, et que votre équité
Juge d'un différend de même qualité.
ORANTÉE.
Au nom d'une si belle et si chère alliance,
Je ne vous puis qu'ingrat nier cette audience ;
Mais l'empire absolu que Madame a sur moi
Lui fera prononcer l'arrêt que je vous doi ;
La qualité du jour, celle de l'occurrence,
Et le sexe, m'oblige à cette déférence.
L'INFANTE.
Monsieur, dispensez-moi...
ORANTÉE.
                   Ne vous défendez pas
D'un droit si légitime à vos charmants appas,
Et ne lui niez pas cet acte de justice.
L'INFANTE.
Puisque vous l'ordonnez, il faut que j'obéisse.
Parlez donc, et, forçant votre mal apparent,
M'exposez en deux mots quel est ce différend.
LAURE, à genoux.
Le ciel à mes malheurs destine du refuge,
Puisque dedans mon sexe il a choisi mon juge,
Et que, pour obtenir l'arrêt qu'on me rendra,
Avecque mon bon droit nature parlera.
Cet enfant redoutable à tout ce qui respire,
Qui jusque sur vous-même établit son empire,
Ce puissant roi des cœurs est auteur du souci
Qui consume ma vie et qui m'amène ici.
Madame, ce discours me sied mal à la bouche ;
Mais qui peut fuir l'amour ? est-il rien qu'il ne touche ?
En un si beau combat la force du vainqueur
N'excuse-t-elle pas la faiblesse du cœur ?
Je n'en rougis donc point : j'aime, et l'objet que j'aime
Répond de même ardeur à mon amour extrême ;
Ou, puisque le premier il engagea sa foi,
Je paye, à dire mieux, l'amour qu'il a pour moi.
Ce jour, qui vous est doux autant qu'il m'est contraire,
Où d'un si bel hymen le flambeau vous éclaire,
Ce jour si désiré, si cher aux yeux de tous,
Avec la même torche éclairerait pour nous,
Si ma condition, à la sienne inégale,
N'armait une puissance à nos désirs fatale,
Qui destine plus haut la foi que j'ai de lui,
Et nous comble tous deux de misère et d'ennui :

D'un père ambitieux la rigueur importune
A son contentement préfère sa fortune,
D'un obstacle honteux traverse un beau dessein,
Et veut que l'intérêt chasse un dieu de son sein :
Mais ce fidèle amant soutiendra, je l'espère,
L'autorité d'un dieu contre celle d'un père :
Toujours de cet amour il révère la loi ;
Ses serments chaque jour me confirment sa foi :
Procurez-m'en l'effet, ôtez-nous cet obstacle ;
Prononcez un arrêt, ou plutôt un oracle
Par qui nous revivions après un long trépas,
Et qui fasse pour nous ce qu'un dieu ne peut pas.

L'INFANTE.

Cette affaire, Monsieur, est assez d'importance
Pour faire à votre avis précéder ma sentence.

ORANTÉE.

Où vous devez parler je tais mon sentiment,
Pour n'ôter point de gloire à votre jugement.

L'INFANTE.

Et moi, pour vos respects j'ai de la révérence,
Et me fais une loi de cette déférence.
Voici donc mon avis touchant ce différend :
L'amour n'est point sujet au respect d'un parent ;
Il dépend de soi seul ; cet enfant volontaire,
Pour n'en point respecter, voulut naître sans père ;
Immortel, il possède un absolu pouvoir,
Et ne relève point de la loi du devoir.
Donc, deux partis s'aimant et concourant ensemble
Au dessein que l'hymen sous ses lois les assemble,
Quelque inégalité qui divise leur sort,
L'amour étant égal doit être le plus fort,
Et, tout-puissant qu'il est, à son pouvoir suprême
Soumettre la fortune et la nature même.
Qu'ainsi donc votre amant, suivant sa passion,
D'un parent importun force l'ambition,
Et, sans considérer l'autre qu'on lui propose,
Au gré de son amour de ses désirs dispose ;
La même autorité qui vous rend cet arrêt
Saura ranger le père au dessein qui nous plaît.

LAURE.

Madame, je ne puis après cette sentence
Qu'embrasser vos genoux ; c'est ma seule éloquence :
Mais, en cet heur commun, souffrez que mon amant
A cet humble devoir joigne un remercîment,

Me confirme à vos pieds la foi qu'il m'a donnée,
Et dans vos belles mains jure notre hyménée.
L'INFANTE.
Est-il ici ?
LAURE.
Fort proche.
L'INFANTE.
Oui ? faites-le-moi voir.
ORANTÉE, à genoux.
Le voici qui vous rend un étrange devoir,
Qui vous est obligé de l'arrêt qui vous l'ôte,
Et qui, vous offensant, vous vient jurer sa faute,
Tout prêt de vous complaire et de vous obéir
Jusques à vous déplaire et jusqu'à vous trahir.
LYDIE.
Certes, non sans raison, elle reste confuse.
L'INFANTE.
Vois-je des vérités, ou si mon œil m'abuse ?
ORANTÉE.
Madame, mon malheur va jusques à ce point ;
Le rapport de vos yeux ne vous abuse point :
Cet objet me possede, et notre amour extrême
Ne trouve aucun recours contre vous que vous-même.
Ce sont de mon destin de bizarres effets,
Que vous m'assistiez même au tort que je vous fais,
Que j'aie en ma partie un favorable juge,
Et que, vous offensant, vous soyez mon refuge.
Mais, quel que soit, hélas ! votre ressentiment,
Vous me plaindriez encor connaissant mon tourment,
Et sachant, comme moi, quelle force infinie
Au sort de cette fille attache mon génie :
Je vous l'exprimerais, si d'extrêmes amours
Se pouvaient figurer avecque le discours ;
Mais qu'il est difficile aux maux insupportables
De trouver au besoin des paroles sortables !
Toute l'intelligence en est au sentiment ;
Autant on les dit bien, autant on les dément.
Pour vous en dire assez, il suffit donc de dire
Qu'un invincible effort m'attache à son empire,
Et qu'un commun dessein engageait notre foi
Avant qu'on m'eût parlé d'entrer sous votre loi.
L'ambassadeur parti, j'appris cette nouvelle
Qui me fut, je l'avoue, une atteinte mortelle,
Et, quelque extrême honneur qui me fût recherché,

Ce cuisant déplaisir ne put être caché.
On combattit longtemps le feu qui me dévore ;
Mais, tâchant de l'éteindre, on l'accroissait encore,
Et le soin que mon père a pris de me guérir
M'a mis cent et cent fois aux termes de mourir.
Enfin j'eus quelque espoir au secours d'une lettre
Qu'en vos mains un des miens eut charge de remettre,
Qui vous eût fait sans doute à l'attente du roi
Refuser par pitié l'honneur que je reçoi.
Mais, par un mauvais sort, ennemi de ma flamme,
Le porteur en chemin laissa la lettre et l'âme,
Et c'est par ce malheur qu'en cette occasion,
Mourant presque de honte et de confusion,
Et n'osant de vos yeux soutenir la lumière,
Je vous fais à regret cette digne prière
D'avouer votre arrêt en faveur d'un amour
Qu'on ne nous peut ôter sans nous ôter le jour
De servir qui vous nuit, et d'être favorable
Aux sensibles transports d'un amant misérable,
Qui, même en vous fuyant, n'a que vous de recours,
Et qui, vous offensant, vous demande secours.
Ainsi jamais souci ne trouble votre vie !

(Il se met à genoux.)

LAURE.
Ainsi votre fortune égale votre envie !

ORANTÉE.
Ainsi rencontriez-vous au sein de mille rois
Mille esclaves soumis au pouvoir de vos lois !

LAURE.
Ainsi jamais la faux, qui détruit toutes choses,
N'attaque de ce teint les œillets ni les roses !

ORANTÉE.
Ainsi ces yeux, vainqueurs de la force du temps,
Brûlent encor les cœurs en l'hiver de vos ans !

LAURE.
Ainsi sur vos sujets, sur vous et votre race,
Le ciel à pleines mains verse à jamais sa grâce !

ORANTÉE.
Ainsi, si jamais reine eut des jours comblés d'heur,
De plaisir, de repos, d'estime, de grandeur,
Soit aux siècles passés, soit au courant du nôtre,
Son bonheur n'ait été que l'image du vôtre ;
Et le cours de vos ans soit aussi glorieux
Que d'un zèle sans fard j'en conjure les dieux !

L'INFANTE.

Dans la nécessité, quand elle est absolue,
Toute âme qui consulte est trop tard résolue.
L'amour qui vous assemble a signé mon arrêt,
Pour le faire accomplir mon secours est tout prêt;
Et pour autoriser la foi qui vous engage
Je n'ai ni trop d'amour ni trop peu de courage.
Mais que veut ce vieillard?

SCÈNE IX

LES MÊMES; CLIDAMAS; UN PAGE.

CLIDAMAS, à l'infante, en lui donnant une lettre.

Jour, le plus heureux jour
Qu'aient jamais signalé la Fortune et l'Amour,
Pour mourir d'une mort belle et digne d'envie,
Plût au ciel fusses-tu le dernier de ma vie !
Madame, ce dépôt qu'allant rendre l'esprit
La reine votre mère entre mes mains remit,
Et que Sa Majesté m'ordonna de vous rendre,
Quand au roi son époux vous donneriez un gendre,
Dessous ce sceau royal cache une instruction
Qui vous informera de son intention.

L'INFANTE.

Hélas ! il me souvient qu'à cette heure dernière
Qui ravit à ses yeux le bien de la lumière,
Elle me tint ces mots d'une mourante voix
Que je m'imprimai bien, tout enfant que j'étois :
« Ma fille, si le temps laisse avancer votre âge
Jusqu'au jour destiné pour votre mariage,
Et que, par le pouvoir et d'Hymen et d'Amour,
Vous soyez obligée à quitter cette cour,
Si, le jour qu'à ce joug on vous verra soumise,
En vos mains de ma part une lettre est remise,
Ne manquez d'accomplir ce qu'elle contiendra,
Ni d'ajouter créance à qui vous la rendra. »

CLIDAMAS.

Je m'en suis acquitté.

L'INFANTE.

Faisons-en l'ouverture.

ORANTÉE.

Ma chère Laure, ô dieux ! quelle est cette aventure ?

ACTE V, SCÈNE IX.

LAURE.

Sans doute elle me touche.

OCTAVE, à Lydie.

Approchons, qu'est ceci?

L'INFANTE.

Je reconnais sa main en l'écrit que voici,
Et sens certain instinct dont la force secrète
Fais que j'entends ma mère à cette voix muette.

(Elle lit.)

A l'Infante Porcie.

« De votre sœur naissante on eût borné le sort,
« Si l'on eût de son père exécuté l'envie :
   « Mais sa mère empêcha sa mort,
   « Et lui donna deux fois la vie :
   « Qu'elle tienne auprès de vous
   « Rang de sœur et de princesse ;
   « Ainsi le ciel vous soit doux !
« Voilà le testament qu'en mourant je vous laisse. »

Dieux ! que le ciel sur moi calme tôt son courroux,
De me rendre une sœur quand je perds un époux !
Qu'une sensible joie à mon affront succède,
Et que près de mon mal il a mis son remède
Achevez, bon vieillard, votre commission ;
Montrez-moi cet objet de mon affection.

CLIDAMAS, montrant Laure.

Vous le voyez, Madame.

L'INFANTE, l'embrassant.

Ah ! le sang me la montre.

LAURE.

Dieux ! qu'entends-je ?

L'INFANTE.

O ma sœur ! quelle est cette rencontre ?
Que les décrets des dieux passent de loin nos sens,
Et qu'à les pénétrer nos yeux sont impuissants !

LAURE.

Quoi ! je trouve par eux ma sœur en ma rivale ?

ORANTÉE.

Quelle heureuse fortune à la nôtre est égale ?

CLIDAMAS.

Apprenez en deux mots quel caprice du sort
Destinait son enfance au pouvoir de la mort :
Elle fut condamnée, et par arrêt d'un père,

12.

A la perte du jour dès les flancs de sa mère,
Et tout par la frayeur d'un songe, qui souvent,
Comme il n'est que vapeur, ne produit que du vent.
Chacun sait à quel point l'illusion des songes
En un facile esprit imprime ses mensonges,
Et que quelquefois même en leurs obscurités
Sa superstition trouve des vérités.
Or, presque chaque nuit, du temps de la grossesse
Qui promettait au jour cette belle princesse,
Mêmes objets d'horreur toujours lui paraissants,
Jusqu'à le rendre au lit, altérèrent ses sens :
Ces frayeurs menaçaient sa maison d'une fille
Qui de l'un de ses chefs priverait sa famille,
Et, faisant d'une cour deux contraires partis,
Contre un père régnant révolterait son fils.
Effrayé de ce songe et de cette menace :
« Qu'on retranche, dit-il, ce monstre de ma race ;
Qu'il meure de la main qui naissant le prendra,
Et qu'il perde le jour, le jour qu'il y viendra. »
La reine avait promis d'accomplir sa colère ;
Mais son cœur fut touché d'un sentiment de mère,
Qui lui fit redouter la justice des cieux
Et mettre entre mes mains ce dépôt précieux.
Elle fit croire au roi que la fille était morte,
Et, m'ayant fait venir, me parla de la sorte :
« Va, sauve, Clidamas, et par un prompt départ,
Ce gage que le ciel te commet de ma part.
Je sais combien ton soin me fut toujours fidèle ;
Garde encor que jamais ce secret se révèle,
Si ce n'est quand les lois d'hyménée et d'amour
Obligeront sa sœur à quitter cette cour. »
Hélas ! après ces mots, suivis de quelques autres,
M'ayant mis dans les mains ce que je mets aux vôtres,
Et m'ayant obligé d'un solennel serment
A garder ce secret inviolablement,
Soit d'effort de sa couche, ou d'excès de tristesse,
La douleur de la mort saisit cette princesse ;
Et moi, fuyant le roi, me rendis en ces lieux,
Où j'eus soin d'élever ce chef-d'œuvre des cieux.
Quand j'y pense depuis, la mort de votre mère,
Et le long différend du prince et de son père
Ont été les effets du songe malheureux
Qui menaçait ses jours d'un sort si rigoureux ;
Le respect du serment que je fis à la reine

M'a toujours empêché de les tirer de peine,
Et voici l'heureux jour, le jour si désiré
Par qui de ce secret le temps est expiré.

SCÈNE X
LES MÊMES, LE ROI, LE COMTE.

ORANTÉE.
Voici le roi, Madame ; achevez un ouvrage
Qui m'oblige envers vous d'un éternel hommage.
Vous, Laure, cachez-vous.
LE ROI, au comte.
     De cette Laure, enfin,
Nous avons su dompter l'ambitieux destin,
Et par une alliance un peu mieux assortie...
Ma fille, eh bien, de quoi vous a-t-on divertie ?
L'INFANTE.
D'un différend d'amour : vous saurez quel il est;
Mais le prince a déjà souscrit à mon arrêt :
Sa voix de votre aveu sera-t-elle suivie?
LE ROI.
Oui, je vous le promets, s'agit-il de ma vie :
Vous ne sauriez faillir avec le jugement
Qu'on remarque en ce front peint si visiblement.
Quel est donc cet arrêt?
L'INFANTE.
     Sachez-le par la bouche
Du beau couple amoureux à qui l'affaire touche,
Et qu'il baise les mains à Votre Majesté
D'un hymen confirmé par son autorité.
(Orantée et Laure se jettent aux pieds du roi.)
ORANTÉE.
A notre amour, enfin, serez-vous exorable,
Ou contredirez-vous cet arrêt favorable?
S'il vous souvient du pacte entre nous arrêté,
Son succès sollicite encor votre équité :
Car Laure est innocente, et j'ai su l'artifice
Par qui l'on me rendit un si mauvais office.
LE ROI.
Lâche persécuteur du repos de mes jours,
Traître! que je souscrive à tes folles amours?
Non, non, tu t'es flatté d'une attente frivole,
Et la surprise ici dispense ma parole :

Une fille inconnue asservir sous ses lois...
Ah ! le courroux m'emporte et m'empêche la voix.
L'INFANTE.
Eh bien, Laure, Monsieur, n'étant point son épouse,
Obtiendra-t-il ma sœur ?
LAURE.
Je n'en suis point jalouse.
LE ROI.
Par la proportion des maisons et du rang,
Ou vous ou votre sœur honoreriez mon sang.
L'INFANTE.
Que Laure obtienne donc l'heur de votre alliance ;
Dedans un même flanc nous avons pris naissance.
Mais ne vous obligez qu'avec condition
D'être au long informé de son extraction.
Le sort dès sa naissance eut dessein sur sa vie :
Mais ma mère empêcha qu'elle lui fût ravie,
Et la commit au soin de ce sage vieillard
Qui me rend cet écrit qu'il gardait de sa part.
(Le roi lit la lettre.)
Daignez donc à ma sœur accorder cette gloire,
Et tantôt plus au long vous saurez cette histoire.
LE ROI.
Par quel autre sujet d'un juste étonnement
Puis-je être plus surpris et plus heureusement ?
Oui, vous me forcerez par cette connaissance,
Et certes sa vertu témoigne sa naissance.
Mais quel événement suivra votre dessein ?
Puis-je voir sans regret votre voyage vain ?
ORANTÉE.
Le succès peut passer le dessein qui l'amène ;
Faites un double hymen, donnez-nous une reine.
Votre lumière ici jette encore un beau jour,
Et ne vous exclut pas des mystères d'amour.
LE ROI.
Beau charme des esprits, puis-je sans vous déplaire
Offrir à votre empire une âme tributaire,
Et le blanc, qui commence à teindre mes cheveux,
Ne joint-il point la honte à l'offre de mes vœux ?
L'INFANTE.
A qui ne serait chère une faveur si rare ?
LE ROI.
Sus, que toute ma cour pour ce soir se prépare,

Et que le double nœud dont nous serons unis
Mêle les cris de joie à des feux infinis.
LAURE, à Octave.
Et vous, répondrez-vous à l'amour de Lydie ?
OCTAVE.
Je ne lui puis manquer sans trop de perfidie.
LYDIE.
Oh ! qu'un heureux effet succède à mon espoir !
ORANTÉE, à Clidamas.
Mon père, par quel soin, par quel humble devoir,
Et par quelle faveur pourrai-je reconnaître
Le bien inespéré que vous avez fait naître ?
Mon cœur ne m'est point traître, et, promettant sa foi,
Sentit bien qu'il aimait en lieu digne d'un roi.

FIN DE LAURE PERSÉCUTÉE.

NOTICE

SUR

LA SŒUR

Les comédies *modernes* de Rotrou sont au nombre de neuf, dont voici la liste chronologique : la *Bague de l'oubli*, représentée à l'Hôtel de Bourgogne en 1628, éditée en 1635 et dédiée au roi ; elle est imitée de la *Sortija del Olvido*, de Lope, et a été imitée par Legrand dans son *Roi de Cocagne* — la *Diane* (1630-1635) dédiée au comte de Fiesque — la *Célimène* (1633-1636) dédiée au comte de Nancay, grand maître de la garde-robe du roi ; c'est peut-être la comédie dont Chapelain composa, dit-on, le plan pour Rotrou, en 1633 — la *Belle Alphrède* (1634-1639) imitée de Lope et dédiée à Sylvie — *Filandre* (1635-1637) — *Florimonde*, que M. Viollet-le-Duc classe à tort après *Venceslas*, alors qu'un acte public de vente la mentionne dès 1637, mais qui ne parut qu'en 1655 — *Clorinde* (1636-1637) dédiée à mademoiselle Pourrat — *Clarice* (1641-1643) imitée de l'italien Sforza d'Oddi — *La Sœur* (1645) éditée en 1647, in-4º et in-12, sous le titre de *La Sœur généreuse*.

La Sœur étant une des pièces de Rotrou où l'on trouve le plus de termes vieillis et détournés de leur sens, nous croyons devoir donner ici un bref tableau des anomalies principales qu'on rencontrera ici et ailleurs :

SUBSTANTIFS. — Comme chez Corneille, Rotrou emploie souvent le pluriel des noms abstraits et souvent supprime l'article avant le substantif, surtout quand il s'agit d'un nom de chose qui peut être personnifié : Amour, Nature. Il fait du masculin *affaire, dot, étude, foudre, intrigue, rencontre, vipère*; du féminin, *âge, amour, doute, écho, navire*. Il emploie beaucoup de mots inusités aujourd'hui, ou dont la forme est différente : *affronteur* (d'*affronter*, tromper, outrager) *artisane*, au figuré ; *assassin*, mouche de toilette ; *balourde* ; *coupeau*, cime ; *dextre, dol* ; *forcènement*, de *forcener*, être en fureur ; *genouil, guiterre, hostie, ire* ; *momon*, défi au jeu de dés porté par des masques ; *paction, partement, rais, refondrement, surgeon*. D'autres ont changé de sens : *âge* (vie), *arrêt*, arrestation ; *basse-cour, débris* ruine, au figuré ; *démon*, esprit divin ; *élection*, au figuré ; *événement*, résultat ; *fantaisie*, imagination ; *génie*, destin ; *geste*, attitude, ou dans un autre sens, *gestes guerriers* ; *manoir*, séjour ; *monument*, tombeau ; *mouvement*, sentiment ; *paysage*, pays ; *poil*, chevelure ; *province*, un état tout entier ; *procédure*, au moral ; *travail*, peine, d'où *travailler*, affliger.

ADJECTIFS ET PRONOMS. — Adjectifs vieillis : *brigande, confident, dévo-*

tieux, exorable, frontiers (pays), *froidureux, impollu, intempéré, muable, offensif* (ennuyeux), *provident, vieil,* même devant une consonne. Rotrou écrit des *foudres punisseurs* et prend adjectivement *censeur* et *suborneur. Autre* est employé pour *un autre ; un* pour *quelqu'un ; quel* pour *lequel ; celui* pour *celui-là. Premier* est pris dans une acception remarquable : *nos péchés sont morts premiers que nous.*

Verbes. — Formes inusitées : *die, treuve, véquit, je me défaus, j'ois, nous sommes péris, la voix a parti, dors-je, perds-je,* etc. On trouve d'innombrables exemples du verbe avoir construit comme suit : j'ai ma course achevée, cette main m'a la joue étourdie. Après *croire que,* Rotrou met souvent le subjonctif, ou un infinitif qui rappelle le *que* retranché des Latins : croyant la fortune avoir trop fait, j'ai cru son cœur répondre à mon amour. Il prend activement : *consentir, croître, éclore, enquérir, faillir, influer, prétendre, rapprocher, rebrousser, sortir, suppléer, survivre.* Au contraire il fait parfois neutres certains verbes actifs, comme *abîmer, arrêter, briser, choquer, consommer, éclairer, endurer, laver, proposer, renverser, retirer.* Ont vieilli les verbes et les tours suivants : *accourcir, adresser sur, alentir, s'assurer sur, attendre de, avouer quelqu'un de, bailler, commettre* (confier), *conforter, se couler* (s'écouler), *dépriser, dépromettre, désagréer, désanimer, dévaler, dispenser* (empêcher), *dispenser à* (permettre), *divertir* (retarder), *étrécir, s'éclore, fier* (confier), *forcer* (vaincre), *gauchir, gausser, hausser* (viser à), *se licencier à, meurtrir* (assassiner), *moyenner, naviger, nier* (refuser), *rendre* (mettre, conduire), *pleiger* (garantir), *ne pouvoir où* (ne savoir où), *quérir, racquérir, se rebeller, rembarrasser, remordre* (au moral), *remourir, plaindre* (regretter, refuser), *rétreindre, soigner à* ou *que, succéder* (réussir). Notons aussi les participes : *déradé* (sorti du port), *déconfit* (défait), *éclairci* (illustré), *enrouillé, mêlé* (au moral), *recouvert* (recouvré), *résolu* (rompu).

Nous ne pouvons qu'indiquer au passage certaines autres particularités de la langue de Rotrou : *d'abord que ; ainsi* avec le subjonctif, formule de souhait, latinisme ; *aucunement* (un peu), *au besoin* (dans une circonstance critique), *auparavant moi, combien que, devant* (pour *avant*), *au droit* (pour droit en face), *ensuite de, il ne peut que* (il est impossible que), *joint que, muettement, possible* (peut-être), *c'est fait que de, quelque si, à quoi* (pourquoi), *quoi qui* (quelque chose qui), *si* (pourtant), *suffit que, tant que* (jusqu'à ce que), *autant comme, vers* (envers), etc.

LA SOEUR

COMEDIE
(1645)

PERSONNAGES

LÉLIE, amant d'Eroxène, crue Aurélie.
ERGASTE, amant d'Aurélie, crue Eroxène.
ANSELME, père de Lélie.
ORGIE, oncle d'Eroxène.
AURELIE.
EROXÈNE.
CONSTANCE, mère d'Aurélie.
LYDIE, suivante d'Aurélie, crue Eroxène.
ERGASTE, valet de Lélie.
GERONTE, vieillard.
HORACE, fils de Géronte.

ACTE PREMIER

SCÈNE I
LÉLIE, ERGASTE.

LÉLIE.
O fatale nouvelle et qui me désespère !
Mon oncle te l'a dit et le tient de mon père ?

ERGASTE.
Oui.

LÉLIE.
Que pour Éroxène il destine ma foi,
Qu'il doit absolument m'imposer cette loi,
Qu'il promet Aurélie aux vœux de Polydore ?

ERGASTE.
Je vous l'ai déjà dit et vous le dis encore.

LÉLIE.
Et qu'exigeant de nous ce funeste devoir,
Il nous veut obliger d'épouser dès ce soir ?

LA SŒUR

HORACE

Acciam bien croch soler
Acte III. sc. V

ERGASTE.

Dès ce soir.

LÉLIE.

Et tu crois qu'il te parlait sans feinte ?

ERGASTE.

Sans feinte.

LÉLIE.

Ah ! si d'amour tu ressentais l'atteinte,
Tu plaindrais moins ces mots qui te coûtent si cher,
Et qu'avec tant de peine il te faut arracher,
Et cette avare Écho, qui répond par ta bouche,
Serait plus indulgente à l'ennui qui me touche.

ERGASTE.

Comme on m'a tout appris, je vous l'ai rapporté ;
Je n'ai rien oublié, je n'ai rien ajouté.
Que désirez-vous plus ?

LÉLIE.

Aux choses d'importance
Oublier quelquefois la moindre circonstance,
Un regard, un souris, un mot, une action,
Ruine absolument notre prétention ;
Et, sachant à quel point cet entretien m'importe,
Je t'y puis voir, cruel, répugner de la sorte ?

ERGASTE.

Ne vous touchant pas tant, j'y répugnerais moins ;
Mais cette amour enfin vous coûte trop de soins.

LÉLIE.

Il m'en coûte, il est vrai, mais j'en aime les causes :
Les épines d'amour ne sont point sans leurs roses,
Et, quand il faut souffrir pour de si doux appas,
Je tiens pour malheureux celui qui ne l'est pas.
Au reste, étant l'auteur de mon inquiétude,
La peux-tu négliger sans trop d'ingratitude ?
Sans les conseils...

ERGASTE.

Eh bien, n'est-on pas malheureux
De vouer son service à ces fous d'amoureux ?
Faites que le succès réponde à leur caprice,
On leur rend un devoir, non pas un bon office ;
Le péril d'un gibet est le moindre danger
Où, pour servir leur flamme, on se doit engager ;
Mais si quelque accident par malheur les menace,
On est absolument auteur de leur disgrâce ;
Soit que le sort enfin leur soit cruel ou doux,

Tout le bien leur est dû, tout le mal vient de nous,
Votre confusion est l'effet que mérite
La bouillante chaleur d'une amour illicite ;
J'en avais bien prévu ce triste repentir,
Et je n'ai pas manqué de vous en avertir ;
Mais, malgré ces avis qui ne profitaient guères,
Je ne puis refuser mes soins à vos prières.

LÉLIE.
Voyant le précipice où tu guidais mes pas,
Quoique sollicité, tu ne le devais pas.

ERGASTE.
Le temps vous rend savant, l'épreuve vous fait sage ;
Mais vous étiez bien loin de tenir ce langage,
Quand, d'une impatience égale à vos douleurs,
Pendant à mes genoux, les yeux baignés de pleurs,
Confus et dépourvu de tout autre remède,
Vous réclamiez mes soins ou la mort à votre aide.

LÉLIE.
J'en concevrais enfin des regrets superflus
Quand l'affaire est au point de n'en consulter plus.
Mais ce que tu m'apprends m'est de telle importance
Qu'il s'agit de ma mort ou de ton assistance,
De perdre la lumière ou conserver mes vœux
A qui je suis lié d'indissolubles nœuds.
Dis donc : que ferons-nous ? romps ce fâcheux silence.

ERGASTE.
Souvent on détruit tout par trop de violence.

LÉLIE.
Différant trop aussi, l'on n'exécute rien.

ERGASTE.
Éraste, à mon avis, nous y servira bien,
Et son affection ne vous sera pas vaine.

LÉLIE.
Je me promets bien moins son amour que sa haine,
S'il sait la dure loi qu'on me veut imposer.

ERGASTE.
Mais il est bien aisé de l'en désabuser,
Et d'obtenir de lui ce favorable office,
En faisant qu'il se serve en vous rendant service.

LÉLIE.
Quoique mon cœur répugne aux éclaircissements,
Faisons-nous cet effort ; tout est doux aux amants.
Ergaste, cherchons-le.

ERGASTE, à part.

Quel embarras extrême !
Travailler pour des fous est bien l'être soi-même :
Il leur faut au besoin faire tout espérer,
Et perdre tout repos pour leur en procurer.

(Ils sortent.)

SCÈNE II

LYDIE, ÉRASTE.

LYDIE, à part.

Pauvre Éroxène, hélas ! quelle âme impitoyable
Ne serait pas sensible à ta peine incroyable ?
(A Éraste.)
Je vous cherchais, Éraste.

ÉRASTE.

Et j'étais en souci
En quel lieu je pourrais te rencontrer aussi,
Toi qui, brillant rayon du soleil qui m'éclaire,
Toi qui de notre amour fidèle secrétaire,
Toi qui, l'appui...

LYDIE.

Tout beau, je ne me puis flatter
De vaines qualités que vous m'allez ôter.

ÉRASTE.

Ne m'apportes-tu pas une heureuse nouvelle ?

LYDIE.

Très mauvaise, au contraire, et pour vous et pour elle,
Et pour qui comme moi prend part en vos ennuis.

ÉRASTE.

Quelle encor ?

LYDIE.

Éroxène...

ÉRASTE.
Achève.

LYDIE.

Je ne puis.

ÉRASTE.

Te taire est un surcroît à ma mélancolie.
Parle donc : Éroxène...

LYDIE.

Est promise à Lélie.

ÉRASTE.
Ah! quel coup plus mortel pouvais-je recevoir?
LYDIE.
Ce n'est pas tout.
ÉRASTE.
Quoi donc?
LYDIE.
Ils épousent ce soir :
Ainsi les courts moments qui restent à votre aide,
Vous privant de conseil, vous privent de remède.
ÉRASTE.
O fatale nouvelle, et funeste à mes vœux!
Je n'en redoutais qu'une, et tu m'en apprends deux.
LYDIE.
Une troisième suit.
ÉRASTE.
Poursuis donc et m'achève;
C'est trop longtemps languir : je ne veux plus de trêve,
Et de tous ses efforts ma constance est à bout.
LYDIE.
Pour chercher du remède, il vous faut dire tout :
Son oncle, se doutant de notre confidence,
M'a fait aujourd'hui même une expresse défense
De plus sortir, vous voir, ni vous parler jamais.
ÉRASTE.
Que le ciel sur mon chef éclate désormais!
Quelque ardent et mortel que son foudre puisse être,
Un fruit de ma ruine est qu'il ne peut l'accroître.
LYDIE.
Puisqu'il vous faut tout dire, et d'un cœur confident,
Vous avez à combattre un quatrième accident.
ÉRASTE.
Après qu'à tant d'ennuis ma mort est impossible,
Frappe, accable, poursuis : je ne suis plus sensible.
LYDIE.
Vous avez d'Éroxène excité le courroux.
ÉRASTE.
D'Éroxène, Lydie!
LYDIE.
Elle se plaint de vous.
ÉRASTE.
C'est à ce dernier coup qu'il faut que je succombe,
Que le nuage crève, et que le foudre tombe.

ACTE I, SCÈNE II.

LYDIE.
Vous dissimulez bien ! le cœur vous reviendra,
Et ce n'est pas encor le coup qui vous tûra.
A des yeux clairvoyants la feinte est inutile ;
Certains bruits en un mot s'épandent par la ville,
Et non sans fondement et sans quelque raison,
Qui vous rendent suspect...

ÉRASTE.
De quoi ?

LYDIE.
De trahison,
Ou, pour mieux en parler, d'amour pour Aurélie,
Au mépris de la foi dont le serment vous lie.
Son frère, qui vous suit inséparablement,
Semble être à ce soupçon un juste fondement.

ÉRASTE.
Juste ciel !

LYDIE.
Et l'amour règne, s'il le faut dire,
Dans les yeux d'Aurélie avecque tant d'empire,
Qu'outre les cruautés et les meurtres secrets
Que ce tyran commet, avecque leurs attraits,
Dans les plus résolus et plus fermes courages,
L'inconstance peut bien être un de ses ouvrages,
Et pourrait bien avoir à des charmes si doux
Acquis l'autorité qu'une autre avait sur vous :
C'est sur ce fondement...

ÉRASTE.
Éroxène, Lydie,
A pu me soupçonner de cette perfidie ?
Moi, traître !
(Il veut sortir.)

LYDIE, le retenant.
Où courez-vous ?

ÉRASTE.
Ne retiens point mes pas ;
Je vais la détromper.

LYDIE.
Comment ?

ÉRASTE.
Par mon trépas.
Mais, perdant la clarté, j'emporterai la gloire...

LYDIE.
Le mal n'est pas si grand que je vous l'ai fait croire.

Cette peur était plus mon soupçon que le sien ;
Ne vous en troublez point : nous l'en guérirons bien.
Le fréquent entretien de vous et de Lélie
Me faisait redouter le pouvoir d'Aurélie ;
Mais je vois qu'il n'a point altéré votre amour.

ÉRASTE.

Je t'en eusse éclaircie en me privant du jour,
Et ma mort t'eût fait voir qu'il n'est pas nécessaire
D'être amant de la sœur pour être ami du frère ;
Tu saurais, si l'amour avait pu t'enflammer,
Quel tort fait un reproche à qui sait bien aimer ;
Cruelle, tu saurais si pour causer ma peine
L'Amour puise des traits hors des yeux d'Éroxène,
Et si les miens enfin conservant la clarté,
L'usage leur en plaît que pour voir sa beauté.

LYDIE.

Au besoin qui la presse elle implore votre aide,
Et vous mande le mal pour chercher le remède.
Vous lui ferez bien mieux paraître votre amour,
Détournant cet hymen que vous privant du jour.

ÉRASTE.

Dis-lui qu'où de l'esprit l'adresse sera vaine...

LYDIE.

Eh bien ?

ÉRASTE.

Celle du bras la tirera de peine ;
Que je vais de ce fer, s'il ne me satisfait,
Dans le cœur de Lélie effacer son portrait,
L'arracher de son sein, et de cet infidèle
Immoler à l'amour l'amitié criminelle.

LYDIE.

Ne vous emportez pas jusqu'à ce dernier point ;
Les hommes coûtent cher, ne les prodiguons point.

(Elle sort.)

SCÈNE III

ÉRASTE, LÉLIE, ERGASTE.

LÉLIE, à part.

C'est lui !

ÉRASTE, à part.

Quelque apparence où l'amitié se fonde,
Ne cherchons plus ni foi ni vertu dans le monde ;

ACTE I, SCÈNE III.

L'amitié, les serments et la foi d'aujourd'hui
Ne servent qu'à tromper la bonne foi d'autrui.
Mais enfin je suivrai l'exemple qu'on me donne,
Et, trahi de chacun, n'épargnerai personne.

LÉLIE, à Ergaste.
Il discourt en lui-même.

ERGASTE, à Lélie.
    A l'exemple des fous,
Comme frappé sans doute en même endroit que vous.

ÉRASTE, à part.
Si mon bras ne l'immole à ma juste colère,
Je veux bien que le ciel ne me soit pas prospère.

ERGASTE, à Lélie.
Que ne lui parlez-vous?

LÉLIE, à Éraste.
    Éraste, quel souci
Vous excite ce trouble et vous travaille ainsi?

ÉRASTE.
Je compatis, Lélie, aux misères du monde,
Où tout souci, tout trouble et tout malheur abonde
Depuis que l'amitié n'y connaît plus de loi,
Et que la foi n'y sert qu'à séduire la foi.
Mon plus cher confident travaille à ma ruine,
Et mon meilleur ami me trompe et m'assassine.

LÉLIE.
Je ne le tiendrais plus en cette qualité,
Et tel ami ne peut être assez détesté.

ÉRASTE.
Je ne le tiens aussi qu'en qualité de traître,
Et le déteste autant qu'il est digne de l'être.

LÉLIE.
Sans vous en mettre en peine, apprenez-moi son nom,
Éraste, et laissez-moi vous en faire raison.

ÉRASTE.
Il est de vos amis.

LÉLIE.
    Des amis de la sorte,
Pour se défendre d'eux, la connaissance importe.

ÉRASTE.
Quoique infiniment traître, il ne vous peut trahir,
Ni vous, quoique odieux, ne le pouvez haïr.

LÉLIE.
Vous le nommez...

ÉRASTE.
Lélie.
LÉLIE.
Ah! c'est me faire injure.
ÉRASTE.
C'est vous-même, cruel, vous qui m'êtes parjure,
Vous que pour mon ami j'ai tort de réputer,
Vous que par votre avis je dois tant détester.
LÉLIE.
J'ai part en votre peine, et plains le trouble extrême
Qui si visiblement vous met hors de vous-même.
ÉRASTE, mettant la main sur la garde de son épée.
Et moi j'ai grande part en votre trahison;
Mais vous m'avez offert de m'en faire raison.
LÉLIE.
Dites-moi donc mon crime et me tirez de peine.
ÉRASTE.
Je vous le dis assez, sans nommer Éroxène;
Et ce secret remords, qui nous sait tourmenter
Et punir nos forfaits sans nous exécuter,
Témoin, juge et bourreau de votre perfidie,
Vous la reproche assez, sans que je vous la die.
LÉLIE.
Si votre aveuglement ne me faisait pitié,
Ou bien si je pouvais vous manquer d'amitié,
D'un bras qui rarement attend qu'on le convie
Je vous aurais déjà fait passer votre envie,
Mais sans avoir donné, du penser seulement,
A vos jaloux soupçons le moindre fondement.
ÉRASTE.
Ce n'est rien que ce soir épouser Éroxène!
LÉLIE.
Je crains plus son amour que je ne fais sa haine;
Le soir qui sous ses lois rangerait mon destin
Serait suivi pour moi d'une nuit sans matin.
Mais il faut pardonner à votre jalousie,
Et, pour vous bien guérir de cette frénésie,
Vous fiant mon secret, vous apprendre en deux mots
Combien un tel dessein répugne à mon repos.
ÉRASTE.
Si, chacun s'abusant, je m'abusais moi-même,
Je tiendrais cette erreur pour un bonheur extrême.
LÉLIE.
Quand de la reine Bonne, et d'effet et de nom,

En Pologne mon père eut l'heur d'être échanson,
Assez considéré par l'honneur de lui plaire,
Pour vous le faire court, il y manda ma mère,
Et, nous voulant à tous partager son crédit,
Souhaita que ma sœur encore s'y rendît;
Que ma mère élevait en sa plus tendre enfance;
Car pour moi, déjà grand et hors de sa puissance,
J'avais suivi mon père, et, sorti de son sang.
Dedans la cour déjà possédais quelque rang;
Elles partirent donc, et, croyant la fortune
Avoir trop fait pour nous pour leur être importune,
L'une en quête d'un père, et l'autre d'un mari,
Vinrent, pour nous trouver, s'embarquer en Bari;
Mais le pilote à peine eut laissé choir les voiles,
Qu'un vent impétueux, en déchirant les toiles,
Les écarta si loin que l'on crut leurs vaisseaux
Le débris d'un écueil ou le butin des eaux.
Quinze ans s'étaient coulés sans qu'aucunes nouvelles
En Pologne ou dans Nole eussent rien appris d'elles,
Et comme, après des soins si longs et superflus,
Mon père n'en cherchait ni n'en espérait plus,
Depuis deux ans enfin il a su que ma mère,
Tombée avec ma sœur au pouvoir d'un corsaire,
Près d'une île écartée où le vent les poussa,
Avait été vendue aux agents d'un bassa;
Qu'à l'égard de ma sœur, elle en fut séparée,
Et suivit un marchand de quelque autre contrée.
Mon père à ce bonheur se sentit transporter,
Et, ne jugeant que moi qui les pût racheter,
Outre six cents ducats, me fit pour ce voyage
Ordonner l'appareil d'un honnête équipage.
Venise, où j'arrivai pour mon embarquement,
Vit finir mon voyage et naître mon tourment,
Et l'endroit où je crus laisser ma lassitude
M'excita tant de peine et tant d'inquiétude,
Mais de peine si chère et si douce à souffrir,
Que jusques à présent je n'en ai pu guérir:
A l'heure du souper, la table fut couverte
Par des mains dont Amour avait juré ma perte,
Les mains d'une beauté dont l'abord me ravit,
Et qui m'asservit plus qu'elle ne me servit:
Sophie était le nom de ce charme visible,
Qui, surprenant un cœur jusqu'alors insensible,
En fit en ce repas, par ses regards vainqueurs,

Un mets à ce tyran qui ne vit que de cœurs.
Enfin, blessé d'amour, je fis lever la table,
Espérant perdre au lit ce tourment agréable ;
Mais le sommeil, qui lors charmait tout l'univers,
Ne put fermer les yeux qu'Amour avait ouverts.
L'exercice du jour endort l'inquiétude ;
Mais la nuit elle veille et nous devient plus rude :
Le lendemain, Ergaste, ignorant mon amour,
Se rendit en ma chambre aussitôt que le jour,
Et me dit qu'un vaisseau m'attendait à la rade.

ÉRASTE.

Vous partîtes ?

LÉLIE.

Rien moins, je me feignis malade :
Mais que dis-je, feignis ? blessé de tant d'appas,
Je l'étais bien sans doute, et ne le feignis pas.
L'aimable servitude où ma raison s'engage
M'ayant fait de ma mère oublier le servage,
Je compose avec l'hôte, et dedans sa maison
Du mal que je feignais attends la guérison ;
Mais le mal que je feins n'ayant pas besoin d'aide,
Le vrai mal que je cache y devient sans remède.
Je me hasarde enfin, et force le respect
Que de l'objet aimé nous imprime l'aspect,
Et, mon feu me pressant, je découvre à Sophie
Et le cœur et les vœux que je lui sacrifie.
Mais en vain mon adresse, avec tout son effort,
Tente de son honneur l'inexpugnable fort,
Et j'apprends, à la fin de mes poursuites vaines,
Que je ne puis prétendre autre fruit de mes peines
Que la confusion d'un frivole séjour,
Ou le pudique fruit d'un légitime amour ;
Qu'elle était de naissance assez considérable
Pour aspirer au joug d'un hymen honorable ;
Mais que son mauvais sort, infidèle à son sang,
En l'état d'une esclave avait changé son rang.
L'amour, qui ne rendait ma franchise importune,
Fit en moi ce qu'en elle avait fait la fortune,
Me mit d'un état libre en un rang où je sers :
Je délivrai l'objet qui me tenait aux fers ;
Je rachetai Sophie, et, la prenant pour femme,
En délivrant son corps, m'assujettis son âme.

ERGASTE.

Si de ce long récit vous n'abrégez le cours,

Le jour achèvera plus tôt que ce discours.
Laissez-le-moi finir avec une parole :
(A Éraste.)
Cinq ou six mois après, nous nous rendons à Nole,
Où de Constantinople on crut notre retour ;
Et là, par mon avis et par celui d'Amour,
Nous étant concertés, je fis croire à son père
Le rachat de sa sœur et la mort de sa mère.
De Sophie à présent Aurélie est le nom ;
Le père en cette erreur la souffre en sa maison,
Où, d'une chaste amour satisfaisant la flamme,
Elle est fille le jour, et la nuit elle est femme.
Jugez par ce récit si vraisemblablement
Votre jaloux soupçon a quelque fondement,
Et si, quoi qu'on propose, il peut souffrir sans peine
La proposition qu'on leur fait d'Éroxène.

ÉRASTE.
Dieux! jamais comédie, en sa narration,
N'excita tant de joie et tant d'attention,
Et l'éclaircissement, qui dissipe ma crainte,
M'interdit toute excuse et condamne ma plainte ;
Mais de quelle arme enfin espérez-vous parer
L'hymen...

LÉLIE.
Nous vous cherchions pour en délibérer.
J'ai fait mon personnage en cette comédie ;
Pour ce qui reste, il faut qu'Ergaste y remédie.

ERGASTE.
J'ai pendant ce récit eu le temps d'y rêver ;
Voyez si ce moyen se pourrait approuver :
Au vieillard Polydore Anselme offre Sophie,
Ou plutôt pour ses biens il la lui sacrifie,
Voyant qu'il s'est offert de la prendre sans dot.

LÉLIE.
Il est vrai.

ERGASTE.
Mon avis est qu'Éraste, en un mot,
Lui faisant la même offre, obtienne sa parole,
Et rende du vieillard l'espérance frivole :
L'honneur qu'il recevra d'un si puissant appui,
Et le peu de rapport de Polydore à lui,
Lui feront trop des deux faire la différence
Pour devoir hésiter en cette préférence.
Vous, Lélie, il faudra que vous feigniez aussi

Qu'Éroxène causant votre plus doux souci,
Votre plus grand bonheur est qu'hymen vous assemble,
Et lors il est aisé de vous loger ensemble,
Et que, par cet intrigue adroitement conduit...

LÉLIE.

Eh bien ?

ERGASTE.

La sœur du jour soit la femme la nuit,
Tant que de vos vieillards, qui n'ont plus guère à vivre,
La mort, qui change tout, de ces soins vous délivre.

ÉRASTE.

Comment, sans épouser, posséder leurs appas,
Ou comment, épousant, ne les posséder pas ?
N'est-ce pas te confondre, ou d'un double adultère
De ce lien sacré profaner le mystère ?

ERGASTE.

Un ami travesti, vos parents assemblés,
Vous peut-il pas unir de ces nœuds simulés ?
Puis, leur mort arrivant, un hymen légitime
Des faveurs d'Éroxène effacera le crime.

LÉLIE.

Un plus rare moyen ne se peut concevoir,
Et tu me rends la vie en me rendant l'espoir :
Par cet heureux avis, qui nous tire de peine,
Je conserve Aurélie.

ÉRASTE.

Et j'épouse Éroxène.

ERGASTE, à part.

Moi peut-être un gibet, si l'art est éventé.
Mais n'en consultons plus : le sort en est jeté.

LÉLIE.

Crois qu'il me souviendra de cet heureux office.

ÉRASTE.

Crois qu'être ingrat aussi ne fut jamais mon vice.

ERGASTE.

Ni refuser aussi ne fut jamais le mien.
Tous, alors qu'on vous sert, vous en promettez bien ;
Mais toujours pour effets vous baillez des attentes ;
Vos assignations ne sont jamais contentes ;
De vos profusions on n'est jamais surpris.
N'importe, la vertu de soi-même est le prix.
Je vais trouver Anselme et commencer mon rôle,
Où, si de mes efforts le succès n'est frivole,

Il sera bien adroit s'il nous peut échapper,
Et, s'il ne court bien fort, je saurai l'attraper.

ACTE DEUXIÈME

SCÈNE I
LÉLIE, AURÉLIE, ERGASTE.

AURÉLIE, à Lélie.
Qui vous a retenus? Il était temps, Lélie,
De tirer mon esprit de sa mélancolie,
Et, tardant un moment, la mort l'en eût tiré.
LÉLIE.
Quel nouveau déplaisir peut l'avoir altéré?
AURÉLIE.
Quel plus grand déplaisir faut-il que votre absence,
A qui, sans aucun bien, sans nom, sans connaissance,
Pour support, pour amis, pour parents, pour époux,
Pour tout refuge enfin, ne reconnaît que vous?
Le sort, dès le berceau me déclarant la guerre,
De libre que j'étais en ma natale terre,
M'en tira pour m'ôter ce précieux trésor,
Et m'arracha du sein qui m'allaitait encor :
Je perdis, d'un seul trait que lança la furie,
Ma liberté, mon nom, mes parents, ma patrie,
Et pour toute richesse il ne m'était resté
Qu'un cœur libre et constant, que vous m'avez ôté.
Quand je croyais enfin que, changeant mon servage,
Ce cruel ennemi m'eût changé de visage,
Et que le cher présent qu'il m'a fait de vos fers
Dût guérir tous les maux que j'ai jamais soufferts,
Je vois qu'il entreprend ma dernière ruine,
Et veut, par le succès des maux qu'il me destine,
M'ôtant jusqu'à l'espoir, me dépouiller d'un bien
Qui, malgré lui, demeure à qui ne reste rien.
LÉLIE.
Vous savez que mes yeux, dépourvus de défense,
Mirent sitôt mon cœur dessous votre puissance,

Que, sans rien mériter par ma captivité,
Je ne fis qu'obéir à la nécessité.
Par cette conjoncture il est aisé de croire
Que, l'honneur d'être à vous faisant toute ma gloire,
Le malheur de vous perdre et de ne vous plus voir
Ferait mon infaillible et dernier désespoir.
AURÉLIE.
S'il faut donc par la fuite éviter la disgrâce
Dont un père importun aujourd'hui nous menace,
Proposez-moi l'horreur des plus affreux déserts,
Des plus sombres forêts, des plus pénibles mers :
Je vous suivrai sans peine au bord des précipices;
Tous travaux avec vous me seront des délices.
ERGASTE.
Combattons la fortune avec tout notre soin ;
Mais n'allons point chercher à la vaincre si loin :
Sitôt qu'on lève l'ancre, et qu'il faut perdre terre,
Je crois m'être exposé dans un vaisseau de verre,
A qui le moindre flot est un funeste écueil
Dont le choc va m'ouvrir un liquide cercueil.
LÉLIE.
Ton intérêt n'est pas ce qui nous met en peine.
AURÉLIE.
Si de nos importuns l'espérance n'est vaine,
Ce soir, qui de nos vœux nous doit ôter le fruit,
Sera suivi pour nous d'une éternelle nuit :
En cette extrémité, faisons avec courage
Ce qu'en même besoin fait un qui fait naufrage,
Qui, sans perdre courage, est constant jusqu'au bout,
De l'œil et de la main cherche et s'attache à tout.
LÉLIE.
Le ciel nous peut aider, si l'art nous est frivole ;
Mais mon père revient... Toi, commence ton rôle ;
Vous, Aurélie, entrez : je vous veux conférer
D'un avis que l'Amour vient de nous suggérer.

(Il sort avec Aurélie.)

SCÈNE II
ANSELME, ERGASTE.

ANSELME.
En quel endroit, Ergaste, as-tu laissé Lélie ?
ERGASTE.
Dans sa chambre ; pourquoi ?

ACTE II, SCÈNE II.

ANSELME.
Seul ?
ERGASTE.
Avec Aurélie.
ANSELME.
M'étant tu si longtemps, je l'avoue aujourd'hui :
Je suis mal satisfait d'Aurélie et de lui.
Il semble, s'il te faut parler d'une âme ouverte,
Que, rachetant sa sœur, il acheta sa perte,
Et que Constantinople est un séjour fatal
Où tout bien se corrompt et dégénère en mal.
Si l'étude autrefois l'a mis en quelque estime,
Il semble n'être plus qu'un corps que rien n'anime,
Et son oisivité semble le mettre au rang
Des objets dépourvus et de vie et de sang.
Il ne saurait trouver, pour son inquiétude,
Dans sa bizarre humeur assez de solitude,
Et l'église, autrefois le premier de ses soins,
Est aujourd'hui le lieu qu'il fréquente le moins.
ERGASTE.
Le proverbe est certain, et l'épreuve constante,
Que l'on sait qui l'on est en sachant qui l'on hante,
Et vous plaindre de lui n'est que lui reprocher
Qu'avecque les boiteux on apprend à clocher.
Nous venons de Turquie, et dans cette contrée
Des plus religieux l'église est ignorée ;
C'est un climat de maux, dépourvu de tous biens :
Car les Turcs, comme on sait, sont fort mauvais chrétiens ;
Les livres en ce lieu n'entrent point en commerce ;
En aucun art illustre aucun d'eux ne s'exerce,
Et l'on y tient quiconque est autre qu'ignorant
Pour catalaméchis, qui sont gens de néant.
ANSELME.
Plus jaloux de sa sœur qu'on n'est d'une maîtresse,
Jamais il ne la quitte ; ils se parlent sans cesse,
Me raillent, se font signe, et, se moquant de moi,
Ne s'aperçoivent pas que je m'en aperçoi.
ERGASTE.
Là, chacun à gausser librement se dispense ;
La raillerie est libre et n'est point une offense ;
Et, si je m'en souviens, on appelle en ces lieux
Urchec, ou gens d'esprit, ceux qui raillent le mieux.
ANSELME.
Ils en usent pour Nole avec trop de licence ;

Et, quoique leur amour ait beaucoup d'innocence,
Je ne puis approuver ces baisers assidus,
D'une ardeur mutuelle et donnés et rendus,
Ces discours à l'oreille et ces tendres caresses,
Plus dignes passe-temps d'amants et de maîtresses
Qu'ils ne sont en effet d'un frère et d'une sœur.
ERGASTE.
Se peuvent-ils chérir avec trop de douceur?
Et, proches comme ils sont, peut-on sans injustice
Interdire à leur sang de faire son office?
ANSELME.
Je crains que cet office excède leur devoir;
Je n'en puis mal juger; mais il faut tout prévoir.
ERGASTE.
La loi de Mahomet, par une charge expresse,
Enjoint ces sentiments d'amour et de tendresse
Que le sang justifie et semble autoriser;
Mais le temps le pourra démahométiser.
Ils appellent tubalch cette ardeur fraternelle,
Ou boram, qui veut dire intime et naturelle.
ANSELME.
S'il m'est enfin permis de ne te point mentir,
Et si d'une bonne œuvre on se peut repentir,
De leurs déportements mon âme inquiétée
Conçoit quelque regret de l'avoir rachetée,
Puisqu'en la recouvrant je perdis mon repos,
Que ce soin importun traverse à tout propos.
ERGASTE.
L'usage de Turquie enfin les justifie;
La loi turque...
ANSELME.
   Et toi, traître, avecque ta Turquie,
Avecque ta loi turque, avec ton Mahomet,
Tu veux autoriser cet usage indiscret,
Et, sous un voile turc me chargeant d'infamie,
M'affronter à la turque et couvrir leur folie;
Mais le soin que tu prends de les justifier
Me les rend plus suspects et m'en fait défier.
J'entends, si chez les Turcs ils suivaient leur méthode,
Que parmi les chrétiens ils vivent à leur mode.
ERGASTE.
La fille ayant atteint l'âge de la raison
Est un meuble importun dedans une maison,
Et dont aux plus soigneux la garde est incertaine;

ACTE II, SCÈNE II.

Un mariage enfin vous tirerait de peine,
Et bornerait vos soins en terminant ses vœux.

ANSELME.

Tu n'en proposes qu'un, et j'en ai conclu deux.
Tu connais Éroxène?

ERGASTE.

Oui, la nièce d'Orgie?

ANSELME.

Elle-même. Est-ce un choix indigne de Lélie?

ERGASTE.

S'il obtient par vos soins ce favorable choix,
Vous lui donnez la vie une seconde fois,
Puisqu'il aime Éroxène à l'égal de son âme,
Et que son seul respect lui fait cacher sa flamme.

ANSELME.

Je rends grâces au ciel qu'une fois pour son bien
Son choix toujours contraire ait rencontré le mien;
Mais, outre cet hymen, j'ai d'Aurélie encore
Arrêté l'alliance avecque Polydore.

ERGASTE.

Pour Lélie, Éroxène est tout l'heur qu'il prétend;
Mais pour sa sœur...

ANSELME.

Eh bien?

ERGASTE.

Ne vous hâtez pas tant.

ANSELME.

Pourquoi? veux-tu que l'âge au logis la consomme?

ERGASTE.

Ne la mariez point, ou lui donnez un homme.

ANSELME.

Et qu'est donc Polydore?

ERGASTE.

Il n'est plus, autant vaut.

ANSELME.

Comment! en sa santé sais-tu quelque défaut?

ERGASTE.

Non, mais il est trop jeune; attendez qu'il ait l'âge,
Et puisse satisfaire aux devoirs du ménage.
Oh! que de ses pareils le feu doit être ardent!

ANSELME.

Il n'a pas cinquante ans!

ERGASTE.

Et plus, pas une dent.

Il n'est dans la nature homme qui ne le juge
Du siècle de Saturne ou du temps du déluge;
Des trois pieds dont il marche il en a deux goutteux,
Et ressemble en marchant à ces ânes boiteux,
Qui presque à chaque pas trébuchent de faiblesse,
Et qu'il faut soutenir ou relever sans cesse.

ANSELME.

Il est riche, et le bien a de puissants appas.

ERGASTE.

Fabrice ment donc bien : car il ne le dit pas.

ANSELME.

Quel Fabrice?

ERGASTE.

Un valet qu'il chassa pour un verre
Qu'il rinçait par malheur, et qui tomba par terre.

ANSELME.

Et que t'en a-t-il dit?

ERGASTE.

Que, bien loin de l'enfler,
Il vidait sa finance à force de souffler,
Et que, pensant l'accroître avec de la fumée,
En fumée au contraire il l'avait consommée ;
Qu'au reste, on vit chez lui de mets si délicats
Qu'on meurt toujours de faim à la fin du repas.
Baste, encor, pour avoir la fortune contraire !
A bien d'honnêtes gens elle n'est pas prospère ;
Mais son esprit mordant, envieux et jaloux,
Ne pardonne à personne et se prend jusqu'à vous :
Déchiffrant votre vie avec d'autres critiques,
Par tous les carrefours il en fait des chroniques,
Et ne se plaît à rien tant qu'à vous éplucher.
Mais en vous disant tout je vous pourrais fâcher.

ANSELME.

Achève, je le veux.

ERGASTE.

J'ai honte de le dire.

ANSELME.

Si ce qu'il dit est faux, je n'en serai pas pire.

ERGASTE.

Il vous veut imputer certaine infirmité
Par qui de tous les nez le vôtre est évité,
Et dit qu'un vieil pourit, dont le corps vous démange,
Vous oblige sans cesse à quelque geste étrange.

ANSELME.
Le sot ment par sa gorge!
ERGASTE.
Et dit le bien savoir
De gens qui tous les jours ont l'honneur de vous voir,
Même de vos amis.
ANSELME.
Il ment par ses oreilles!
ERGASTE.
De plus, qu'ayant le nez délicat à merveilles,
Il le sait par lui-même.
ANSELME.
Il ment par l'odorat!
ERGASTE.
Et que, le vôtre étant et si court et si plat,
Cette incommodité qui vous est naturelle
Est facile à juger.
ANSELME.
Il ment par la cervelle!
ERGASTE.
Quoiqu'il n'ait pas raison, car je sais bien qu'il ment,
L'accès qu'il a chez vous le fait croire aisément.
ANSELME.
Mais comment l'en bannir? Ma parole me lie,
Joint qu'il s'offre sans dot d'épouser Aurélie.
ERGASTE.
Épargnez sa vertu bien plutôt que sa dot :
Car toute femme, enfin, n'en peut faire qu'un sot,
Et tout père puissant qui pourvoit mal sa fille
Rend pour le moins suspect l'honneur de sa famille;
Mais Éraste qui l'aime, et sans comparaison
Plus sortable de biens et d'âge et de maison,
Pressé d'un feu secret, incessamment aspire,
Sans l'oser déclarer, au joug de son empire,
Vous fera la même offre et la prendra sans dot;
Il s'enhardit hier de m'en toucher un mot.
ANSELME.
Éraste!
ERGASTE.
Oui, fils d'Orcas, grand ami de Lélie.
ANSELME.
Il témoigne sans dot vouloir bien d'Aurélie!
ERGASTE.
Non seulement sans dot, mais sans habits encor,

Et la croit toute nue un si riche trésor,
Que...
ANSELME.
Fais-le-moi parler, et concluons l'affaire ;
Pour l'autre, il peut ailleurs se pourvoir d'un beau-père ;
J'ai du respect pour lui comme il en a pour moi ;
En me calomniant, il dégage ma foi,
Et, recherchant ma fille, il m'a dû mieux connaître.
ERGASTE.
Vous vous engendriez mal : c'est un fou.
ANSELME.
C'est un traître.
ERGASTE.
Un fourbe.
ANSELME.
Un archi-fourbe.
ERGASTE.
Un calomniateur.
ANSELME.
Un médisant.
ERGASTE.
Un lâche.
ANSELME.
Un gueux.
ERGASTE.
Un imposteur.
ANSELME.
Un infâme.
ERGASTE.
Un faquin.
ANSELME.
Un reste de galère.
Mais insensiblement tu m'as mis en colère,
Et si dans cette humeur je l'avais rencontré,
Je serais homme encore à le voir sur le pré.
ERGASTE.
L'âge vous en dispense, et lui n'est pas si traître,
Si peut-être il n'y va pour faucher ou pour paître.
ANSELME.
Fais-moi venir Éraste ; adieu.
(Il sort.)
ERGASTE, seul.
Quel doux ébat !
O la bonne balourde, et le plaisant soldat !

SCÈNE III
ÉROXÈNE, LYDIE.

ÉROXÈNE.
Va, rends ce bon office au feu qui me consomme :
Il me promet beaucoup ; mais, Lydie, il est homme,
C'est-à-dire d'un sexe où l'on fait vanité
D'oubli, de perfidie et d'infidélité,
Et, s'il me fait le tort dont mon soupçon l'accuse,
Aurélie a des yeux qui portent son excuse.

LYDIE.
Je l'irai bien chercher ; mais qu'apprendrai-je, enfin,
Après tous les serments qu'il m'a faits ce matin ?

ÉROXÈNE.
Confesse-lui ma crainte, et dis-lui mon martyre,
Que l'accès qu'un ami lui donne en sa maison
Me le rend, en un mot, suspect de trahison.
Mais non, ne touche rien de ce jaloux ombrage ;
C'est à sa vanité donner trop d'avantage :
Dis-lui que, puisqu'il m'aime, et qu'il sait qu'aux amants
Une heure sans se voir est un an de tourments,
Il m'afflige aujourd'hui d'une trop longue absence.
Non, il me voudrait voir avec trop de licence :
Dis-lui que, dans le doute où me tient sa santé...
Mais, puisque tu l'as vu, puis-je en avoir douté ?
Flattant trop un amant, une amante inexperte
Par ses soins superflus en hasarde la perte.
Va, Lydie, et dis-lui ce que pour mon repos
Tu crois de plus séant et de plus à propos.
Va, rends-moi l'espérance, ou fais que j'y renonce ;
Ne dis rien, si tu veux ; mais j'attends sa réponse.

LYDIE.
Que me répondra-t-il, si je ne lui dis rien ?

ÉROXÈNE.
Le silence parfois est un docte entretien,
Elle voir de ma part, sans lui pouvoir rien dire,
C'est lui faire sur moi connaître son empire ;
C'est d'un style éloquent et digne de ses vœux
Expliquer mes soupçons, mes soupirs et mes feux.
O sexe malheureux et chétif que le nôtre,
Où, l'amour se trouvant naturel comme à l'autre,
Son pouvoir redoutable et ses succès douteux,

L'aveu n'en est pas libre et s'en trouve honteux,
Où l'on permet d'aimer, non d'avouer qu'on aime,
Où la pudeur travaille autant que l'amour même!
LYDIE.
Si votre oncle, arrivant, m'appelait par hasard...
ÉROXÈNE.
Va, toujours une amante a quelque excuse à part,
Comme un vieillard toujours a l'humeur soupçonneuse,
Tu seras chez l'orfèvre, ou bien chez l'empeseuse;
Je saurai l'abuser. Mais presse ton retour,
Si tu me veux encor voir respirer le jour.
(Elle sort.)
LYDIE, seule.
Invincible vainqueur des cœurs les plus rebelles,
Amour, que ton pouvoir démonte de cervelles,
Et que notre raison suit de près le repos!
Mais je ne pouvais pas sortir plus à propos.

SCÈNE IV

ÉRASTE, LYDIE.

ÉRASTE.
Lydie, oblige-moi d'assurer Éroxène...
LYDIE.
De quoi?
ÉRASTE.
Que je travaille à vous tirer de peine,
Qu'un prompt événement lui prouvera ma foi,
(Apercevant Anselme qui entre.)
Et que, malgré le sort... Mais va, retire-toi.
LYDIE.
Quel caprice vous fait me chasser de la sorte?
ÉRASTE.
Ne t'en informe point : un sujet qui m'importe.
Ne me suis point, te dis-je. Adieu.
LYDIE.
De la façon?
ÉRASTE, à part.
Anselme en aurait pu concevoir du soupçon.
LYDIE, à part.
O dieux!
ÉRASTE.
Abordons-le; commençons notre rôle.

SCÈNE V

ANSELME, ÉRASTE, LYDIE, sans être vue.

LYDIE, à part.
N'avoir pu lui tirer ni dire une parole !
Me fuir, me rebuter et me quitter ainsi !
Ma maîtresse a raison de s'en mettre en souci.
Anselme vient à lui : quelque trame se brasse.
Ne nous éloignons point ; sachons ce qui se passe.

ANSELME.
Venez, mon cher Éraste, ou plutôt mon cher fils,
Puisque par votre amour ce nom vous est acquis :
Vous avez pu savoir d'Ergaste ou de Lélie
A quel point je tiens cher le bonheur d'Aurélie.

ÉRASTE.
Je crois pareillement qu'ils vous auront appris
A quel prix je tiendrai cette faveur sans prix.

ANSELME.
Le témoignage exprès qu'ils viennent de m'en rendre
Fait que je vous salue en qualité de gendre,
Et vous offre chez moi toute l'autorité
Que vous y pouvez prendre en cette qualité.

LYDIE, à part.
Qu'entends-je, ô juste ciel !

ANSELME.
Ils vous ont dit encore
Qu'à quelque si haut point que ce bonheur m'honore,
Je ne puis autrement encor l'avantager.
Mes biens après ma mort se pourront partager ;
Mais, comme j'en ai peu, sa dot sera petite.

ÉRASTE.
Ne comptez-vous pour rien sa grâce et son mérite,
Ces rares qualités, ces précieux trésors,
Dont le ciel enrichit son esprit et son corps ?
En soi seule elle apporte une richesse extrême,
Et je ne prétends d'elle autre dot qu'elle-même.

LYDIE, à part.
Et puis assurons-nous en la foi d'un amant !
Mais je pense veiller, et dors assurément.

ANSELME.
Je crois, puisque sans fard il faut ouvrir nos âmes,
Qu'il ne vous reste rien de vos premières flammes,

Qu'Éroxène, en un mot, n'a plus l'autorité
Qu'on m'a dit qu'elle avait sur votre liberté.
Quelque nouvelle amour dont le feu nous consume,
Notre premier brasier aisément se rallume,
Pour peu que sous sa cendre il reste de chaleur,
Et ce mal ne produit que haine et que malheur.
ÉRASTE.
J'ai, pour me divertir d'une humeur sotte et vaine,
Pris plaisir, il est vrai, d'abuser Eroxène;
Mais si jamais l'Amour n'était victorieux
Par de plus dignes traits que par ceux de ses yeux,
Ce monarque absolu sur tout ce qui respire
N'aurait pas bien avant étendu son empire.
LYDIE, à part.
Et, lâches, nous prisons un bien si peu constant,
Dont la perte et le gain se fait en même instant!
. . . .
. . . .
ANSELME.
C'est assez, elle est vôtre, et d'un même lien
J'engage sous vos lois et son cœur et le mien.
ÉRASTE.
Et par ce cher présent votre bonté me donne
Plus que la plus brillante et plus riche couronne.
Souffrez que j'aille offrir l'hommage que je doi
A la divinité dont j'adore la loi,
Et lui sacrifier le beau feu qui me presse.
LYDIE, à part.
Que ne puis-je arracher cette langue traîtresse!
ANSELME.
Allons, nous prendrons jour pour la solennité
D'un joug si précieux à votre liberté.
(Il sort avec Éraste.)
LYDIE, seule.
O noire perfidie! ô siècle! ô monde immonde!
Source en crimes, en fraude, en misères féconde!
Vil théâtre des jeux et du sort et du temps,
Qui se peut garantir des lacs que tu nous tends?
Triste objet de pitié, trop fidèle Eroxène,
Ou trop simple plutôt, trop crédule et trop vaine
D'avoir cru posséder assez d'autorité
Pour obliger ce sexe à quelque fermeté;
Un sexe qui du nôtre incessamment se joue,
Plus changeant que le sort, moins stable que sa roue;

Et pour qui toutefois, malgré son changement,
Notre sexe imbécile a tant d'attachement !
Fais maintenant état des devoirs de ces traîtres,
Si peu nos serviteurs, et si longtemps nos maîtres,
Et dont ou l'inconstance ou la possession
Du jour au lendemain éteint l'affection,
Si larges en serments, si riches en promesses,
Qui par tant d'artifice excitent nos tendresses,
Qui mourants, languissants, et si près de leur fin,
Ressuscitent le soir de la mort du matin.
Porter le coup mortel dans le sein d'Eroxène
Est travailler, dit-il, pour la tirer de peine !
Que feras-tu, chétive ? et, pour tant de douleurs,
Deux yeux te pourront-ils fournir assez de pleurs ?
Jamais, jamais du sort les plus sanglants outrages
N'ont produit de sanglots, de désespoirs, de rages,
De troubles, de transports ni de forcénements
Sensibles à l'égal de tes ressentiments !
T'imite qui voudra ! ton mal me rendra sage :
J'éviterai l'écueil où j'ai vu le naufrage ;
Tous les charmes d'amour auront beau me tenter,
Et qui m'attrapera s'en pourra bien vanter.

ACTE TROISIÈME

SCÈNE I

GÉRONTE, HORACE, tous deux vêtus à la turque.

GÉRONTE.

Enfin, après un long et pénible voyage,
Si souvent menacé des vents et de l'orage,
Grâce à l'heureux démon qui gouverne mon sort,
Je revois mon pays et me retrouve au port,
En état de te rendre, ô ma chère patrie,
Quand la Parque voudra disposer de ma vie,
De ces membres usés les cendres et les os,
Et remettre en ton sein ces funèbres dépôts.
Ne vois-je pas Anselme ? Oh ! l'heureuse nouvelle
Dont je vais réjouir un ami si fidèle !

Anselme ! Mais d'où vient qu'il détourne ses pas ?
Quoi ! mon plus cher ami ne me reconnaît pas ?
Et de Géronte Anselme a perdu la mémoire !

SCÈNE II
LES MÊMES ; ANSELME.

ANSELME.

Vous, Géronte !

GÉRONTE.

Voyez !

ANSELME.

Hé Dieu ! qui l'eût pu croire,
A voir ce corps tremblant et ce visage usé,
L'un et l'autre si vieil, si maigre et déguisé ?
Qui vous a pu causer ce changement extrême ?

GÉRONTE.

Manger mal, boire pis, souvent coucher de même,
Marcher incommodé, sans bête et sans valet.

ANSELME.

A quoi ces habits turcs ? Dansez-vous un ballet ?
Portez-vous un momon ?

GÉRONTE.

Sans railler, je vous prie,
J'ai mangé franchement mes habits en Turquie.

ANSELME.

Comment ! en ce pays mange-t-on les habits ?

GÉRONTE.

Oui, mais l'on s'y plaît moins à railler ses amis.
Sachez qu'où la faim presse et la bourse s'altère,
Il n'est rien de si dur que le corps ne digère.
Pour vous, plus j'en confère avec mon souvenir,
Plus je vois que le temps vous a fait rajeunir,
Et cette gayeté d'humeur et de visage
Cache aux yeux les plus fins la moitié de votre âge :
Il n'est pays si sain que son natal séjour.

ANSELME.

Baste ! c'est me le rendre. Enfin, d'où le retour ?

GÉRONTE, montrant Horace.

De racheter mon fils, ravi par des corsaires,
Et fait le triste objet de quinze ans de misères,
Dans la fameuse ville où le grand Constantin
Avait de l'Orient établi le destin.

ANSELME.
Vos bontés l'ont tiré d'une longue disgrâce.
GÉRONTE.
Le sang m'y conviait.
ANSELME.
Vous l'appelez...
GÉRONTE.
Horace.
ANSELME, l'embrassant.
Le ciel, mon cher Horace, après ce long ennui...
GÉRONTE.
Il ne vous entend point, je vous réponds pour lui :
Car il n'a jamais su sa langue naturelle.
Je vous apporte, au reste, une bonne nouvelle.
ANSELME.
Quelle? Que le Grand-Turc n'arme point cette été,
Ou veut faire alliance avec la chrétienté?
GÉRONTE.
Je dis bonne pour vous : votre femme Constance,
Hors le sensible ennui qu'elle a de votre absence,
En assez bon état, peu devant mon départ,
Me vit et me chargea de vous voir de sa part.
ANSELME.
O dieux! vous devez donc, si ce n'est raillerie,
Venir de l'autre monde, et non pas de Turquie!
GÉRONTE.
C'est bien un autre monde, où les chrétiens aux fers,
Haïs, persécutés, souffrent plus qu'aux enfers.
ANSELME.
Ah! Géronte, raillons, mais non jusqu'à l'injure.
Quel plaisir prenez-vous à rouvrir ma blessure,
Et me faire mourir par un second effort,
En me renouvelant la douleur de sa mort?
GÉRONTE.
O la vaine douleur, et la plainte frivole!
Depuis trois ans, Anselme, est-ce un usage à Nole
De regretter la mort de qui se porte bien?
ANSELME.
En est-ce un chez les Turcs de ne regretter rien,
Et, d'une extravagance à nulle autre seconde,
Assurer la santé de qui n'est plus au monde?
GÉRONTE.
Qui vous a dit sa mort?

ANSELME.
J'en suis trop informé,
Et le temps et l'argent qu'en vain j'ai consommé
Pour un voyage exprès d'Ergaste et de Lélie,
Ne m'ont pu par leur soin recouvrer qu'Aurélie :
Pour Constance, l'année a fait six fois son cours
Depuis que le soleil a vu borner ses jours.

GÉRONTE.
Quoiqu'en mon occident, j'ai la vue excellente ;
Je connais trop Constance, et sais qu'elle est vivante,
Et je démentirais, sur un sujet pareil,
Vous, Lélie, Aurélie, Ergaste et le soleil :
Pour votre fille...

ANSELME.
Eh bien ?

GÉRONTE.
Sa mère la croit morte.

ANSELME.
Vous me feriez mourir de parler de la sorte,
Et vous viendriez à bout des esprits les plus forts ;
Vous tuez les vivants et ranimez les morts :
Celle que vous sauvez est en terre et pourrie ;
Celle que vous tuez aujourd'hui se marie ;
Et je dois à vous seul ajouter plus de foi
Qu'à mes gens, qu'à mon fils, qu'à ma fille et qu'à moi ?

GÉRONTE.
Je n'entreprendrai pas d'éclaircir ces mystères ;
Mais souvent les enfants en imposent aux pères,
Et, pour tirer l'argent qu'on leur veut épargner,
Vont quelquefois bien loin sans beaucoup s'éloigner.
Constance croit enfin le trépas d'Aurélie,
Et dans Constantinople on n'a point vu Lélie.

ANSELME.
Cette fameuse ville est donc en votre endroit
Une seconde Nole où chacun se connoît ?

GÉRONTE.
Non, je ne vous dis pas que ces lieux se ressemblent ;
Mais dans Sainte-Sophie, où les chrétiens s'assemblent
Pour l'office divin qui s'y fait avec soin,
Chacun fait connaissance et s'assiste au besoin.
Mais ne m'en croyez pas, croyez-en cette lettre
Qu'à mon soin en partant elle a voulu commettre :
Le doute où sans raison vous semblez insister
Me faisait oublier de vous la présenter.

Tenez, en saurez-vous connaître l'écriture?
ANSELME, baisant la lettre.
O joie inespérée! incroyable aventure!
Pour contester ce gage il est trop précieux,
Et démentir sa main est démentir ses yeux.
Hélas! quels sentiments d'amour et de tendresse!
Que direz-vous, Géronte? Excusez ma faiblesse;
Je ne puis refuser ces baisers ni ces pleurs
A ce crayon parlant de ses vives douleurs.
Mais tu te plains à tort de mon ingratitude,
O cher et doux sujet de mon inquiétude!
Ce reproche est injuste, et le ciel m'est témoin
Si j'ai manqué pour toi ni d'amour ni de soin.
GÉRONTE.
Eh bien, vous rendrez-vous après ce témoignage?
ANSELME.
J'avais tort : je me rends, mais avec avantage,
Et je gagne en perdant bien plus que je ne perds,
Si je puis de Constance un jour briser les fers.
Mais si je m'obstinais, trouvez bon qu'Aurélie
Quant à ce qui me touche au moins me justifie.
Descendez, Aurélie.
GÉRONTE
Oui, faites-la-moi voir;
Outre que mon retour m'oblige à ce devoir,
Vous pourrez voir encor par notre conférence
Si ce que j'ai cru d'elle est contre l'apparence,
Et si j'avance rien contre la vérité.
ANSELME.
Non, je ne vous tiens pas en cette qualité;
J'aurais soupçon plutôt d'Ergaste ou de Lélie.

SCÈNE III

LES MÊMES; AURÉLIE.

AURÉLIE.
Que voulez-vous, mon père?
ANSELME.
Approchez, Aurélie.
Cet ami, de Turquie aujourd'hui de retour,
M'apprend que votre mère y respire le jour.
AURÉLIE, à part.
Voici l'instant fatal d'où dépendait ma perte :

14.

Notre art est éventé, la fourbe est découverte ;
Je ne sais qu'avouer, ni que nier aussi.
Que dirai-je ? Ah ! qu'Ergaste au moins n'est-il ici ?
####### ANSELME.
Vous ne répondez rien ?
####### AURÉLIE.
Hélas ! ce nom de mère
Renouvelle en mon cœur une douleur amère
Qui me ferme la bouche et m'étouffe la voix.
Ah ! si, pour la revoir seulement une fois,
Et lui vérifier cette fausse nouvelle,
Il ne fallait qu'offrir le sang que je tiens d'elle,
Avec quel doux plaisir je quitterais le jour,
Et, par un acte saint de devoir et d'amour,
Soit au fer, soit au feu, soit au poison réduite,
Mourant, reproduirais celle qui m'a produite,
Et vous redonnerais, par un malheur si doux,
Celle qui souffrit tant pour me donner à vous !
####### (A Géronte.)
Qui vous a dit encor ces frivoles nouvelles ?
####### GÉRONTE.
Deux yeux dont je réponds, et qui me sont fidèles.
####### AURÉLIE.
On répond aisément où rien n'est à risquer ;
Mais vos témoins sont vieux et près de vous manquer.
####### GÉRONTE, la regardant attentivement.
Vous avez bien raison, ne les pouvant séduire,
De les rendre suspects : car ils vous peuvent nuire.
####### AURÉLIE.
C'est qu'ils sont dangereux, et pleins de tant d'attraits,
Que l'on a grand sujet d'en redouter les traits.
####### GÉRONTE.
Quand soixante soleils ont tourné sur nos têtes,
Nos yeux n'ont plus dessein de faire des conquêtes.
Je sais bien que l'amour veut plus d'égalité :
S'ils vous peuvent blesser, c'est par la vérité.
####### AURÉLIE.
Pourquoi ? quel intérêt puis-je avoir de la craindre ?
####### GÉRONTE.
L'intérêt de tromper, de fourber, de bien feindre.
####### AURÉLIE.
Moi fourber, imposteur !
####### GÉRONTE.
Je n'imposerai rien.

Ne m'avez-vous point vu? considérez-moi bien.
AURÉLIE.
Ce visage vraiment est fort considérable.
O le mauvais bouffon, et le fou déplorable!
GÉRONTE.
Quand une fourbe éclate, on s'emporte aisément,
Et la confusion ôte le jugement;
Mais je la convaincrai, mieux que vous ma folie :
Osez-vous, dites-moi, passer pour Aurélie?
AURÉLIE.
Quoi! votre sang, mon père, et votre affection
Ne s'offensent-ils point de cette question?
GÉRONTE.
J'ai bien su qu'à ce mot je vous mettrais en peine,
Et cette question est pour vous une gêne;
Aussi par quelle audace usurpez-vous chez lui
La qualité, le nom et la place d'autrui,
Vous qui, simple servante en une hôtellerie,
Dans Venise...
AURÉLIE.
O mon père!
GÉRONTE.
Attendez, je vous prie...
Sous le nom de Sophie appeliez les passants?
AURÉLIE.
Doutez-vous maintenant qu'il a perdu le sens?
ANSELME.
Dieux!
GÉRONTE.
Et, quoiqu'en effet et si jeune et si belle,
Vous mettiez le couvert, apportiez la chandelle,
Teniez prêts et nos lits et nos habillements?
Il n'en faut point rougir, vous savez si je mens.
Ne connaissez-vous pas Tyndare?
AURÉLIE.
Quel Tyndare?
GÉRONTE.
C'est que je parle arabe, ou chinois, ou tartare,
Ou vous pouviez servir dedans une maison
Sans en connaître l'hôte, et sans savoir son nom!
AURÉLIE.
Vous peut-il divertir par cette extravagance?
GÉRONTE.
Vous peut-elle fourber avec cette arrogance,

Elle qui dans Venise, un mois entier et plus,
Affligé que j'étais d'un bras presque perclus,
M'a servi chez Tyndare?
　　　　　ANSELME.
　　　　　Et s'appelait...
　　　　　GÉRONTE.
　　　　　　　　　Sophie.
　　　　　ANSELME.
Vous vous êtes mépris : son nom est Aurélie;
Mais leur rapport peut-être a produit son erreur.
　　　　　AURÉLIE.
Souffrez...
　　　　　ANSELME.
　　Non, contenez votre jeune fureur.
　　　　　AURÉLIE.
Puis-je sans m'emporter souffrir cette imposture?
　　　　　ANSELME.
On peut bien imposer, mais non à la nature :
Quelque dol spécieux qui la puisse assaillir,
Le sang est trop bon juge et ne saurait faillir.
　　　　　GÉRONTE.
Ainsi donc vous croyez quand on vous dissimule,
Et quand on vous dit vrai vous êtes incrédule?
　　　　　ANSELME.
Je crois mon serviteur, et mon sang, et mon fils.
　　　　　GÉRONTE.
Ne me réputez plus du rang de vos amis,
Ou croyez-moi blessé d'une folie extrême,
Si vous n'êtes trompé d'eux, d'elle et de vous-même.
Quelque trame s'ourdit : prévenez-en l'effet,
Et craignez... Voyez-vous quel signe elle me fait?
　　　　　AURÉLIE.
Moi, signe? infâme, traître! Ah dieux! je désespère
De devoir par respect contenir ma colère,
Et n'être pas d'un sexe où de ta trahison
Aux dépens de mon sang je pusse avoir raison.
Faut-il qu'un scélérat impunément m'affronte?
　　　　　　　　　　　　　(Elle sort.)
　　　　　ANSELME.
Ne vous emportez point, rentrez. Et vous, Géronte,
Laissant ce différend pour une autre saison,
Venez vous délasser et prenez ma maison,
Attendant...

ACTE III, SCÈNE IV.

GÉRONTE.
Je ne puis; permettez-moi, de grâce,
De voir quelqu'un des miens.

ANSELME.
Laissez-nous donc Horace,
Tant qu'on soit prêt chez vous à vous bien recevoir.

GÉRONTE.
à Horace.
Je le veux. *Mem.*

HORACE.
Bel sem.

GÉRONTE.
Adieu, jusqu'au revoir.
(Il sort.)

ANSELME, à part.
O rencontre à la fois et propice et fatale!
Quelle confusion à la mienne est égale?
Quand je crois que Constance a perdu la clarté,
Je reconnais sa main qui prit ma liberté;
Et si j'ai d'Aurélie observé le visage,
Il ne rend pas pour elle un heureux témoignage,
Et dans ses changements a mal dissimulé;
Joint qu'Ergaste est un fourbe entre tous signalé,
Qui peut pour mon argent m'en avoir fait accroire,
Et qui, plus il m'attrape, et plus il en fait gloire,
En débauche Lélie, et croit bien réussir.
Mais s'il faut... Les voici, je m'en veux éclaircir.

SCÈNE IV

LÉLIE, ERGASTE, ANSELME, HORACE.

ERGASTE, à Lélie.
Ne vous hâtez point tant : c'est pour toute la vie,
Et deux nuits vous feront en passer votre envie.

ANSELME.
Qu'est-ce?

ERGASTE.
Il vous veut presser, et trouve que ce soir
Est un terme trop long pour un si cher espoir.

ANSELME.
Peu de temps règlera l'amour qui vous transporte.
(A Ergaste.)
Mais viens çà; qui t'a dit que ma femme était morte?

Quand, à Constantinople, as-tu porté tes pas?
Tu t'accuses, perfide, en ne répondant pas :
Qui hésite est surpris et médite une excuse.

LÉLIE, à part.

Ergaste, et vite, un mot, un détour, une ruse!

ERGASTE, à part.

Adieu mon personnage.

LÉLIE, à part.

Et tôt !

ERGASTE, à part.

J'ai beau rêver;
Si vous ne me soufflez, je ne puis l'achever.

LÉLIE, à part.

Dieux! que ferai-je? Ergaste à bout de son adresse!

ERGASTE.

Source d'infirmités, déplorable vieillesse,
Plus je veux pénétrer tes abîmes profonds,
Plus je te considère, et plus je me confonds:
Comme un logis tombant accable qui l'habite,
Tu fais qu'avec le corps l'esprit se débilite,
Que le temps avec l'âge emporte la raison,
Et que l'hôte renverse avecque la maison.

ANSELME.

Que veux-tu dire enfin?

ERGASTE.

Que votre défiance
Fait que vous avez trop et trop peu de créance,
Et que cette faiblesse est un effet du temps
Qui pour notre malheur marque vos derniers ans.
Qui vous fait croire autrui contre notre parole?
Qui vous a dans l'esprit mis ce soupçon frivole?

ANSELME.

Géronte, un mien ami...

LÉLIE à Ergaste, à part.

Ne te relâche pas.

ANSELME.

Qui, de Constantinople arrivé de ce pas,
Pendant un tour ou deux qu'il fait pour ses affaires,
M'a laissé ce sien fils racheté des corsaires,
M'assure d'avoir vu Constance à son départ,
Et de plus m'a rendu cet écrit de sa part,
Dit qu'il n'a rien au vrai pu savoir d'Aurélie,
Mais qu'elle la croit morte.

ACTE III, SCÈNE IV.

LÉLIE, à part.
           O fortune ennemie,
Qui jusques en Turquie as été susciter
Des moyens et des gens pour nous persécuter!
ANSELME.
Et soutient qu'à Venise, en une hôtellerie...
LÉLIE, à part.
Dieux!
ANSELME.
   Il a vu servir, sous le nom de Sophie,
Celle qui d'Aurélie usurpe ici le nom.
ERGASTE.
Il vous en a bien dit. J'ai tort, s'il a raison :
Mais il est bien aisé de vous faire paraître
Que les fourbes sont ceux qui m'accusent de l'être,
Et je veux que son fils vous demeure d'accord...
ANSELME.
De quoi?
ERGASTE.
       Que j'ai raison, et que Géronte à tort.
(A Horace.)
Viens çà, ne nous mens point : sur quelle conjecture
Ton père avance-t-il cette noire imposture?
Voyez-vous qu'il se trouble, et dit en se taisant
Que son père est un traître, un fourbe, un médisant?
ANSELME.
Il n'entend pas la langue, et ne peut te répondre.
ERGASTE.
Eh bien, lui parlant turc, je sais bien le confondre.
Cabrisciam ogni Boraf, embusaim, Constantinopola?
LÉLIE, à part.
O rare, ô brave Ergaste!
HORACE.
Ben Belmen, ne sensulez.
ANSELME.
         Eh bien, que veut-il dire?
ERGASTE.
Qu'en vous en imposant son père a voulu rire,
Qu'il est d'humeur railleuse, et n'a jamais été
En Turquie.
ANSELME.
         En quel lieu l'a-t-il donc racheté?
ERGASTE, à Horace.
Carigar camboco, ma io ossasando?

HORACE.

Bensem, Belmen.

ERGASTE.

A Lipse en Négrepont.

ANSELME.

O tête vieille et folle !
Sachez par quel chemin ils sont venus à Nole.

ERGASTE.

Ossasando, nequet, nequet, poter lever cosir Nola?

HORACE.

Sachina, Basumbasce, agrir se.

ERGASTE.

Il dit qu'on vient par mer sans passer par Venise.

ANSELME.

La froide raillerie et la franche sottise,
De venir de si loin, et si mal à propos,
Rire aux dépens des morts et troubler leur repos !
Quel siècle, quelles mœurs, et quelle frénésie !

ERGASTE.

Il faudrait faire un monde à votre fantaisie !
N'est-ce pas de tout temps, et non pas d'aujourd'hui,
Que toujours quelque fou rit aux dépens d'autrui ?
Au reste, en Négrepont, c'est un art ordinaire
D'imiter l'écriture et de la contrefaire,
Et s'en étant instruits, ils peuvent aisément,
Ou pour en éprouver le divertissement,
Ou pour tirer de vous quelque reconnaissance,
Avoir falsifié la lettre de Constance.

ANSELME.

J'ai cru qu'il avait bu ; ses yeux étincelants,
Sa face enluminée et ses pas chancelants
Semblaient tacitement en rendre témoignage ;
Le feu semblait surtout lui sortir du visage,
Et le vin qu'il soufflait m'a porté jusqu'au nez.

ERGASTE.

Je le saurai bientôt. Viens çà.
Stati cacus naincon catalai mulai?

HORACE.

Vare hec.

ERGASTE.

Vous devinez.
Il dit qu'ils sont entrés dans une hôtellerie,
Où, trinquant à l'honneur de leur chère patrie,
Et d'un peu de bon temps régalant leurs esprits,

Son père en a tant pris qu'il s'en est trouvé pris,
Qu'il n'en a pu sortir sans une peine extrême,
Et ne pouvait porter ni son vin ni soi-même.
ANSELME.
T'en a-t-il pu tant dire en si peu de propos?
ERGASTE.
Oui, le langage turc dit beaucoup en deux mots.
LÉLIE, à part.
O très illustre Ergaste! esprit inimitable!
Sans toi notre ruine était inévitable.
ANSELME.
Il voulait rire enfin, et j'attends son retour
Pour lui rendre la pièce et pour rire à mon tour.
Amène Eraste ici ; va tôt. Et vous, Lélie,
Allez voir Eroxène, et disposez Orgie
A consentir ce soir le succès de vos vœux.
ERGASTE, à part.
La défaite est plaisante, et la dupe en vaut deux !
(Il sort avec Lélie.)

SCÈNE V
GÉRONTE, ANSELME, HORACE.

ANSELME.
Le voilà.
GÉRONTE.
    Grâce au ciel, à mes souhaits prospère,
Ayant passé chez moi j'ai rencontré mon frère,
Qui, me sollicitant d'accepter son logis,
M'oblige à revenir pour reprendre mon fils.
J'en usais librement ; excusez, je vous prie.
ANSELME.
Géronte, un mot, de grâce : apprend-on en Turquie
Ou dans le cabaret à jouer ses amis?
GÉRONTE.
En l'un ni l'autre lieu je ne l'ai point appris ;
Ce n'est point mon humeur.
ANSELME.
    Non : ma fille servante,
Un voyage en Turquie, et ma femme vivante !
Tout ce conte à plaisir est une vérité?
GÉRONTE.
Je ne fais point de conte, et n'ai rien inventé.

ANSELME.

Vous avez, dites-vous, vu Constance en Turquie.
Vous osez soutenir qu'Aurélie est Sophie ;
Vous parlez de Venise, et vous avez le front,
N'ayant qu'été par mer de Nole en Négrepont,
De dire...

GÉRONTE.

En Négrepont! ô dieux, la vaine fable!

ANSELME.

Votre fils, qui l'a dit, n'est donc pas véritable?

GÉRONTE.

Quoi! sans savoir la langue il peut vous l'avoir dit?

ANSELME.

Il nous a parlé turc, que mon valet apprit
Séjournant sur les lieux pour racheter ma femme.

GÉRONTE, à Horace.

Soler?

HORACE.

Man.

ANSELME.

Et bien plus, chose à votre âge infâme,
Que vous avez tantôt trouvé le vin si bon
Que vous n'en avez pas oublié la raison,
Mais, en la faisant trop, l'aviez bien égarée :
Vos discours m'en étaient une marque assurée.

GÉRONTE, à Horace.

Dieux! qu'entends-je?
*Jerusalas, adhuc moluc acoceras maristo, viscelei,
Huvi havete carbulach.*

HORACE.

Eracercheter biradam suledi, ben belmen, ne sulodii.

GÉRONTE, à Anselme.

Croyez que votre serviteur
Doit être un maître fourbe, un insigne affronteur.

ANSELME.

Que vous dit-il encor?

GÉRONTE.

Qu'il n'a pu rien comprendre
A ce qu'un de vos gens lui voulait faire entendre.

ANSELME.

M'aurait-il attrapé? le trait serait subtil!
Mais, s'il ne l'entendait, que lui répondait-il?

GÉRONTE, à Horace.

Acciam sembilir bel mes, mic sulmes?

HORACE.
Acciam bien croch soler, sen belmen, sen chroch soler.
GÉRONTE.
Qu'il ne l'entendait point, et croit que son langage
N'était qu'un faux jargon qui n'est point en usage.
Croyez encore un coup qu'il est un faux vaurien,
Un fourbe, un archi-fourbe, et gardez-vous-en bien.
Je vous suis inutile et vais trouver mon frère.
Adieu.
ANSELME.
Jusqu'au revoir ; le ciel vous soit prospère !
GÉRONTE, à Horace.
Ghidelum anglan Cic!
HORACE.
Ghidelum Baba!
(Géronte et Horace sortent.)
ANSELME, seul.
De leur filet enfin je n'ai pu m'affranchir ;
La prudence n'est pas ce qui me fait blanchir.
Avec mes cheveux gris, avecque ma vieillesse,
Je trouve que je perds et finance et finesse,
Et, dupé que je suis, interdit et confus,
Perdant encor le sens, ne perdrais guère plus.
Ils m'ont tous affronté : chacun d'eux y conspire ;
Mais si je ne m'en venge, ils auront lieu d'en rire,
Et surtout on verra rougir de mon affront
Les épaules d'Ergaste, aussi bien que mon front.

ACTE QUATRIÈME

SCÈNE I
LÉLIE, ERGASTE.

ERGASTE.
Grâce au ciel, la tempête enfin s'est apaisée ;
Ce vent impétueux s'est réduit en rosée,
Et j'ai de votre sort avec art redressé
L'édifice penchant et presque renversé.

LÉLIE.

Ce malheureux vieillard, sans dessein de nous nuire,
Et d'une âme ingénue, a pensé tout détruire;
Mais ton langage turc en a paré le coup.

ERGASTE.

Une fourbe à propos quelquefois vaut beaucoup.
Je ne sais quel génie, en ce besoin extrême,
Me dictait un jargon que j'ignore moi-même;
Mais je suis assuré que je ne lui parlois
Persan, turc, esclavon, arabe ni chinois,
Et que s'il m'eût enquis du chemin de Turquie,
J'eusse été bien mêlé dans ma géographie;
J'eusse bien vu du monde, et, sans savoir par où,
Arpenté le Japon, l'Égypte et le Pérou.
Enfin... Mais qu'est ceci? Cette femme, à sa mine,
Doit de Turquie encore être une pèlerine :
Je crois que le Grand-Turc, né pour nous tourmenter,
Les envoie à dessein pour nous persécuter.

SCÈNE II

LES MÊMES ; CONSTANCE, vêtue à la turque.

CONSTANCE.

Obligez-moi, messieurs, de me tirer de peine.
Anselme est-il vivant?

ERGASTE, à part.

Ma doute n'est point vaine;
Les Turcs sont aujourd'hui déchaînés contre nous.

LÉLIE.

Il se porte fort bien ; que lui désirez-vous?

CONSTANCE.

Et Lélie, un sien fils?

LÉLIE.

Mieux encor que son père.

CONSTANCE.

Qu'avec juste raison, ô ciel, je te révère,
Et que je suis tenue à ta rare bonté !

LÉLIE.

Quel sort vous intéresse encore en leur santé?

CONSTANCE.

Hélas ! j'ai grand sujet d'en paraître ravie !

ERGASTE, à part.

Ne voilà pas encor des traits de la Turquie,

Ce malheureux pays, si fatal aux chrétiens,
Si fertile en tous maux, si stérile en tous biens !
(A Constance.)
Quel bon office enfin ont-ils lieu de vous rendre,
Et quel est votre nom ? ne pouvons-nous l'apprendre ?
CONSTANCE.
Ma venue à tous deux importe au dernier point ;
Mais c'est un intérêt qui ne vous touche point.
LÉLIE.
Plus que vous ne pensez, puisque je suis Lélie.
CONSTANCE, l'embrassant.
Lélie ! à qui le sang d'un si cher nœud me lie !
L'heureux fruit de mes vœux, de mon lit, de mon flanc !
Lélie enfin, mon fils, et le sang de mon sang !
ERGASTE, à part.
Voici le coup fatal qui nous met hors d'escrime,
Et nous voilà tombés d'un gouffre en un abîme !
LÉLIE.
Quoi ! vous êtes ma mère ! O dure loi du sort,
Qui mêle l'amertume à cet heureux transport,
Et dont l'ordre fatal veut que dans la nature
On ne goûte jamais de douceur toute pure !
En recouvrant un bien qui m'est si précieux,
Je perds le plus grand bien que je tenais des cieux.
Pour voir ma mère, hélas ! j'eusse exposé ma vie,
Et voudrais, la voyant, qu'elle me fût ravie ;
Ce m'est un désespoir sensible au même point
Que l'ennui de la voir et de ne la voir point.
Quoi ! vous êtes Constance ?
CONSTANCE.
Oui, cette infortunée
Qui croyait aujourd'hui sa misère bornée,
Et qui, par la froideur dont vous la recevez,
Voit ses malheurs changés et non pas achevés.
Quel temps, injuste sort, terminera ta rage,
S'il ne lui suffit pas de seize ans de servage,
S'il faut qu'après des fers portés si constamment
La liberté pour moi soit encore un tourment ?
Ne puis-je apprendre au moins l'ennui qui vous possède,
Afin que, le causant, j'en cherche le remède ?
Le mal me sera doux d'où naîtra votre bien,
Et pour votre repos j'altérerai le mien.
LÉLIE.
Je ne puis déclarer mon ennui sans l'accroître,

Et mon seul désespoir vous le fera connoître.
Entrez, ma chère mère ; il est plus qu'à propos
Qu'à seize ans de travail succède le repos.
Mais, vous en souhaitant, moi-même je m'en prive;
Vous me mettez aux fers, cessant d'être captive;
Vous revenez à Nole et vous m'en bannissez;
Entrant dans la maison, enfin, vous m'en chassez.
CONSTANCE.
Croyez qu'il n'est pour moi servage si sensible
Que celui que j'aurais de vous être nuisible ;
Je puis encor souffrir les maux que j'ai soufferts,
Et retrouver les lieux où j'ai laissé mes fers.
LÉLIE.
En vous le déclarant, je perdrais votre estime,
Et, coupable envers vous, n'ose avouer mon crime.
CONSTANCE.
Les fautes des enfants blessent légèrement ;
Une larme, un soupir, les efface aisément.
LÉLIE.
Si, loin de m'en haïr et de m'être contraire,
Je pouvais espérer votre aide envers mon père,
Je vous avoûrais tout. Mais, hélas !
CONSTANCE.
      Point de mais;
Rien ne peut altérer ce que je vous promets.
Je ne réserve rien, et je serai ravie
De vous pouvoir servir aux dépens de ma vie.
LÉLIE.
O rare excès d'amour, et qui ne m'est point dû !
Je vous parlerai bas, de peur d'être entendu.
      (Il lui parle à l'oreille.)
ERGASTE, à part.
Plus je rumine enfin contre cette disgrâce,
Plus ma faible raison s'égare et s'embarrasse ;
J'en examine tout, et partout je n'y voi
Que du mal pour Lélie et du péril pour moi ;
Rien ne peut garantir mes mains ou mes épaules
Du malheur de la rame ou de celui des gaules.
Après tant d'accidents survenus pour un jour,
Je renonce au métier de conseiller d'amour,
Et ne me puis assez promettre d'industrie
Pour parer tous les coups qui viennent de Turquie;
Toujours au pis aller quelques coups de bâton
Ou quelque an de galère en feront la raison.

CONSTANCE.
Dieux ! et c'est là d'où naît votre mélancolie !
Si je dis qu'en effet Sophie est Aurélie,
Serez-vous satisfait ?

LÉLIE
Vous me rendrez le jour,
Que, sans cette faveur, m'ôtait votre retour.

CONSTANCE.
Votre hymen l'admettant dedans notre famille,
Dès à présent, mon fils, je la tiens pour ma fille.
Hélas ! ignorez-vous les tendres sentiments
Des mères pour leurs fils et pour leurs fils amants,
Et leurs soins assidus pour eux envers leurs pères ?

ERGASTE.
O la divine femme ! ô rare honneur des mères !
Il est donc à propos de la voir du même œil,
Et de la recevoir avec le même accueil
Qu'on pourrait espérer pour votre fille même.

CONSTANCE.
Mon esprit n'est ni grand, ni mon adresse extrême :
Mais, outre que mon sexe, à franchement parler,
Est plus savant que l'autre à bien dissimuler,
Pour servir à son sang il n'est point d'aventure
Où l'art puisse employer tant d'art que la nature.
Entrons, et vous verrez que pour votre repos
Je saurai faire, dire et me taire à propos.

ERGASTE, à Constance.
Pour ne rien hasarder, n'entrez point que Sophie,
Par mes instructions amplement avertie,
Ne se soit préparée à feindre avecque vous :
Je ferai cependant descendre votre époux.

CONSTANCE.
Fais donc.

(Ergaste sort.)

LÉLIE.
C'est à présent que le sang me convie,
O flambeau de mes jours et source de ma vie,
A m'abandonner tout à l'aimable transport
Que l'amour ne m'a pu permettre à votre abord !
Et certes je puis dire, après cette aventure,
Que je suis moins à vous par les droits de nature
Que par l'étroit lien et l'obligation
Que produit cet excès de votre affection ;
Qu'en me donnant la vie et le jour qui m'éclaire,

Vous vous acquites moins le titre de ma mère
Qu'en me les conservant, et qu'en m'ôtant l'ennui
Qui, sans votre faveur, m'en privait aujourd'hui.
CONSTANCE.
Cette faveur, mon fils, est peu considérable,
Puisque vous obliger est m'être favorable.

SCÈNE III
ANSELME, CONSTANCE, LÉLIE.

ANSELME, embrassant Constance.
Cher trésor de mon cœur, tant de fois désiré,
Chaste moitié d'un tout si longtemps séparé,
Constance, aimable objet de ma constance extrême,
Est-ce vous, ma chère âme, ou bien suis-je moi-même ?
Oui, c'est vous, oui, mon cœur reconnaît son vainqueur
Au cher portrait qu'Amour m'en grave dans le cœur.
CONSTANCE.
O Dieux ! quel intérêt on tire de sa perte,
Après l'avoir pleurée et qu'on l'a recouverte !
Le bien de vous revoir a pour moi des appas
Que je crains de songer et ne posséder pas.
ANSELME.
Mon transport par mes pleurs vous témoigne les charmes...
CONSTANCE.
Et par mes pleurs aussi je réponds à vos larmes.
ANSELME.
Déserts toujours de glace et de neige couverts,
Froids et tristes jouets des rigueurs des hivers,
Pologne, où je vivais séparé de mon âme,
Hélas ! que ton séjour fut fatal à ma flamme !
Qu'à tort je voulus voir cet objet de mes vœux
Sous les mornes climats de ton sein froidureux !
Et que l'effet trop prompt de votre obéissance
M'a coûté de sanglots, ô ma chère Constance,
Depuis que les rapports d'Ergaste et de mon fils,
Pour votre liberté par mon ordre commis,
M'apprirent, contre l'heur que le ciel me renvoie,
La fin de votre vie et celle de ma joie !
CONSTANCE.
Ils purent en Turquie apprendre mon trépas,
Et, trompés les premiers, ne vous abusaient pas,
Puisque le sort, qui mit ma franchise en commerce,

Voulut qu'assez longtemps je fusse esclave en Perse,
D'où le bruit de ma mort chez les Turcs s'épandit,
Tant que ce même sort de nouveau m'y rendit.

LÉLIE.

La vérité, mon père, enfin nous justifie.

ANSELME.

Elle est trop manifeste : appelez Aurélie ;

(Lélie sort.)

Il est juste qu'ayant partagé notre ennui,
Elle ait part au bonheur qui le suit aujourd'hui.

CONSTANCE.

Aurélie en ces lieux ! O bonté souveraine !
Que du sort ton amour me répare la haine !

ANSELME.

Quelle heureuse aventure a pu rendre à mes yeux,
Après seize ans d'absence, un bien si précieux ?

CONSTANCE.

De mes longues erreurs la déplorable histoire
Veut et beaucoup de temps et beaucoup de mémoire :
Je ne puis à présent que vous dire en deux mots
Que le ciel, dont les soins veillaient pour mon repos,
A voulu que Sélim, à qui je fus vendue,
En faveur d'une charge, ardemment prétendue,
De maître du sérail, ou bostangirassi,
Où ses prétentions ont enfin réussi,
A tous ses serfs chrétiens ait donné la franchise.

ANSELME.

A quel point, juste ciel, ton soin nous favorise !

(Apercevant Aurélie.)

Approchez-vous, ma fille. Oh ! comme à cet abord
Le sang fait son office en ce commun transport !
Quelle heur passe aujourd'hui celui de ma famille ?

SCÈNE IV

AURÉLIE, ANSELME, CONSTANCE, LÉLIE, ERGASTE.

AURÉLIE.

Quoi ! ma mère, c'est vous ?

CONSTANCE.

C'est vous, ma chère fille ?
Quoi ! l'œil qui tant de fois pleura votre trépas
Vous retrouve aujourd'hui pleine de tant d'appas,
Et ce beau corps enferme encor cette belle âme !

15.

LÉLIE à Ergaste, à part.
Elle feint bien, Ergaste !
ERGASTE à Lélie, à part.
O dieux, l'habile femme !
AURÉLIE.
Ah ! qu'il est vrai qu'un bien ardemment désiré
Nous est d'autant plus cher qu'il est moins espéré !
Quel doux plaisir succède à ma mélancolie !
J'ignore à ce transport si je suis Aurélie.
CONSTANCE.
Je n'ai trouvé mes maux ni mes fers importuns
Tant qu'avec vous, ma fille, ils m'ont été communs ;
Mais votre éloignement me fit sentir mes peines,
Et connaître à mes bras le fardeau de mes chaînes.
ERGASTE, à Lélie.
Peut-elle avec tant d'art laisser aucuns soupçons ?
Je n'en fais point le fin : j'en prendrais des leçons.
CONSTANCE.
Quelle aventure enfin, à mes vœux si prospère,
Quand je vous crois si loin, vous rend chez votre père ?
ANSELME.
Pour de si longs travaux il faut de longs discours,
Et pour vous tout conter des jours seraient trop courts.
Entrons, ma chère femme ; amenez-la, Lélie.
Pour presser le dîner, j'entre avec Aurélie.
(Anselme et Aurélie sortent.)
ERGASTE.
Je croyais savoir feindre et m'en escrimer bien ;
Mais j'avoue aujourd'hui que je n'y connais rien,
Et qu'il faut que mon art le cède à votre adresse.
Madame, les effets ont passé la promesse,
Et, voyant vos transports, moi-même j'ai douté
Si votre feinte était ou feinte ou vérité.
LÉLIE.
A voir de quel abord vous l'avez accueillie,
Le plus judicieux eût cru voir Aurélie !
CONSTANCE.
Il en eût eu raison, puisqu'elle est votre sœur,
Et que ces sentiments d'amour et de douceur
Ne partent point, mon fils, d'un cœur qui dissimule.
LÉLIE.
O dieux ! que dites-vous ?
ERGASTE.
Êtes-vous si crédule,

Et ne voyez-vous pas que, pour nous signaler
Et sa rare industrie et l'art de l'étaler,
Elle voudrait encor, par cette adresse extrême,
Vous tenir en suspens et vous tromper vous-même,
Comme on voit au théâtre un excellent acteur
Rendre un ouvrage feint douteux à son auteur?
　　　　　　CONSTANCE.
Je voudrais vous mentir, mais je ne le puis faire.
　　　　　　LÉLIE.
Quoi! Sophie est ma sœur?
　　　　　　CONSTANCE.
　　　　　　　　　　Comme moi votre mère.
Le flanc qui vous porta fut son premier séjour;
Comme il vous mit au monde, il lui donna le jour.
　　　　　　LÉLIE.
O déplorable effet de ma triste fortune,
Qui ne sait m'obliger que pour m'être importune,
Qui ne me peut souffrir de biens qu'infortunés,
Dont les plus chers présents me sont empoisonnés,
Qui, sous couleur d'hymen, me rend par un inceste
Le succès de mes vœux détestable et funeste!
Étrange événement d'un bonheur si parfait!
Quel supplice assez grand expîra mon forfait?
Quoi! je puis être, ô tache à votre sang infâme!
Et mari de ma sœur et frère de ma femme,
Père de mes neveux, oncle de mes enfants?
Et votre gendre enfin est sorti de vos flancs?
　　　　　　CONSTANCE.
Ayant cru contracter un hymen légitime,
Vous n'avez point péché; l'erreur n'est pas un crime,
Et n'a point fait d'outrage à ses chastes appas,
Pourvu qu'à l'avenir vous n'en abusiez pas.
　　　　　　LÉLIE.
Incroyables plaisirs, félicité passée,
Ne conserver de vous que la seule pensée!
Te bannir de mon âme, ô chère passion!
Renoncer au bonheur de ta possession!
Te perdre, te quitter, ô ma chère Aurélie!
Ah! perdons, renonçons, quittons plutôt la vie!
　　　　　　CONSTANCE.
Nole vous peut fournir assez d'autres beautés
Pour changer vos liens, si vous ne les quittez.
　　　　　　LÉLIE.
L'Amour ne peut changer le beau nœud qui me lie,

Sans changer Aurélie en une autre Aurélie;
Je doute quel des deux est moins m'assassiner,
Ou de la retenir, ou de l'abandonner,
Et ce m'est une peine également cruelle
Que de vivre avec elle et de vivre sans elle.
Oh! que l'esprit humain discourt ignoramment,
Lorsque son seul instinct conduit son jugement!
Mon cœur, surpris d'abord, et ma raison émue,
Ne purent discerner à sa première vue
Les mouvements du sang d'avecque ceux d'amour,
Et cet aveuglement me coûtera le jour.
Je ne puis accorder mon sang avec ma flamme;
Je recouvre une sœur, et je perds une femme,
Et toi, divine sœur, par cet événement,
Tu recouvres un frère et tu perds un amant.
Mon sang à mon amour fait un juste reproche;
Si je te l'étais moins, je te serais plus proche:
Tu m'es trop et trop peu ; mon mal naît de mon bien,
Et tu m'es tant enfin que tu ne m'es plus rien.
Quel conseil dois-je suivre en ce désordre extrême?
De vous quitter, ma mère, et me quitter moi-même,
Puisque me séparer d'un bien qui m'est si cher,
Est à moi-même, hélas ! moi-même m'arracher.
Souffrez-moi sans regret hors de votre famille;
En vous ôtant un fils, je vous rends une fille,
Et, par la triste loi qui condamne mes feux,
Vous ne pouvez sans crime y souffrir qu'un des deux.

CONSTANCE.

O sort! pourquoi m'as-tu, sous espoir d'allégresse,
Fait remplir ma maison d'opprobre et de tristesse?
Rends-moi plutôt, cruel, les maux que j'ai soufferts.
O funeste franchise et regrettables fers!

ERGASTE.

Madame, entrez, de grâce, et craignons que son père
N'apprenne un accident à ses vœux si contraire :
Je saurai l'arrêter.

(Constance sort.)

LÉLIE.

Adieu, toi dont le soin
M'a si souvent été si propice au besoin.
Le sort à mes malheurs ajoute l'impuissance
D'en produire les fruits par ma reconnaissance;
Mais si le souvenir joint à l'affection
Acquitte en quelque sorte une obligation,

Crois que tu ne me peux blâmer d'ingratitude,
Et que, si le destin ne m'eût été si rude...
####### ERGASTE.
Hélas! n'achevez point : de quels traits de douleur
De crainte et de pitié vous me percez le cœur!
Si mon affection et mon obéissance
Méritent quelque estime ou quelque récompense,
Celle que je demande est de mieux consulter
Ce que le désespoir vous fait précipiter.
Prenons l'avis d'Éraste; en un malheur extrême,
On est mal conseillé, ne croyant que soi-même :
C'est un mal dangereux qu'un trop prompt désespoir,
Et pire que celui qui le fait concevoir.
####### LÉLIE.
Quoique le voir nous soit une inutile peine,
Je te veux contenter.
(Ils sortent.)

SCÈNE V
ÉRASTE, ÉROXÈNE.

####### ÉRASTE.
         Le ciel, belle Éroxène,
Vous comble d'autant d'heur et de prospérité
Que sur votre visage il a mis de beauté!
####### ÉROXÈNE.
Le même ciel, perfide, ou te comble ou t'accable
De tous les châtiments dont un traître est capable!
####### ÉRASTE.
De quelle injure, hélas! payez-vous mes souhaits?
####### ÉROXÈNE.
Retire-toi, perfide, et ne me vois jamais.
(Elle sort.)

####### ÉRASTE, seul.
Quel courroux, juste ciel! quelle fureur l'enflamme?
Quel tigre est si cruel que la plus belle femme,
Quand de quelque façon, ou de quelque dépit,
Ou l'amour ou la haine altère son esprit?
Quelqu'un m'aurait-il pu desservir auprès d'elle,
Et lui rendre suspecte une ardeur si fidèle?
Ce sexe est plus que l'air et léger et mouvant,
Et qui conçoit de l'air ne produit que du vent.

SCÈNE VI
LYDIE, ÉRASTE.

LYDIE, à part.

Le voilà, l'affronteur !

ÉRASTE.

Lydie, un mot, de grâce.

LYDIE.

Ah ! ne m'arrêtez point ; traître, avez-vous l'audace
De paraître à mes yeux ?

ÉRASTE.

Parles-tu tout de bon ?

LYDIE.

Perfide, en doutez-vous ? n'en ai-je pas raison ?
Où sont ces beaux projets, ces ardeurs tant vantées ?

ÉRASTE, à part.

L'une et l'autre me joue, et se sont concertées.

LYDIE.

Laisser une beauté, qui lui voulait du bien,
D'un peuple médisant la fable et l'entretien,
Est sans doute un exploit bien digne de mémoire,
Et pour un gentilhomme un beau sujet de gloire !

ÉRASTE.

Au nom d'Amour, Lydie, écoute-moi ; deux mots.

LYDIE.

J'en ai trop écouté, traître, pour son repos,
Et pour l'honneur encor de toute sa famille.
Ah ! s'il me fut jamais déplaisant d'être fille,
C'est à présent, ingrat, que de ces faibles mains
Je ne puis t'arracher ces yeux trompeurs et vains,
Et que j'aurais besoin, âme double et traîtresse,
Des forces de ton sexe à punir ta faiblesse !

ÉRASTE.

Quoi ! je n'obtiendrai pas de parler un moment ?

LYDIE.

Non, tu m'offenserais d'un adieu seulement.

ÉRASTE.

Quelque envieux, sans doute, a desservi ma flamme.
Consultons-en Lélie.

(Il sort.)

SCÈNE VII

ORGIE, LYDIE.

ORGIE.

Adieu donc, bonne dame !

LYDIE.

Il est vrai, je suis bonne, et crois, sans me vanter,
N'avoir point jusqu'ici donné lieu d'en douter.

ORGIE.

L'état où je te trouve au moins le justifie :
Vous parliez ou d'église ou de philosophie?

LYDIE.

Quel grand mal ai-je fait? Ne peut-on, sans soupçon,
En passant seulement, saluer un garçon?

ORGIE.

Non, tout ce vain salut n'est que franche cabale
Qui n'est point sans dessein, non plus que sans scandale,
Et j'ai toujours appris que jamais suborneur
De fille de maison n'a corrompu l'honneur
Que par l'intelligence et par le ministère
Tantôt de sa servante et tantôt de sa mère :
C'est toi qui, de ma nièce animant les souhaits,
Lui portes l'ambassade et lui rends les poulets,
Qui, traitant pour Éraste, as enfin, malheureuse,
Mis aux termes qu'elle est leur ardeur amoureuse.

LYDIE.

Vous payez d'une belle et rare qualité
Quatorze ans de service et de fidélité.

ORGIE.

Tu reconnais bien mieux l'honneur qu'en ma famille
On t'a toujours rendu comme à ma propre fille.

LYDIE.

Si cet honneur m'est grand, le bonheur de m'avoir
Est le plus grand aussi qu'elle ait pu recevoir.

ORGIE.

Ailleurs que dans la rue, indiscrète, impudente,
Je te ferais cracher cette langue insolente,
Et rentrer dans le sein cet orgueilleux propos.
Mais viens dans la maison, nous en dirons deux mots.

LYDIE.

Je n'y rentrerai point après cette menace;
L'estime où l'on m'y tient visiblement m'en chasse.

ORGIE, la tirant par les cheveux.

Je t'obligerai bien d'y rentrer malgré toi.
Allons, friponne.

LYDIE.

A l'aide ! ô ciel ! secourez-moi !

ORGIE.

Entre, infâme, entre, et crois qu'au déclin de mon âge
Je n'ai point tant perdu de force et de courage
Qu'il ne m'en reste encore assez pour me venger,
Pour me faire obéir et pour te bien ranger.

ACTE CINQUIÈME

SCÈNE I

LYDIE, ensuite ANSELME.

LYDIE, seule.

Je serais bien sans cœur, sans honneur et sans âme,
Si, me voyant traitée et d'esclave et d'infâme,
Noire de coups de pied, de poing et de bâton,
M'en pouvant ressentir, je n'en tirais raison !
On a gagné la mort par ses mauvaises grâces :
La roue et les gibets sont ses moindres menaces !
Mais si dès aujourd'hui je ne m'en satisfais,
Je veux bien de la haine encourir les effets !
Je ne veux que ma langue à servir mon courage,
Et des pieds et des poings me réparer l'outrage ;
Ma vengeance dépend seulement de deux mots.
Allons chercher Anselme. Oh ! qu'il sort à propos !

(A Anselme).

Puis-je obtenir, Anselme, un moment d'audience,
Et pour votre intérêt et pour ma conscience ?
Je ne vous veux qu'un mot.

ANSELME.

Parle, j'en suis content.

LYDIE.

Je vous viens déclarer un secret important,

Qui comble d'autant d'heur la fin de votre vie
Qu'il doit de désespoir combler celle d'Orgie.
ANSELME.
Tu sais qu'on ne doit pas, sans des sujets bien grands,
Entre deux vieux amis semer des différends ;
Car, après quelque éclat, quand moins on le présume,
Leur courroux s'éteignant, l'amitié se rallume :
La paix renaît entre eux ; mais du donneur d'avis
Ils deviennent tous deux les communs ennemis.
LYDIE.
Après le beau paîment dont il m'a satisfaite,
L'état qu'il fait de moi, les coups dont il me traite,
Je ne prétends plus rien en son affection,
Et sais que vous m'aurez une obligation.
ANSELME.
Parle donc : je t'entends.
LYDIE.
Vous saurez qu'Aurélie,
Dont le rachat coûta tant de pas à Lélie,
Et qui de votre fille aujourd'hui tient le rang,
Ne vous appartient point et n'est point votre sang :
Éroxène est son nom, Pamphile fut son père.
ANSELME.
Il fut de mes amis ; le ciel lui soit prospère !
LYDIE.
Et celle qu'en ce nom on éleva chez nous
Est la vraie Aurélie et tient le jour de vous.
ANSELME.
Que me dis-tu, Lydie, et qui te l'a fait croire ?
LYDIE.
Ma mère avant sa mort m'apprit toute l'histoire.
Écoutez seulement : ce fruit de votre amour
Des flancs qui le portaient étant à peine au jour,
Il vous peut souvenir qu'on lui choisit Fénice,
Femme de ce Pamphile...
ANSELME.
Il est vrai, pour nourrice.
LYDIE.
Mais il n'arriva pas selon votre dessein :
A sa fille Éroxène elle garda son sein,
Et commit Aurélie à nourrir à ma mère,
Sous le nom d'Éroxène.
ANSELME.
A quoi tout ce mystère ;

Et qui leur inspira cette mauvaise foi ?
LYDIE.
Un monstre furieux qui ne suit point de loi.
ANSELME.
Quel ?
LYDIE.
La nécessité, qui pressait leur famille ;
Et leur espoir était que, vous donnant leur fille,
Vous la devriez un jour pourvoir si richement,
Qu'ils en pourraient tirer quelque soulagement,
Quand, ne la voyant plus dessous votre puissance,
Ils lui feraient savoir son nom et sa naissance.
ANSELME.
Dans le cœur d'un mortel ce dessein peut entrer !
LYDIE.
Oui ; mais par ceux de Dieu qu'on ne peut pénétrer,
Et qui des plus subtils passent l'intelligence,
D'un outrage inconnu vous tirâtes vengeance ;
Car enfin il advint que leurs biens augmentés,
Et leurs possessions passant vos facultés,
Au point qu'ils méditaient et se trouvaient en peine
De vous rendre Aurélie et reprendre Éroxène,
Le ciel permit sa perte, et cet événement,
De leur crime secret visible châtiment,
Fut pour l'un et pour l'autre une atteinte funeste
Qui leur coûta le jour. Mais oyez ce qui reste.
Pamphile, sur le point de partir de ce lieu,
Et d'aller rendre compte au tribunal de Dieu,
Disposa de ses biens en faveur de son frère,
(Ce traître à qui le ciel soit à jamais contraire !)
Ce malheureux Orgie, aux charges néanmoins
Qu'au rachat d'Éroxène apportant tous ses soins,
S'il la tirait des mains de ce peuple infidèle,
Il lui devait choisir un parti digne d'elle,
Et, pour le rencontrer sortable à ses appas,
La doter sur son bien de dix mille ducats ;
Ou qu'arrivant qu'enfin sa recherche fût vaine,
Votre vraie Aurélie et la fausse Éroxène,
Par un article exprès du même testament,
En prendrait par ses mains deux mille seulement.
Faisant voir maintenant que celle qu'en Turquie
Votre fils racheta sous le nom d'Aurélie
Est la vraie Éroxène, et sa nièce en effet,
Jugez s'il aura lieu d'en être satisfait,

Et si, son plus beau bien retournant à sa source,
Et dix mille ducats lui sortant de sa bourse,
Qui sont dix mille traits qui lui fendront le sein,
Il se pourra vanter que mon courroux soit vain !
Ainsi je divertis un fatal mariage,
Vous redonne une fille et venge mon outrage.
ANSELME.
Mais qui peut là-dessus m'éclaircir avec toi ?
LYDIE.
Outre le testament, qui vous en fera foi,
Outre que votre sang en rendra témoignage,
Outre votre rapport de poil et de visage,
Votre seul souvenir vous peut convaincre enfin
Par une marque au bras en forme de raisin.
ANSELME.
Il m'en souvient, Lydie, et ce signe visible
Nous en sera la preuve et la marque infaillible ;
Il me souvient de plus (ciel, tu le peux savoir !)
Qu'il ne m'est de ma vie arrivé de la voir,
Que ces doux mouvements, dont le sang s'interprète,
N'aient semblé m'avertir par une voix secrète
(A laquelle pourtant je ne m'arrêtais point)
De l'étroite union dont nature nous joint.
J'en avais pour Lélie arrêté l'alliance,
Où, non sans une longue et juste répugnance,
Orgie avait enfin lâchement consenti,
Et j'en eusse accepté l'incestueux parti,
Sans ton heureux avis, pour nous si salutaire.
LYDIE.
Du testament, au reste, Eugène est le notaire,
Votre proche voisin.
ANSELME.
      Je m'y rends de ce pas.
Entre chez moi, Lydie, et ne t'éloigne pas,
Que je m'acquitte à toi d'une dette équitable,
Si ce que tu me dis se trouve véritable.
LYDIE.
Allez, vous trouverez que je ne vous mens point ;
Mais le prix que j'en veux à ma vengeance est joint ;
Déchargeant ma colère avec ma conscience,
Du bien que je vous fais j'ai pris la récompense.
J'entrerai toutefois, et d'un œil satisfait
Verrai de ma vengeance et le cours et l'effet.

                     (Ils sortent.)

SCÈNE II
ORGIE seul.

Maudite passion, dangereuse colère,
Faiblesse des vieux ans, mauvaise conseillère,
Qui dessus la raison donnes l'empire aux sens,
Je crains bien de t'avoir trop crue à mes dépens,
D'être de mes malheurs moi-même le ministre,
Et d'obliger Lydie à quelque effet sinistre.
Une sotte réponse, un parler indiscret,
M'ont fait mal à propos hasarder un secret
De telle conséquence à toute ma famille,
Et qui n'est guère sûr dans le sein d'une fille :
Elle entre chez Anselme et vient de lui parler.
O vérité trop forte, et qu'on ne peut céler,
Que tu m'es d'un notable et fatal préjudice,
Et que tu me peux rendre un redoutable office !
Tu ne perds point ta force à force de vieillir :
Aucun siècle, aucun temps ne peut t'ensevelir ;
Tu renais quand tu veux, plus brillante et plus claire,
Et te sais reproduire aussi bien que ton père.
Ton respect m'obligeait à ne m'emporter pas,
Et je crois toujours voir Anselme sur mes pas,
Accuser justement mon peu de conscience
De cette incestueuse et fatale alliance.
Mais, ou mon œil s'abuse, ou c'est lui que je vois.
C'est lui ! Que lui dirai-je ? O ciel, assiste-moi !
Ne puis-je l'éviter ?

SCÈNE III
ANSELME, ORGIE.

ANSELME.
Un mot, un mot, Orgie !
ORGIE, à part.
Rien ne peut plus, chétif, te sauver sans magie.
ANSELME.
Nous sommes vieux, Orgie, et tantôt sur le point
De partir pour un lieu d'où l'on ne revient point :
Sans miracle jamais ce retour ne s'accorde.

ACTE V, SCÈNE III.

ORGIE, à part.

Le sermon sera long: n'en voici que l'exorde.
O funeste courroux !

ANSELME.

Vous savez qu'étant morts,
Notre premier devoir, au sortir de ce corps,
Est de rendre à l'instant compte de notre vie
A qui nous l'a donnée et qui nous l'a ravie,
Et qu'en ce compte exact que nous rendons à Dieu
La restitution tiendra le premier lieu :
Par elle seulement notre offense s'efface,
Et sans elle un pécheur ne trouve point de grâce.

ORGIE, à part.

Quand il faut demander nous faisons des sermons ;
Mais à restituer nous sommes des démons.

ANSELME.

Vivants, si nous voulons, nos œuvres sont utiles;
Mais après le trépas elles sont infertiles,
Et c'est en l'autre monde un souvenir bien doux
Qu'ici-bas nos péchés soient morts premiers que nous.
Malheureux, qui, croyant ses affaires secrètes,
Laisse à ses héritiers la charge de ses dettes,
Puisqu'alors que les biens sont une fois vendus,
Le bien et mal acquis ne se séparent plus !
C'est une idole d'or que le plus sage adore.

ORGIE.

Le carême n'est plus, et vous prêchez encore !
Venons au fait, de grâce.

ANSELME.

Attendez, m'y voici ;
Je ne vous en aurai que trop tôt éclairci.
Votre frère, de bonne et d'heureuse mémoire...

ORGIE.

De mauvaise pour moi; mais abrégez l'histoire.

ANSELME.

M'a, par un crime énorme, et pour moi tout nouveau,
Changé, pour faire court, une fille au berceau.

ORGIE.

Écoutez.

ANSELME.

Mais, de grâce, écoutez-moi vous-même,
De peur que, commençant dedans ce trouble extrême
Le déni d'un forfait avéré clairement,
Vous ne le souteniez après obstinément,

Et qu'il n'en faille enfin passer aux violences
Qui font de la justice exercer les balances.
Ne vous promettez plus d'éblouir nos esprits ;
J'ai vu le testament par qui j'ai tout appris,
Qui veut...

ORGIE.

J'en suis d'accord, et sais ce qu'il m'ordonne.

ANSELME.

Exécutez-le donc, et Dieu vous le pardonne !

ORGIE.

Encor qu'avec raison je pusse m'excuser
Du tort qu'en ce rencontre on voudrait m'imposer,
N'ayant point eu de part en la sourde pratique...

ANSELME.

N'entrons point, je vous prie, en cette rhétorique,
Et parlons seulement de restitution.

ORGIE.

Ne lâchez point la bride à votre passion :
Votre fille est à vous, vous la pouvez reprendre ;
Mais ne nous ôtez point ce qui ne se peut rendre,
L'honneur, qui ne s'acquiert ni se perd qu'une fois,
Et modérez un peu l'accent de votre voix :
Vous obtiendrez autant avec moins de furie.

ANSELME.

L'injustice est muette, et la justice crie ;
Rendez grâces au ciel, dont le soin provident
De cet énorme hymen divertit l'accident ;
Car, quoique vous n'ayez qu'avecque répugnance
Consenti cette injuste et funeste alliance,
Vous n'encouriez pas moins un supplice éternel :
Qui pèche y répugnant en est plus criminel.
Mais, pour n'intéresser mon droit ni votre estime,
De vous-même et sans bruit réparez-en le crime.
Et, puisque cet intrigue est assez éclairci,
Allons prendre Aurélie, et la rendons ici.

ORGIE.

Allons, elle est chez moi. Détestable Lydie,
Ta mort fera la fin de cette tragédie.
Je t'aurai, malheureuse, et tu ne m'auras pas
Impunément coûté mes dix mille ducats!

(Ils sortent.)

SCÈNE IV

CONSTANCE, AURÉLIE, LYDIE.

CONSTANCE.

O ciel ! comment répondre à des faveurs si grandes ?
Tes libéralités excèdent mes demandes :
Par les événements tu surpasses mes vœux ;
Je cherchais une fille, et j'en recouvre deux !
Comme sans jalousie, aussi sans préférence,
Le sang m'a produit l'une, et l'autre l'alliance.

AURÉLIE.

Je me trouve moi-même et m'égare à la fois
Dans l'excès du plaisir qui m'interdit la voix.
Quel miracle inouï, rendant nos vœux sans crime,
Me fait de votre fils femme et sœur légitime,
Et, d'un événement heureusement confus,
Demeurer votre fille après ne l'être plus ?
Chère Lydie, hélas ! comment te rendre grâce ?

LYDIE.

Je me satisfais trop de tout ce qui se passe.

CONSTANCE.

Pouvons-nous, ni comblant, ni passant tes souhaits,
Te donner rien d'égal au bien que tu nous fais ?
Mais nous différons trop d'aller voir Aurélie.

LYDIE.

Je vous attends ici ; car, d'entrer chez Orgie,
Je n'espérerais pas que l'on m'y reçût bien :
Il y fait chaud pour moi, le bois n'y coûte rien.
Mais vous n'irez pas loin rechercher cette joie :
Le voici ; je me cache, et crains qu'il ne me voie.

SCÈNE V

LES MÊMES ; ANSELME, ORGIE, ÉROXÈNE.

ANSELME.

Votre mère s'avance et vous vient recevoir ;
Saluez-la, ma fille.

ÉROXÈNE.
Agréable devoir !

CONSTANCE, *l'embrassant.*
Ma fille ! ah ! quelle aimable et douce violence

M'interdit la parole et m'oblige au silence !
####### ÉROXÈNE.
Ma mère ! ce cher nom est tout mon compliment !
Mon sang veut parler seul en ce doux mouvement !
####### ANSELME.
Je cache en vain mes pleurs ; par un tendre caprice,
De la douleur la joie emprunte ici l'office :
Vous, hier Aurélie, Éroxène aujourd'hui,
Reconnaissez votre oncle, et possédez chez lui
Ce que vous ont laissé ceux dont vous tenez l'être.
####### AURÉLIE, à Orgie.
Je préfère à tous biens celui de le connaître.
####### ORGIE.
Cet heur est réciproque entre les vrais parents,
Et je recouvre en vous plus que je ne vous rends ;
Une autre a trop longtemps votre place occupée.
####### LYDIE, à part.
La bête ne mord plus lorsqu'elle est attrapée.
####### ANSELME.
Il reste une faveur que j'implore de vous :
Qu'un généreux oubli forçant votre courroux,
De ce crime obligeant Lydie obtienne grâce.
####### ORGIE.
La recevant de vous, il faut que je la fasse ;
Je veux tout oublier, encor qu'à mes dépens.
####### LYDIE, paraissant et se jetant à ses pieds.
Je la viens recevoir et faire en même temps,
Vous protestant aussi d'oublier ces caresses
Dont je n'ai pas raison de vanter les tendresses,
Qui ne procédaient point d'un violent amour,
Et dont le dos enfin me cuira plus d'un jour.
(A Éroxène.)
Vous, madame, apprenez une heureuse nouvelle :
Éraste...
####### ÉROXÈNE.
Ah ! m'oses-tu nommer cet infidèle ?
####### LYDIE.
Écoutez, entre nous, ce qu'Ergaste m'a dit.
####### CONSTANCE.
J'ose à mon tour, Orgie, hasarder mon crédit.
####### ORGIE.
Usez de mon pouvoir avec toute franchise.
####### CONSTANCE.
Je demande une grâce.

ORGIE.
Elle vous est acquise.
CONSTANCE.
Elle l'est en effet, puisque plus de deux ans
Ont déjà vu durer l'hymen que je prétends,
De la vraie Éroxène, ou la fausse Aurélie,
Que Lélie épousa sous le nom de Sophie ;
Hymen qui, traversé par une courte erreur,
Qui semait parmi nous la tristesse et l'horreur,
Ne nous inspirait plus que des pensers funèbres.
ANSELME.
Oh! combien ce beau jour dissipe de ténèbres !
ORGIE.
Cet heur est le plus grand qu'elle ait pu s'acquérir,
Et nous honore trop pour ne le pas chérir.
CONSTANCE, à Anselme.
Et vous, pour couronner cette heureuse journée,
D'Ergaste et d'Aurélie agréez l'hyménée,
Puisque j'ai de Lydie appris leur passion.
ANSELME.
Vous prévenez mon sens et mon intention.
CONSTANCE.
Mon inclination suivra toujours la vôtre :
Ergaste par mon ordre amène l'un et l'autre,
Et, pour les mieux surprendre et charmer leur souci,
Ne leur a point conté ce qui se passe ici.

SCÈNE VI

LES MÊMES ; LÉLIE, ÉRASTE, ERGASTE.

LÉLIE.
Est-ce pour honorer l'appareil de ma perte
Que l'on s'assemble ici ?
CONSTANCE.
L'affaire est découverte :
Votre père a tout su, mais par d'autres que nous.
LÉLIE.
Que diffèrent donc plus les traits de son courroux ?
ANSELME.
Satisfaites, Lélie, aux jugements célestes ;
D'un profond repentir détestez vos incestes,
Et, pour les réparer, renoncez à nos yeux
Aux plaisirs interdits d'un hymen vicieux :

Épousez Éroxène, et quittez Aurélie.
####### LÉLIE.
Vous êtes, comme auteur, maître aussi de ma vie;
Mais je ne le suis pas de mes vœux ni de moi,
Pour si facilement disposer de ma foi.
S'il faut que mon forfait par mes remords s'efface,
J'en veux mourir coupable, et ne veux point de grâce.
####### ÉROXÈNE.
Et toi, pour satisfaire à mon cœur irrité,
Et lui faire raison de ta légèreté,
Traître, oublie Eroxène, et qu'au sort d'Aurélie
Un serment solennel aveuglément te lie.
####### ÉRASTE.
Vous êtes souveraine et pouvez tout sur moi;
Hormis de m'imposer cette barbare loi.
####### ERGASTE.
Et si, sans vous contraindre, ou vous rendre coupables,
De ces deux changements je vous rendais capables?
####### LÉLIE.
Ton effort serait vain.
####### ÉRASTE.
Le ciel ne le peut pas,
####### CONSTANCE.
O l'agréable erreur!
####### ANSELME.
O plaisirs pleins d'appas!
####### CONSTANCE.
C'est trop vous voir souffrir et vous laisser en peine.
Aurélie aujourd'hui se trouve être Éroxène,
Et l'astre dominant dessus notre maison
A fait que d'Éroxène Aurélie est le nom.
Par ce rare incident votre hymen est sans crime,
Et ce qu'on vous prescrit se trouve légitime.
####### ANSELME.
Oui, mon fils, oui, mon gendre, et cette vérité
Semble un jeu pour notre heur dans le ciel concerté!
Ainsi, sa providence aux siens est salutaire.
Mais allons à loisir éclaircir ce mystère;
Par qui, mon cher Éraste, Aurélie est à vous,
Et de la sœur le frère est légitime époux.
####### LÉLIE.
O ciel! de ce transport un homme est-il capable?
####### AURÉLIE.
Vous couriez au supplice, et n'étiez point coupable.

ACTE V, SCÈNE VI.

ÉROXÈNE.
Pardonnez, cher Éraste, à la crédulité
Qui m'a fait soupçonner votre fidélité.

ÉRASTE.
A qui dépend de vous cette excuse est frivole :
L'excès de mon bonheur m'interdit la parole.

(Ils sortent tous, excepté Ergaste et Lydie.)

ERGASTE.
Que t'en semble, Lydie ?

LYDIE.
Et que t'en semble, à toi ?

ERGASTE.
Si je t'offrais mes vœux ?

LYDIE.
Je t'offrirais ma foi.

ERGASTE.
Si tu veux, je suis tien.

LYDIE.
Et si tu veux, je t'aime.

ERGASTE.
Je parle tout de bon.

LYDIE.
Je parle tout de même.

ERGASTE, lui touchant dans la main.
Va, jamais autre objet n'aura ma liberté.

LYDIE.
O favorable hymen, et bientôt arrêté !

FIN DE LA SŒUR.

NOTICE

SUR

SAINT GENEST

Saint-Genest, représenté en 1646, édité en 1648, in-4, n'a guère reparu que deux fois sur le théâtre : en 1845, à l'Odéon, avec Bocage, et en 1874, aux matinées littéraires de M. Ballande.

Un manuscrit de la Bibliothèque nationale contient un mystère du moyen âge, intitulé : *Lystoire et la vie du bienheureux corps sainct Genis, à XLIII personnages*. Genis ou Genesius, païen fougueux, acteur consommé, y joue devant Dioclétien. Peu à peu le doute naît en lui, mais non point par la savante gradation qu'a imaginée Rotrou : c'est l'interminable sermon d'un prédicateur qui le convertit ; l'ange Gabriel lui porte le pardon de Dieu. Il prétexte un mal subit, et, pendant un repos que lui accorde l'empereur, il se fait baptiser. Mais Dioclétien, excité par Satan et Astaroth, commande qu'on l'arrête, ce qui ne l'empêche pas d'engager avec Genis une controverse théologique. Les autres acteurs sont menacés comme lui, et protestent de leur innocence. Genis seul est supplicié ; des anges, armés d'épées flamboyantes, dispersent les païens et ensevelissent le martyr.

Ces détails sont empruntés aux *Notes critiques et biographiques sur Rotrou*, de M. Léonce Person, professeur au lycée Saint-Louis. Elles marqueront au premier rang des travaux modernes sur Rotrou, car elles signalent une découverte de la plus haute importance pour l'histoire de *Saint Genest*.

L'une des pièces de Lope de Vega porte ce titre : *Lo Fingido Verdadero (El mejor representante, o vida, muerte y martirio de San Ginés)*. Personne, avant M. Person, n'avait signalé la frappante ressemblance de la pièce espagnole avec la pièce française. Une brève analyse fera voir tout le prix de cette trouvaille.

Ecartons le premier acte, qui raconte l'avènement de Dioclétien. Dans le second, appelé devant les Césars Dioclétien et Maximin, le comédien Ginès passe en revue les pièces où il joue le rôle d'amoureux ; au reste, il aime réellement la comédienne Marcella. Puis la représentation commence ; emporté par sa passion, Ginès sort de son rôle et fait manquer la réplique de Marcella, mais accroît encor l'admiration des Césars, qui voient dans ce désordre une habileté suprême et le félicitent. Rendez-vous est pris pour le lendemain, où Ginès doit représenter un rôle de martyr chrétien. Jusqu'alors, en effet, le vrai drame, le drame religieux, n'a pas commencé.

C'est le troisième et dernier acte qu'a imité surtout Rotrou. La troupe des comédiens repasse ses rôles; pendant que Ginès répète le sien, il voit apparaître le Christ, dans les bras de son Père, avec la Vierge et les Martyrs. Une voix divine lui crie : « Tu ne l'imiteras pas en vain! » Ginès se croit d'abord victime d'une illusion ou d'une plaisanterie. Cependant l'acteur Fabio, qui joue le personnage de l'ange, attend à la porte que l'heure vienne où le martyr doit être baptisé par lui. Quatre *vrais* anges lui épargnent ce soin; ils descendent du ciel, portant une aiguière, un bassin, un cierge allumé, un linge déployé, et baptisent Ginès sur la scène. Fabio, qui accourt avec toute la légèreté de ses fausses ailes, est fort surpris de se voir renvoyé. C'était là sans doute un des passages qu'on applaudissait le plus en Espagne : mais en France, où le théâtre profane n'ose parler que des dieux de l'Olympe, des grands prêtres ou des druides, la représentation des cérémonies du culte sur la scène eût passé pour un sacrilège. Rotrou prend sa revanche en multipliant les complications de l'intrigue : c'est lui, par exemple, qui imagine de faire assister Maximin à un drame où lui-même joue un rôle. Le dénouement d'ailleurs est identique : illuminé par la grâce, Ginès abandonne son rôle et parle pour lui-même : « C'est le ciel qui m'a soufflé. » Par l'audace de sa profession de foi, il irrite les Césars, d'abord émerveillés de tant de naturel, est arrêté, puis *empalé*, tandis que les comédiens, interrogés et menacés un moment, sont bannis de Rome.

En terminant cette analyse comparative, M. Person fait justement remarquer avec quelle mesure Rotrou a su accommoder au goût français la pièce espagnole. Mais il nous suffit d'avoir constaté que toute étude nouvelle sur Rotrou devra désormais prendre pour base solide les travaux érudits et les découvertes originales dont les *Notes biographiques et critiques* nous donnent l'avant-goût.

Ajoutons que, depuis, M. Person a tenu ses promesses; son *Histoire du véritable Saint-Genest*, qui précise et complète les indications sommaires des *Notes critiques*, mérite de rester et restera.

SAINT GENEST

COMÉDIEN PAÏEN

REPRÉSENTANT LE MARTYRE D'ADRIEN

TRAGÉDIE

1646

PERSONNAGES

DIOCLÉTIEN, empereur.
MAXIMIN, empereur.
VALÉRIE, fille de Dioclétien.
CAMILLE, suivante de Valérie.
PLANCIEN, préfet.
GENEST, comédien.
MARCELLE, comédienne.
OCTAVE, comédien.
SERGESTE, comédien.
LENTULE, comédien.
ALBIN, comédien.
UN DÉCORATEUR.
UN GEOLIER.
UN PAGE.

ADRIEN,   représenté par Genest
NATALIE,   —   par Marcelle.
FLAVIE,   —   par Sergeste.
MAXIMIN,   —   par Octave.
ANTHISME,   —   par Lentule.
UN GARDE,   —   par Albin.
UN GEOLIER,
SUITE DE SOLDATS ET GARDES.

LE VÉRITABLE SAINT-GENEST

GENEST

Dieu m'apprend sur le champ ce que je vous récite

Acte IV, sc. VII

ACTE PREMIER

SCÈNE I
VALÉRIE, CAMILLE.

CAMILLE.
Quoi ! vous ne sauriez vaincre une frayeur si vaine ?
Un songe, une vapeur vous cause de la peine,
A vous sur qui le Ciel déployant ses trésors,
Mit un insigne d'esprit dans un si digne corps !

VALÉRIE.
Le premier des Césars apprit bien que les songes
Ne sont pas toujours faux et toujours des mensonges ;
Et la force d'esprit dont il fut tant vanté,
Pour l'avoir conseillé, lui coûta la clarté.
Le Ciel, comme il lui plaît, nous parle sans obstacle ;
S'il veut, la voix d'un songe est celle d'un oracle,
Et les songes, surtout tant de fois répétés,
Ou toujours, ou souvent, disent des vérités.
Déjà cinq ou six nuits à ma triste pensée
Ont de ce vil hymen la vision tracée,
M'ont fait voir un berger avoir assez d'orgueil
Pour prétendre à mon lit, qui serait mon cercueil,
Et l'empereur, mon père, avecque violence,
De ce présomptueux appuyer l'insolence.
Je puis, s'il m'est permis, et si la vérité
Dispense les enfants à quelque liberté,
De sa mauvaise humeur craindre un mauvais office ;
Je connais son amour, mais je crains son caprice,
Et vois qu'en tout rencontre il suit aveuglément
La bouillante chaleur d'un premier mouvement.
Sut-il considérer, pour son propre hyménée,
Sous quel joug il baissait sa tête couronnée,
Quand, empereur, il fit sa couche et son État
Le prix de quelques pains qu'il emprunta soldat,
Et, par une faiblesse à nulle autre seconde,
S'associa ma mère à l'empire du monde ?
Depuis, Rome souffrit et ne réprouva pas
Qu'il commit un Alcide au fardeau d'un Atlas,
Qu'on vit sur l'univers deux têtes souveraines,

Et que Maximien en partageât les rênes.
Mais pourquoi pour un seul tant de maîtres divers,
Et pourquoi quatre chefs au corps de l'univers ?
Le choix de Maximin et celui de Constance
Étaient-ils à l'État de si grande importance
Qu'il en dût recevoir beaucoup de fermeté,
Et ne pût subsister sans leur autorité ?
Tous deux différemment altèrent sa mémoire,
L'un par sa nonchalance, et l'autre par sa gloire.
Maximin, achevant tant de gestes guerriers,
Semble au front de mon père en voler les lauriers ;
Et Constance, souffrant qu'un ennemi l'affronte,
Dessus son même front en imprime la honte.
Ainsi, ni dans son bon, ni dans son mauvais choix
D'un conseil raisonnable il n'a suivi les lois,
Et, déterminant tout au gré de son caprice,
N'en prévoit le succès ni craint le préjudice.

CAMILLE.

Vous prenez trop l'alarme, et ce raisonnement
N'est point à votre crainte un juste fondement.
Quand Dioclétien éleva votre mère
Au degré le plus haut que l'univers révère,
Son rang, qu'il partageait, n'en devint point plus bas,
Et, l'y faisant monter, il n'en descendit pas ;
Il put concilier son honneur et sa flamme,
Et, choisi par les siens, se choisir une femme.
Quelques associés qui règnent avec lui,
Il est de ses États le plus solide appui :
S'ils sont les matelots de cette grande flotte,
Il en tient le timon, il en est le pilote,
Et ne les associe à des emplois si hauts
Que pour voir des Césars au rang de ses vassaux.
Voyez comme un fantôme, un songe, une chimère,
Vous fait mal expliquer les mouvements d'un père,
Et qu'un trouble importun vous naît mal à propos,
D'où doit si justement naître votre repos.

VALÉRIE.

Je ne m'obstine point d'un effort volontaire
Contre tes sentiments en faveur de mon père,
Et contre un père, enfin, l'enfant a toujours tort.
Mais me répondras-tu des caprices du sort ?
Ce monarque insolent, à qui toute la terre
Et tous ses souverains sont des jouets de verre,
Prescrit-il son pouvoir ? et, quand il en est las,

Comme il les a formés, ne les brise-t-il pas?
Peut-il pas, s'il me veut dans un état vulgaire,
Mettre la fille au point dont il tira la mère,
Détruire ses faveurs par sa légèreté,
Et de mon songe, enfin, faire une vérité?
Il est vrai que la mort, contre son inconstance,
Aux grands cœurs, au besoin, offre son assistance,
Et peut toujours braver son pouvoir insolent;
Mais, si c'est un remède, il est bien violent.
CAMILLE.
La mort a trop d'horreur pour espérer en elle;
Mais espérez au Ciel, qui vous a fait si belle,
Et qui semble influer avecque la beauté
Des marques de puissance et de prospérité.

SCÈNE II
LES MÊMES; UN PAGE.

LE PAGE.
Madame...
VALÉRIE.
Que veux-tu?
LE PAGE.
L'empereur, qui m'envoie,
Sur mes pas avec vous vient partager sa joie.
VALÉRIE.
Quelle?
LE PAGE.
L'ignorez-vous? Maximin, de retour
Des pays reculés où se lève le jour,
De leurs rébellions, par son bras étouffées,
Aux pieds de l'empereur apporte les trophées,
Et de là se dispose à l'honneur de vous voir.
(Il sort.)
CAMILLE.
Sa valeur vous oblige à le bien recevoir.
Ne lui retenez pas le fruit de sa victoire:
Le plus grand des larcins est celui de la gloire.
VALÉRIE.
Mon esprit, agité d'un secret mouvement,
De cette émotion chérit le sentiment;
Et cet heur inconnu, qui flatte ma pensée,
Dissipe ma frayeur et l'a presque effacée.

Laissons notre conduite à la bonté des dieux.
(Voyant Maximin.)
O ciel ! qu'un doux travail m'entre au cœur par les yeux !

SCÈNE III

DIOCLÉTIEN, MAXIMIN, VALÉRIE, CAMILLE, PLANCIEN, GARDES, SOLDATS.

(Bruit de tambours et de trompettes.)
(Maximin baise les mains de Valérie.)

DIOCLÉTIEN.

Déployez, Valérie, et vos traits et vos charmes ;
Au vainqueur d'Orient faites tomber les armes ;
Par lui l'empire est calme et n'a plus d'ennemis.
Soumettez ce grand cœur qui nous a tout soumis ;
Chargez de fers un bras fatal à tant de têtes,
Et faites sa prison le prix de ses conquêtes.
Déjà par ses exploits il avait mérité
La part que je lui fis de mon autorité ;
Et sa haute vertu, réparant sa naissance,
Lui fit sur mes sujets partager ma puissance.
Aujourd'hui que, pour prix des pertes de son sang,
Je ne puis l'honorer d'un plus illustre rang,
Je lu. dois mon sang même, et, lui donnant ma fille,
Lui fais part de mes droits sur ma propre famille.
(A Maximin.)
Ce présent, Maximin, est encore au-dessous
Du service important que j'ai reçu de vous ;
Mais, pour faire vos prix égaux à vos mérites,
La terre trouverait ses bornes trop petites ;
Et vous avez rendu mon pouvoir impuissant,
Et restreint envers vous ma force en l'accroissant.

MAXIMIN.

La part que vos bontés m'ont fait prendre en l'empire
N'égale point, Seigneur, ces beaux fers où j'aspire.
Tous les arcs triomphants que Rome m'a dressés
Cèdent à la prison que vous me bâtissez ;
Et, de victorieux des bords que l'Inde lave,
J'accepte, plus content, la qualité d'esclave,
Que, dépouillant ce corps, vous ne prendrez aux cieux
Le rang par vos vertus acquis entre les dieux :
Mais oser concevoir cette insolente audace
Est plutôt mériter son mépris que sa grâce,
Et, quoi qu'ait fait ce bras, il ne m'a point acquis

Ni ces titres fameux, ni ce renom exquis
Qui des extractions effacent la mémoire
Quand à sa vertu seule il faut devoir sa gloire.
Quelque insigne avantage et quelque illustre rang
Dont vous ayez couvert le défaut de mon sang,
Quoi que l'on dissimule, on pourra toujours dire
Qu'un berger est assis au trône de l'empire,
Qu'autrefois mes palais ont été des hameaux,
Que qui gouverne Rome a conduit des troupeaux,
Que pour prendre le fer j'ai quitté la houlette,
Et qu'enfin votre ouvrage est une œuvre imparfaite.
Puis-je, avec ce défaut non encor réparé,
M'approcher d'un objet digne d'être adoré,
Espérer de ses vœux les glorieuses marques,
Prétendre d'étouffer l'espoir de cent monarques,
Passer ma propre attente, et me faire des dieux,
Sinon des ennemis, au moins des envieux ?

DIOCLÉTIEN.

Suffit que c'est mon choix, et que j'ai connaissance
Et de votre personne et de votre naissance,
Et que, si l'une enfin n'admet un rang si haut,
L'autre par sa vertu répare son défaut,
Supplée à la nature, élève sa bassesse,
Se reproduit soi-même et forme sa noblesse.
A combien de bergers les Grecs et les Romains
Ont-ils pour leur vertu vu des sceptres aux mains ?
L'histoire, des grands cœurs la plus chère espérance,
Que le temps traite seule avecque révérence,
Qui, ne redoutant rien, ne peut rien respecter,
Qui se produit sans fard et parle sans flatter,
N'a-t-elle pas cent fois publié la louange
Des gens que leur mérite a tirés de la fange,
Qui par leur industrie ont leurs noms éclaircis,
Et sont montés au rang où nous sommes assis ?
Cyrus, Sémiramis, sa fameuse adversaire,
Noms qu'encore aujourd'hui la mémoire révère,
Lycaste, Parrasie, et mille autre divers,
Qui dans les premiers temps ont régi l'univers ;
Et récemment encor, dans Rome, Vitellie,
Gordien, Pertinax, Macrin, Probe, Aurélie,
N'y sont-ils pas montés, et fait de mêmes mains
Des règles aux troupeaux et des lois aux humains ?
Et moi-même, enfin, moi, qui, de naissance obscure,
Dois mon sceptre à moi-même et rien à la nature,

N'ai-je pas lieu de croire, en cet illustre rang,
Le mérite dans l'homme et non pas dans le sang,
D'avoir à qui l'accroît fait part de ma puissance,
Et choisi la personne, et non pas la naissance?
(A Valérie.)
Vous, cher fruit de mon lit, beau prix de ses exploits,
Si ce front n'est menteur, vous approuvez mon choix,
Et tout ce que l'amour imprime d'allégresse
Sur le front d'une fille amante, mais princesse,
Y fait voir sagement que mon élection
Se trouve un digne objet de votre passion.
VALÉRIE.
Ce choix étant si rare, et venant de mon père,
Mon goût serait mauvais s'il s'y trouvait contraire.
Oui, Seigneur, je l'approuve, et bénis le destin
D'un heureux accident que j'ai craint ce matin.
(Se tournant vers Camille.)
Mon songe est expliqué : j'épouse en ce grand homme
Un berger, il est vrai, mais qui commande à Rome.
Le songe m'effrayait, et j'en chéris l'effet,
Et ce qui fut ma peur est enfin mon souhait.
MAXIMIN, lui baisant la main.
O favorable arrêt, qui me comble de gloire,
Et fait de ma prison ma plus digne victoire!
CAMILLE.
Ainsi souvent le Ciel conduit tout à tel point
Que ce qu'on craint arrive, et qu'il n'afflige point,
Et que ce qu'on redoute est enfin ce qu'on aime.

SCÈNE IV

LES MEMES; UN PAGE.

LE PAGE.
Genest attend, Seigneur, dans un désir extrême,
De s'acquitter des vœux dus à Vos Majestés.
DOCLÉTIEN.
Qu'il entre.
(Le page sort.)
CAMILLE, à Valérie.
Il manquait seul à vos prospérités;
Et, quel que soit votre heur, son art, pour le parfaire,
Semble en quelque façon vous être nécessaire.

Madame, obtenez-nous ce divertissement
Que vous même estimez et trouvez si charmant.

SCÈNE V

GENEST, DIOCLÉTIEN, MAXIMIN, PLANCIEN, VALÉRIE,
CAMILLE, GARDES, SOLDATS.

GENEST.

Si parmi vos sujets une abjecte fortune
Permet de partager l'allégresse commune,
Et de contribuer, en ces communs désirs,
Sinon à votre gloire, au moins à vos plaisirs,
Ne désapprouvez pas, ô généreux monarques,
Que notre affection vous produise ses marques,
Et que mes compagnons vous offrent par ma voix,
Non des tableaux parlants de vos rares exploits,
Non cette si célèbre et si fameuse histoire
Que vos heureux succès laissent à la mémoire
(Puisque le peuple grec, non plus que le romain,
N'a point pour les tracer une assez docte main),
Mais quelque effort au moins par qui nous puissions dire
Vous avoir délassé du grand faix de l'empire,
Et, par ce que notre art aura de plus charmant,
Avoir à vos grands soins ravi quelque moment.

DIOCLÉTIEN.

Genest, ton soin m'oblige, et la cérémonie
Du beau jour où ma fille à ce prince est unie,
Et qui met notre joie en un degré si haut,
Sans un trait de ton art aurait quelque défaut.
Le théâtre aujourd'hui, fameux par ton mérite,
A ce noble plaisir puissamment sollicite,
Et dans l'état qu'il est ne peut, sans être ingrat,
Nier de te devoir son plus brillant éclat :
Avec confusion j'ai vu cent fois tes feintes
Me livrer malgré moi de sensibles atteintes ;
En cent sujets divers, suivant tes mouvements,
J'ai reçu de tes feux de vrais ressentiments ;
Et l'empire absolu que tu prends sur une âme
M'a fait cent fois de glace et cent autres de flamme.
Par ton art les héros, plutôt ressuscités
Qu'imités en effet et que représentés,
Des cent et des mille ans après leurs funérailles,
Font encor des progrès, et gagnent des batailles,

Et sous leurs noms fameux établissent des lois :
Tu me fais en toi seul maître de mille rois.
Le comique, où ton art également succède,
Est contre la tristesse un si pressant remède
Qu'un seul mot, quand tu veux, un pas, une action
Ne laisse plus de prise à cette passion,
Et, par une soudaine et sensible merveille,
Jette la joie au cœur par l'œil ou par l'oreille.
GENEST.
Cette gloire, Seigneur, me confond à tel point...
DIOCLÉTIEN.
Crois qu'elle est légitime, et ne t'en défends point.
Mais passons aux auteurs, et dis-nous quel ouvrage
Aujourd'hui dans la scène a le plus haut suffrage,
Quelle plume est en règne, et quel fameux esprit
S'est acquis dans le cirque un plus juste crédit.
GENEST.
Les goûts sont différents, et souvent le caprice
Établit ce crédit bien plus que la justice.
DIOCLÉTIEN.
Mais, entre autres encor, qui l'emporte, en ton sens?
GENEST.
Mon goût, à dire vrai, n'est point pour les récents :
De trois ou quatre au plus peut-être la mémoire
Jusqu'aux siècles futurs conservera la gloire ;
Mais de les égaler à ces fameux auteurs
Dont les derniers des temps seront adorateurs,
Et de voir leurs travaux avec la révérence
Dont je vois les écrits d'un Plaute et d'un Térence,
Et de ces doctes Grecs, dont les rares brillants
Font qu'ils vivent encor si beaux après mille ans,
Et dont l'estime enfin ne peut être effacée,
Ce serait vous mentir et trahir ma pensée.
DIOCLÉTIEN.
Je sais qu'en leurs écrits l'art et l'invention
Sans doute ont mis la scène en sa perfection ;
Mais ce que l'on a vu n'a plus la douce amorce
Ni le vif aiguillon dont la nouveauté force ;
Et ce qui surprendra nos esprits et nos yeux,
Quoique moins achevé, nous divertira mieux.
GENEST.
Nos plus nouveaux sujets, les plus dignes de Rome,
Et les plus grands efforts des veilles d'un grand homme
A qui les rares fruits que la muse produit

Ont acquis dans la scène un légitime bruit,
Et de qui certes l'art comme l'estime est juste,
Portent les noms fameux de Pompée et d'Auguste;
Ces poëmes sans prix, où son illustre main
D'un pinceau sans pareil a peint l'esprit romain,
Rendront de leurs beautés votre oreille idolâtre,
Et sont aujourd'hui l'âme et l'amour du théâtre.

VALÉRIE.

J'ai su la haute estime où l'on les a tenus;
Mais leurs sujets enfin sont des sujets connus;
Et quoiqu'ils aient de beau, la plus rare merveille,
Quand l'esprit la connaît, ne surprend plus l'oreille.
Ton art est toujours même, et tes charmes égaux,
Aux sujets anciens aussi bien qu'aux nouveaux;
Mais on vante surtout l'inimitable adresse
Dont tu feins d'un chrétien le zèle et l'allégresse,
Quand, le voyant marcher du baptême au trépas,
Il semble que les feux soient des fleurs sous tes pas.

MAXIMIN.

L'épreuve en est aisée.

GENEST.

Elle sera sans peine,
Si votre nom, Seigneur, nous est libre en la scène;
Et la mort d'Adrien, l'un de ces obstinés,
Par vos derniers arrêts naguère condamnés,
Vous sera figurée avec un art extrême,
Et si peu différent de la vérité même,
Que vous nous avoûrez de cette liberté
Où César à César sera représenté,
Et que vous douterez si, dans Nicomédie,
Vous verrez l'effet même ou bien la comédie.

MAXIMIN.

Oui, crois qu'avec plaisir je serai spectateur
En la même action dont je serai l'acteur.
Va, prépare un effort digne de la journée
Où le Ciel, m'honorant d'un si juste hyménée,
Met, par une aventure incroyable aux neveux,
Mon bonheur et ma gloire au-dessus de mes vœux.

ACTE DEUXIÈME

SCÈNE I
(Le théâtre s'ouvre.)

GENEST, s'habillant, et tenant son rôle ;
LE DÉCORATEUR.

GENEST.

Il est beau ; mais encore, avec peu de dépense,
Vous pouviez ajouter à la magnificence,
N'y laisser rien d'aveugle, y mettre plus de jour,
Donner plus de hauteur aux travaux d'alentour,
En marbrer les dehors, en jasper les colonnes,
Enrichir les tympans, leurs cimes, leurs couronnes,
Mettre en vos coloris plus de diversité,
En vos carnations plus de vivacité,
Draper mieux ces habits, reculer ces paysages,
Y lancer des jets d'eau, renfondrer leurs ombrages,
Et surtout en la toile où vous peignez vos cieux
Faire un jour naturel au jugement des yeux,
Au lieu que la couleur m'en semble un peu meurtrie.

LE DÉCORATEUR.

Le temps nous a manqué plutôt que l'industrie ;
Joint qu'on voit mieux de loin ces raccourcissements,
Ces corps sortant du plan de ces refondrements ;
L'approche à ces dessins ôte leurs perspectives,
En confond les faux jours, rend leurs couleurs moins vives
Et, comme à la nature, est nuisible à notre art
A qui l'éloignement semble apporter du fard :
La grâce une autre fois y sera plus entière.

GENEST.

Le temps nous presse ; allez, préparez la lumière.
(Le décorateur sort.)
(Il lit son rôle.)

« Ne délibère plus, Adrien, il est temps
« De suivre avec ardeur ces fameux combattants :
« Si la gloire te plaît, l'occasion est belle ;
« La querelle du ciel à ce combat t'appelle ;
« La torture, le fer et la flamme t'attend :
« Offre à leurs cruautés un cœur ferme et constant,
« Laisse à de lâches cœurs verser d'indignes larmes,

« Tendre aux tyrans les mains et mettre bas les armes ;
« Offre ta gorge au fer, vois-en couler ton sang,
« Et meurs sans t'ébranler, debout et dans ton rang.
         (Il répète encore ces quatre derniers vers.)
« Laisse à de lâches cœurs verser d'indignes larmes,
« Tendre aux tyrans les mains et mettre bas les armes ;
« Offre la gorge au fer, vois-en couler ton sang,
« Et meurs sans t'ébranler, debout et dans ton rang. »

SCÈNE II

MARCELLE, achevant de s'habiller, et tenant son rôle ; GENEST.

            MARCELLE.
Dieux ! comment en ce lieu faire la comédie ?
De combien d'importuns j'ai la tête étourdie !
Combien, à les ouïr, je fais de languissants !
Par combien d'attentats j'entreprends sur les sens !
Ma voix rendrait les bois et les rochers sensibles ;
Mes plus simples regards sont des meurtres visibles ;
Je foule autant de cœurs que je marche de pas ;
La troupe, en me perdant, perdrait tous ses appas.
Enfin, s'ils disent vrai, j'ai lieu d'être bien vaine.
De ces faux courtisans toute ma loge est pleine ;
Et, lasse au dernier point d'entendre leurs douceurs,
Je les en ai laissés absolus possesseurs.
Je crains plus que la mort cette engeance idolâtre
De lutins importuns qu'engendre le théâtre,
Et que la qualité de la profession
Nous oblige à souffrir avec discrétion.
            GENEST.
Outre le vieil usage où nous trouvons le monde,
Les vanités encor dont votre sexe abonde
Vous font avec plaisir supporter cet ennui,
Par qui tout votre temps devient le temps d'autrui.
Avez-vous repassé cet endroit pathétique
Où Flavie en sortant vous donne la réplique,
Et vous souvenez-vous qu'il s'y faut exciter ?
         MARCELLE, lui donnant son rôle.
J'en prendrais votre avis, oyez-moi réciter :
         (Elle répète.)
« J'ose à présent, ô Ciel, d'une vue assurée,
« Contempler les brillants de ta voûte azurée,
« Et nier ces faux dieux qui n'ont jamais foulé

« De ce palais roulant le lambris étoilé.
« A ton pouvoir, Seigneur, mon époux rend hommage;
« Il professe ta foi, ses fers t'en sont un gage;
« Ce redoutable fléau des dieux sur les chrétiens,
« Ce lion altéré du sacré sang des tiens,
« Qui de tant d'innocents crut la mort légitime,
« De ministre qu'il fut, s'offre enfin pour victime,
« Et, patient agneau, tend à ses ennemis
« Un col à ton saint joug heureusement soumis. »

GENEST.

Outre que dans la cour que vous avez charmée
On sait que votre estime est assez confirmée,
Ce récit me surprend, et vous peut acquérir
Un renom au théâtre à ne jamais mourir.

MARCELLE.

Vous m'en croyez bien plus que je ne m'en présume.

GENEST.

La cour viendra bientôt ; commandez qu'on allume.

(Marcelle sort.)

(Il repasse son rôle.)

« Il serait, Adrien, honteux d'être vaincu ;
« Si ton Dieu veut ta mort, c'est déjà trop vécu ;
« J'ai vu, Ciel, tu le sais par le nombre des âmes
« Que j'osai t'envoyer par des chemins de flammes,
« Dessus les grils ardents et dedans les taureaux
« Chanter les condamnés et trembler les bourreaux.

(Il répète ces quatre derniers vers.)

« J'ai vu, Ciel, tu le sais par le nombre des âmes
« Que j'osais t'envoyer par des chemins de flammes,
« Dessus les grils ardents et dedans les taureaux
« Chanter les condamnés et trembler les bourreaux. »

Dieux, prenez contre moi ma défense et la vôtre ;
D'effet comme de nom je me trouve être un autre ;
Je feins moins Adrien que je ne le deviens,
Et prends avec son nom des sentiments chrétiens.
Je sais, pour l'éprouver, que par un long étude
L'art de nous transformer nous passe en habitude ;
Mais il semble qu'ici des vérités sans fard
Passent et l'habitude et la force de l'art,
Et que Christ me propose une gloire éternelle
Contre qui ma défense est vaine et criminelle ;
J'ai pour suspects vos noms de dieux et d'immortels,
Je répugne aux respects qu'on rend à vos autels ;
Mon esprit, à vos lois secrètement rebelle,

En conçoit un mépris qui fait mourir son zèle,
Et, comme de profane enfin sanctifié,
Semble se déclarer pour un crucifié.
Mais où va ma pensée, et par quel privilège
Presque insensiblement passé-je au sacrilège,
Et du pouvoir des dieux perds-je le souvenir?
Il s'agit d'imiter et non de devenir.

(Le ciel s'ouvre avec des flammes.)

UNE VOIX.

Poursuis, Genest, ton personnage ;
Tu n'imiteras point en vain ;
Ton salut ne dépend que d'un peu de courage.
Et Dieu t'y prêtera la main.

GENEST.

Qu'entends-je, juste Ciel, et par quelle merveille,
Pour me toucher le cœur, me frappes-tu l'oreille?
Souffle doux et sacré qui me viens enflammer,
Esprit saint et divin qui me viens animer,
Et qui, me souhaitant, m'inspires le courage,
Travaille à mon salut, achève ton ouvrage,
Guide mes pas douteux dans le chemin des cieux,
Et pour me les ouvrir dessille-moi les yeux.
Mais, ô vaine créance et frivole pensée,
Que du ciel cette voix me doive être adressée !
Quelqu'un, s'apercevant du caprice où j'étois,
S'est voulu divertir par cette feinte voix,
Qui d'un si prompt effet m'excite tant de flamme,
Et qui m'a pénétré jusqu'au profond de l'âme.
Prenez, dieux, contre Christ, prenez votre parti,
Dont ce rebelle cœur s'est presque départi ;
Et toi contre les dieux, ô Christ, prends ta défense,
Puisqu'à tes lois ce cœur fait encor résistance,
Et dans l'onde agitée où flottent mes esprits
Terminez votre guerre, et m'en faites le prix.
Rendez-moi le repos dont ce trouble me prive.

SCÈNE III

LE DÉCORATEUR, venant allumer les chandelles, GENEST.

LE DÉCORATEUR.

Hâtez-vous, il est temps ; toute la cour arrive.

GENEST.

Allons, tu m'as distrait d'un rôle glorieux

Que je représentais devant la cour des cieux,
Et de qui l'action est d'importance extrême,
Et n'a pas un objet moindre que le ciel même.
Préparons la musique, et laissons-les placer.
LE DÉCORATEUR, à part.
Il repassait son rôle et s'y veut surpasser.
(Ils sortent.)

SCÈNE IV

DIOCLÉTIEN, MAXIMIN, VALÉRIE, CAMILLE, PLANCIEN, SOLDATS, GARDES.

VALÉRIE.
Mon goût, quoi qu'il en soit, est pour la tragédie :
L'objet en est plus haut, l'action plus hardie,
Et les pensers pompeux et pleins de majesté
Lui donnent plus de poids et plus d'autorité.
MAXIMIN.
Elle l'emporte enfin par les illustres marques
D'exemple des héros, d'ornement des monarques,
De règle et de mesure à leurs affections,
Par ses événements et par ses actions.
PLANCIEN.
Le théâtre aujourd'hui, superbe en sa structure,
Admirable en son art, et riche en sa peinture,
Promet pour le sujet de mêmes qualités.
MAXIMIN.
Les effets en sont beaux, s'ils sont bien imités.
Vous verrez un des miens, d'une insolente audace,
Au mépris de la part qu'il s'acquit en ma grâce,
Au mépris de ses jours, au mépris de nos dieux,
Affronter le pouvoir de la terre et des cieux,
Et faire à mon amour succéder tant de haine
Que, bien loin d'en souffrir le spectacle avec peine,
Je verrai d'un esprit tranquille et satisfait
De son zèle obstiné le déplorable effet,
Et remourir ce traître après sa sépulture,
Sinon en sa personne, au moins en sa figure.
DIOCLÉTIEN.
Pour le bien figurer, Genest n'oubliera rien :
Écoutons seulement et trêve à l'entretien.
(On entend une voix accompagnée d'un luth.)

(LA PIÈCE COMMENCE.)

SCÈNE V

LES MÊMES, assis ; ADRIEN, sur un théâtre élevé, représenté par GENEST.

ADRIEN.

Ne délibère plus, Adrien, il est temps
De suivre avec ardeur ces fameux combattants :
Si la gloire te plaît, l'occasion est belle ;
La querelle du ciel à ce combat t'appelle ;
La torture, le fer et la flamme t'attend ;
Offre à leurs cruautés un cœur ferme et constant ;
Laisse à de lâches cœurs verser d'indignes larmes,
Tendre aux tyrans les mains et mettre bas les armes ;
Offre ta gorge au fer, vois-en couler ton sang,
Et meurs sans t'ébranler, debout et dans ton rang.
La faveur de César, qu'un peuple entier t'envie,
Ne peut durer au plus que le cours de sa vie ;
De celle de ton Dieu, non plus que de ses jours,
Jamais nul accident ne bornera le cours :
Déjà de ce tyran la puissance irritée,
Si ton zèle te dure, a ta perte arrêtée.
Il serait, Adrien, honteux d'être vaincu ;
Si ton Dieu veut ta mort, c'est déjà trop vécu.
J'ai vu, Ciel, tu le sais par le nombre des âmes
Que j'osai t'envoyer par des chemins de flammes,
Dessus les grils ardents et dedans les taureaux,
Chanter les condamnés et trembler les bourreaux ;
J'ai vu tendre aux enfants une gorge assurée
A la sanglante mort qu'ils voyaient préparée,
Et tomber sous le coup d'un trépas glorieux
Ces fruits à peine éclos, déjà mûrs pour les cieux.
J'en ai vu que le temps prescrit par la nature
Était près de pousser dedans la sépulture,
Dessus les échafauds presser ce dernier pas,
Et d'un jeune courage affronter le trépas.
J'ai vu mille beautés en la fleur de leur âge,
A qui, jusqu'aux tyrans, chacun rendait hommage,
Voir avecque plaisir meurtris et déchirés
Leurs membres précieux de tant d'yeux adorés.
Vous l'avez vu, mes yeux, et vous craindriez sans honte
Ce que tout sexe brave et que tout âge affronte !
Cette vigueur peut-être est un effort humain ?

Non, non, cette vertu, Seigneur, vient de ta main;
L'âme la puise au lieu de sa propre origine,
Et, comme les effets, la source en est divine.
C'est du ciel que me vient cette noble vigueur
Qui me fait des tourments mépriser la rigueur,
Qui me fait défier les puissances humaines,
Et qui fait que mon sang se déplaît dans mes veines,
Qu'il brûle d'arroser cet arbre précieux
Où pend pour nous le fruit le plus chéri des cieux.
J'ai peine à concevoir ce changement extrême,
Et sens que, différent et plus fort que moi-même,
J'ignore toute crainte, et puis voir sans terreur
La face de la mort en sa plus noire horreur.
Un seul bien que je perds, la seule Natalie,
Qu'à mon sort un saint joug heureusement allie,
Et qui de ce saint zèle ignore le secret,
Parmi tant de ferveur mêle quelque regret.
Mais que j'ai peu de cœur, si ce penser me touche !
Si proche de la mort, j'ai l'amour en la bouche !

SCÈNE VI

LES MÊMES; FLAVIE, tribun, représenté par SERGESTE, DEUX GARDES.

FLAVIE.

Je crois, cher Adrien, que vous n'ignorez pas
Quel important sujet adresse ici mes pas;
Toute la cour en trouble attend d'être éclaircie
D'un bruit dont au palais votre estime est noircie,
Et que vous confirmez par votre éloignement.
Chacun selon son sens en croit diversement :
Les uns, que pour railler cette erreur s'est semée,
D'autres, que quelque sort a votre âme charmée,
D'autres, que le venin de ces lieux infectés
Contre votre raison a vos sens révoltés;
Mais surtout de César la croyance incertaine
Ne peut où s'arrêter, ni s'asseoir qu'avec peine.

ADRIEN.

A qui dois-je le bien de m'avoir dénoncé ?

FLAVIE.

Nous étions au palais, où César empressé
De grand nombre des siens, qui lui vantaient leur zèle
A mourir pour les dieux ou venger leur querelle;

« Adrien, a-t-il dit, d'un visage remis,
« Adrien leur suffit contre tant d'ennemis :
« Seul contre ces mutins il soutiendra leur cause ;
« Sur son unique soin mon esprit se repose :
« Voyant le peu d'effet que la rigueur produit,
« Laissons éprouver l'art où la force est sans fruit ;
« Leur obstination s'irrite par les peines ;
« Il est plus de captifs que de fers et de chaînes ;
« Les cachots trop étroits ne les contiennent pas ;
« Les haches et les croix sont lasses de trépas ;
« La mort, pour la trop voir, ne leur est plus sauvage ;
« Pour trop agir contre eux, le feu perd son usage ;
« En ces horreurs enfin le cœur manque aux bourreaux,
« Aux juges la constance, aux mourants les travaux.
« La douceur est souvent une invincible amorce
« A ces cœurs obstinés, qu'on aigrit par la force. »
Titien, à ces mots, dans la salle rendu,
« Ah ! s'est-il écrié, César, tout est perdu. »
La frayeur à ce cri par nos veines s'étale ;
Un murmure confus se répand dans la salle :
« Qu'est-ce ? a dit l'empereur, interdit et troublé.
« Le ciel s'est-il ouvert ? le monde a-t-il tremblé ?
« Quelque foudre lancé menace-t-il ma tête ?
« Rome d'un étranger est-elle la conquête ?
« Ou quelque embrasement consume-t-il ces lieux ? »
« — Adrien, a-t-il dit, pour Christ renonce aux dieux. »

ADRIEN.

Oui, sans doute, et de plus à César, à moi-même,
Et soumets tout, Seigneur, à ton pouvoir suprême.

FLAVIE.

Maximin, à ce mot, furieux, l'œil ardent,
Signes avant-coureurs d'un funeste accident,
Pâlit, frappe du pied, frémit, déteste, tonne,
Comme désespéré, ne connaît plus personne,
Et nous fait voir au vif le geste et la couleur
D'un homme transporté d'amour et de douleur.
Et j'entends Adrien vanter encor son crime !
De César, de son maître, il paie ainsi l'estime,
Et reconnaît si mal qui lui veut tant de bien !

ADRIEN.

Qu'il cesse de m'aimer, ou qu'il m'aime chrétien.

FLAVIE.

Les dieux, dont comme nous les monarques dépendent,
Ne le permettent pas, et les lois le défendent.

ADRIEN.
C'est le Dieu que je sers qui fait régner les rois,
Et qui fait que la terre en révère les lois.

FLAVIE.
Sa mort sur un gibet marque son impuissance.

ADRIEN.
Dites mieux, son amour et son obéissance.

FLAVIE.
Sur une croix enfin...

ADRIEN.
          Sur un bois glorieux,
Qui fut moins une croix qu'une échelle des cieux.

FLAVIE.
Mais ce genre de mort ne pouvait être pire.

ADRIEN.
Mais, mourant, de la mort il détruisit l'empire.

FLAVIE.
L'auteur de l'univers entrer dans un cercueil !

ADRIEN.
Tout l'univers aussi s'en vit tendu de deuil,
Et le ciel effrayé nous cacha sa lumière.

FLAVIE.
Si vous vous repaissez de ces vaines chimères,
Ce mépris de nos dieux et de votre devoir
En l'esprit de César détruira votre espoir.

ADRIEN.
César m'abandonnant, Christ est mon assurance ;
C'est l'espoir des mortels dépouillés d'espérance.

FLAVIE.
Il vous peut même ôter vos biens si précieux.

ADRIEN.
J'en serai plus léger pour monter dans les cieux.

FLAVIE.
L'indigence est à l'homme un monstre redoutable.

ADRIEN.
Christ, qui fut homme et Dieu, naquit dans une étable.
Je méprise vos biens et leur fausse douceur,
Dont on est possédé plutôt que possesseur.

FLAVIE.
Sa piété l'oblige, autant que sa justice,
A faire des chrétiens un égal sacrifice.

ADRIEN.
Qu'il fasse ; il tarde trop.

FLAVIE.
           Que votre repentir...
           ADRIEN.
Non, non, mon sang, Flavie, est tout prêt à sortir.
           FLAVIE.
Si vous vous obstinez, votre perte est certaine.
           ADRIEN.
L'attente m'en est douce, et la menace vaine.
           FLAVIE.
Quoi! vous n'ouvrirez point l'oreille à mes avis,
Aux soupirs de la cour, aux vœux de vos amis,
A l'amour de César, aux cris de Natalie,
A qui si récemment un si beau nœud vous lie?
Voudriez-vous souffrir que dans cet accident
Ce soleil de beauté trouvât son occident?
A peine, depuis l'heure à ce nœud destinée,
A-t-elle vu flamber les torches d'hyménée :
Encor si quelque fruit de vos chastes amours
Devait après la mort perpétuer vos jours!
Mais vous voulez mourir avecque la disgrâce
D'éteindre votre nom avecque votre race,
Et, suivant la fureur d'un aveugle transport,
Nous être tout ravi par une seule mort!
Si votre bon génie attend l'heure opportune,
Savez-vous les emplois dont vous courez fortune?
L'espoir vous manque-t-il? et n'osez-vous songer
Qu'avant qu'être empereur Maximin fut berger?
Pour peu que sa faveur vous puisse être constante,
Quel défaut vous défend une pareille attente?
Quel mépris obstiné des hommes et des dieux
Vous rend indifférents et la terre et les cieux,
Et, comme si la mort vous était souhaitable,
Fait que pour l'obtenir vous vous rendez coupable,
Et vous faites César et les dieux ennemis?
Pesez-en le succès d'un esprit plus remis;
Celui n'a point péché, de qui la repentance
Témoigne la surprise et suit de près l'offense.
           ADRIEN.
La grâce dont le ciel a touché mes esprits
M'a bien persuadé, mais ne m'a point surpris;
Et, me laissant toucher à cette repentance,
Bien loin de réparer, je commettrais l'offense.
Allez, ni Maximin, courtois ou furieux,
Ni ce foudre qu'on peint en la main de vos dieux,

Ni la cour, ni le trône, avecque tous leurs charmes,
Ni Natalie enfin avec toutes ses larmes,
Ni l'univers rentrant dans son premier chaos,
Ne divertiraient pas un si ferme propos.

FLAVIE.

Pensez bien aux effets qui suivront mes paroles.

ADRIEN.

Ils seront sans vertu, comme elles sont frivoles.

FLAVIE.

Si raison ni douceur ne vous peut émouvoir,
Mon ordre va plus loin.

ADRIEN.

Faites votre devoir.

FLAVIE.

C'est de vous arrêter et vous charger de chaînes,
Si, comme je vous dis, l'une et l'autre sont vaines.
(On enchaîne Adrien.)

ADRIEN.

Faites; je recevrai ces fardeaux précieux
Pour les premiers présents qui me viennent des cieux,
Pour de riches faveurs et de superbes marques
Du César des Césars et du roi des monarques;
Et j'irai sans contrainte où, d'un illustre effort,
Les soldats de Jésus triomphent de la mort.
(Ils sortent.)

DIOCLÉTIEN.

En cet acte, Genest à mon gré se surpasse.

MAXIMIN.

Il ne se peut rien feindre avecque plus de grâce.

VALÉRIE, se levant.

L'intermède permet de l'en féliciter,
Et de voir les acteurs.

DIOCLÉTIEN.

Il se faut donc hâter.

ACTE TROISIÈME

SCÈNE I

DIOCLÉTIEN, MAXIMIN, VALÉRIE, CAMILLE, PLANCIEN, GARDES, SOLDATS.

VALÉRIE.
Quel trouble ! quel désordre ! et comment sans miracle
Nous peuvent-ils produire aucun plaisant spectacle?
CAMILLE.
Certes, à voir entre eux cette confusion,
L'ordre de leur récit semble une illusion.
MAXIMIN.
L'art en est merveilleux, il faut que je l'avoue ;
Mais l'acteur qui paraît est celui qui me joue,
Et qu'avecque Genest j'ai vu se concerter.
Voyons de quelle grâce il saura m'imiter.

SCÈNE II

LES MÊMES ; MAXIMIN, représenté par OCTAVE ; ADRIEN chargé de fers, représenté par GENEST ; FLAVIE, représenté par SERGESTE, LE GEOLIER, GARDES, SOLDATS.

MAXIMIN, acteur.
Sont-ce là les faveurs, traître, sont-ce les gages
De ce maître nouveau qui reçoit tes hommages,
Et qu'au mépris des droits et du culte des dieux
L'impiété chrétienne ose placer aux cieux?
ADRIEN.
La nouveauté, Seigneur, de ce maître des maîtres
Est devant tous les temps et devant tous les êtres :
C'est lui qui du néant a tiré l'univers,
Lui qui dessus la terre a répandu les mers,
Qui de l'air étendit les humides contrées,
Qui sema de brillants les voûtes azurées,
Qui fit naître la guerre entre les éléments,
Et qui régla des cieux les divers mouvements ;
La terre à son pouvoir rend un muet hommage,

Les rois sont ses sujets, le monde est son partage;
Si l'onde est agitée, il la peut affermir ;
S'il querelle les vents, ils n'osent plus frémir ;
S'il commande au soleil, il arrête sa course :
Il est maître de tout, comme il en est la source;
Tout subsiste par lui, sans lui rien n'eût été ;
De ce maître, Seigneur, voilà la nouveauté.
Voyez si sans raison il reçoit mes hommages,
Et si sans vanité j'en puis porter les gages.
Oui, ces chaînes, César, ces fardeaux glorieux,
Sont aux bras d'un chrétien des présents précieux;
Devant nous, ce cher maître en eut les mains chargées,
Au feu de son amour il nous les a forgées ;
Loin de nous accabler, leur faix est notre appui,
Et c'est par ces chaînons qu'il nous attire à lui.

MAXIMIN, acteur.

Dieux ! à qui pourrons-nous nous confier sans crainte,
Et de qui nous promettre une amitié sans feinte,
De ceux que la fortune attache à nos côtés,
De ceux que nous avons acquis moins qu'achetés,
Qui sous des fronts soumis cachent des cœurs rebelles,
Que par trop de crédit nous rendons infidèles ?
O dure cruauté du destin de la cour,
De ne pouvoir souffrir d'inviolable amour,
De franchise sans fard, de vertu qu'offusquée,
De devoir que contraint, ni de foi que manquée !
Qu'entreprends-je, chétif, en ces lieux écartés,
Où, lieutenant des dieux justement irrités,
Je fais d'un bras vengeur éclater les tempêtes,
Et poursuis des chrétiens les sacrilèges têtes,
Si, tandis que j'en prends un inutile soin,
Je vois naître chez moi ce que je fuis si loin?
Ce que j'extirpe ici dans ma cour prend racine ;
J'élève auprès de moi ce qu'ailleurs j'extermine.
Ainsi notre fortune, avec tout son éclat,
Ne peut, quoi qu'elle fasse, acheter un ingrat.

ADRIEN.

Pour croire un Dieu, Seigneur, la liberté de croire
Est-elle en votre estime une action si noire,
Si digne de l'excès où vous vous emportez,
Et se peut-il souffrir de moindres libertés ?
Si jusques à ce jour vous avez cru ma vie
Inaccessible même aux assauts de l'envie,
Et si les plus censeurs ne me reprochent rien,

Qui m'a fait si coupable, en me faisant chrétien ?
Christ réprouve la fraude, ordonne la franchise,
Condamne la richesse injustement acquise,
D'un illicite amour défend l'acte indécent,
Et de tremper ses mains dans le sang innocent :
Trouvez-vous en ces lois aucune ombre de crime,
Rien de honteux aux siens, et rien d'illégitime ?
J'ai contre eux éprouvé tout ce qu'eût pu l'enfer :
J'ai vu couler leur sang sous des ongles de fer,
J'ai vu bouillir leur corps dans la poix et les flammes,
J'ai vu leur chair tomber sous de flambantes lames,
Et n'ai rien obtenu de ces cœurs glorieux
Que de les avoir vus pousser des chants aux cieux,
Prier pour leurs bourreaux au fort de leur martyre,
Pour vos prospérités, et pour l'heur de l'empire.

MAXIMIN, acteur.
Insolent ! est-ce à toi de te choisir des dieux ?
Les miens, ceux de l'empire et ceux de tes aïeux
Ont-ils trop faiblement établi leur puissance
Pour t'arrêter au joug de leur obéissance ?

ADRIEN.
Je cherche le salut, qu'on ne peut espérer
De ces dieux de métal qu'on vous voit adorer,

MAXIMIN, acteur.
Le tien, si cette humeur s'obstine à me déplaire,
Te garantira mal des traits de ma colère,
Que tes impiétés attireront sur toi.

ADRIEN.
J'en parerai les coups du bouclier de la foi.

MAXIMIN, acteur.
Crains de voir, et bientôt, ma faveur négligée
Et l'injure des dieux cruellement vengée.
De ceux que par ton ordre on a vus déchirés,
Que le fer a meurtris et le feu dévorés,
Si tu ne divertis la peine où tu t'exposes,
Les plus cruels tourments n'auront été que roses.

ADRIEN.
Nos corps étant péris, nous espérons qu'ailleurs
Le Dieu que nous servons nous les rendra meilleurs.

MAXIMIN, acteur.
Traître ! jamais sommeil n'enchantera mes peines
Que ton perfide sang, épuisé de tes veines,
Et ton cœur sacrilège, aux corbeaux exposé,
N'ait rendu de nos dieux le courroux apaisé.

ADRIEN.
La mort dont je mourrai sera digne d'envie,
Quand je perdrai le jour pour l'auteur de la vie.
MAXIMIN, acteur, à Flavie.
Allez ; dans un cachot accablez-le de fers ;
Rassemblez tous les maux que sa secte a soufferts,
Et faites à l'envi contre cet infidèle...
ADRIEN.
Dites ce converti.
MAXIMIN, acteur.
Paraître votre zèle ;
Imaginez, forgez ; le plus industrieux
A le faire souffrir sera le plus pieux :
J'emploirai ma justice où ma faveur est vaine,
Et qui fuit ma faveur éprouvera ma haine.
ADRIEN, à part.
Comme je te soutiens, Seigneur, sois mon soutien ;
Qui commence à souffrir commence d'être tien.
MAXIMIN, acteur, à part.
Dieux, vous avez un foudre, et cette félonie
Ne le peut allumer et demeure impunie !
Vous conservez la vie et laissez la clarté
A qui vous veut ravir votre immortalité,
A qui contre le Ciel soulève un peu de terre,
A qui veut de vos mains arracher le tonnerre,
A qui vous entreprend et vous veut détrôner
Pour un Dieu qu'il se forge et qu'il veut couronner !
Inspirez-moi, grands dieux, inspirez-moi des peines
Dignes de mon courroux et dignes de vos haines,
Puisqu'à des attentats de cette qualité
Un supplice commun est une impunité.
(Il sort.)

SCÈNE III

FLAVIE, ramenant Adrien à la prison ; ADRIEN, LE GEÔLIER,
GARDES.

FLAVIE, au geôlier.
L'ordre exprès de César le commet en ta garde.
LE GEÔLIER.
Le vôtre me suffit, et ce soin me regarde.

SCÈNE IV

LES MÊMES ; NATALIE, représentée par MARCELLE.

NATALIE.
O nouvelle trop vraie ! est-ce là mon époux ?
FLAVIE.
Notre dernier espoir ne consiste qu'en vous :
Rendez-le-nous à vous, à César, à lui-même.
NATALIE.
Si l'effet n'en dépend que d'un désir extrême...
FLAVIE.
Je vais faire espérer cet heureux changement.
Voyez-le.

(Il sort et le geôlier se retire.)

ADRIEN, à Natalie.
Tais-toi, femme, et m'écoute un moment.
Par l'usage des gens et par les lois romaines,
La demeure, les biens, les délices, les peines,
Tout espoir, tout profit, tout humain intérêt,
Doivent être communs à qui la couche l'est.
Mais que, comme la vie et comme la fortune,
Leur créance toujours leur doive être commune,
D'étendre jusqu'aux dieux cette communauté,
Aucun droit n'établit cette nécessité.
Supposons toutefois que la loi le désire,
Il semble que l'époux, comme ayant plus d'empire,
Ait le droit le plus juste ou le plus spécieux
De prescrire chez soi le culte de ses dieux.
Ce que tu vois enfin, ce corps chargé de chaînes,
N'est l'effet ni des lois ni des raisons humaines,
Mais de quoi des chrétiens j'ai reconnu le Dieu,
Et dit à vos autels un éternel adieu.
Je l'ai dit, je le dis, et trop tard pour ma gloire,
Puisqu'enfin je n'ai cru qu'étant forcé de croire,
Qu'après les avoir vus, d'un visage serein,
Pousser des chants aux cieux dans des taureaux d'airain,
D'un souffle, d'un regard jeter vos dieux par terre,
Et l'argile et le bois s'en briser comme verre.
Je les ai combattus : ces effets m'ont vaincu ;
J'ai reconnu par eux l'erreur où j'ai vécu ;
J'ai vu la vérité, je la suis, je l'embrasse ;
Et si César prétend par force, par menace,

Par offres, par conseil, ou par alléchement,
Et toi ni par soupirs ni par embrassements,
Ébranler une foi si ferme et si constante,
Tous deux vous vous flattez d'une inutile attente.
Reprends sur ta franchise un empire absolu ;
Que le nœud qui nous joint demeure résolu ;
Veuve dès à présent, par ma mort prononcée,
Sur un plus digne objet adresse ta pensée ;
Ta jeunesse, tes biens, ta vertu, ta beauté,
Te feront mieux trouver que ce qui t'est ôté.
Adieu : pourquoi, cruelle à de si belles choses,
Noyes-tu de tes pleurs ces œillets et ces roses ?
Bientôt, bientôt le sort, qui t'ôte ton époux,
Te fera respirer sous un hymen plus doux.
Que fais-tu ? tu me suis ! Quoi ! tu m'aimes encore ?
Oh ! si de mon désir l'effet pouvait éclore !
Ma sœur, c'est le seul nom dont je te puis nommer,
Que sous de douces lois nous nous pourrions aimer !
Tu saurais que la mort, par qui l'âme est ravie,
Est la fin de la mort plutôt que de la vie,
Qu'il n'est amour ni vie en ce terrestre lieu,
Et qu'on ne peut s'aimer ni vivre qu'avec Dieu.

NATALIE, l'embrassant.

Oh ! d'un Dieu tout-puissant merveilles souveraines !
Laisse-moi, cher époux, prendre part en tes chaînes !
Et, si ni notre hymen ni ma chaste amitié
Ne m'ont assez acquis le nom de ta moitié,
Permets que l'alliance enfin s'en accomplisse,
Et que Christ de ces fers aujourd'hui nous unisse ;
Crois qu'ils seront pour moi d'indissolubles nœuds
Dont l'étreinte en toi seul saura borner mes vœux.

ADRIEN.

O ciel ! ô Natalie, ah ! douce et sainte flamme,
Je rallume mes feux et reconnais ma femme.
Puisqu'au chemin du ciel tu veux suivre mes pas,
Sois mienne, chère épouse, au delà du trépas ;
Que mes vœux, que ta foi... Mais, tire-moi de peine :
Ne me flatté-je point d'une créance vaine ?
D'où te vient le beau feu qui t'échauffe le sein ?
Et quand as-tu conçu ce généreux dessein ?
Par quel heureux motif...

NATALIE.

        Je te vais satisfaire ;
Il me fut inspiré presque aux flancs de ma mère ;

Et presque en même instant le ciel versa sur moi
La lumière du jour et celle de la foi.
Il fit qu'avec le lait, pendante à la mamelle,
Je suçai des chrétiens la créance et le zèle ;
Et ce zèle avec moi crut jusqu'à l'heureux jour
Que mes yeux, sans dessein, m'acquirent ton amour.
Tu sais, s'il t'en souvient, de quelle résistance
Ma mère en cet amour combattit ta constance ;
Non qu'un si cher parti ne nous fût glorieux,
Mais pour sa répugnance au culte de tes dieux.
De César toutefois la suprême puissance
Obtint ce triste aveu de son obéissance ;
Ses larmes seulement marquèrent ses douleurs ;
Car qu'est-ce qu'un esclave a de plus que des pleurs ?
Enfin, le jour venu que je te fus donnée :
« Va, me dit-elle à part, va, fille infortunée,
Puisqu'il plaît à César ; mais surtout souviens-toi
D'être fidèle au Dieu dont nous suivons la loi,
De n'adresser qu'à lui tes vœux et tes prières,
De renoncer au jour plutôt qu'à ses lumières
Et détester autant les dieux de ton époux
Que ses chastes baisers te doivent être doux. »
Au défaut de ma voix, mes pleurs lui répondirent.
Tes gens dedans ton char aussitôt me rendirent,
Mais l'esprit si rempli de cette impression
Qu'à peine eus-je des yeux pour voir ta passion,
Et qu'il fallut du temps pour ranger ma franchise
Au point où ton mérite à la fin l'a soumise.
L'œil qui voit dans les cœurs clair comme dans les cieux
Sait quelle aversion j'ai depuis pour tes dieux ;
Et, depuis notre hymen, jamais leur culte impie,
Si tu l'as observé, ne m'a coûté d'hostie ;
Jamais sur leurs autels mes encens n'ont fumé ;
Et, lorsque je t'ai vu, de fureur enflammé,
Y faire tant offrir d'innocentes victimes,
J'ai souhaité cent fois de mourir pour tes crimes,
Et cent fois vers le ciel, témoin de mes douleurs,
Poussé pour toi des vœux accompagnés de pleurs.

ADRIEN.
Enfin je reconnais, ma chère Natalie,
Que je dois mon salut au saint nœud qui nous lie.
Permets-moi toutefois de me plaindre à mon tour :
Me voyant te chérir d'une si tendre amour,
Y pouvais-tu répondre et me tenir cachée

Cette céleste ardeur dont Dieu t'avait touchée?
Peux-tu, sans t'émouvoir, avoir vu ton époux
Contre tant d'innocents exercer son courroux?

NATALIE.

Sans m'émouvoir! Hélas! le Ciel sait si tes armes
Versaient jamais de sang sans me tirer des larmes.
Je m'en émus assez ; mais eussé-je espéré
De réprimer la soif d'un lion altéré,
De contenir un fleuve inondant une terre,
Et d'arrêter dans l'air la chute d'un tonnerre?
J'ai failli toutefois, j'ai dû parer tes coups ;
Ma crainte fut coupable autant que ton courroux.
Partageons donc la peine aussi bien que les crimes :
Si ces fers te sont dus, ils me sont légitimes ;
Tous deux dignes de mort, et tous deux résolus,
Puisque nous voici joints, ne nous séparons plus ;
Qu'aucun temps, qu'aucun lieu, jamais ne nous divisent;
Un supplice, un cachot, un juge nous suffisent.

ADRIEN.

Par un ordre céleste, aux mortels inconnu,
Chacun part de ce lieu quand son temps est venu :
Suis cet ordre sacré, que rien ne doit confondre ;
Lorsque Dieu nous appelle, il est temps de répondre;
Ne pouvant avoir part en ce combat fameux,
Si mon cœur au besoin ne répond à mes vœux,
Mérite, en m'animant, ta part de la couronne
Qu'en l'empire éternel le martyre nous donne :
Au défaut du premier, obtiens le second rang ;
Acquiers par tes souhaits ce qu'on nie à ton sang,
Et dedans le péril m'assiste en cette guerre.

NATALIE.

Bien donc, choisis le ciel et me laisse la terre.
Pour aider ta constance en ce pas périlleux,
Je te suivrai partout et jusque dans les feux ;
Heureuse si la loi qui m'ordonne de vivre
Jusques au ciel enfin me permet de te suivre,
Et si de ton tyran le funeste courroux
Passe jusqu'à l'épouse, ayant meurtri l'époux.
Tes gens me rendront bien ce favorable office
De garder qu'à mes soins César ne te ravisse
Sans en apprendre l'heure et m'en donner avis,
Et bientôt de mes pas les tiens seront suivis ;
Bientôt...

ADRIEN.

Épargne-leur cette inutile peine ;
Laisse m'en le souci, leur veille serait vaine.
Je ne partirai point de ce funeste lieu
Sans ton dernier baiser et ton dernier adieu :
Laisses-en sur mon soin reposer ton attente.

SCÈNE V

ADRIEN, NATALIE, FLAVIE, GARDES.

FLAVIE.

Aux desseins importants, qui craint, impatiente.
Eh bien, qu'obtiendrons-nous? vos soins officieux
A votre époux aveugle ont-ils ouvert les yeux ?

NATALIE.

Nul intérêt humain, nul respect ne le touche ;
Quand j'ai voulu parler, il m'a fermé la bouche,
Et, détestant les dieux, par un long entretien,
A voulu m'engager dans le culte du sien.
Enfin, ne tentez plus un dessein impossible,
Et gardez que, heurtant ce cœur inaccessible,
Vous ne vous y blessiez, pensant le secourir,
Et ne gagniez le mal que vous voulez guérir ;
Ne veuillez point son bien à votre préjudice ;
Souffrez, souffrez plutôt que l'obstiné périsse ;
Rapportez à César notre inutile effort,
Et, si la loi des dieux fait conclure à sa mort,
Que l'effet prompt et court en suive la menace :
J'implore seulement cette dernière grâce.
Si de plus doux succès n'ont suivi mon espoir,
J'ai l'avantage au moins d'avoir fait mon devoir.

FLAVIE.

O vertu sans égale, et sur toutes insigne !
O d'une digne épouse époux sans doute indigne !
Avec quelle pitié le peut-on secourir,
Si, sans pitié de soi, lui-même il veut périr ?

NATALIE.

Allez ; n'espérez pas que ni force ni crainte
Puissent rien où mes pleurs n'ont fait aucune atteinte ;
Je connais trop son cœur, j'en sais la fermeté,
Incapable de crainte et de legèreté.
A regret contre lui je rends ce témoignage;
Mais l'intérêt du Ciel à ce devoir m'engage.

Encore un coup, cruel, au nom de notre amour,
Au nom saint et sacré de la céleste cour,
Reçois de ton épouse un conseil salutaire :
Déteste ton erreur, rends-toi le ciel prospère;
Songe et propose-toi que tes travaux présents,
Comparés aux futurs, sont doux ou peu cuisants.
Vois combien cette mort importe à ton estime,
D'où tu sors, où tu vas, et quel objet t'anime.
        ADRIEN.
Mais toi, contiens ton zèle, il m'est assez connu,
Et songe que ton temps n'est pas encor venu;
Que je te vais attendre à ce port désirable.
    (A Flavie.)
Allons, exécutez le décret favorable
Dont j'attends mon salut plutôt que le trépas.
        FLAVIE.
Vous en êtes coupable, en ne l'évitant pas.
        sort. Le geôlier et les gardes emmènent Adrien.)
        NATALIE, seule.
J'ose à présent, ô ciel, d'une vue assurée
Contempler les brillants de ta voûte azurée,
Et nier ces faux dieux, qui n'ont jamais foulé
De ce palais roulant le lambris étoilé.
A ton pouvoir, Seigneur, mon époux rend hommage;
Il professe ta foi, ses fers t'en sont un gage;
Ce redoutable fléau des dieux sur les chrétiens,
Ce lion altéré du sacré sang des tiens,
Qui de tant d'innocents crut la mort légitime,
De ministre qu'il fut s'offre enfin pour victime,
Et, patient agneau, tend à ses ennemis
Un col à ton saint joug heureusement soumis.
Rompons, après sa mort, notre honteux silence;
De ce lâche respect forçons la violence,
Et disons aux tyrans, d'une constante voix,
Ce qu'à Dieu du penser nous avons dit cent fois:
Donnons air au beau feu dont notre âme est pressée;
En cette illustre ardeur mille m'ont devancée;
D'obstacles infinis mille ont su triompher,
Cécile des tranchants, Prisque des dents de fer,
Fauste des plombs bouillants, Dipne de sa noblesse,
Agathe de son sexe, Agnès de sa jeunesse,
Tècle de son amant, et toutes du trépas;
Et je répugnerais à marcher sur leur pas!
        (Elle sort.)

SCÈNE VI

GENEST, DIOCLÉTIEN, MAXIMIN, VALÉRIE, CAMILLE, PLANCIEN, GARDES.

GENEST, à Dioclétien.

Seigneur, le bruit confus d'une foule importune
De gens qu'à votre suite attache la fortune,
Par le trouble où nous met cette incommodité,
Altère les plaisirs de Votre Majesté,
Et nos acteurs, confus de ce désordre extrême...

DIOCLÉTIEN.

Il y faut donner ordre, et l'y porter nous-même.
De vos dames la jeune et courtoise beauté
Vous attire toujours cette importunité.

ACTE QUATRIÈME

SCÈNE I

DIOCLÉTIEN, MAXIMIN, VALÉRIE, CAMILLE, PLANCIEN, GARDES.

VALÉRIE, à Dioclétien.

Votre ordre a mis le calme, et dedans le silence
De ces irrévérents contiendra l'insolence.

DIOCLÉTIEN.

Écoutons : car Genest, dedans cette action,
Passe aux derniers efforts de sa profession.

SCÈNE II

ADRIEN, représenté par GENEST, FLAVIE, représenté par SERGESTE ; GARDES.

FLAVIE.

Si le Ciel, Adrien, ne t'est bientôt propice,
D'un infaillible pas tu cours au précipice.

J'avais vu, par l'espoir d'un proche repentir,
De César irrité le courroux s'alentir;
Mais, quand il a connu nos prières, nos peines,
Les larmes de ta femme et son attente vaines,
L'œil ardent de colère et le teint pâlissant :
« Amenez, a-t-il dit d'un redoutable accent,
« Amenez ce perfide, en qui mes bons offices
« Rencontrent aujourd'hui le plus lâche des vices;
« Et que l'ingrat apprenne à quelle extrémité
« Peut aller la fureur d'un monarque irrité. »
Passant de ce discours, s'il faut dire, à la rage,
Il invente, il ordonne, il met tout en usage,
Et, si le repentir de ton aveugle erreur
N'en détourne l'effet et n'éteint sa fureur...

ADRIEN.

Que tout l'effort, tout l'art, toute l'adresse humaine
S'unisse pour ma perte et conspire à ma peine :
Celui qui d'un seul mot créa chaque élément,
Leur donnant l'action, le poids, le mouvement,
Et prêtant son concours à ce fameux ouvrage,
Se retint le pouvoir d'en suspendre l'usage ;
Le feu ne peut brûler, l'air ne saurait mouvoir,
Ni l'eau ne peut couler qu'au gré de son pouvoir ;
Le fer, solide sang des veines de la terre
Et fatal instrument des fureurs de la guerre,
S'émousse, s'il l'ordonne, et ne peut pénétrer
Où son pouvoir s'oppose et lui défend d'entrer.
Si César m'est cruel, il me sera prospère ;
C'est lui que je soutiens, c'est en lui que j'espère ;
Par son soin, tous les jours, la rage des tyrans
Croit faire des vaincus et fait des conquérants.

FLAVIE.

Souvent en ces ardeurs la mort qu'on se propose
Ne semble qu'un ébat, qu'un souffle, qu'une rose ;
Mais, quand ce spectre affreux sous un front inhumain,
Les tenailles, les feux, les haches à la main,
Commence à nous paraître et faire ses approches,
Pour ne s'effrayer pas il faut être des roches,
Et notre repentir, en cette occasion,
S'il n'est vain, pour le moins tourne à confusion.

ADRIEN.

J'ai contre les chrétiens servi longtemps vos haines,
Et j'appris leur constance en ordonnant leurs peines ;
Mais, avant que César ait prononcé l'arrêt

Dont l'exécution me trouvera tout prêt,
Souffrez que d'un adieu j'acquitte ma promesse
A la chère moitié que Dieu veut que je laisse,
Et que, pour dernier fruit de notre chaste amour,
Je prenne congé d'elle en le prenant du jour.

FLAVIE.
Allons, la piété m'oblige à te complaire ;
Mais ce retardement aigrira sa colère.

ADRIEN.
Le temps en sera court ; devancez-moi d'un pas.

FLAVIE.
Marchons : le zèle ardent qu'il porte à son trépas
Nous est de sa personne une assez sûre garde.

UN GARDE.
Qui croit un prisonnier toutefois le hasarde.

ADRIEN.
Mon ardeur et ma foi me gardent sûrement ;
N'avancez rien qu'un pas, je ne veux qu'un moment.
(Flavie et les gardes sortent.)
Ma chère Natalie, avec quelle allégresse
Verras-tu ma visite acquitter ma promesse !
Combien de saints baisers, combien d'embrassements
Produiront de ton cœur les secrets mouvements !
Prends ma sensible ardeur, prends conseil de ma flamme ;
Marchons assurément sur les pas d'une femme :
Ce sexe qui ferma, rouvrit depuis les cieux ;
Les fruits de la vertu sont partout précieux ;
Je ne puis souhaiter de guide plus fidèle.
J'approche de la porte, et l'on ouvre. C'est elle.
Enfin, chère moitié...

SCÈNE III
NATALIE, ADRIEN.

NATALIE, se retirant.
            Comment ! seul et sans fers ?
Est-ce là ce martyr, ce vainqueur des enfers,
Dont l'illustre courage et la force infinie
De ses persécuteurs bravait la tyrannie ?

ADRIEN.
Ce soupçon, ma chère âme...

NATALIE.
            Après ta lâcheté,

Va, ne me tiens plus, traître, en cette qualité :
Du Dieu que tu trahis je partage l'injure ;
Moi, l'âme d'un païen ! moi, l'âme d'un parjure !
Moi, l'âme d'un chrétien qui renonce à sa loi !
D'un homme enfin sans cœur et sans âme et sans foi !

ADRIEN.

Daigne m'entendre un mot.

NATALIE.

      Je n'entends plus un lâche
Qui dès le premier pas chancelle et se relâche,
Dont la seule menace ébranle la vertu,
Qui met les armes bas sans avoir combattu,
Et qui, s'étant fait croire une invincible roche,
Au seul bruit de l'assaut se rend avant l'approche.
Va, perfide, aux tyrans à qui tu t'es rendu
Demander lâchement le prix qui t'en est dû ;
Que l'épargne romaine en tes mains se desserre ;
Exclu des biens du ciel, songe à ceux de la terre ;
Mais, parmi ses honneurs et ses rangs superflus,
Compte-moi pour un bien qui ne t'appartient plus.

ADRIEN.

Je ne te veux qu'un mot : accorde ma prière.

NATALIE.

Ah ! que de ta prison n'ai-je été la geôlière !
J'aurais souffert la mort avant ta liberté.
Traître, qu'espères-tu de cette lâcheté ?
La cour s'en raillera ; ton tyran, quoi qu'il die,
Ne saurait en ton cœur priser ta perfidie.
Les martyrs, animés d'une sainte fureur,
En rougiront de honte et frémiront d'horreur ;
Contre toi, dans le ciel, Christ arme sa justice ;
Les ministres d'enfer préparent ton supplice,
Et tu viens, rejeté de la terre et des cieux,
Pour me perdre avec toi, chercher grâce en ces lieux ?
  (A part.)
Que ferai-je, ô Seigneur ! puis-je souffrir sans peine
L'ennemi de ta gloire et l'objet de ta haine ?
Puis-je vivre et me voir en ce confus état
De la sœur d'un martyr, femme d'un apostat,
D'un ennemi de Dieu, d'un lâche, d'un infâme ?

ADRIEN.

Je te vais détromper. Où cours-tu, ma chère âme ?

NATALIE.

Ravir dans ta prison, d'une mâle vigueur,

ACTE IV, SCÈNE III.

La palme qu'aujourd'hui tu perds faute de cœur,
Y joindre les martyrs, et d'une sainte audace
Remplir chez eux ton rang et combattre en ta place ;
Y cueillir les lauriers dont Dieu t'eût couronné,
Et prendre au ciel le lieu qui t'était destiné.

ADRIEN.
Pour quelle défiance altères-tu ma gloire ?
Dieu toujours en mon cœur conserve sa victoire ;
Il a reçu ma foi, rien ne peut l'ébranler,
Et je cours au trépas, bien loin d'en reculer.
Seul, sans fers, mais armé d'un invincible zèle,
Je me rends au combat où l'empereur m'appelle ;
Mes gardes vont devant, et je passe en ce lieu
Pour te tenir parole et pour te dire adieu.
M'avoir ôté mes fers n'est qu'une vaine adresse
Pour me les faire craindre et tenter ma faiblesse ;
Et moi, pour tout effet de ce soulagement,
J'attends le seul bonheur de ton embrassement.
Adieu, ma chère sœur, illustre et digne femme ;
Je vais par un chemin d'épines et de flamme,
Mais qu'auparavant moi Dieu lui-même a battu,
Te retenir un lieu digne de ta vertu.
Adieu : quand mes bourreaux exerceront leur rage,
Implore-moi du ciel la grâce et le courage
De vaincre la nature en cet heureux malheur,
Avec une constance égale à ma douleur.

NATALIE, l'embrassant.
Pardonne à mon ardeur, cher et généreux frère,
L'injuste impression d'un soupçon téméraire,
Qu'en l'apparent état de cette liberté,
Sans gardes et sans fers, tu m'avais suscité :
Va, ne relâche rien de cette sainte audace
Qui te fait des tyrans mépriser la menace.
Quoiqu'un grand t'entreprenne, un plus grand est pour toi.
Un Dieu te soutiendra, si tu soutiens sa foi.
Cours, généreux athlète, en l'illustre carrière
Où de la nuit du monde on passe à la lumière ;
Cours, puisqu'un Dieu t'appelle aux pieds de son autel,
Dépouiller sans regret l'homme infirme et mortel ;
N'épargne point ton sang en cette sainte guerre ;
Prodigues-y ton corps, rends la terre à la terre ;
Et redonnes à Dieu, qui sera ton appui,
La part qu'il te demande et que tu tiens de lui ;
Fuis sans regret le monde et ses fausses délices,

Où les plus innocents ne sont point sans supplices,
Dont le plus ferme état est toujours inconstant,
Dont l'être et le non-être ont presque un même instant,
Et pour qui toutefois la nature aveuglée
Inspire à ses enfants une ardeur déréglée,
Qui les fait si souvent, au péril du trépas,
Suivre la vanité de ses trompeurs appas.
Ce qu'un siècle y produit, un moment le consomme.
Porte les yeux plus haut, Adrien; parais homme :
Combats, souffre et t'acquiers, en mourant en chrétien,
Par un moment de mal, l'éternité d'un bien.

ADRIEN.

Adieu, je cours, je vole au bonheur qui m'arrive;
L'effet en est trop lent, l'heure en est trop tardive!
L'ennui seul que j'emporte, ô généreuse sœur,
Et qui de mon attente altère la douceur,
Est que la loi, contraire au Dieu que je professe,
Te prive par ma mort du bien que je te laisse,
Et, l'acquérant au fisc, ôte à ton noble sang
Le soutien de sa gloire et l'appui de son rang.

NATALIE.

Quoi! le vol que tu prends vers les célestes plaines
Souffre encor tes regards sur les choses humaines?
Si dépouillé du monde et si près d'en partir,
Tu peux parler en homme et non pas en martyr?
Qu'un si faible intérêt ne te soit point sensible;
Tiens au Ciel, tiens à Dieu d'une force invincible;
Conserve-moi ta gloire, et je me puis vanter
D'un trésor précieux que rien ne peut m'ôter.
Une femme possède une richesse extrême,
Qui possède un époux possesseur de Dieu même.
Toi, qui de ta doctrine assistes les chrétiens,
Approche, cher Anthisme, et joins tes vœux aux miens.

SCÈNE IV

ANTHISME, ADRIEN, NATALIE.

ANTHISME.

Un bruit, qui par la ville a frappé mon oreille,
De ta conversion m'apprenant la merveille
Et le noble mépris que tu fais de tes jours,
M'amène à ton combat, plutôt qu'à ton secours.
Je sais combien César t'est un faible adversaire;
Je sais ce qu'un chrétien doit et souffrir et faire,

Et je sais que jamais, pour la peur du trépas,
Un cœur touché de Christ n'a rebroussé ses pas.
Va donc, heureux ami, va présenter ta tête
Moins au coup qui t'attend qu'au laurier qu'on t'apprête ;
Va de tes saints propos éclore les effets ;
De tous les chœurs des cieux va remplir les souhaits.
Et vous, hôtes du ciel, saintes légions d'anges,
Qui du nom trois fois saint célébrez les louanges,
Sans interruption de vos sacrés concerts,
A son aveuglement tenez les cieux ouverts.

ADRIEN.

Mes vœux arriveront à leur comble suprême,
Si, lavant mes péchés de l'eau du saint baptême,
Tu m'enrôles au rang de tant d'heureux soldats
Qui sous même étendard ont rendu des combats.
Confirme, cher Anthisme, avec cette eau sacrée
Par qui presque en tous lieux la croix est arborée,
En ce fragile sein le projet glorieux
De combattre la terre et conquérir les cieux.

ANTHISME.

Sans besoin, Adrien, de cette eau salutaire,
Ton sang t'imprimera ce sacré caractère :
Conserve seulement une invincible foi,
Et, combattant pour Dieu, Dieu combattra pour toi.

ADRIEN, après avoir rêvé quelque temps.

Ah ! Lentule ! en l'ardeur dont mon âme est pressée,
Il faut lever le masque et t'ouvrir ma pensée :
Le Dieu que j'ai haï m'inspire son amour ;
Adrien a parlé, Genest parle à son tour.
Ce n'est plus Adrien, c'est Genest qui respire
La grâce du baptême et l'honneur du martyre ;
Mais Christ n'a point commis à vos profanes mains
Ce sceau mystérieux dont il marque ses saints.

(Regardant au ciel, d'où l'on jette quelques flammes.)

Un ministre céleste, avec une eau sacrée,
Pour laver mes forfaits fend la voûte azurée ;
Sa clarté m'environne, et l'air de toutes parts
Résonne de concerts, et brille à mes regards.
Descends, céleste acteur ; tu m'attends, tu m'appelles.
Attends, mon zèle ardent me fournira des ailes ;
Du Dieu qui t'a commis dépars-moi les bontés.

(Il monte deux ou trois marches et passe derrière la tapisserie.)

MARCELLE, qui représentait Natalie.

Ma réplique a manqué ; ces vers sont ajoutés.

LENTULE, qui représentait Anthisme.
Il les fait sur-le-champ, et, sans suivre l'histoire,
Croit couvrir en rentrant son défaut de mémoire.
DIOCLÉTIEN.
Voyez avec quel art Genest sait aujourd'hui
Passer de la figure aux sentiments d'autrui.
VALÉRIE.
Pour tromper l'auditeur, abuser l'acteur même,
De son métier, sans doute, est l'adresse suprême.

SCÈNE V
LES MÊMES; FLAVIE, GARDES.

FLAVIE.
Ce moment dure trop, trouvons-le promptement;
César nous voudra mal de ce retardement;
Je sais sa violence et redoute sa haine.
UN SOLDAT.
Ceux qu'on mande à la mort ne marchent pas sans peine.
MARCELLE.
Cet homme si célèbre en sa profession,
Genest, que vous cherchez, a troublé l'action,
Et, confus qu'il s'est vu, nous a quitté la place.
FLAVIE.
Le plus heureux parfois tombe en cette disgrâce;
L'ardeur de réussir doit le faire excuser.
CAMILLE, à Valérie.
Comme son art, madame, a su les abuser!

SCÈNE VI
GENEST, SERGESTE, LENTULE, MARCELLE, GARDES, DIOCLÉTIEN, VALÉRIE, ETC.

GENEST, regardant le ciel.
Suprême Majesté, qui jettes dans les âmes,
Avec deux gouttes d'eau, de si sensibles flammes,
Achève tes bontés, représente avec moi
Les saints progrès des cœurs convertis à ta foi!
Faisons voir dans l'amour dont le feu nous consomme,
Toi le pouvoir d'un Dieu, moi le devoir d'un homme;
Toi l'accueil d'un vainqueur sensible au repentir,
Et moi, Seigneur, la force et l'ardeur d'un martyr.

ACTE IV, SCÈNE VI.

MAXIMIN.
Il feint comme animé des grâces du baptême.
VALÉRIE.
Sa feinte passerait pour la vérité même.
PLANCIEN.
Certes, ou ce spectacle est une vérité,
Ou jamais rien de faux ne fut mieux imité.
GENEST.
Et vous, chers compagnons de la basse fortune
Qui m'a rendu la vie avecque vous commune,
Marcelle, et vous, Sergeste, avec qui tant de fois
J'ai du Dieu des chrétiens scandalisé les lois,
Si je puis vous prescrire un avis salutaire,
Cruels, adorez-en jusqu'au moindre mystère,
Et cessez d'attacher avec de nouveaux clous
Un Dieu qui sur la croix daigne mourir pour vous ;
Mon cœur, illuminé d'une grâce céleste...
MARCELLE.
Il ne dit pas un mot du couplet qui lui reste.
SERGESTE.
Comment, se préparant avecque tant de soin...
LENTULE, regardant derrière la tapisserie.
Holà, qui tient la pièce?
GENEST.
Il n'en est plus besoin.
Dedans cette action, où le Ciel s'intéresse,
Un ange tient la pièce, un ange me redresse ;
Un ange, par son ordre, a comblé mes souhaits,
Et de l'eau du baptême effacé mes forfaits.
Ce monde périssable et sa gloire frivole
Est une comédie où j'ignorais mon rôle.
J'ignorais de quel feu mon cœur devait brûler ;
Le démon me dictait quand Dieu voulait parler ;
Mais, depuis que le soin d'un esprit angélique
Me conduit, me redresse et m'apprend ma réplique,
J'ai corrigé mon rôle, et le démon confus,
M'en voyant mieux instruit, ne me suggère plus.
J'ai pleuré mes péchés, le Ciel a vu mes larmes ;
Dedans cette action il a trouvé des charmes,
M'a départi sa grâce, est mon approbateur,
Me propose des prix, et m'a fait son acteur.
LENTULE.
Quoiqu'il manque au sujet, jamais il ne hésite.

GENEST.

Dieu m'apprend sur-le-champ ce que je vous récite,
Et vous m'entendez mal, si dans cette action
Mon rôle passe encor pour une fiction.

DIOCLÉTIEN.

Votre désordre enfin force ma patience :
Songez-vous que ce jeu se passe en ma présence?
Et puis-je rien comprendre au trouble où je vous voi?

GENEST.

Excusez-les, Seigneur, la faute en est à moi ;
Mais mon salut dépend de cet illustre crime :
Ce n'est plus Adrien, c'est Genest qui s'exprime ;
Ce jeu n'est plus un jeu, mais une vérité
Où par mon action je suis représenté,
Où moi-même, l'objet et l'acteur de moi-même,
Purgé de mes forfaits par l'eau du saint baptême,
Qu'une céleste main m'a daigné conférer,
Je professe une loi que je dois déclarer.
Écoutez donc, Césars, et vous, troupes romaines,
La gloire et la terreur des puissances humaines,
Mais faibles ennemis d'un pouvoir souverain
Qui foule aux pieds l'orgueil et le sceptre romain :
Aveuglé de l'erreur dont l'enfer vous infecte,
Comme vous des chrétiens j'ai détesté la secte,
Et si peu que mon art pouvait exécuter,
Tout mon heur consistait à les persécuter :
Pour les fuir et chez vous suivre l'idolâtrie,
J'ai laissé mes parents, j'ai quitté ma patrie,
Et fait choix à dessein d'un art peu glorieux
Pour mieux les diffamer et les rendre odieux :
Mais, par une bonté qui n'a point de pareille,
Et par une incroyable et soudaine merveille
Dont le pouvoir d'un Dieu peut seul être l'auteur,
Je deviens leur rival de leur persécuteur,
Et soumets à la loi que j'ai tant réprouvée
Une âme heureusement de tant d'écueils sauvée :
Au milieu de l'orage où m'exposait le sort,
Un ange par la main m'a conduit dans le port,
M'a fait sur un papier voir mes fautes passées
Par l'eau qu'il me versait à l'instant effacées ;
Et cette salutaire et céleste liqueur,
Loin de me refroidir, m'a consumé le cœur.
Je renonce à la haine et déteste l'envie
Qui m'a fait des chrétiens persécuter la vie ;

Leur créance est ma foi, leur espoir est le mien ;
C'est leur Dieu que j'adore ; enfin je suis chrétien.
Quelque effort qui s'oppose à l'ardeur qui m'enflamme,
Les intérêts du corps cèdent à ceux de l'âme.
Déployez vos rigueurs, brûlez, coupez, tranchez :
Mes maux seront encor moindres que mes péchés.
Je sais de quel repos cette peine est suivie,
Et ne crains point la mort qui conduit à la vie.
J'ai souhaité longtemps d'agréer à vos yeux ;
Aujourd'hui je veux plaire à l'empereur des cieux ;
Je vous ai divertis, j'ai chanté vos louanges ;
Il est temps maintenant de réjouir les anges,
Il est temps de prétendre à des prix immortels,
Il est temps de passer du théâtre aux autels.
Si je l'ai mérité, qu'on me mène au martyre :
Mon rôle est achevé, je n'ai plus rien à dire.

DIOCLÉTIEN.

Ta feinte passe enfin pour importunité.

GENEST.

Elle vous doit passer pour une vérité.

VALÉRIE.

Parle-t-il de bon sens ?

MAXIMIN.

Croirai-je mes oreilles ?

GENEST.

Le bras qui m'a touché fait bien d'autres merveilles.

DIOCLÉTIEN.

Quoi ! tu renonces, traître, au culte de nos dieux ?

GENEST.

Et les tiens aussi faux qu'ils me sont odieux.
Sept d'entre eux ne sont plus que des lumières sombres
Dont la faible clarté perce à peine les ombres,
Quoiqu'ils trompent encor votre crédulité ;
Et des autres le nom à peine en est resté.

DIOCLÉTIEN, se levant.

O blasphème exécrable ! ô sacrilège impie,
Et dont nous répondrons, si son sang ne l'expie !
Préfet, prenez ce soin, et de cet insolent
Fermez les actions par un acte sanglant
Qui des dieux irrités satisfasse la haine :
Qui vécut au théâtre expire dans la scène ;
Et si quelqu'autre, atteint du même aveuglement,
A part en son forfait, qu'il l'ait en son tourment.

MARCELLE, à genoux.
Si la pitié, Seigneur...
DIOCLÉTIEN.
La piété plus forte
Réprimera l'audace où son erreur l'emporte.
PLANCIEN.
Repassant cette erreur d'un esprit plus remis...
DIOCLÉTIEN.
Acquittez-vous du soin que je vous ai commis.
CAMILLE, à Genest.
Simple, ainsi de César tu méprises la grâce !
GENEST.
J'acquiers celle de Dieu.
(Dioclétien, Maximin, Valérie et Camille, sortent.)

SCÈNE VII

OCTAVE, LE DÉCORATEUR, MARCELLE, PLANCIEN, GARDES.

OCTAVE.
Quel mystère se passe ?
MARCELLE.
L'empereur abandonne aux rigueurs de la loi
Genest, qui des chrétiens a professé la foi.
OCTAVE.
Nos prières peut-être...
MARCELLE.
Elles ont été vaines.
PLANCIEN.
Gardes !
UN GARDE.
Seigneur ?
PLANCIEN.
Menez Genest, chargé de chaînes,
Dans le fond d'un cachot attendre son arrêt.
GENEST.
Je t'en rends grâce, ô Ciel ! allons, me voilà prêt :
Les anges, quelque jour, des fers que tu m'ordonnes
Dans ce palais d'azur me feront des couronnes.

SCÈNE VIII

LES MÊMES ; SERGESTE, LENTULE, ALBIN, GARDES.

PLANCIEN, assis.
Son audace est coupable, autant que son erreur,
D'en oser faire gloire aux yeux de l'empereur.
Et vous, qui sous même art courez même fortune,
Sa foi, comme son art, vous est-elle commune ?
Et comme un mal souvent devient contagieux...

MARCELLE.
Le ciel m'en garde, hélas !

OCTAVE.
M'en préservent les dieux !

SERGESTE.
Que plutôt mille morts...

LENTULE.
Que plutôt mille flammes...

PLANCIEN, à Marcelle.
Que représentiez-vous ?

MARCELLE.
Vous l'avez vu, les femmes,
Si, selon le sujet, quelque déguisement
Ne m'obligeait parfois au travestissement.

PLANCIEN, à Octave.
Et vous ?

OCTAVE.
Parfois les rois, et parfois les esclaves.

PLANCIEN, à Sergeste.
Vous ?

SERGESTE.
Les extravagants, les furieux, les braves.

PLANCIEN, à Lentule.
Ce vieillard ?

LENTULE.
Les docteurs sans lettres ni sans lois,
Parfois les confidents, et les traîtres parfois.

PLANCIEN, à Albin.
Et toi ?

ALBIN.
Les assistants.

PLANCIEN, se levant.
Leur franchise ingénue

Et leur naïveté se produit assez nue.
Je plains votre malheur ; mais l'intérêt des dieux
A tout respect humain nous doit fermer les yeux.
A des crimes parfois la grâce est légitime ;
Mais à ceux de ce genre elle serait un crime,
Et, si Genest persiste en son aveuglement,
C'est lui qui veut sa mort et rend son jugement.
Voyez-le toutefois, et, si ce bon office
Le peut rendre lui-même à lui-même propice,
Croyez qu'avec plaisir je verrai refleurir
Les membres ralliés d'un corps prêt à périr.

ACTE CINQUIÈME

SCÈNE I

GENEST, seul et enchaîné.

Par quelle divine aventure,
Sensible et sainte volupté,
Essai de la gloire future,
Incroyable félicité ;
Par quelles bontés souveraines,
Pour confirmer nos saints propos
Et nous conserver le repos
Sous le lourd fardeau de nos chaînes,
Descends-tu des célestes plaines
Dedans l'horreur de nos cachots ?

O fausse volupté du monde,
Vaine promesse d'un trompeur !
Ta bonace la plus profonde
N'est jamais sans quelque vapeur ;
Et mon Dieu, dans la peine même
Qu'il veut que l'on souffre pour lui,
Quand il daigne être notre appui
Et qu'il reconnaît que l'on l'aime,
Influe une douceur suprême
Sans mélange d'aucun ennui.

Pour lui la mort est salutaire,
Et par cet acte de valeur
On fait un bonheur volontaire
D'un inévitable malheur.
Nos jours n'ont pas une heure sûre ;
Chaque instant use leur flambeau ;
Chaque pas nous mène au tombeau,
Et l'art, imitant la nature,
Bâtit d'une même figure

Notre bière et notre berceau.
Mourons donc, la cause y convie :
Il doit être doux de mourir
Quand se dépouiller de la vie
Est travailler pour l'acquérir.
Puisque la céleste lumière
Ne se trouve qu'en la quittant
Et qu'on ne vainc qu'en combattant,
D'une vigueur mâle et guerrière
Courons au bout de la carrière
Où la couronne nous attend.

SCÈNE II

LE MÊME ; MARCELLE, LE GEÔLIER.

LE GEÔLIER, à Marcelle.

Entrez.

(Le geôlier sort.)

MARCELLE.

Eh bien, Genest, cette ardeur insensée
Te dure-t-elle encore, ou t'est-elle passée ?
Si tu ne fais pour toi, si le jour ne t'est cher,
Si ton propre intérêt ne te saurait toucher,
Nous osons espérer que le nôtre, possible,
En cette extrémité te sera plus sensible,
Que, l'étant si cruel, tu nous seras plus doux,
Et qu'obstiné pour toi, tu fléchiras pour nous :
Si tu nous dois chérir, c'est en cette occurrence ;
Car, séparés de toi, quelle est notre espérance ?
Par quel sort pouvons-nous survivre ton trépas ?
Et que peut plus un corps dont le chef est à bas ?
Ce n'est que de tes jours que dépend notre vie ;
Nous mourrons tous du coup qui te l'aura ravie ;
Tu seras seul coupable, et nous tous, en effet,

Serons punis d'un mal que nous n'aurons point fait.
GENEST.
Si d'un heureux avis vos esprits sont capables,
Partagez ce forfait, rendez-vous-en coupables,
Et vous reconnaîtrez s'il est un heur plus doux
Que la mort, qu'en effet je vous souhaite à tous.
Vous mourriez pour un Dieu dont la bonté suprême,
Vous faisant en mourant détruire la mort même,
Ferait l'éternité le prix de ce moment,
Que j'appelle une grâce, et vous un châtiment.
MARCELLE.
O ridicule erreur de vanter la puissance
D'un Dieu qui donne aux siens la mort pour récompense!
D'un imposteur, d'un fourbe et d'un crucifié!
Qui l'a mis dans le ciel? qui l'a déifié?
Un nombre d'ignorants et de gens inutiles,
De malheureux, la lie et l'opprobre des villes,
De femmes et d'enfants dont la crédulité
S'est forgée à plaisir une divinité,
De gens qui, dépourvus des biens de la fortune,
Trouvant dans leur malheur la lumière importune,
Sous le nom de chrétiens font gloire du trépas
Et du mépris des biens qu'ils ne possèdent pas,
Perdent l'ambition en perdant l'espérance,
Et souffrent tout du sort avec indifférence!
De là naît le désordre épars en tant de lieux;
De là naît le mépris et des rois et des dieux,
Que César irrité réprime avec justice
Et qu'il ne peut punir d'un trop rude supplice.
Si je t'ose parler d'un esprit ingénu,
Et si le tien, Genest, ne m'est point inconnu,
D'un abus si grossier tes sens sont incapables;
Tu te ris du vulgaire et lui laisses ses fables,
Et pour quelque sujet, mais qui nous est caché,
A ce culte nouveau tu te feins attaché.
Peut-être que tu plains ta jeunesse passée,
Par une ingrate cour si mal récompensée :
Si César, en effet, était plus généreux,
Tu l'as assez suivi pour être plus heureux :
Mais dans toutes les cours cette plainte est commune;
Le mérite bien tard y trouve la fortune ;
Les rois ont ce penser inique et rigoureux
Que, sans nous rien devoir, nous devons tout pour eux,
Et que nos vœux, nos soins, nos loisirs, nos personnes,

Sont de légers tributs qui suivent leurs couronnes.
Notre métier surtout, quoique tant admiré,
Est l'art où le mérite est moins considéré.
Mais peut-on qu'en souffrant vaincre un mal sans remède ?
Qui sait se modérer, s'il veut, tout lui succède.
Pour obtenir nos fins, n'aspirons point si haut ;
A qui le désir manque aucun bien ne défaut.
Si de quelque besoin ta vie est traversée,
Ne nous épargne point, ouvre-nous ta pensée ;
Parle, demande, ordonne, et tous nos biens sont tiens.
Mais quel secours, hélas ! attends-tu des chrétiens ?
Le rigoureux trépas dont César te menace,
Et notre inévitable et commune disgrâce ?

GENEST.

Marcelle, avec regret j'espère vainement
De répandre le jour sur votre aveuglement,
Puisque vous me croyez l'âme assez ravalée,
Dans les biens infinis dont le Ciel l'a comblée,
Pour tendre à d'autres biens, et pour s'embarrasser
D'un si peu raisonnable et si lâche penser.
Non, Marcelle, notre art n'est pas d'une importance
A m'en être promis beaucoup de récompense ;
La faveur d'avoir eu des Césars pour témoins
M'a trop acquis de gloire et trop payé mes soins.
Nos vœux, nos passions, nos veilles et nos peines,
Et tout le sang enfin qui coule dans nos veines,
Sont pour eux des tributs de devoir et d'amour
Où le ciel nous oblige, en nous donnant le jour ;
Comme aussi j'ai toujours, depuis que je respire,
Fait des vœux pour leur gloire et pour l'heur de l'empire :
Mais où je vois s'agir de l'intérêt d'un Dieu,
Bien plus grand dans le ciel qu'ils ne sont en ce lieu,
De tous les empereurs l'empereur et le maître,
Qui seul me peut sauver, comme il m'a donné l'être,
Je soumets justement leur trône à ses autels,
Et contre son honneur ne dois rien aux mortels.
Si mépriser leurs dieux est leur être rebelle,
Croyez qu'avec raison je leur suis infidèle,
Et que, loin d'excuser cette infidélité,
C'est un crime innocent dont je fais vanité.
Vous verrez si des dieux de métal et de pierre
Seront puissants au ciel comme on les croit en terre,
Et s'ils vous sauveront de la juste fureur
D'un Dieu dont la créance y passe pour erreur :

Et lors ces malheureux, ces opprobres des villes,
Ces femmes, ces enfants et ces gens inutiles,
Les sectateurs enfin de ce crucifié,
Vous diront si sans cause ils l'ont déifié.
Ta grâce peut, Seigneur, détourner ce présage;
Mais, hélas! tous l'ayant, tous n'en ont pas l'usage;
De tant de conviés bien peu suivent tes pas,
Et, pour être appelés, tous ne répondent pas.

MARCELLE.

Cruel, puisqu'à ce point cette erreur te possède,
Que ton aveuglement est un mal sans remède,
Trompant au moins César, apaise son courroux,
Et, si ce n'est pour toi, conserve-toi pour nous.
Sur la foi de ton Dieu fondant ton espérance,
A celle de nos dieux donne au moins l'apparence,
Et, sinon sous un cœur, sous un front plus soumis,
Obtiens pour nous ta grâce, et vis pour tes amis.

GENEST.

Notre foi n'admet point cet acte de faiblesse;
Je la dois publier, puisque je la professe.
Puis-je désavouer le maître que je sui?
Aussi bien que nos cœurs, nos bouches sont à lui.
Les plus cruels tourments n'ont point de violence
Qui puisse m'obliger à ce honteux silence.
Pourrais-je encore, hélas! après la liberté
Dont cette ingrate voix l'a tant persécuté,
Et dont j'ai fait un Dieu le jouet d'un théâtre,
Aux oreilles d'un prince et d'un peuple idolâtre,
D'un silence coupable, aussi bien que la voix,
Devant ses ennemis méconnaître ses lois?

MARCELLE.

César n'obtenant rien, ta mort sera cruelle.

GENEST.

Mes tourments seront courts, et ma gloire éternelle.

MARCELLE.

Quand la flamme et le fer paraîtront à tes yeux..

GENEST.

M'ouvrant la sépulture, ils m'ouvriront les cieux.

MARCELLE.

O dur courage d'homme!

GENEST.

    O faible cœur de femme!

MARCELLE.

Cruel! sauve tes jours.

GENEST.
Lâche ! sauve ton âme.
MARCELLE.
Une erreur, un caprice, une légèreté,
Au plus beau de tes ans, te coûter la clarté !
GENEST.
J'aurai bien peu vécu, si l'âge se mesure
Au seul nombre des ans prescrit par la nature ;
Mais l'âme qu'au martyre un tyran nous ravit
Au séjour de la gloire à jamais se survit.
Se plaindre de mourir, c'est se plaindre d'être homme ;
Chaque jour le détruit, chaque instant le consomme ;
Au moment qu'il arrive, il part pour le retour,
Et commence de perdre en recevant le jour.
MARCELLE.
Ainsi rien ne te touche, et tu nous abandonnes ?
GENEST.
Ainsi je quitterais un trône et des couronnes :
Toute perte est légère à qui s'acquiert un Dieu.

SCÈNE III

LE GEOLIER, MARCELLE, GENEST.

LE GEÔLIER.
Le préfet vous demande.
MARCELLE.
Adieu, cruel !
GENEST.
Adieu.
(Marcelle sort.)
LE GEÔLIER.
Si bientôt à nos dieux vous ne rendez hommage,
Vous vous acquittez mal de votre personnage,
Et je crains en cet acte un tragique succès.
GENEST.
Un favorable juge assiste à mon procès ;
Sur ses soins éternels mon esprit se repose ;
Je m'assure sur lui du succès de ma cause ;
De mes chaînes par lui je serai déchargé,
Et par lui-même un jour César sera jugé.
(Ils sortent.)

SCÈNE IV

DIOCLÉTIEN, MAXIMIN, GARDES.

DIOCLÉTIEN.

Puisse par cet hymen votre couche féconde
Jusques aux derniers temps donner des rois au monde,
Et par leurs actions ces surgeons glorieux
Mériter comme vous un rang parmi les dieux !
En ce commun bonheur l'allégresse commune
Marque votre vertu plus que votre fortune,
Et fait voir qu'en l'honneur que je vous ai rendu
Je vous ai moins payé qu'il ne vous était dû.
Les dieux, premiers auteurs des fortunes des hommes,
Qui dedans nos États nous font ce que nous sommes,
Et dont le plus grand roi n'est qu'un simple sujet,
Y doivent être aussi notre premier objet ;
Et, sachant qu'en effet ils nous ont mis sur terre
Pour conserver leurs droits, pour régir leur tonnerre,
Et pour laisser enfin leur vengeance en nos mains,
Nous devons sous leurs lois contenir les humains,
Et notre autorité, qu'ils veulent qu'on révère,
A maintenir la leur n'est jamais trop sévère.
J'espérais cet effet, et que tant de trépas
Du reste des chrétiens redresseraient les pas :
Mais j'ai beau leur offrir de sanglantes hosties,
Et laver leurs autels du sang de ces impies,
En vain j'en ai voulu purger ces régions,
Je vois du sang d'un seul naître des légions.
Mon soin nuit plus aux dieux qu'il ne leur est utile,
Un ennemi défait leur en reproduit mille,
Et le caprice est tel de ces extravagants,
Que la mort les anime et les rend arrogants.
Genest, dont cette secte aussi folle que vaine
A si longtemps été la risée et la haine,
Embrasse enfin leur loi contre celle des dieux,
Et l'ose insolemment professer à nos yeux ;
Outre l'impiété, ce mépris manifeste
Mêle notre intérêt à l'intérêt céleste :
En ce double attentat, que sa mort doit purger,
Nous avons et les dieux et nous-même à venger.

MAXIMIN.

Je crois que le préfet, commis à cet office,

S'attend aussi d'en faire un public sacrifice,
D'exécuter votre ordre, et de cet insolent
Donner ce soir au peuple un spectacle sanglant,
Si déjà sur le bois d'un théâtre funeste
Il n'a représenté l'action qui lui reste.

SCÈNE V

VALÉRIE, CAMILLE, MARCELLE, OCTAVE, SERGESTE, LENTULE, ALBIN, GARDES.

(Tous les comédiens se mettent à genoux.)

VALÉRIE, à Dioclétien.

Si, quand pour moi le ciel épuise ses bienfaits,
Quand son œil provident rit à tous nos souhaits,
J'ose encore espérer que, dans cette allégresse,
Vous souffriez à mon sexe un acte de faiblesse,
Permettez-moi, Seigneur, de rendre à vos genoux
Ces gens qu'en Genest seul vous sacrifiez tous :

(L'empereur les fait lever.)

Tous ont aversion pour la loi qu'il embrasse,
Tous savent que son crime est indigne de grâce ;
Mais il est à leur vie un si puissant secours
Qu'ils la perdront du coup qui tranchera ses jours.
M'exauçant, de leur chef vous détournez vos armes ;
Je n'ai pu dénier cet office à leurs larmes,
Où je n'ose insister, si ma témérité
Demande une injustice à Votre Majesté.

DIOCLÉTIEN.

Je sais que la pitié plutôt que l'injustice
Vous a fait embrasser ce pitoyable office,
Et dans tout cœur bien né tiens la compassion
Pour les ennemis même une juste action ;
Mais où l'irrévérence et l'orgueil manifeste
Joint l'intérêt d'État à l'intérêt céleste,
Le plaindre est, au mépris de notre autorité,
Exercer la pitié contre la piété ;
C'est d'un bras qui l'irrite arrêter la tempête
Que son propre dessein attire sur sa tête,
Et d'un soin importun arracher de sa main
Le couteau dont lui-même il se perce le sein.

MARCELLE.

Ah ! Seigneur, il est vrai ; mais de cette tempête
Le coup frappe sur nous, s'il tombe sur sa tête,

Et le couteau fatal, que l'on laisse en sa main,
Nous assassine tous en lui perçant le sein.
>< OCTAVE.
Si la grâce, Seigneur, n'est due à son offense,
Quelque compassion l'est à notre innocence.
>< DIOCLÉTIEN.
Le fer qui de ses ans doit terminer le cours
Retranche vos plaisirs en retranchant ses jours :
Je connais son mérite, et plains votre infortune ;
Mais, outre que l'injure, avec les dieux commune,
Intéresse l'État à punir son erreur,
J'ai pour toute sa secte une si forte horreur,
Que je tiens tous les maux qu'ont souffert ses complices,
Ou qu'ils doivent souffrir, pour de trop doux supplices.
En faveur toutefois de l'hymen fortuné
Par qui tant de bonheur à Rome est destiné,
Si par son repentir, favorable à soi-même,
De sa voix sacrilège il purge le blasphème,
Et reconnaît les dieux auteurs de l'univers,
Les bras de ma pitié vous sont encore ouverts.
Mais voici le préfet : je crains que son supplice
N'ait prévenu l'effet de votre bon office.

SCÈNE VI

LES MÊMES ; PLANCIEN.

>< PLANCIEN.
Par votre ordre, Seigneur, ce glorieux acteur,
Des plus fameux héros fameux imitateur,
Du théâtre romain la splendeur et la gloire,
Mais si mauvais acteur dedans sa propre histoire,
Plus entier que jamais en son impiété,
Et par tous mes efforts en vain sollicité,
A du courroux des dieux contre sa perfidie
Par un acte sanglant fermé la tragédie...
>< MARCELLE, pleurant.
Que nous achèverons par la fin de nos jours.
>< OCTAVE.
O fatale nouvelle !
>< SERGESTE.
O funeste discours !

PLANCIEN.

J'ai joint à la douceur, aux offres, aux prières,
A si peu que les dieux m'ont donné de lumières,
(Voyant que je tentais d'inutiles efforts)
Tout l'art dont la rigueur peut tourmenter les corps :
Mais ni les chevalets, ni les lames flambantes,
Ni les ongles de fer, ni les torches ardentes,
N'ont contre ce rocher été qu'un doux zéphyr
Et n'ont pu de son sein arracher un soupir.
Sa force en ce tourment a paru plus qu'humaine ;
Nous souffrions plus que lui par l'horreur de sa peine ;
Et, nos cœurs détestant ses sentiments chrétiens,
Nos yeux ont malgré nous fait l'office des siens ;
Voyant la force enfin, comme l'adresse, vaine,
J'ai mis la tragédie à sa dernière scène,
Et fait, avec sa tête, ensemble séparer
Le cher nom de son Dieu qu'il voulait proférer.

DIOCLÉTIEN.

Ainsi reçoive un prompt et sévère supplice
Quiconque ose des dieux irriter la justice !

(Il sort.)

VALÉRIE, à Marcelle.

Vous voyez de quel soin je vous prêtais les mains ;
Mais sa grâce n'est plus au pouvoir des humains.

MAXIMIN, à Valérie.

Ne plaignez point, Madame, un malheur volontaire,
Puisqu'il l'a pu franchir et s'être salutaire,
Et qu'il a bien voulu, par son impiété,
D'une feinte en mourant faire une vérité.

FIN DE SAINT GENEST.

NOTICE

SUR

DON BERNARD DE CABRÈRE

Don Bernard de Cabrère (1647) a été édité en 1648, chez Toussaint Quinet, in-4. Imitée de Lope de Vega, cette tragi-comédie est précédée d'une dédicace sous forme d'élégie à Mazarin. « Il peint ici, dit Sainte-Beuve, le don du contretemps, de la mauvaise fortune ou du *guignon*. C'est un pendant tout piquant et tout romantique au ressort tragique du *Fatum* des anciens. » En dépit des récits de batailles et d'un sanglant stratagème renouvelé des Grecs ou des Perses, *Don Bernard* est donc une comédie, mais une comédie d'intrigue plutôt que de caractère.

Au reste, il ne faut pas se fier à l'étiquette, souvent trompeuse. Au début de sa carrière dramatique, il semble que Rotrou ait pris au sérieux le genre équivoque de la tragi-comédie : sa première pièce, l'*Hypocondriaque*, comme *Mélite*, la première comédie de Corneille — où Éraste devient fou, mais de remords, il est vrai — repose sur une erreur amoureuse ; et pourtant elle abonde en cris passionnés de l'âme, en réflexions mélancoliques. Mais, dès *Cléagénor et Doristée*, le poète semble avoir pris son parti : il s'attache à éblouir le spectateur par l'accumulation d'aventures imprévues, où les travestissements, les reconnaissances et les beaux coups d'épée jouent un trop grand rôle. La tragi-comédie n'est plus qu'un lointain souvenir des romans de chevalerie. Dans l'*Hypocondriaque* même apparaît le chevalier errant, redresseur de torts et vengeur des opprimés. Éristhène et Lisidor, qui outragent Cléonice, tombent sous les coups de Cloridan. Cléagénor, à qui un lâche rival a violemment enlevé Doristée, fait le serment de ne reposer ni jour ni nuit avant de l'avoir sauvée, et refuse même de s'arrêter chez un ami.

De même que *la Sœur*, d'un côté, *Saint Genest* et *Venceslas* de l'autre, marquent la fin de la période de tâtonnements pour la comédie et la tragédie, de même *Don Bernard de Cabrère*, après *Laure persécutée*, marque le point de perfection relative où la tragi-comédie peut s'élever par elle-même. C'est assez pour les faire vivre, alors même qu'on oublierait qu'à l'époque où Rotrou les écrivait, l'histoire ressemblait beaucoup au roman, et le roman à l'histoire.

Les autres tragi-comédies de Rotrou, sont : l'*Hypocondriaque ou le Mort amoureux* (1628-1631), dédié au comte de Soissons. Dans ce premier essai, selon M. Ed. Fournier, Rotrou s'inspire d'une vieille farce du seizième siècle, que Carmontelle devait plus tard reprendre pour un de ses meilleurs proverbes.— *Cléagénor et Doristée* (1630-1634 et 1635): la première édition est anonyme, la seconde est dédiée au comte de Belin. — *Les Occasions perdues* (1631-1636), dédiées à la comtesse de Soissons. Rotrou imite Lope de Vega, et est imité à son tour par Marivaux, dans *le Prince travesti*. — *L'Heureuse constance* (1632-1636), dédiée à la reine. — *L'Heureux naufrage* (1634-1637), imité de l'*Astrée*. — *Céliane* (1634-1637), dédiée à la marquise de Pezé. -- *La Pèlerine amoureuse* (1634-1637), dont le sujet est analogue à celui des *Folies amoureuses*, de Regnard. — *Agésilan de Colchos* (1635-1637), dédié à madame de Combalet, et imité de l'*Amadis*. — *L'Innocente infidélité* (1635-1637). — *Amélie* (1636-1638), dédiée à la princesse Marie. — *Les deux Pucelles* (1636-1639), imitée de la Nouvelle de Cervantes, *Los dos doncellas*, et dédiée à mademoiselle de Longueville. C'est l'origine trop visible de la première pièce de Quinault, *les Rivales*. — *Célie ou le vice-roi de Naples* (1645-1646).

DON BERNARD DE CABRÈRE

TRAGI-COMÉDIE

1647

PERSONNAGES

DON PÈDRE, roi d'Aragon.
DON BERNARD DE CABRÈRE, favori de don Pèdre.
DON LOPE DE LUNE, ami de don Bernard.
VIOLANTE, infante, sœur de don Pèdre, maîtresse de don Bernard.
LEONOR, maîtresse de don Pèdre.
INÈS, suivante de Léonor.
PEREZ, secrétaire de don Pèdre.
LAZARILLE, valet de don Lope.
LE COMTE, capitaine des gardes.
DON SANCHE, gouverneur de Saragosse.
DOROTHÉE, suivante.
SOLDATS.
GARDES.

La scène est à Saragosse, dans le palais du roi.

ACTE PREMIER

SCÈNE I

DON LOPE DE LUNE, LAZARILLE.

DON LOPE.
Enfin, cher Lazarille, un plus heureux génie
Nous va de nos destins forcer la tyrannie,
Et ce bras l'aura mise au rang des ennemis
Qu'au joug de cet État ses exploits ont soumis

ACTE I, SCÈNE I.

Don Bernard rend au prince un digne témoignage
Des fruits qu'à l'Aragon a produits mon courage,
Qui fera succéder l'espoir que je bâtis
Sur la destruction des Sardes déconfits :
Oui, j'ose, sur l'espoir que don Bernard me donne,
Prétendre à des degrés proches de la couronne;
Et, si l'âme est prophète en ses pressentiments,
De grands effets suivront ces nobles mouvements
Qui ne me flattent pas d'une faveur commune,
Et me font défier l'orgueil de la fortune.

LAZARILLE.
Le fatal ascendant qui gouverne vos jours
Sera donc bien changé de ce qu'il fut toujours ?
Car, depuis qu'à vos pas mon mauvais sort m'attache,
Le malheur qui vous suit n'a guère eu de relâche.

DON LOPE.
Il est vrai que jamais les destins rigoureux
N'ont rendu sous le ciel de jours plus malheureux,
Et que tous les revers du sort et de l'envie
Semblent pour seul objet avoir choisi ma vie.
Mes plus heureux succès n'ont jamais vu ce bras,
Sans me coûter du sang, achever de combats;
Mes plus justes desseins n'ont jamais eu d'issue
Qui remplit mon attente ou qui ne l'ait déçue.
Je suis encore à voir le seul et premier fruit
Que jamais ou l'amour ou le jeu m'ait produit.
J'espérais à la cour vaincre par ma constance
De cet astre inclément la maligne influence,
Quand avec don Bernard, Catalan comme moi,
Je vins, avec mes vœux, offrir mon bras au roi,
Et, comme à la valeur, qui m'est héréditaire,
Chercher à succéder aux emplois de mon père.
Mais toujours quelque obstacle, arrêtant mes desseins,
Pour moi fermait au prince et l'oreille et les mains,
Au lieu qu'une fortune à nulle autre seconde,
Mais à qui don Bernard n'a rien qui ne réponde,
D'abord l'insinuant en l'estime du roi,
Ouvrait toujours pour lui ce qu'il fermait pour moi,
Mit bientôt ce grand homme au plus haut de sa roue,
Et, l'élevant si haut, me laissa dans la boue.
Enfin, ayant acquis par nos communs tributs,
Lui de telles faveurs, moi de si longs rebuts,
Les Sardes révoltés nous ont ouvert la lice
Où je pouvais du sort affronter l'injustice,

Et, me le soumettant, arracher de ce bras
Les faveurs qu'il me doit et ne me donne pas.
LAZARILLE.
A voir de quels dédains la fortune me traite,
Nous devons être nés dessous même planète ;
Jamais occasion d'intérêt ou d'honneur
Par son événement n'a marqué mon bonheur ;
Mais surtout qu'en mon choix le sort me fut contraire,
Quand, me donnant à vous, Ursin suivit Cabrère !
Son maître auprès du roi possède un rang si haut
Que tout rit à ses vœux, que rien ne lui défaut ;
Et, dans le triste cours du malheur qui vous presse,
Cette lame enrouillée est toute ma richesse.
DON LOPE.
Le service important qu'a rendu ma valeur
Fera bientôt cesser ta plainte et mon malheur :
Les fruits de l'amitié dont Cabrère m'honore
Ne peuvent plus tarder et sont tout près d'éclore :
J'attends de son paquet, que je viens rendre au roi,
L'infaillible faveur d'un honorable emploi,
(Il cherche dans sa poche.)
Et puis... Mais quelle peine est celle où je me treuve ?
Oh ! de mon mauvais sort la plus fatale épreuve,
Et qui de mes malheurs me rend le plus confus !
Ce paquet...
LAZARILLE.
    Est perdu ?
DON LOPE.
        Je ne le trouve plus.
O négligence insigne, et surprise importune !
J'ai joint si peu de soin à si peu de fortune,
Et si mal conservé le gage glorieux
Qui devait rendre au roi mon nom si précieux ?
LAZARILLE.
Le sort nous en veut trop, il faut qu'il nous achève,
Et sa haine est pour nous sans quartier et sans trêve.
Mais voyez bien : peut-être aurez-vous mal cherché ;
Vous l'aviez ce matin où nous avons couché :
L'auriez-vous oublié ? Cherchez mieux, je vous prie.
DON LOPE.
Je l'aurai pu laisser dedans l'hôtellerie ;
Mais retourner si loin serait un vain souci,
Puisqu'enfin aujourd'hui Cabrère arrive ici,
Et que sur le chemin ma blessure rouverte,

De trois ou quatre jours m'ayant coûté la perte,
A fait d'autant de temps avancer son retour;
Si bien qu'aujourd'hui même on l'attend à la cour,
Où sa voix, suppléant la perte de sa lettre,
M'obtiendra les effets que j'osais m'en promettre.
S'il se peut toutefois, faisons savoir au roi
Quels exploits en Sardaigne ont établi sa loi,
Et, de ces grands succès lui faisant des peintures,
Sans nous manifester, contons nos aventures.
Pour donner audience il se doit rendre ici.

LAZARILLE.
Quelqu'un sort de sa chambre.

DON LOPE.
     Avançons, le voici.

SCÈNE II

LES MÊMES; DON PÈDRE, LE COMTE, GARDES.

LE COMTE.
Vos soins du grand Trajan vous font le vif exemple;
Si les rois sont des dieux, leur palais est un temple
Où pour tous il est juste et libre de prier,
Et dont jamais l'accès ne se doit dénier.

DON PÈDRE.
Le plus digne degré de la grandeur d'un maître
Est d'être égal aux siens autant qu'il le peut être;
Il s'élève plus haut par cet abaissement;
C'est de sa dignité le plus sûr fondement,
Et de l'art de régner la plus haute science.

LE COMTE.
Chacun peut approcher : le roi donne audience.

DON LOPE.
Si prompt à le servir, je tremble à l'aborder.

LAZARILLE.
L'occasion vous rit.

DON LOPE.
   Ciel, fais-la succéder.
Mais on m'a prévenu.

SCÈNE III
LES MÊMES; DON SANCHE.

DON SANCHE.
  Sire, un bruit populaire
Jette ici la terreur : de l'infant votre frère
L'armée est décampée et s'avance à grands pas;
L'avantage consiste à ne l'attendre pas,
Et, le mal nous pressant, empêcher qu'il n'empire
Et ne vienne attaquer le cœur de votre empire.
Vous risquez un grand siège en attendant plus tard.
Saragosse est au trône un important rempart.

DON PÈDRE.
Mes ordres pourvoiront contre cette disgrâce.
Cependant, travaillez à bien munir la place,
Et pourvoir de défense aux endroits importants,
Sans semer la frayeur parmi les habitants.
Allez, qu'un autre approche.

SCÈNE IV
LES MÊMES; PÉREZ.

DON LOPE.
  O sort, sois-moi propice!
Ne voilà pas encore un trait de son caprice!
Vois combien de hasards m'ôtent l'occasion.

LAZARILLE.
Je forcène de rage et de confusion.

PÉREZ, au roi, en lui donnant une lettre.
Sire, aux moindres faveurs qu'une maîtresse envoie
C'est trop faire acheter qu'en retarder la joie.

DON PÈDRE.
Cher gage d'une main pleine de tant d'appas,
Me viens-tu prononcer l'arrêt de mon trépas?
Ou fléchirai-je enfin la fierté qui rejette
Une âme assujettie au joug de sa sujette?

LAZARILLE.
Quelqu'un profitera du temps que vous perdez.

DON LOPE.
Prince, rare ornement...

ACTE I, SCÈNE IV.

LE COMTE, le faisant retirer.
>Le roi lit; attendez.

DON PÈDRE, lit.

« Ne souillez point, grand roi, les glorieuses marques
>« Qui sur le reste des monarques
>« Font briller Votre Majesté
« Par une passion à son repos fatale
« D'un indigne attentat de votre âme royale
>« Sur mon honnêteté.
« J'ai trop longtemps souffert à vos ardeurs passées
« Ces frivoles écrits porteurs de vos pensées;
>« Ne m'en honorez plus;
« Ou, me continuant cet honneur qui m'offense,
« Ne vous offensez pas ou d'un juste silence
>« Ou d'un libre refus. »
O rigueur humaine ! ô beauté tyrannique,
Qui, causant mon amour, défends qu'elle s'explique !
Beau, mais funeste écueil, insensible rocher !

LAZARILLE, à don Lope.

Allez.

LE COMTE, à don Lope.
Il ne lit plus, vous pouvez approcher.

DON LOPE.

Enfin tu seras lasse, ô cruelle Fortune,
De me persécuter et de m'être importune.
Prince, amour des climats où vous donnez la loi,
Et de vos ennemis la terreur et l'effroi,
Si Votre Majesté doit trouver quelques charmes
Au fidèle récit du succès de ses armes,
J'ose, satisfaisant à ma commission,
Me promettre l'honneur de son attention.

DON PÈDRE, après avoir lu quelques mots.

Et vantons, orgueilleux, les droits d'une couronne
Et le faux ascendant que son éclat nous donne.
Pourrais-je obtenir moins dessous un nom privé
Qu'en ce grade éminent où je suis élevé ?
Une ingrate sujette à ce point me dédaigne !

DON LOPE.

L'état où don Bernard a réduit la Sardaigne
Fera trembler l'Europe, et de votre fureur
Aux lieux plus écartés sèmera la terreur.

DON PÈDRE, lisant.

>« Ne m'en honorez plus.
« Ou, me continuant cet honneur qui m'offense,

« Ne vous offensez pas ou d'un juste silence
  « Ou d'un libre refus. »
Traiter de ces froideurs le feu qui me dévore,
Moi son prince, son roi, mais son roi qui l'adore !
    DON LOPE.
Quand l'appareil fut prêt, et que de vos vaisseaux
Don Bernard eut couvert l'humide sein des eaux,
Les vents en même instant furent sans violence,
Et volontairement s'imposèrent silence ;
La mer avec respect porta ce grand fardeau
Qui des Sardes allait la faire le tombeau.
    DON PÈDRE, à part.
Mais, ô trouble frivole et vaine rêverie !
Amoureux, je puis craindre, et, monarque, je prie !
J'aime, et puis observer ces respects superflus !
Qui, pouvant tout, demande, est digne du refus.
    DON LOPE.
L'air et la mer enfin, comme vos tributaires,
Prirent votre parti contre vos adversaires.
    DON PÈDRE, à part.
Mais au trouble importun dont j'étais diverti,
N'ayant rien entendu, je n'ai rien reparti.
Cette distraction est un défaut aux princes,
Qui doivent toujours mettre au bien de leurs provinces
Leur plus présent objet et leur soin le plus haut.
Rappelons notre esprit, et couvrons ce défaut.
 (A don Lope.)
Je songe à prévenir le siège qui s'apprête ;
Si vous m'avez servi, dressez votre requête :
J'en verrai le mérite, et j'aurai soin de vous.
    LAZARILLE.
De nos astres enfin nous vaincrons le courroux.
    (Don Lope et Lazarille sortent.)

SCÈNE V

DON PÈDRE, LE COMTE, PÉREZ.

    DON PÈDRE.
Quoi ! je règne, et, régnant, n'ose dire que j'aime !
Je sers, et ne puis plaire avec un diadème !
 (A Pérez.)
Toi, de ce triste écrit funeste messager,
Auteur de mon ennui, travaille à l'alléger,

Et, si tu veux qu'encor quelque attente me flatte,
Va m'obtenir, Pérez, de cette belle ingrate
La faveur de passer en son appartement,
Et sans l'incommoder lui parler un moment.
  (Pérez sort.) (Au comte.)
Va, j'attends sa réponse. Ah! comte, est-il possible
Que ce front couronné cache un cœur si sensible,
Et qu'une dépendante et sujette beauté
A de si longs efforts en cache un indompté?
Par quel droit vantons-nous, malheureux que nous sommes,
L'avantage des rois sur le reste des hommes,
Si, sujets comme vous à notre passion,
Nous soutenons si mal cette présomption
Que d'un simple regard, qu'un bel œil nous envoie,
Nos libertés souvent sont la honteuse proie?
    LE COMTE.
Le malheur de souffrir pour d'aimables objets
Est le sort aussi bien des rois que des sujets.
    DON PÈDRE.
Ma plus sensible peine, en ce que je propose,
Est que mon dessein même à mon dessein s'oppose,
Et que, pouvant user d'un pouvoir absolu,
Je cesse de vouloir sitôt que j'ai voulu;
Que, dans la même cause, et criminel et juge,
De l'objet offensé je deviens le refuge,
Et, de quelques efforts que je sois combattu,
N'ai pas assez d'amour pour manquer de vertu.
Ainsi, mon cœur, pressé par l'un et l'autre extrême,
Est le champ d'un combat de moi contre moi-même,
Qui, lâche ou généreux, faible ou fort que je suis,
Protège en même temps l'honneur que je poursuis.
    LE COMTE.
C'est par ce beau combat que vous rendez des marques
Du plus considérable et plus grand des monarques.
L'amour est un doux mal commun à tous les rois;
Mais peu de la raison lui font suivre les lois,
Peu savent avec lui modérer leur puissance,
Et, quand il ose trop, réprimer sa licence.
Ces qualités aussi vous attirent nos vœux;
De Pèdre, et non du roi, le monde est amoureux;
Et le surnom de Grand, que l'Aragon vous donne,
Vient plus de vos vertus que de votre couronne.
C'est un malheur d'un trône où l'on est élevé,
Qu'être toujours en butte et toujours observé;

Qu'il ne soit mur si fort dans les palais des princes
Que ne puissent percer les yeux de leurs provinces;
Toutes leurs actions, regardant leurs sujets,
De leurs sujets aussi sont toujours les objets;
Avec le peuple enfin ils partagent un titre,
Et, juges de l'État, l'État est leur arbitre.
Pour Votre Majesté, c'est un repos bien doux
De pouvoir sans rien craindre être jugé de tous;
Et c'est pour un monarque une vertu sublime
De haïr comme vous jusqu'à l'ombre du crime,
D'être un si saint exemple aux yeux de votre cour,
Et pouvoir accorder l'innocence et l'amour.

DON PÈDRE.

L'intérêt qui m'allie avecque la Navarre
Pouvait seul me priver d'une beauté si rare;
Et toute autre raison moins utile à l'État,
La splendeur de mon rang, le nom de potentat,
Ni tous les fondements d'une haute espérance,
Ne me pourraient ravir l'heur de son alliance.

SCÈNE VI

DON LOPE, LAZARILLE, DON PÈDRE, LE COMTE, GARDES.

LAZARILLE, à don Lope.

L'occasion vous rit, mais ne la manquez pas.

DON LOPE.

Elle est trop favorable. O sort! guide mes pas.

DON PÈDRE, prenant la requête.

Donnez.

DON LOPE.

Ce mot, grand roi, s'il ne vous importune,
Vous fera souvenir de don Lope de Lune,
Autrefois par sa charge illustre en cette cour,
Sous l'heureux souverain dont vous tenez le jour,
Qui jusques à la mort paya de sa personne,
Et fit de tout son sang hommage à la couronne.

DON PÈDRE, lisant.

« Don Lope de... »

SCÈNE VII
LES MÊMES ; PÉREZ.

PÉREZ.
Seigneur, Léonor passe ici
Pour aller chez l'infante. Avancez, la voici.
LE COMTE, à don Lope.
Hors.
DON LOPE.
Oh ! de mon malheur cruelle expérience !
(Il sort.)
LAZARILLE.
O la dure vertu que tant de patience !
(Il sort.)

SCÈNE VIII
LÉONOR, DON PÈDRE, LE COMTE, PÉREZ, GARDES.

DON PÈDRE, relevant Léonor, qui, en entrant, fait un faux pas.
Hé, Madame !
(Il laisse tomber la requête.)
LÉONOR.
Seigneur, c'est un bonheur pour moi
Qu'ayant à choir, ma chute arrive aux pieds du roi,
Dont le rang me prescrit l'état où je me trouve.
DON PÈDRE.
C'est de votre mérite une infaillible preuve,
Que, pour vous relever et servir au besoin,
A mes mains la fortune en ait commis le soin.
Oui, Madame, ce soin tombe en des mains puissantes,
Capables de remplir et passer vos attentes,
Qui vous peuvent donner un rang qui vous défaut,
Et ne relèvent point sans élever bien haut.
LÉONOR.
Que puis-je désormais craindre de la fortune,
Si, me terrassant même, elle m'est opportune ;
Si ma chute m'élève, et si choir est un saut
Pour me rendre plus ferme et m'élever plus haut ?
C'est d'un bonheur insigne une preuve constante.

DON PÈDRE.
Où s'adressent vos pas?
LÉONOR.
Je passais chez l'infante.
DON PÈDRE.
Je vous y rends.
LÉONOR.
Seigneur!
DON PÈDRE.
Accordez-moi ce point.
Mandez des cruautés, mais n'en exercez point.
Rebutez, méprisez, tuez dans une lettre;
Mais, présente, souffrez ce qui se peut permettre,
Et ne refusez pas une civilité.
LÉONOR.
Si j'osais remontrer à Votre Majesté,
Qu'à quelque si haut point que sa bonté m'oblige,
Il m'est de conséquence, étant...
DON PÈDRE.
Allons, vous dis-je,
Souffrez que je vous rende en son appartement,
Et là nous en viendrons sur l'éclaircissement.
(Il sort avec Léonor, le comte et ses gardes.)
LAZARILLE, à don Lope.
Qu'attendons-nous encor, malheureux que nous sommes?
J'ai bien vu du pays, j'ai bien connu des hommes;
Mais je n'en ai point vu que le ciel en courroux
Rende par leur malheur si célèbres que nous;
Et vous deviendrez grand, vanité ridicule!
Vous pourriez être un Mars, un César, un Hercule,
Que le sort enragé qui talonne vos pas
Vous heurterait encore, et ne vous rirait pas.
DON LOPE.
Sa rigueur en effet m'oppose tant d'obstacles
Que pour les vaincre tous il faudrait des miracles.
Mais le roi peut entrer, attendons son retour.
LAZARILLE.
Oh! l'importun métier que celui de la cour!
(Il trouve la requête, et la ramasse.)
Qu'est ceci? quelque trait encor de la fortune!
DON LOPE.
Qu'est-ce?
LAZARILLE, lisant.
« Requête au roi de don Lope de Lune... »

ACTE II, SCÈNE I.

Et votre âme est prophète en ses pressentiments !
De grands effets suivront vos nobles mouvements !
Vous pouvez, sur l'espoir que don Bernard vous donne,
Prétendre à des degrés proches de la couronne !
Vous êtes fort avant dedans l'esprit du roi !
Vous ne pouvez manquer d'un honorable emploi !
Pour vous seul désormais les astres s'intéressent !
Oh ! de combien de vent les hommes se repaissent !
Tenez, votre requête a fait un grand effet,
Et vous avez raison d'être fort satisfait :
Elle a des pieds du prince essuyé la poussière.

DON LOPE.

Dieu ! jamais désespoir eut-il tant de matière ?
Don Bernard, qui peut tout, en vain me veut du bien ;
Ma valeur sert l'Etat, et ne me produit rien ;
Ma parole est soufferte, et n'est point écoutée ;
Ma requête est reçue, et puis est rejetée ;
J'ai toujours lieu d'espoir, jamais d'événement ;
Tout me rit, tout me flatte, et toujours vainement.
La fortune nous traite avec trop d'injustice
Pour nous promettre plus de vaincre son caprice.
Ne nous obstinons plus en une ingrate cour ;
Puisque Cabrère arrive, attendons son retour.
Mais, sans plus nous flatter d'une espérance vaine,
Sans que mes intérêts lui coûtent plus de peine,
   (Déchirant la requête.)
Payons son amitié seulement d'un adieu,
Et fuyons pour jamais de ce funeste lieu.

ACTE DEUXIÈME

SCÈNE I

DON BERNARD, DON LOPE, LAZARILLE.

DON BERNARD.

Quoi ! ce grand cœur s'ébranle, et don Lope de Lune
Veut tourner lâchement le dos à la fortune,
Et parmi ses exploits laissera raconter

Qu'il est un ennemi qu'il a pu redouter !
DON LOPE.
Après une si longue et si triste aventure,
Après tant de malheurs et de cette nature,
Après tant de revers, de rebuts, de mépris,
Capables de lasser les plus fermes esprits,
Quand je ne croirais pas mon malheur invincible,
Je serais insensé, si j'étais insensible.
DON BERNARD.
Comme les souverains n'ont pas des droits communs,
Ils veulent quelquefois des devoirs importuns;
Et, moins par nos effets que par notre constance,
De nos affections éprouvent l'importance :
Tel, que la cour rebute ou ne caresse pas,
Souvent mal à propos se lasse au dernier pas,
Et, sans la lâcheté de retourner arrière,
Trouvait une couronne au bout de sa carrière.
Je sais que le destin, qui dispense les rangs,
Tient pour nous les donner des moyens différents,
Par des chemins divers élève aux grandes choses,
Et les sème à son gré d'épines ou de roses ;
Je sais que, par un heur qui ne se conçoit pas,
Pour arriver si haut je n'ai pas fait un pas,
Et que tout mon crédit et toute ma puissance
Ne sont qu'un simple effet de mon obéissance,
Que je méritais moins que vous ne méritez,
Et qu'on m'a tout donné ce que vous achetez.
Mais ce même destin dont l'aveugle caprice
Me fait tant de faveur, à vous tant d'injustice,
Peut, de la même main dont il m'a fait monter,
Et vous mettre en ma place et m'en précipiter.
De ma part soyez sûr d'une ardeur sans pareille,
Et qu'au point où du roi je possède l'oreille,
Pour peu que sa bonté réponde à mes souhaits,
Mes soins vous produiront d'infaillibles succès.
DON LOPE.
Quelques traits si perçants dont la douleur me touche,
Avec cette bonté vous me fermez la bouche,
Et je tiendrai l'honneur de votre affection
Pour le plus digne objet de mon ambition.
DON BERNARD.
Au reste, de quel œil voyez-vous Violante ?
DON LOPE.
Ce nom m'est inconnu.

DON BERNARD.
            Quoi ! le nom de l'infante,
Ce nom par qui le ciel nous voulut exprimer
L'invincible pouvoir qui force de l'aimer,
Et trouve tous les cœurs sans défense et sans armes ?
             DON LOPE.
J'en confondais le nom, mais j'en connais les charmes,
Et, si mon mauvais sort me permet d'en parler,
N'ai rien vu sous le ciel qu'on lui puisse égaler,
Ni qui soumette une âme avecque plus d'empire.
Mais, quelque haut dessein que l'amour vous inspire,
Votre heur et vos vertus vous la peuvent donner,
Et ce leur serait peu que de vous couronner.
             DON BERNARD.
Traitons avec respect les dignités suprêmes,
Et ne touchons jamais jusques aux diadèmes :
Le Ciel, qui les sacra, veut qu'ils soient révérés,
Et n'ouvre point l'oreille aux vœux immodérés.
Allons de nos lauriers faire hommage à ses charmes,
Et rendre compte au roi du succès de ses armes.
Venez ; les vérités que j'y dirai de vous
Feront de ce récit les brillants les plus doux.
                              (Ils sortent.)

SCÈNE II

DON PÈDRE, LE COMTE, GARDES.

             LE COMTE.
Quel travail, altérant l'air de votre visage,
Presque du mouvement vous dérobe l'usage,
Et vous cause, Seigneur, cet assoupissement ?
             DON PÈDRE.
Le sommeil nous pressant se vainc malaisément ;
La musique, le jeu, cent tours à la fenêtre
De cet astre inhumain qui n'a daigné paraître,
Cent plaintes à sa porte et cent soupirs sans fruit,
M'ont ôté le repos de l'âme et de la nuit ;
Tant que, m'ayant des sens presque interdit l'usage,
Le jour veut de la nuit me réparer l'outrage.
Mais don Bernard arrive, et vient d'un doux réveil
Guérir ma lassitude et charmer mon sommeil :
Il a tant fait pour moi que, pour sa récompense,
Mon pouvoir aujourd'hui connaît son impuissance.

LE COMTE.

Les prix qui d'un grand cœur suivent les grands exploits
Sont les plus clairs brillants des couronnes des rois;
Aux grandes actions leur charme nous invite;
Par eux l'âme s'élève et la vertu s'excite ;
Par eux il n'est dessein dont on ne vienne à bout,
Et ne rien épargner est l'art d'acquérir tout.
Mais si pour un sujet jamais vos mains royales
Ont eu lieu de s'ouvrir et d'être libérales,
Don Bernard, si fameux par tant d'occasions,
Est le plus digne objet de vos profusions,
Puisqu'aux nobles travaux de ce courage illustre
Les armes d'Aragon doivent leur plus beau lustre,
Et qu'enfin, quelque éclat dont il soit revêtu,
Son rang sera toujours moindre que sa vertu.

DON PÈDRE.

Il connaît ma faiblesse à le bien reconnoître;
Il épuise ma force à force de l'accroître :
Par nos communs bienfaits il l'emporte sur moi;
Je lui donne en vassal, et lui me donne en roi :
Mais l'amitié, qui rend toute chose commune,
Lui va, comme mon cœur, partager ma fortune,
Et sur son seul mérite appuyer mon pouvoir.
Il arrive ; avançons, allons le recevoir,
Et bâtir aujourd'hui le plus haut édifice
Qu'aient jamais élevé le sort et la justice.

SCÈNE III

LES MÊMES, DON BERNARD, DON LOPE,
LAZARILLE, SOLDATS.

DON BERNARD, aux pieds de don Pèdre.

Seigneur !

DON PÈDRE.

Vous à mes pieds ! gloire de cet État,
Vous de ma dignité le plus brillant éclat !
Heureux restaurateur et soutien de mon trône,
Je vous fais amiral.

DON BERNARD.

Moi, Sire ?

DON PÈDRE, le relevant.

Et duc d'Ossone.

DON BERNARD.
O ciel!
DON PÈDRE.
Joignez aux miens ces invincibles bras,
Qui par tant de travaux et par tant de combats
Ont si bien soutenu le faix de mon empire.
DON BERNARD.
A ma confusion ils sont plus chargés, Sire,
Du faix de vos bienfaits que du faix des lauriers
Que vous ont moissonnés vos illustres guerriers :
Bien plus qu'eux et que moi, votre nom est la foudre
Qui tonne, étonne, frappe et réduit tout en poudre :
Don Pèdre seul, absent, porte plus de terreur
Que de nos bras présents la plus chaude fureur ;
Et par votre faveur, tant de fois confirmée,
Vous me payez les prix de votre renommée,
Et me reconnaissez de vos propres exploits,
Puisque votre seul bruit range tout sous vos lois.
DON PÈDRE.
Faisons qu'avec le temps l'Aragon puisse apprendre
Qui de nous saura mieux ou recevoir ou rendre,
Et qui d'affection aura mieux combattu :
Je ne me lasserai qu'après votre vertu,
Et de ce seul combat vous envîrai la gloire :
De celui de Sardaigne apprenez-moi l'histoire.
Donnez un siège au comte.
DON BERNARD.
A peine vos vaisseaux,
Déradés, traversaient le vaste champ des eaux,
Que les vents ennemis de cette humide plaine,
Selon notre besoin mesurant leur haleine,
D'irrités qu'ils étaient aussitôt apaisés,
Firent voir le respect que vous leur imposez.
Cette sèche forêt eut enfin de Neptune
L'inconstante faveur à tel point opportune
Qu'avec un seul soleil, une nuit seulement
Vit et notre arrivée et notre embarquement :
L'aurore allait sortir quand je fis prendre terre
A ces Mars espagnols, ces démons de la guerre,
Fléaux des attentats et des rébellions,
Que l'honneur d'être à vous rend autant de lions.
Comme l'ardeur peut tout, jointe à l'intelligence,
Le temps fut ménagé par tant de diligence
Qu'on découvrit le camp et les murs ennemis,

Avant qu'un vent de flamme en eût porté l'avis,
Et que de notre abord Calaris avertie
Pût, où nous prîmes port, faire aucune sortie.
Nul ne gardait l'accès de ces perfides murs ;
Mais, pour être déserts, les champs n'étaient pas sûrs ;
Car cette ingrate ville, en ruses trop experte,
Avait d'arbres couchés la campagne couverte,
Et parsemé de clous les chemins d'alentour,
Qui nous firent besoin et d'adresse et de jour.
L'un et l'autre à la fin, nous aidant le passage,
Après un long travail du piège nous dégage,
Et, suivant un sentier qui descend d'un coteau,
A son pied verdissant nous trouvons un ruisseau
Dont le trouble cristal, qui sortait d'une roche,
De gens qui le foulaient nous fit juger l'approche :
Là, chacun attentif, considérant les lieux,
Un brillant escadron se présente à nos yeux,
Dont le maintien superbe et le riche équipage,
Loin de nous étonner, nous enfle le courage,
Nous fait sauter de joie, et nous promet le fruit
Du pénible travail de l'onde et de la nuit :
Il n'est soldat si las à qui le cœur ne vole,
Et qui n'ait la vigueur comme l'âme espagnole ;
Et presque en un instant tous nos rangs disposés
Séparent les trois corps dont ils sont composés.

DON PÈDRE, à part.

En vain, dans cet excès de gloire et d'allégresse,
Je tâche à résister au sommeil qui me presse.

(Il s'endort.)

DON BERNARD.

L'escadron reconnu, lorque pour l'investir
Notre avant-garde enfin commença de partir,
Au même instant des arcs de ce peuple rebelle
Nous vîmes dessus nous fondre une épaisse grêle,
Qui, tant que put durer un choc si violent,
A leur témérité fut un rempart volant :
Il semble à cet effort que nos rangs se séparent ;
Mais, leurs traits épuisés, nos forces se déclarent,
Et nous fondons sur eux plus prompts que les éclairs
Ne nous frappent la vue et ne percent les airs :
Le plus hardi s'effraie à ces vives alarmes ;
Rien ne résiste plus au torrent de nos armes,
Et nous pavons le champ d'un mélange confus
De bras, de pieds, de corps, d'arcs, de traits et d'écus.

Ceux enfin que la fuite a sauvés de l'orage
A leur ville alarmée annoncent ce naufrage :
On s'y prépare au siège, on en munit le fort,
Et la rébellion tente un dernier effort.
Mais, Sire, ce héros, ce prodige incroyable,
(Montrant don Lope.)
Admirable aux vainqueurs, aux vaincus effroyable,
Des siècles à venir futur étonnement,
Et de celui qui court la gloire et l'ornement,
Pour tout comprendre enfin, le grand Lope de Lune,
Par une invention fameuse et non commune
Qu'un Grec tenta jadis sur l'empire latin,
A rendu vain l'effort de ce peuple mutin :
Il se tire du camp, s'étant avec courage
Découpé d'un poignard le sein et le visage,
Et, dessus un coureur, qu'il rend presque aux abois,
A leurs murs arrivé, s'écrie à haute voix :
« Si chez vous la vertu peut trouver quelque asile,
« O Sardes généreux ! ouvrez-moi votre ville.
« Si l'homme encor pour l'homme a quelque humanité,
« Sauvez-moi d'un tyran et de sa cruauté. »
On ouvre à sa requête ; il obtient audience,
Et sur l'esprit de tous gagne tant de créance
Qu'à la tête souvent de cinq ou six d'entre eux,
Nous venant faire au camp des défis généreux,
En différentes fois il se fit des plus braves,
Par notre intelligence, un tel nombre d'esclaves,
Qu'enfin tous joints ensemble, et s'étant par moyens
Pratiqué le secours de quelques citoyens
Par qui de ce secret je reçus le message,
Dans les murs ennemis ils se firent passage,
Et don Lope s'acquit un renom glorieux
Qui fait revivre en lui l'éclat de ses aïeux.
    DON PÈDRE, à part, en s'éveillant.
Que dira don Bernard d'un si profond silence ?
De ce fâcheux sommeil forçons la violence,
Et prêtons mieux l'oreille au récit des combats
De qui si dignement nous a prêté le bras.
    DON BERNARD.
Don Raimond de Moncade a dans cette victoire
Par des fait inouïs éternisé sa gloire,
Et mérite...
    DON PÈDRE.
Oristan est son gouvernement.

DON BERNARD.
Le duc de Ribagorce a servi dignement,
Et d'un cœur indompté signalé sa vaillance.
DON PÈDRE.
Sassaris et Sora seront sa récompense.
DON BERNARD.
Don Nugne à notre espoir fut un notable appui,
Et d'un bras généreux...
DON PÈDRE.
Calaris est pour lui.
Et vous, restaurateur de la gloire publique,
Je vous fais duc de Vas et comte de Modique.
DON BERNARD.
De si hauts rangs, Seigneur, pour un sujet si bas !
Semez avec les mains, et ne répandez pas :
Votre profusion, en me chargeant, m'accable,
Et d'un si lourd fardeau ma force est incapable.
DON PÈDRE.
Ce prix me laisse encor la qualité d'ingrat,
Et charge peu le bras qui soutient tout l'État.
Achevons votre cour, et passons chez l'infante,
Où nous consulterons d'une affaire importante
Pour qui votre retour nous arrive à propos,
Et qui ne peut encor vous souffrir de repos.
(Ils sortent tous, excepté don Lope et Lazarille.)
LAZARILLE, à don Lope.
Vous aviez bien raison d'attendre sa venue :
Voilà votre vertu dignement reconnue.
Votre crédit est grand, on vous voit de bon œil,
Et le roi vous a fait un favorable accueil.
Don Bernard...
DON LOPE.
Que veux-tu ? ma raison elle-même
S'égare et m'abandonne en ce malheur extrême.
Non, tu n'es point pour moi, dure fatalité,
Fille, comme on te croit, de la nécessité :
Elle n'établit point ton ordre inévitable ;
Par ton propre dessein tu nous es redoutable ;
Ma disgrâce n'est plus un caprice du sort ;
Tu ne me heurtes point par un aveugle effort ;
Une haine immortelle, une invincible rage,
Un dessein déclaré t'obstine à cet outrage :
En vain par tant d'exploits je m'acquiers tant de bruit
A qui tu veux du mal tout travail est sans fruit.

Après tant de soucis, j'espérerais des roses,
Si tu suivais pour moi l'ordre commun des choses ;
Mais tu l'enfreins, barbare, et pour moi seulement
Ton aveugle conduite est sans aveuglement ;
Pour moi seul un prodigue, un généreux monarque
Jette sur son renom une honteuse marque,
Et ta rigueur en fait, par une injuste loi,
D'un Auguste pour tous un Tibère pour moi.
Quoi! tant de grands effets, tant d'illustres offices,
Perdent donc en mon bras le titre de services !

LAZARILLE.

Un malheureux enfin a beau se désoler,
Beau se plaindre des cieux, et beau les quereller :
Ils versent sans dessein les plaisirs et les peines,
Ils ne sont point garants des affaires humaines,
Et toute la nature en vain leur veut aider :
A qui naît sans bonheur rien ne peut succéder.

SCÈNE IV

DON BERNARD, LE COMTE, DON LOPE, LAZARILLE.

DON BERNARD, embrassant don Lope.

Plût au ciel, cher de Lune, et je le dis sans feinte,
Que le sort qui vous livre une si rude atteinte,
Et contre qui pour vous tous mes souhaits sont vains,
Suivît son inconstance et nous changeât de mains!
La disgrâce du roi me serait moins sensible
Que le mépris qu'il fait de ce bras invincible,
Qui seul dans la Sardaigne a rétabli ses lois,
Et dont un sceptre seul peut payer les exploits.

DON LOPE.

Votre heur, parfait ami, vous dure autant d'années
Que m'ont duré d'instants mes tristes destinées !
Le roi, vous déposant les charges de l'État,
Me fait justice en vous et ne m'est plus ingrat.
Quoiqu'une même main vous élève et m'abaisse,
Le rebut m'en est doux, puisqu'elle vous caresse,
Et la moitié de moi, qu'elle laisse si bas,
Éclate en la moitié qui régit ses États :
Vivez donc d'Aragon et l'amour et la gloire,
Des plus chers favoris effacez la mémoire,
Qu'aucun soin ne vous trouble en vos emplois nouveaux,
Et, souverain des mers, donnez des freins aux eaux ;

Tandis que, de fortune éprouvant l'autre face,
Chétif et triste objet d'opprobre et de disgrâce,
Je goûterai chez moi pour le moins le bonheur
De savoir mon ami dans ce haut rang d'honneur,
Et pouvoir opposer à sa rigueur extrême
Le bien qu'elle me fait en un autre moi-même.

DON BERNARD.

Avec plus d'espérance épargnez ma douleur,
Et croyez que je tiens à sensible malheur
De pouvoir opposer à sa faveur extrême
Le mal qu'elle me fait en un autre moi-même.

LE COMTE.

Il est vrai que jamais vertu n'avait produit
De si fameux succès avec si peu de fruit,
Et que, d'un art savant et d'un pinceau fidèle,
Don Bernard en a fait la peinture si belle
Qu'enfin, sans vous flatter, il faut qu'à ce récit
Quelque grand soin du prince ait diverti l'esprit,
Pour en avoir laissé la gloire sans seconde
Si stérile pour vous, et pour lui si féconde.

DON LOPE.

Le favorable accès qu'elle a dans vos esprits
Me la rend trop fertile et m'est un prix sans prix.

DON BERNARD.

Nous reverrons le roi : la prière obstinée
Succède quelquefois et vainc la destinée :
Ce vous sera du moins un fruit de son refus,
Si nous n'obtenons rien, que de n'espérer plus.
Mais il repose; adieu.

DON LOPE.
　　　　　　　Le ciel vous soit propice,
Et me fasse acquitter de cet heureux office!
　　　　　　　　　　(Don Bernard sort.)
O faiblesse! ô contrainte indigne d'un grand cœur,
D'avoir pour la vertu recours à la faveur!
Lâche, devrais-je encor...

SCÈNE V

DOROTHÉE, à la fenêtre, DON LOPE, LAZARILLE.

DOROTHÉE, jetant une lettre à don Lope.
　　　　　　　　Don Lope, cette lettre,
Qu'en votre propre main j'ai charge de remettre,

Vous invite à mêler du myrte à vos lauriers,
Et des succès d'amour à vos succès guerriers.
Soyez discret, adieu ; l'objet qui vous l'adresse
Est d'un rang et d'un sang digne d'une maîtresse.
       (Elle se retire.)
   DON LOPE, ramassant la lettre.
Veillons-nous ? rêvons-nous ? Puis-je être en même jour
Si mal avec le sort et bien avec l'amour ?
     LAZARILLE.
Non, non ; cet enragé vous étant si contraire,
Quelle est la malheureuse à qui vous pourriez plaire ?
   DON LOPE, ouvre la lettre et lit.
  « *A don Lope de Lune.*

« Au voyage de Vas, où nous suivions le roi,
« Une secrète ardeur vous engagea ma foi,
« Et, vous ayant depuis conservé mon hommage,
« Vous en veux aujourd'hui confier le secret.
« Venez ce soir au parc, seul, fidèle et discret,
 « En savoir davantage.
     « Violante. »

Violante ! est-ce un songe ! est-ce une illusion ?
De quoi me flattes-tu, chère confusion ?
Violante ! l'infante à mon sujet atteinte !
O glorieux mélange et d'espoir et de crainte !
Beau songe, qui promets plus que je ne prétends,
Dissipe-toi bien tard, et dure-moi longtemps !
Je vis l'infante à Vas, ma doute n'est point vaine :
Des appas innocents n'accusons plus la haine ;
Si de cette princesse ils m'ont acquis les vœux,
L'heur qu'ils m'ont procuré m'élève au-dessus d'eux.
Mais tirons-nous d'ici, que mon transport n'évente
Les secrets mouvements d'une ardeur imprudente,
Qui pourrait ruiner le plus heureux espoir
Que l'Amour à mortel fit jamais concevoir.
    LAZARILLE, à part.
L'infante ! Oh ! qu'il est vain ! oh ! quelle extravagance !
Tant de malheur lui souffre encor tant d'arrogance !
Lui, l'infante ! Un moment l'aurait bien relevé !
Cherchons, cherchons parti ; mon maître est achevé.

ACTE TROISIÈME

SCÈNE I
VIOLANTE, LÉONOR.

VIOLANTE.

Comtesse, votre esprit trop aisément s'altère :
La plus belle vertu n'est pas la plus austère ;
Les regards, l'entretien, de modestes ébats,
Exercent sa candeur et ne l'offensent pas.
Si vous n'aimez l'amant, souffrez-en la personne.

LÉONOR.

L'approche en est suspecte avec une couronne :
Tout honnête qu'elle est, elle fait murmurer,
Et souvent déshonore à force d'honorer.
Le roi ne peut déplaire avec toutes les marques
Qui font considérer les plus parfaits monarques ;
Mais d'autant plus l'honneur qu'il me fait de ses vœux
En jette dans les cœurs des sentiments douteux.

VIOLANTE.

Fonder sur des soupçons cette rigueur extrême
Est bien mal ménager l'espoir d'un diadème :
Il en peut faire un jour tribut à vos appas ;
Ses secrets sentiments ne s'en éloignent pas ;
De moindres passions ont fait des souveraines,
Et vous êtes d'un sang qui peut donner des reines.

LÉONOR.

Quelques si doux attraits dont on puisse éclater,
Des trônes ne sont pas des prix à mériter.
Le ridicule espoir de cet honneur insigne
Le devrait rebuter et m'en rendrait indigne :
Mais vous, sur qui le Ciel répand à pleines mains
Les trésors qu'il départ aux plus heureux humains,
Et dont les ornements et du corps et de l'âme
Jettent dans tous les cœurs le respect et la flamme ;
Vous dont tout le sang règne et fait partout des lois,
C'est pour vous que l'amour a destiné des rois.
La Murcie et Léon pressent avec instance

Par leurs ambassadeurs votre illustre alliance,
Et, quelque si haut trône où vous veuillez monter,
Il sera glorieux de l'heur de vous porter.

VIOLANTE.

Indifférente encor, je n'épouse personne ;
Je laisse au roi mon frère à choisir ma couronne ;
Et, quoi que de mon sort aient ordonné les Cieux,
Ne prends que par ses mains, ni vois que par ses yeux.

LÉONOR.

Il m'est donc libre enfin de vous ouvrir mon âme,
Puisque votre froideur autorise ma flamme,
Et qu'encor sans dessein et sans élection
Vous pouvez approuver mon inclination.
Je ne le puis nier, j'ai cru qu'en votre grâce
Don Bernard, que j'adore, occupait quelque place,
Et, dans ce sentiment, tâchais de réprimer
Le mouvement secret qui me force à l'aimer.
Je sais votre naissance, et qu'en ce rang suprême
On ne vous peut prétendre à moins d'un diadème,
Mais d'ailleurs son bonheur, à son mérite égal,
Fait, comme par un charme aux libertés fatal,
Presque de tous les cœurs des conquêtes secrètes,
Qui me rendaient suspect l'état que vous en faites.
Jalouse, je tenais pour un tribut d'amour
Le favorable accueil qu'a trouvé son retour,
Et, quoique tant d'honneur lui soit trop légitime,
Ai cru qu'il procédait d'ailleurs que de l'estime :
Mais, grâce à vos froideurs, mes vœux sont accomplis,
Mes doutes résolus, mes maux ensevelis ;
J'ose même espérer que, par votre assistance,
Le roi, me permettant l'heur de cette alliance,
Et perdant un espoir qui ne lui produit rien,
Avecque mon repos rétablira le sien.

VIOLANTE.

Quoiqu'au choix d'un amant mon âme irrésolue
Sur cette passion soit encore absolue,
Et que ce don Bernard, de qui les qualités
Triomphent, dites-vous, de tant de libertés,
Quelques myrtes nouveaux qui lui couvrent la tête,
N'ait pas sujet encor de vanter ma conquête,
Je ne puis toutefois sitôt déterminer
Sur le consentement de vous l'abandonner ;
Et sur votre créance, ou fausse ou légitime,
Que l'état que j'en fais doive passer l'estime,

Et le peu de respect que vous me faites voir,
D'avoir eu du dessein où j'en pouvais avoir,
Mon cœur, déjà touché de ses vertus insignes,
Conçoit en sa faveur des sentiments si dignes
Qu'avant que d'en résoudre et d'en rien ordonner,
Avec plus de loisir je veux l'examiner.
Qui peut faire d'un roi négliger le servage
Se pourra bien trouver digne de mon hommage,
Et m'est, autant qu'à vous, préférable à des rois,
S'il est assez puissant pour me donner des lois.
C'était manquer à vous d'adresse et de prudence
Que de mettre à mes yeux vos feux en évidence,
Sans savoir si mon cœur y pourrait consentir,
Puisque si peu de cœurs s'en peuvent garantir.
Vous avez dû savoir qu'à l'humeur de la femme
C'était persuader que défendre une flamme,
Et que la jalousie, et surtout dans la cour,
Est mère aussi souvent que fille de l'amour.
Le temps me donnera l'avis que je dois prendre
Sur ce que je vous dois ou permettre ou défendre;
Cependant délivrez votre esprit d'un tourment
Qui lui pourrait durer peut-être vainement.

(Elle sort.)

LÉONOR, seule.

Non, non, je n'ai manqué ni d'art ni de prudence
Quand j'ai mis à vos yeux mes feux en évidence;
J'en obtiens les effets que j'en ai souhaités,
Puisque j'ai par les miens les vôtres éventés.
Jusqu'ici l'abusée avait cru me les taire,
Mais l'œil est aux amants un mauvais secrétaire,
Et l'on voit aisément un feu bien embrasé
Au travers du cristal dont il est composé :
Cent fois de leurs regards la rencontre fatale
M'a fait voir cette flamme et montré ma rivale ;
Cent soupirs étouffés et cent gestes confus
M'avaient dit le secret qu'elle ne cache plus ;
J'ai mieux lu qu'elle enfin dans sa propre pensée :
Sa bonté pour le prince était intéressée,
Et, pensant m'éblouir, voulait moins par tant d'art
Le placer dans mon cœur qu'en chasser don Bernard.
Mais en vain elle attend l'avis qu'elle doit prendre
Sur ce qu'elle me doit ou permettre ou défendre :
Où le dessein est pris, son ordre est superflu ;
Elle n'entreprend pas un cœur irrésolu ;

Et, quoi qu'elle présume avecque sa puissance,
Doit craindre mon amour plus que moi sa défense.

SCÈNE II

PÉREZ, LÉONOR.

LÉONOR.

Qu'est-ce, Pérez ?

PÉREZ.

Le roi, toujours inquiété,
S'informe à tous moments quelle est votre santé.

LÉONOR.

Ses soins m'honorent trop.

PÉREZ.

Il se plaint, il soupire,
Et vous le possédez avecque tant d'empire
Que toute sa splendeur n'a rien de précieux
A l'égal d'un regard qu'il reçoit de vos yeux.
Ce trône qu'aujourd'hui tout l'univers révère
Est un siège où déjà chacun vous considère,
Et tous ses entretiens font aisément juger
Des passions qu'il a de vous le partager.

LÉONOR.

Outre que de l'État les raisons importantes
Au parti de Navarre attachent ses attentes,
Je ne sais quel mépris stupide ou généreux,
Quelque éclat qu'ait un trône, en détourne mes vœux.
Je t'ai mis à la cour, et crois sans imprudence
Pouvoir sur un secret prendre ta confidence,
Et, m'osant reposer sur ta discrétion,
Intéresser tes soins dedans ma passion.

PÉREZ.

Si vous m'honorez tant, je chéris moins la vie
Que je ne ferai l'heur de vous avoir servie.

LÉONOR.

Pour Cabrère, en un mot, mon cœur brûle d'amour :
Mais, comme ses vertus charment toute la cour,
Et qu'il trouve partout des vœux si légitimes,
Il compte encor l'infante au rang de ses victimes,
Dont le dessein du mien traversera le cours,
Si ma flamme en ton art ne trouve un prompt secours.
Tu peux de don Bernard imiter l'écriture :
Fais-moi de son amour une vive peinture,

Couches-y tous les traits dont la main d'un amant
Nous peut représenter un sensible tourment,
Et dont on peut toucher le cœur d'une maîtresse ;
Souscris-la de son nom, la ferme et me l'adresse.
Prépare à mon espoir cet heureux fondement ;
Le reste, par mes soins, concertés dextrement,
Si beaucoup de malheur n'évente l'artifice,
De ses prétentions détruira l'édifice.

PÉREZ.

Cent dépêches au roi, que j'ai de don Bernard,
Me feront imiter sa lettre avec tant d'art,
Et si bien succéder le glorieux office
Que je me rends moi-même en vous rendant service,
Que don Bernard lui-même hésiterait en vain,
Et dedans mon écrit reconnaîtrait sa main.

LÉONOR.

Je t'attends ; mais surtout sois discret et fidèle.

PÉREZ.

Ce service, à l'instant, aussi prompt que mon zèle,
Dedans ce cabinet vous va prouver ma foi ;
Puis, sur votre santé, je reverrai le roi.

(Léonor sort.)

SCÈNE III

PÉREZ, seul, entrant dans un cabinet, où il trouve une écritoire, du papier et des lettres de don Bernard.

Ma promesse m'engage en un péril extrême ;
Je trahis don Bernard, l'infante et le roi même.
Mais quel aveugle soin ne dois-je à qui je doi
Ce que j'ai dans la cour de crédit et d'emploi ?
Et pour qui puis-je mieux (ô frayeur importune !)
Que pour qui la soutient hasarder ma fortune ?

(Il lit une des lettres de don Bernard.)

« Sire, par le paquet qu'on me rend aujourd'hui,
« J'apprends trop... Don Bernard. » Cette lettre est de lui.

(Il en lit une autre.)

« Notre entreprise, Sire, est si prête d'éclore
« Qu'avant que le courrier... » Cette seconde encore...

(Il en lit une troisième.)

« Sire, avant mon départ, j'aurais exécuté
« Les ordres que j'avais de Votre Majesté

« Sans l'avis important que je ne vous puis taire... »
Sur celle-ci, ma main, forme ton caractère;
Ce genre d'écriture, à qui tu peux vanter
La tienne assez conforme, est aisé d'imiter.

(Il écrit, en regardant la lettre de don Bernard.)

SCÈNE IV

DON PÈDRE, PÉREZ.

DON PÈDRE, à part.

N'aurai-je point de trêve, aimable violence,
Soupirs désavoués qui troublez mon silence,
Que ma raison condamne et ne peut étouffer?
Et d'une ingrate, enfin, ne puis-je triompher?
Dois-je longtemps encore, insupportables flammes,
Sans espoir d'allégeance...

PÉREZ, écrivant.
    « Exercent sur les âmes. »

DON PÈDRE, à part.

Mais que fait là Pérez? il sait ma passion,
Et s'acquitte si mal de sa commission!
Différant sa réponse, il prolonge mes peines.
Qu'écrit-il? approchons.

PÉREZ, écrivant.
    « Des têtes souveraines. »

DON PÈDRE, à part.

M'ourdit-il quelque trame, et sa fidélité
Se relâcherait-elle à quelque fausseté?

PÉREZ, écrivant.

« Mais, belle Léonor, si mon amour extrême.... »

DON PÈDRE, à part.

Dans un propos d'amour mêler l'objet que j'aime!

PÉREZ, écrivant.

« Et les fers glorieux... »

DON PÈDRE, à part.
    A celle que je sers
Parler insolemment et de feux et de fers!

PÉREZ, écrivant.

« L'éclat... »

DON PÈDRE, à part.

Oserait-il, sachant que je l'adore,
Prétendre, l'arrogant, aux faveurs que j'implore?

Aurait-il l'insolence et la témérité
De former un dessein...
PÉREZ.
« Et par sa pureté. »
DON PÈDRE, entrant dans le cabinet.
Mais en puis-je être en doute, et si longtemps attendre?
PÉREZ, écrivant.
« Je prétends... »
DON PÈDRE, lui arrachant l'écrit.
Voyons, traître, à quoi tu peux prétendre
PÉREZ.
A rien, Sire; j'écris...
DON PÈDRE.
Donne-moi cet écrit.
PÉREZ.
Dieux !
DON PÈDRE.
Que dois-je inférer de ce trouble d'esprit?
Perfide! quelle foi veux-tu que j'en présume?
PÉREZ.
J'écrivais sans dessein que d'éprouver ma plume.
DON PÈDRE lit.
« Je ne demande pas, vive source de flammes,
« Que vous me permettiez une nécessité ;
« Le pouvoir que vos yeux exercent sur les âmes
« Doit répondre pour moi de ma captivité.

« Je sais bien que mon rang déshonore vos chaînes,
« Et que votre beau joug, aux libertés fatal,
« Semble, faisant ployer des têtes souveraines,
« Tomber indignement sur le cou d'un vassal.

« Mais, belle Léonor, si mon amour extrême
« Et les fers glorieux où je suis arrêté
« Ne brillent par l'éclat que jette un diadème,
« Ils brillent par ma flamme et par sa pureté.

(A Pérez.)
« L'hymen où je prétends... » Et cette audace, traître...
PÉREZ.
Seigneur!
DON PÈDRE.
Est le respect d'un vassal à son maître!
J'ai fait un digne choix, et versais mon secret
Dans une âme loyale et dans un sein discret.

Quoi ! perfide, une ardeur de sens si dépourvue
Te fait lever les yeux où je porte la vue,
Et tes feux insolents me donnent pour rival
L'indigne agent des miens, un ministre, un vassal !
C'est avec juste droit, traître, que je te fie
Les secrets concernant mon honneur et ma vie,
Si tu me peux tramer ce détestable tour,
Et si tu m'es perfide en un crime d'amour.
C'est là ce zèle ardent que tu faisais paraître ?
Holà, gardes !

SCÈNE V

LES MÊMES ; GARDES.

PREMIER GARDE.

Seigneur !

DON PÈDRE.

Arrêtez-moi ce traître.

PÉREZ.

O ciel !

DON PÈDRE.

Et dans l'horreur d'une affreuse prison,
Qui ne le sera pas comme sa trahison,
Menez-le de son crime attendre le supplice.

PÉREZ.

Faites-moi grâce, Sire.

DON PÈDRE.

On te fera justice.

(Les gardes emmènent Pérez.)

En ne réprimant pas cette témérité,
J'admets des attentats sur mon autorité :
L'offense négligée à la fin devient nôtre ;
Qui souffre une licence en autorise une autre,
Et qui peut sur ses vœux permettre un attentat
A la même insolence expose son État.
L'amiral et le comte, ignorants de son crime,
Tenteront de fléchir mon courroux légitime,
Et, priés de sa part, viennent prier pour lui ;
Mais...

SCÈNE VI

DON PÈDRE, LE COMTE, DON BERNARD.

DON BERNARD.
Grand roi, du mérite et l'espoir et l'appui,
Dont l'âme généreuse à chaque instant convie
Les cœurs les moins zélés au mépris de la vie,
Un devoir d'amité, d'honneur, de piété,
Nous rend solliciteurs vers Votre Majesté,
Pour...

DON PÈDRE.
Si vous ignorez le sujet de ma haine,
Vous venez mal instruits du sujet qui vous mène.
Que l'intérêt d'un homme indigne de pitié
N'entre point en commerce avec notre amitié :
Vous plaignez son malheur; moi, je sais son audace;
Son nom seul vous ferait encourir ma disgrâce ;
S'il a lieu de vanter ses services passés,
Sa dernière action les a tous effacés,
Et jette sur sa foi des taches éternelles.

LE COMTE.
Peut-être un faux rapport...

DON PÈDRE.
　　　　　Mes yeux me sont fidèles,
Et, juge de soi-même, il sait si j'ai raison.

DON BERNARD.
Est-ce une offense, Sire, indigne de pardon?

DON PÈDRE.
Ce n'est qu'un attentat qui s'adresse à moi-même.

DON BERNARD, à part.
C'est un trait, cher ami, de ton malheur extrême,
Qui, te faisant tomber dans quelque aveugle erreur,
T'a d'un prince si juste excité la fureur.

DON PÈDRE.
Vous savez, amiral, comme en toute autre chose
Votre vouloir du mien absolument dispose :
Proposez, ordonnez, prenez, faites, ôtez,
En tout, pour toute loi, suivez vos volontés,
Et de grâce exceptez cette seule requête :
Sans vous, son attentat lui coûterait la tête;
Seul j'en sais l'insolence, et, sans plus m'exprimer,
Tiens pour mon ennemi qui t'osera nommer.

Au reste, de Carlos les troupes insolentes,
Par le pays voisin comme un foudre volantes,
Ce soir même, au rapport de quelques espions,
Prétendent s'avancer jusqu'à nos bastions :
Si rencontre, amiral, fut jamais opportune,
Faites voir aujourd'hui quelle est votre fortune ;
Tout l'espoir de l'État à vos soins est commis ;
Coupez avant la nuit la marche aux ennemis ;
De vos troupes à peine encore désarmées
Ralliez sur-le-champ les ardeurs rallumées,
Et, parmi ce péril me conservant vos jours,
Soyez ce don Bernard que vous êtes toujours.

DON BERNARD.

Je ne me prévaudrai dans aucune aventure
Que de la qualité de votre créature ;
Mais j'ose me vanter, en cette qualité,
Et d'un cœur invincible et d'un bras indompté.

(Don Pèdre et le comte sortent.)

SCÈNE VII

DON BERNARD, DON LOPE.

DON LOPE.

Eh bien, mon seul recours et sincère et fidèle,
Ami, des vrais amis le plus parfait modèle,
Ai-je lieu d'espérer? qu'avez-vous fait pour moi?
Qu'a permis ma fortune? avez-vous vu le roi?
Ah! j'apprends sa réponse en la vôtre si lente !
Cette douleur muette est une voix parlante.
Parlez, parlez; le sort ne frappe plus en nous
Que des cœurs de longtemps endurcis à ses coups.

DON BERNARD.

Quelle offense, don Lope, aveugle ou volontaire,
Vous a si fort du roi suscité la colère ?

DON LOPE.

Moi l'offenser! Hélas! moi m'adresser au roi,
A qui par tant de sang j'ai signalé ma foi !
A moi, me reprocher un crime qui le touche !
Et ce reproche encor sortir de votre bouche !
Vous m'étiez trop bénins, ô destins inhumains !
Et voici de vos coups le seul dont je me plains.
Si c'est un crime, hélas! d'avoir fait de mes veines

Aux champs de ses combats de sanglantes fontaines,
Et, plus mon ennemi que tous ses ennemis,
M'être mis en l'état où mon zèle m'a mis,
M'être, par une ardeur illustre et non commune,
Livré seul en ôtage aux mains de la fortune,
Et contre mon visage, à moi-même inhumain,
Avoir en sa faveur armé ma propre main ;
Si pour ces actions sa haine est légitime,
J'en souffre le reproche et confesse mon crime ;
Mais ailleurs des bienfaits et des vœux éternels
Seraient le châtiment de pareils criminels.

DON BERNARD.

Quelque ressort du Ciel où nous ne voyons goutte
Fait prendre à nos destins cette diverse route,
Fait que par des nœuds d'or le roi m'attache à lui,
Et, parsemant de fleurs le chemin que je sui,
Semble, épuisé pour moi d'influences bénignes,
Ne pouvoir sur vos pas semer que des épines ;
Mais ses décrets, sans doute aussi sages que saints,
Sous un si grand malheur cachent de grands desseins ;
J'en présume pour vous quelque grande aventure
Et doute avec raison si ma route est plus sûre.
Au premier mot enfin que j'ai parlé pour vous,
Le roi s'est emporté d'un si bouillant courroux,
Et, pâlissant, m'a vu d'un regard si farouche,
Qu'à peine avais-je ouvert qu'il m'a fermé la bouche,
Ne se plaint pas de moins que d'une trahison,
Et nous a défendu jusques à votre nom.
Mais, pendant que le temps essuira sa colère,
Cher de Lune, et, de grâce, acceptez ma prière,
Comptez tout mon crédit, mes biens, mes qualités,
Moins au rang de mes biens que de vos dignités.
Tenez, malgré le sort, dans ce malheur extrême,
Tous les bienfaits du roi comme faits à vous-même.
L'heur le mieux établi n'est assuré de rien,
Et peut-être qu'un jour vous me le rendrez bien.
Nul bien n'est immortel qu'après que nous le sommes ;
L'homme est mal assuré quand il se fie aux hommes.
Ce qu'on gagne bientôt se peut perdre dans peu ;
Tout dépend du hasard, et la vie est un jeu.

DON LOPE.

Las ! plutôt mon malheur dure autant que ma vie
Que jamais aucun trait ou de haine ou d'envie
Attaque la plus noble et plus rare vertu

Dont jamais conquérant ait été revêtu !
Quelque important dessin qu'eût pour moi la fortune,
Je tiendrais sa faveur à ce prix importune.
Le roi vous fait justice, et parmi ses sujets
N'a point pour ses faveurs de si dignes objets ;
Il ne peut plus sans vous régner qu'il ne succombe,
Et vous ne pouvez choir que son trône ne tombe.

DON BERNARD.

Au reste, don Carlos, prêt de nous investir,
Sans perdre un seul moment nous presse de partir
Et de faire marcher nos troupes ramassées
Contre ses légions déjà trop avancées.
Votre bras peut du prince y vaincre le courroux,
Et, certain du succès, si je le suis de vous,
J'ose espérer de voir, au retour de l'armée,
Votre malheur céder à votre renommée ;
Mais le temps presse.

DON LOPE.

Hélas ! cette nécessité
De mon destin encor marque la dureté,
Et, suivant de l'honneur l'ordonnance importune,
Je manque un rendez-vous d'où dépend ma fortune.
Mais, ô puissants motifs des esprits généreux !
Gloire, devoir, honneur, triomphez de mes vœux :
Pour servir qui nous hait négligeons qui nous aime,
Et suivons la vertu pour l'amour d'elle-même.

DON BERNARD.

Mais si ce rendez-vous vous importe si fort...

DON LOPE.

Laissons-en l'importance au caprice du sort,
Et formons-nous plutôt à souffrir ses outrages
Qu'à laisser de son gré dépendre nos courages.
Faisons tant qu'à la fin, de ma gloire confus,
Il se laisse compter au rang de mes vaincus.
L'adorable beauté qui flatte mon attente
Vaut bien de mon courage une preuve importante,
Et me priver un soir du beau jour de ses yeux
Pour une occasion de l'en mériter mieux.

ACTE QUATRIÈME

SCÈNE I

DON PÈDRE, LE COMTE, LÉONOR, GARDES.

LÉONOR.
Sire, si cette amour dont vous m'avez flattée,
Qu'à ma confusion j'ai si peu méritée,
Quoique sans intérêt, a quelque vérité,
J'en demande une preuve à Votre Majesté.
DON PÈDRE.
D'un droit plus absolu sur moi que sur vous-même,
Sans réserve exercez votre pouvoir suprême;
N'employez à votre aide autre que votre soin,
Et faites-vous le bien dont vous avez besoin.
Vous verrez en effet si cette amour vous flatte;
Je ferai vanité d'obliger une ingrate,
Et de persuader un insensible objet
Qu'encor que souverain je l'adore en sujet,
N'ose nourrir pour lui de flamme intéressée,
Ni jusqu'à vos faveurs élever ma pensée.
D'un souverain empire accomplissez vos vœux,
Et dites seulement: Je commande et je veux.
Vous-même exaucez-vous.
      LÉONOR.
          Vous agréerez donc, Sire,
Qu'en faveur de Pérez j'exerce cet empire.
  (Au comte.)
Comte, du secrétaire allez briser les fers:
C'est par mon ordre, allez.
      LE COMTE.
          Madame, je vous sers.
            (Il sort.)
  DON PÈDRE.
J'ai peine à concevoir quelle humeur inégale,
Vous faisant maltraiter une flamme royale,
Vous fait prendre intérêt en l'amour d'un vassal.
      LÉONOR.
Je comprends beaucoup moins votre esprit inégal

Qui, ne vous souffrant point de flamme intéressée,
Et dans ce grand respect restreignant sa pensée,
S'ombrage toutefois d'un acte de pitié,
Non pas de mon amour, mais de mon amitié.
DON PÈDRE.
Par quel orgueil peut-on mériter votre haine,
Si l'amitié vous fait lui remettre sa peine,
A lui que j'ai surpris vous traçant son amour,
Que sa main insolente osait bien mettre au jour?
Et votre autorité protège son audace,
Après qu'à don Bernard j'ai refusé sa grâce!
LÉONOR.
Sa naissance, Seigneur, et sa condition
Justifieront toujours mon inclination ;
Et, croyant proposer un soupçon légitime,
Vous auriez mal assis l'honneur de votre estime.
C'est une peur aussi qui ne me peut frapper,
Et je prends peu de peine à vous en détromper.
DON PÈDRE.
Ce n'est pas d'à présent, insensible, inhumaine,
Que pour mes intérêts vous prenez peu de peine,
Et que de vos rigueurs mon esprit combattu
Est forcé d'exercer une austère vertu.
LÉONOR.
Qui peut impunément prendre toute licence
Doit d'autant moins vouloir qu'il a plus de puissance,
Et n'acquiert tous les vœux qu'en modérant les siens :
Se posséder soi-même est le plus grand des biens.
Aux rois non plus qu'à nous tout n'est pas légitime.
DON PÈDRE.
O raison incommode, importune maxime,
Qui, disposant de nous, faites d'un potentat
Moins un prince absolu qu'un serf de son État,
Si vous ne permettez à des mains souveraines
Un libre attachement et le choix de leurs chaînes,
Quel est donc notre empire, et par quelles rigueurs
Faut-il former des vœux où répugnent nos cœurs?
LÉONOR.
Aussi bien que l'État l'honneur a ses maximes,
Qui font sans notre hymen nos vœux illégitimes,
Et l'inégalité de nos conditions
N'admet ni notre hymen, ni nos affections.
DON PÈDRE.
Ainsi donc que le mal, donnez la médecine :

Pour en couper le cours, coupez-en la racine,
Et, dans l'inquiétude où je languis pour vous,
Réprimez mes souhaits par le choix d'un époux :
Pour m'ôter tout l'espoir pour qui mon cœur soupire,
Faites un possesseur des faveurs où j'aspire ;
Faites un homme heureux : si quelqu'un dans ma cour
A des conditions dignes de votre amour,
Quelque haute splendeur dont l'éclat l'environne,
En quelque illustre emploi qu'il serve ma couronne,
Quoi qu'il possède enfin capable de charmer,
Il ne vous coûtera qu'un souhait à former,
Et mon mal de son bien tirera son remède.

LÉONOR.
Il n'est point de faveur que cette offre n'excède,
Et, puisqu'il m'est permis de choisir mon vainqueur,
J'ose me déclarer et vous ouvrir mon cœur :
Le vol, quoique élevé, que mon amour se donne
N'a point pour but un front chargé d'une couronne,
Mais un bras qui vous sert et qui s'en peut donner,
Quand son ambition le voudra couronner,
Un qui veut bien dépendre, et, vassal volontaire,
Sous le joug de vos lois tient le sort tributaire :
Lui seul, si quelque objet peut sur ma liberté
Prétendre quelque atteinte ou quelque autorité,
De ce léger honneur peut flatter son attente.

DON PÈDRE.
Nommez-le donc.

LÉONOR.
Son nom est... Mais voici l'infante.

SCÈNE II

VIOLANTE, LE COMTE, PÉREZ, DON PÈDRE, LÉONOR, GARDES.

PÉREZ, à genoux.
Sire, quels vœux rendrai-je à Votre Majesté ?

DON PÈDRE.
Je n'ai pas ordonné de votre liberté.

LÉONOR.
C'est moi qui vous la rends pour vous l'avoir ravie,
Et sa perte sans moi vous eût coûté la vie :
Soyez-en moins prodigue, et ménagez-la mieux.

VIOLANTE.
Seigneur, ce don Bernard, ce vainqueur glorieux,
Qui de tant de héros efface les histoires,
Et qui peut moins compter de jours que de victoires,
Dont presque les succès précèdent les souhaits,
Suivi de tout le peuple entre dans le palais.
A sa réception sa vertu vous invite.

DON PÈDRE.
Allons, et rendons-lui l'accueil qu'elle mérite;
Faisons-en un exemple illustre à nos neveux,
Et comme ses travaux rendons ses prix fameux.

LÉONOR, à part.
Tu m'opposes, Amour, une forte adversaire;
Mais j'ai contre la sœur la promesse du frère,
Et ce gage royal assure mon espoir
Contre tout ce qu'elle a de charme et de pouvoir.

SCÈNE III

LES MÊMES; DON BERNARD avec le bâton de général, DON LOPE, LAZARILLE, SOLDATS.

DON LOPE, bas à don Bernard.
Quelque part que mon bras ait en votre victoire,
Des menaces de roi conservez la mémoire,
Et taisez-lui mon nom au récit du combat.

DON BERNARD.
Je parlerai de vous sous le nom de soldat.

DON PÈDRE, l'embrassant.
Quoi! c'est vous, duc d'Alcale, honneur de ma province,
Glorieux compagnon des soins de votre prince!
Votre retour surprend, et pour vous les instants,
En gloire si féconds, font l'office des ans.
Je dois aux actions dont votre histoire est pleine
Un triomphe au-dessus de la pompe romaine :
Mais, attendant ce prix de vos exploits vainqueurs,
Commencez par celui des esprits et des cœurs,
Et lisez sur les fronts l'allégresse publique
Dont en votre faveur toute la cour s'explique.
Possédez votre gloire, et cependant comptez
Albe, Urgel et Vénosque entre vos qualités.

DON BERNARD.
Ah! Sire, à vos bienfaits imposez des limites.

DON PÈDRE.

Ils n'en auront jamais, non plus que vos mérites.
Apprenez-nous enfin le plus grand des exploits
Qui me font le plus grand et le plus craint des rois.

DON BERNARD.

Sitôt que j'eus rejoint vos légions fidèles,
Dégouttantes encor du sang de vos rebelles,
Et les cœurs encor pleins des nobles sentiments
Qui portent aux progrès des grands événements,
Ce grand corps pour son chef au travail insensible,
Cet invincible bras d'un monarque invincible,
Marche sous le pouvoir que vous m'aviez commis,
Et brûle de se rendre au camp des ennemis :
Nous marchons jusqu'au point que de ses voiles sombres
La nuit sur l'univers vient étendre les ombres,
Et que deux espions, surpris à Laugarez,
M'apprirent, effrayés, que l'armée était près.
A ce bruit épandu le sang bout, le cœur vole ;
Nous trouvons en la nuit un obstacle frivole ;
Nous marchons sans broncher dans les plus sombres lieux ;
Pour y guider nos pas nos cœurs nous servent d'yeux,
Et l'ardeur qui conduit nos armes invincibles
Craint d'autant moins les coups qu'ils seront moins visibles.
Enfin, dans le silence et l'ombre de la nuit,
Par un taillis épais nos rangs filant sans bruit,
Et de tous les côtés chacun prêtant l'oreille,
Dans ce calme profond un bruit sourd nous réveille,
Que du commencement nous ne distinguons pas,
Mais qui s'élève enfin et croît à chaque pas.
On fait halte, et la doute est bientôt confirmée :
Nous discernons au bruit la marche de l'armée ;
Je cueille les avis en ce besoin instant,
Autant à notre honneur qu'à l'État important,
Et, le dessein formé, fais donner les alarmes
Par un son de tambours, de trompettes et d'armes,
Capable par son bruit d'exciter tant d'horreur
Que parmi tout le camp il jette la terreur.
Pendant qu'il délibère au coup de ce tonnerre,
Dans un canton du bois le nôtre se resserre,
Et chacun, mais toujours par le soin que j'en prends,
En état de donner, s'y couche dans ses rangs.
Sur ce temps un soldat de mérite et de marque,
Pour qui j'aurais besoin, ô généreux monarque,
De toute l'éloquence et de toutes les voix

Dont le sénat romain retentit autrefois
Et que l'antiquité donne à la renommée,
Tirant un camp volant du gros de notre armée,
Descend une colline, et d'un cœur indompté,
Favorisé des lieux et de l'obscurité,
Par un sentier secret se jette où l'adversaire
Dessus cette surprise, effrayé, délibère :
Il lâche après le pied, recule en combattant,
Feint de faire retraite, et retourne à l'instant,
Suit enfin si longtemps ce généreux caprice,
Et donne aux ennemis un si long exercice,
Que les plus aguerris et les plus gens de cœur
Perdent en ce travail leur plus mâle vigueur,
Pendant que dans le bois, à l'abri de l'orage,
Des nôtres reposants la force se ménage.
    DON PÈDRE, à part.
Sous ce nom de soldat il parle de ses faits,
Et veut, taisant le sien, s'épargner mes bienfaits.
    DON BERNARD.
A peine de la nuit le jour tirait les voiles,
Et de ses traits dorés faisait fuir les étoiles,
Que nos gens, rejoignant ce généreux soldat,
Délassés, frais, dispos et brûlant du combat,
Ont paru dans la plaine et fait voir sur leur face
Aux ennemis tremblants leur martiale audace.
Les deux camps approchés, enfin ce jeune Mars
S'étant saisi d'ardeur d'un de nos étendards,
Pour exciter encor nos vigueurs raffermies,
Le lançant dans les rangs des troupes ennemies :
« Retirons, a-t-il dit, cœurs nobles et vaillants,
« Les drapeaux d'Aragon des mains des Castillans ;
« Donnons, mes compagnons. » A ce mot, il s'avance,
Le cimeterre en main comme un foudre s'élance,
Et, sans rien redouter, passant de rang en rang,
A tout le camp qui suit fraie un chemin de sang :
Tout l'obstacle où nos bras lancent notre tonnerre
Contre notre valeur ne semble que du verre.
A ce choc, l'ennemi, déjà demi détruit
Par l'incommodité du travail de la nuit,
Défend si faiblement et sa vie et sa gloire
Qu'il semble, hors d'espoir, négliger la victoire,
Et nous vouloir ôter, prévoyant son malheur,
La gloire que l'obstacle apporte à la valeur.
Ce noble cœur enfin, pour presser sa conquête,

Du premier qu'il rencontre ayant tranché la tête,
Et l'exposant en vue à tous les deux partis :
« Le ciel, dit-il, est juste et nous a garantis ;
« Ce bras de don Carlos vient d'expier l'audace. »
Le sang des ennemis à ce discours se glace,
Et les plus fiers, du sort détestant la rigueur,
A peine pour la fuite ont assez de vigueur.
Tout nous fait jour, tout ploie, et, par ce stratagème,
Notre victoire arrive à sa gloire suprême.
Je n'ose vous nommer ce démon des combats ;
Mais je le nomme assez en ne le nommant pas,
Et n'en puis mieux parler que par la violence
Qui me ferme la bouche et m'oblige au silence.

DON PÈDRE, à Violante.

C'est assez le nommer que de taire son nom.

VIOLANTE.

Certes, sa modestie est sans comparaison.

LÉONOR, à part.

O vainqueur fortuné que le Ciel me destine,
Que ne peut point ton bras, si ton œil assassine !

DON PÈDRE.

Ce que vous avez dit, et que vous avez tu,
M'apprend de ce soldat le nom et la vertu,
Et mon faible pouvoir sait trop à quoi l'invite
L'inestimable excès d'un si rare mérite.

VIOLANTE, à part.

Mon cœur est le seul prix digne de sa valeur.

DON LOPE, à Lazarille.

Ma patience enfin lassera mon malheur.

LAZARILLE.

Ménagez donc le temps et vous faites connaître.

DON LOPE.

Attendons que le roi m'ordonne de paraître.

DON BERNARD.

Don Nugne et don Bernard, en ce dernier combat,
De leur zèle ordinaire ont servi votre État,
Et peu dans cette histoire ont mieux gagné leur place.

DON PÈDRE.

Deux comtés leur seront des arrhes de ma grâce.
Mais je cherche, amiral, et ne vois point de quoi
M'acquitter envers vous de ce que je vous doi.

DON BERNARD.

Sans plus rêver, Seigneur, ce penser vous acquitte,
Que de l'heur d'être à vous dépend tout mon mérite;

Que c'est de vos bontés que je tiens tout mon bien ;
Que je suis aujourd'hui, qu'hier je n'étais rien ;
Que mon destin sans vous n'a que l'éclat du verre ;
Et qu'ayant comme Dieu fait un homme de terre,
Comme Dieu, quelque jour, vous le pourrez chasser
Et de votre présence et de votre penser.

DON PÈDRE.

Puissé-je à son courroux être à jamais en butte,
Et mon trône tomber le jour de votre chute !
Je connais ma faiblesse, et sais que je ne puis
Faire rien d'immortel, mortel comme je suis ;
Mais je mettrai mon heur et ma gloire suprême
A me faire un vassal plus puissant que moi-même,
Et voir, par l'union que produiront nos vœux,
Douter à l'Aragon qui régnera des deux,
Puisque ma passion, après tant d'aventures,
Comme votre vertu doit être sans mesures.

VIOLANTE, à part.

Sans moi je le crois pauvre avecque tant de bien,
Et ne me donner pas, c'est ne lui donner rien.

LÉONOR, à part.

Ses bienfaits sont trop peu pour son mérite extrême,
S'il ne lui fait encore un présent de moi-même.

(Ils sortent tous, excepté don Lope et Lazarille.)

DON LOPE, à part.

Quoi ! de tant de fumée il flatte mon espoir,
Et, plein de mon estime, il s'en va sans me voir ?
Quoi ! d'une telle amour j'ose nourrir l'attente,
Et ne me puis vanter d'un regard de l'infante,
Moi qui des mains du frère et des yeux de la sœur
M'étais, à ce retour, promis tant de douceur !
Est-ce que l'un diffère et l'autre dissimule ?
Mais, ô frivole espoir ! vanité ridicule !
L'un avec tant d'estime, et l'autre tant d'amour,
N'auraient pas d'un regard honoré mon retour.
Mais voici...

SCÈNE IV

DOROTHÉE, DON LOPE, LAZARILLE.

DOROTHÉE.

Quoi ! don Lope, une ardeur si sensible
Rencontre-t-elle en vous une âme inaccessible ?

Je croyais qu'en amour traiter si froidement
Ne fût une vertu que pour nous seulement.
Quel rôle joûrons-nous, chétives que nous sommes,
Si la rigueur devient la qualité des hommes,
S'ils refusent des vœux à des vœux mutuels?
Vraiment il vous sied bien de faire les cruels,
Et vouloir vous mêler de notre personnage,
Vous que le Ciel n'a faits que pour nous rendre hommage,
Que pour ployer le cou sous notre autorité,
Et nous faire tribut de votre liberté!

DON LOPE.

Il paraît, par l'accueil que m'a fait Violante,
Que cette qualité me serait messéante,
Et l'on redoute peu la rigueur d'un amant
Qu'on ne daigne honorer d'un regard seulement.

DOROTHÉE.

Qui manque un rendez-vous fait bien voir qu'il néglige
Les plus chères faveurs dont une amante oblige.

DON LOPE.

J'ai différé d'un soir les offres de mes vœux
Pour l'aller mériter par un exploit fameux,
Et, signalant mon nom en ce combat insigne,
N'ai manqué de la voir que pour m'en rendre digne.

DOROTHÉE.

Je sais bien que l'amour marche après le devoir :
Votre excuse est de mise et se peut recevoir ;
Mais, pour tout réparer et voir si l'on vous aime,
Venez ce soir au parc la proposer vous-même.
Est-ce vous témoigner un cœur assez épris,
Qu'avec une faveur châtier un mépris?
Au reste, cette amour tendant à l'hyménée,
Jugez de la grandeur qui vous est destinée.

DON LOPE.

Puis-je, si malheureux, n'avoir pas pour suspect
D'un astre si malin ce favorable aspect?

DOROTHÉE.

Elle a ce seul regret de n'être pas pourvue
De toute la beauté qui peut charmer la vue.

DON LOPE.

Quel plus divin objet peut enchanter les sens?

DOROTHÉE.

Et de voir que déjà l'avare faux du temps
Ait de ses plus beaux jours ravi quelque partie.

DON LOPE.
Je ne puis que répondre à tant de modestie
Que par tout le respect et la confusion
Dont un cœur est capable en cette occasion.
DOROTHÉE.
Elle prétend de plus, avant que le jour passe,
Par un gage amoureux vous confirmer sa grâce.
Lazarille avec moi viendra le recevoir.
DON LOPE.
O caprices du sort, qui vous peut concevoir?
Contraire il assassine, et favorable accable :
D'un heur si surprenant un homme est-il capable ?
LAZARILLE.
Avec la vanité dont vous vous paissez tous,
Vous tiendrez pour affront que le ciel pleut sur vous.
De plus puissants que vous acceptez tout sans honte.
DOROTHÉE, à Lazarille.
Viens.
LAZARILLE.
Seigneur, je reviens, et vous en rends bon compte.
(Il sort avec Dorothée.)

SCÈNE V

DON BERNARD, DON LOPE.

DON BERNARD.
J'admire, mon cher Lope (et cet étonnement
Me laisse sans discours et sans raisonnement),
Le courroux obstiné dont le ciel vous outrage,
Et sa lenteur extrême à vous tourner visage.
Le roi...
DON LOPE.
Quelque malheur dont je sois combattu,
Un fort espoir renaît à ma faible vertu :
Ensuite de mes maux dont le torrent s'écoule,
Les biens semblent comme eux me venir tout en foule :
Ce Ciel, qui me semblait même plaindre le jour,
S'épuise en ma faveur par les mains de l'amour.
Pardonnez, amiral, si mon trop long silence
Vous a de ce beau mal caché la violence,
Puisque je croyais moins, par ma discrétion,
Vous taire un juste espoir qu'une présomption :

Mais, pouvant aujourd'hui fonder cette espérance
Sur une trop solide et trop claire apparence,
Je vous dois révéler cet important secret
Que je ne puis verser dans un sein plus discret.
Mais, craignant d'éventer une si belle flamme,
Cherchons un lieu plus propre à vous ouvrir mon âme
Et pouvoir modérer par vos sages avis
Le transport surprenant dont mes sens sont ravis.
DON BERNARD.
J'ai bien cru que du ciel la justice future
Vous devrait réserver quelque haute aventure,
Et que ses jugements, aussi sages que saints,
Sous de si grands malheurs cachaient de grands desseins.

ACTE CINQUIÈME

SCÈNE I

DON BERNARD, seul.

Jalouse passion, dangereuse couleuvre,
Qui, pour nuire ou crever, mets tout poison en œuvre,
Fille à qui te fait naître ingrate et sans pitié,
Au moins, tuant l'amour, épargne l'amitié,
Et ne m'engendre pas, d'une rage commune,
Et l'oubli de l'infante et la haine de Lune;
De Lune, dont les faits m'ont servi de degrés
A monter à des rangs de tant d'yeux révérés;
Ce de Lune invaincu dont la valeur extrême
A tant fait pour ma gloire et si peu pour lui-même.
Laissons libres ses vœux à de libres appas,
Et, complices du sort, ne l'entreprenons pas.
Sa rage, assez longtemps contre lui mutinée,
A sous un mauvais astre ourdi sa destinée.
Souffrons-lui les aspects de douceur et d'amour
Dont l'honore aujourd'hui l'astre de cette cour.
La voici; cachons-nous, et détournons la vue
De ce beau basilic, qui charme, mais qui tue.

SCÈNE II

VIOLANTE, DON BERNARD,

VIOLANTE.
Quoi! me fuir, amiral! Quoi! vouloir m'éviter!
Ai-je des qualités à tant épouvanter?
DON BERNARD.
Vous rêviez, et j'ai cru que quelque inquiétude
Vous obligeait, Madame, à cette solitude.
VIOLANTE.
Il est vrai, mais vous seul me pouvez relever
Du soin qui m'inquiète et qui me fait rêver.
Aujourd'hui, don Bernard, que la cour vous contemple
Dans le plus haut éclat d'un héros sans exemple ;
Qu'on vous voit avec joie autant et plus puissant
Que fut jamais vassal d'un roi reconnaissant;
Que l'un et l'autre sexe en votre heur s'intéressent,
Les dames sont en peine à qui vos vœux s'adressent,
Et quels heureux appas, en la guerre des cœurs,
Remporteront sur vous le titre de vainqueurs;
Car vous ne voudriez pas qu'on vous crût invincible
A la force d'un sexe à qui tout est possible,
Qui se peut tout soumettre, et de qui les regards
Forçaient les Scipions et domptaient les Césars.
Cet honneur s'étant donc fait tant d'ambitieuses,
Moi, comme la plus jeune et des plus curieuses,
J'ai voulu me charger de la commission
De leur faire savoir votre inclination;
Et c'était le sujet de mon inquiétude.
DON BERNARD.
Mon plus ardent désir et ma plus chère étude
Sont de servir ce sexe adorable et charmant
Dont toujours la conquête honore en désarmant.
VIOLANTE.
Ces termes généraux me laissant incertaine,
Me laissent sans moyen de les tirer de peine,
Et, ne nous obligeant que d'un devoir commun,
Pour servir trop d'objets, vous n'en servez pas un.
DON BERNARD.
Vous m'ordonnez, Madame, un excès d'insolence
Qu'ont assez publié mes yeux et mon silence,
Et, quelque vive ardeur dont on soit enflammé,

L'importance n'est pas d'aimer, mais d'être aimé,
Et fonder son espoir dessus quelque apparence.

VIOLANTE.

Craignez-vous de déplaire ? aimez sans espérance.

DON BERNARD.

Restreint dans ce respect je puis vous obéir :
J'aime donc un objet que nul ne peut haïr,
Qui par vos propres yeux vous a cent fois ravie,
Que seule vous pouvez contempler sans envie,
Qui vous contemple aussi sans en être jaloux,
Et qui n'a rien d'intime et de cher comme vous;
Un trésor préférable à toute ma fortune,
Le seul soleil enfin digne de cette Lune,
Qui se fait redouter par tant d'effets divers,
Et qui peut en son cercle enfermer l'univers.
Par votre sage avis souffrant sa préférence,
J'aime sans intérêt et sers sans espérance.
Je vois ce clair soleil, je tremble à son aspect;
L'amour pour l'amitié s'impose ce respect;
L'intérêt de l'ami m'éloigne de l'amante :
Mais le temps éteindra cette ardeur, Violante...
Je l'ai nommée ; adieu.

(Il sort.)

VIOLANTE, seule.

De ce propos confus
Qu'ai-je lieu d'inférer, ou dessein, ou refus ?
Je cherche des clartés, et n'en rencontre aucune
Ni dedans ce soleil, ni dedans cette lune ;
Pour me tirer de soin, j'augmente mon tourment,
Et, voulant m'éclaircir, crois mon aveuglement.
A chercher toutefois le sens de ce langage,
Quelque rayon de jour pénètre ce nuage ;
Cette lune féconde en tant d'effets divers,
Et qui peut en son cercle enfermer l'univers,
Est le prince mon frère, âme de cet empire,
Et ce soleil pour qui l'un et l'autre soupire
Est cette Léonor, pour qui toute la cour
N'a plus que des regards de respect et d'amour.
Mais, si la jalousie avec quelque injustice
A jamais dans une âme exercé son caprice,
Je rabattrai le vol de sa témérité
Avecque tant d'empire et de sévérité,
Et saurai de tel air ranger ce grand courage,
Que jamais sa beauté ne causera d'ombrage.

SCÈNE III

DON LOPE, VIOLANTE.

DON LOPE, à part.
Une fois déclaré, le sort nous rit toujours :
Voici l'infante. Amour, j'implore ton secours.
(A Violante.)
Je tremble à votre approche, et mon respect, Madame,
Avec tous ses efforts veut retenir ma flamme ;
Mais ma flamme, plus forte enfin que mon respect,
M'expose à soutenir votre adorable aspect.
A l'ardeur de vos feux mon âme accoutumée
Sait qu'elle ne peut plus en être consumée ;
Son repos se rencontre en son embrasement,
Et ce qui la détruit devient son aliment ;
Quoique par ma naissance, à la vôtre inégale,
Mon espoir s'élevant aussitôt se ravale,
Et que je semble prendre un vol trop arrogant...

VIOLANTE, étonnée.
O Dieu ! que veut ce fol et cet extravagant ?

DON LOPE.
Vos propres mains, Madame, ont avoué l'audace
De ce feu qui chez vous rencontre tant de glace,
Et m'ont fait espérer quand vos yeux m'ont blessé...

VIOLANTE.
Qu'entends-je ? Holà ! quelqu'un, chassez cet insensé.

DON LOPE.
A tort de mes tributs votre beauté s'irrite :
Je ne suis que la loi que vous m'avez prescrite ;
Je brûle par votre ordre, et par lui je vous sers ;
Il m'allume mes feux, il m'attache mes fers ;
Et ma soumission plus que mon arrogance...

VIOLANTE.
Dieu ! quelle frénésie et quelle extravagance !

DON LOPE.
Il ne me manquait plus que cette qualité.
Mais de quel vain espoir m'avez-vous donc flatté ?

VIOLANTE, à part.
La fureur le saisit, je crains quelque disgrâce.
Aucun ne vient ; fuyons et cédons-lui la place.

DON LOPE.
Quoi! fol et furieux? O ciel! mais le roi vient.
VIOLANTE.
Sire, oyez quels discours cet insensé me tient.

SCÈNE IV

LES MÊMES; DON PÈDRE, GARDES.

DON LOPE, à part.
Éprouvons aujourd'hui sa haine ou son estime;
Ouvrons-nous, oyons tout : le désespoir anime.
(A don Pèdre.)
Sire, après des rebuts si longtemps éprouvés,
Je demande audience, et vous me la devez.
Tout mon corps, vous parlant par de sanglantes bouches,
Dont il aurait touché les cœurs les plus farouches,
N'a pu dans votre sein trouver le cœur d'un roi,
N'ayant pu vous résoudre à rien faire pour moi :
J'ai donc lieu de tenter si la voix ordinaire
N'y rencontrera point un cœur plus débonnaire :
La vertu rebutée, après tant de mépris,
Sans ternir son éclat peut demander son prix.
Je pourrais, il est vrai, passer pour téméraire
Si je vous proposais une vertu vulgaire :
Mais la mienne est célèbre, et peu, sans vanité,
Ont fait ce que j'ai fait pour Votre Majesté ;
Et j'apprends toutefois, pour tout fruit de mon zèle,
Que vous me soupçonnez du titre d'infidèle.
Moi traître! moi perfide! En quoi, roi d'Aragon,
D'une tache si noire ai-je souillé mon nom,
Et mérité de vous l'injuste violence
Qui veut l'ensevelir dans la nuit du silence ?

DON PÈDRE.
Que veut cet homme? O ciel!

DON LOPE.
Homme! oui, sans me flatter,
C'est une qualité dont je me puis vanter :
Oui, Seigneur, je suis homme, et quelquefois plus qu'homme,
Quand je crois trop l'ardeur qui pour vous me consomme,
Et quand dans les dangers où l'on me voit courir
Je crois être immortel et ne pouvoir périr.

VIOLANTE.
Jugez quel embarras me causait sa rencontre.
DON LOPE.
Juste ciel !
DON PÈDRE.
Est-il fol ?
VIOLANTE.
Son geste vous le montre.
DON LOPE, s'approchant de don Pèdre.
Mon mauvais sort, grand roi...
DON PÈDRE, se retirant.
Passe. Que me veux-tu ?
DON LOPE, à part.
A quelle épreuve, ô Cieux, mettez-vous ma vertu !
(A don Pèdre)
Si de l'abord des rois le mérite est indigne...
DON PÈDRE.
Gardes, mettez-le hors ! O la folie insigne !
PREMIER GARDE, le tirant par les épaules.
Tôt dehors.
DON LOPE, à part.
O mon cœur, ô mes bras indomptés,
Vous m'avez procuré de belles qualités !
Pour avoir si bien fait notre fortune est grande !
Quand on sert on est sage, et fol quand on demande.
(Ils sortent tous, excepté don Pèdre et Violante.)
DON PÈDRE.
Ce fou peint par ces mots mon destin rigoureux,
Et me fait le portrait de moi-même amoureux.
Je brûle sans espoir, je sers sans récompense ;
Mon service est souffert, et ma prière offense ;
L'État, ma chère sœur, où Dieu m'a destiné,
Comme je le régis, m'a toujours gouverné ;
Y régnant, j'ai suivi les lois qu'il m'a données,
J'ai dans ses intérêts mes passions bornées :
Je les épousais seuls ; mais aujourd'hui l'amour,
Plus absolu que lui, veut régner à son tour.
Il ne peut plus souffrir qu'en l'ardeur qui me presse
Il contraigne son maître au choix de sa maîtresse,
Et, disposant de moi, fasse d'un potentat
Moins un prince en effet qu'un serf de son État.
En cette passion l'intérêt de Cabrère,
Seul préférable au mien, pourrait m'être contraire.
A quoi que Léonor me réduise aujourd'hui,

Ses mépris me plairaient, ses vœux étant pour lui,
Et mon respect irait jusqu'à la déférence
De pouvoir, en amour, souffrir sa préférence.
VIOLANTE.
Ah! vous pouvez, Seigneur, élever un vassal
Au rang d'un favori, mais non pas d'un rival :
Si ce respect en vous trouvait tant de faiblesse,
S'il était si puissant près de votre maîtresse,
A quel point son pouvoir ne s'étendrait-il pas
Et dessus vos sujets et dessus vos États ?
DON PÈDRE.
Dedans les sentiments que sa vertu m'inspire
Lui pouvant aussi bien déposer mon empire
Que la prétention d'un objet amoureux,
Je voudrais couronner son front comme ses yeux.
Sondons de qui son cœur reconnaît la puissance,
Pour m'en faire une loi d'espoir ou de défense.
(Il sort.)

VIOLANTE, seule.
Enfant père des arts, ingénieux tourment,
Fais régner ma rivale et m'acquiers mon amant.
(Elle sort.)

SCÈNE V

DON BERNARD, DON LOPE.

DON BERNARD.
Quoi! rien ne vous succède, et le prince et l'infante
De cet indigne accueil ont traité votre attente?
DON LOPE.
Ils m'ont traité d'un nom que j'ai bien mérité,
Si quelque espoir encor flatte ma vanité,
Si, sacrifiant plus à mes erreurs passées,
J'en fais le fondement de mes folles pensées,
Et si dans les périls d'une fameuse mort
Je ne vais contenter la cruauté du sort!
J'ai vu cent fois le port, et la vague plus forte,
Quand j'y pense arriver, à l'instant me remporte;
J'ai fait tout ce que peut, pour preuve de sa foi,
Un captif pour son maître, un sujet pour son roi;
En mille occasions j'ai la Parque affrontée;
Même par les mépris ma foi s'est excitée;

Et plus j'ai pour l'État achevé de travaux,
Plus il me fait d'injure et se rit de mes maux.
La terre ainsi, de fleurs et de moissons parée,
Est prodigue à la main dont elle est déchirée,
Et, d'un servile effort ranimant sa vigueur,
Donne à qui plus contre elle exerce de rigueur.
Mais le plus rude affront dont je ressens l'atteinte
Est ce fatal appas, cette mortelle feinte
Dont la superbe infante a voulu colorer
L'espoir qu'elle semait pour me désespérer :
Quand je n'ose être amant, on m'ordonne de l'être ;
Pour me traiter de fol on me le fait paraître,
Et le frère et la sœur, tous deux également,
Font de mes passions leur divertissement.

SCÈNE VI

LES MÊMES ; LAZARILLE, apportant une écharpe de toile d'or et une lettre.

LAZARILLE, à don Lope.
Tenez, votre fortune est en haute posture.
O le divin objet ! l'aimable créature !
Ses charmes m'ont surpris, et jamais le soleil
En son oblique tour n'a rien vu de pareil.
Ces gages vous font foi de son amour extrême.
DON LOPE.
Qui te les a donnés ?
LAZARILLE.
Violante elle-même.
DON LOPE.
Croirai-je à ses écrits, quand ses yeux inhumains
Par un si froid accueil ont démenti ses mains ?
LAZARILLE.
Mais quelle, à votre avis, est cette Violante ?
DON LOPE.
J'ai pensé sous ce nom rendre hommage à l'infante.
LAZARILLE.
A l'infante ! Écoutez : d'un fidèle pinceau
Je vais de sa beauté vous faire le tableau.
Sous ce nom captieux, je préparais ma vue
Aux célestes attraits dont l'infante est pourvue ;
Mais pour toute merveille Inès ne m'a fait voir

Qu'un spectre et qu'un fantôme horrible à concevoir
La plus belle moitié de ce mouvant squelette,
Couché dessous son lit et dessous sa toilette
D'abord que j'ai monté, s'ajustant avec soin,
Elle a pris ses patins pour me voir de plus loin.
Pour second ornement j'ai vu sur ses épaules
Un abrégé des monts qui séparent les Gaules ;
Son front, où l'on dirait que le soc a passé,
S'élève à hauts sillons sur un œil enfoncé,
Qu'on peut dire un soleil, non parce qu'il éclaire,
Mais parce qu'il est seul et qu'il n'a point de frère.
Le temps a pris plaisir, par de longs accidents,
A ronger et pourrir l'ivoire de ses dents :
D'un art mal agencé, le plâtre et la peinture
Sur sa pendante joue ont caché la nature :
Rien ne la pare enfin qui ne soit emprunté.
Pour son poil il est sien, pour l'avoir acheté ;
Mais il fut autrefois celui d'une autre tête.
Faites-en bien le vain : voilà votre conquête,
Qui, chez l'infante, au reste, a quelque autorité,
Mais je ne vous puis dire en quelle qualité,
Sinon qu'elle a son nom, mais non pas son mérite.

DON BERNARD.
C'est une vieille fille et presque décrépite,
Qui la sert à la chambre et dans quelque crédit.

DON LOPE, jetant la lettre et l'écharpe.
Quel mortel à ce point fut jamais interdit !

DON BERNARD.
Moi, certes : comme après leur longue expérience
Vos maux viennent à bout de votre patience,
J'en demeure confus, et, pour leur appareil,
Me trouve à bout aussi d'adresse et de conseil.

DON LOPE, comme désespéré.
Et pour ton faste encor j'exercerais mes armes,
Et dans ta vanité je trouverais des charmes,
Et je voudrais encor mordre à tes hameçons,
Cour ingrate, où l'art seul étale ses leçons,
Et qui, hors d'un ami dont la bonté sincère
Lui fait avoir pour moi des sentiments de frère,
N'offres dans les malheurs dont je suis combattu
Ni secours ni soutien à ma faible vertu !
Cour où la valeur même est trop favorisée,
Alors qu'elle est soufferte ou n'est que méprisée !
Cour, fantôme pompeux de qui les vanités

Engagent la prudence à tant de lâchetés !
Cour où la vérité passe pour un beau songe,
Où le plus haut crédit est le prix du mensonge ;
Qui n'es, à bien parler, qu'un servage doré,
Un supplice agréable, un enfer adoré !
Dans tes pièges encor ma raison retenue
Me pourrait arrêter quand tu m'es si connue ?
Je serais insensible, et mes lâches tributs
Justifiraient enfin ma honte et tes rebuts ?
  (Il embrasse don Bernard.)
Adieu, parfait ami, seul à qui sans caprice
La cour est généreuse et le sort rend justice.
Un mortel malheureux au point où je le suis
Par une illustre mort doit borner ses ennuis ;
Ou, s'il ne perd, au moins doit cacher une vie
A tant d'indignités et d'affronts asservie.
  (Voyant Lazarille paré de l'écharpe.)
Lâche, de mon affront veux-tu porter les marques ?
  LAZARILLE.
Si vous n'en espérez que de sœurs de monarques,
Et si jamais d'ailleurs nous n'en devons porter,
Nous avons tout loisir d'aller les mériter.
  DON BERNARD, voulant retenir don Lope.
Le temps peut tout changer ; cependant, cher de Lune,
En ma protection bornez votre fortune ;
Si vous vous éloignez, vous ôtez à l'État
Sa plus noble défense et son meilleur soldat.
  (Don Lope sort avec Lazarille.)
Écoutez, attendez. O fatale aventure !
De la haine du sort effroyable peinture !
Et leçon importante à ceux qu'il fait puissants,
De se bien soutenir en des pas si glissants !

SCÈNE VII

DON BERNARD, DON PÈDRE, LE COMTE, PÉREZ,
GARDES.

  DON PÈDRE, à part.
Le voici : prévenons ou sondons son attente.
  (A Pérez.)
Amenez Léonor ; et vous, comte, l'infante.
  (Pérez et le comte sortent.)
Approchez, don Bernard, de ce fameux État

Première créature et second potentat.
Le ciel, qui pour mouvoir a besoin des deux pôles,
Veut que pour bien régner j'emprunte vos épaules,
Et que le lourd fardeau de mon gouvernement
Sur vous comme sur moi trouve son mouvement.
DON BERNARD.
Sans réserve, Seigneur, je dois tout à l'empire;
Mais sous l'autorité du joug où je respire,
Sous vos droits absolus, mes ordres sont soufferts;
Mais, bien différemment, vous régnez et je sers.
Un vassal peut d'un roi soutenir la puissance;
Mais, s'il se la partage, il prend trop de licence;
Et, quand de tant d'honneurs il se laisse combler,
Il se charge d'un faix qui le doit accabler.
Quand d'un œil trop ardent le soleil voit la terre,
Le ciel s'en obscurcit, il s'en forme un tonnerre,
Et, par l'excès d'ardeur qu'il a mal employé,
L'objet qu'il caressait est souvent foudroyé.
Peu de pluie en saison rend la terre fertile,
Où trop d'eau la submerge et la rend inutile.
Dans vos faveurs enfin laissez-moi souvenir
Que, sorti du néant, je puis y revenir.
DON PÈDRE.
Si je ne vous chéris d'un amour ordinaire,
Je n'aime pas en vous une vertu vulgaire,
Et la veux couronner par un hymen fameux,
Où même votre choix n'épargne pas mes vœux.
Sans réserve voyez pour cet hymen insigne
Tout ce qu'à vos regards la cour a de plus digne,
Tout ce que l'Aragon a de plus éclatant;
Le présent n'en suivra vos vœux que d'un instant.
DON BERNARD.
Leur vol trop orgueilleux m'oblige à les restreindre.
DON PÈDRE.
A quoi, m'étant égal, ne pouvez-vous atteindre?
Vous pouvez, amiral, je vous le dis encor,
A mon exclusion prétendre à Léonor,
Puisqu'à mon propre bien votre heur m'est préférable,
Et que vous m'êtes cher autant qu'elle adorable.
DON BERNARD.
Mon cœur, quelque respect qu'il vous ait conservé,
Ose tenter un vol encor plus élevé;
Mais, taisant cette ardeur qui me fait méconnaître,
J'aime mieux me punir que mériter de l'être.

DON PÈDRE.
Ce vol est trop borné s'il ne va qu'à ma sœur,
Et cette même nuit vous en rend possesseur :
Ne me célez donc point si cette amour vous touche.
DON BERNARD.
Sire, au crime du cœur n'engagez point la bouche,
Puisque tous mes travaux et futurs et passés...

SCÈNE VIII

VIOLANTE, LE COMTE, LÉONOR, PÉREZ, DON PÈDRE, DON BERNARD.

DON PÈDRE, à don Bernard.
Votre silence parle et me la nomme assez.
(L'embrassant.)
Oui, mon frère, en son nom je reçois votre hommage.
(A Violante.)
Un amant se déclare à qui je vous engage :
Ses vœux, ma chère sœur, seront-ils rejetés ?
VIOLANTE.
Non, si de don Bernard il a les qualités.
DON PÈDRE.
Il en a le nom même avecque le mérite.
(Don Bernard et Violante s'embrassent.)
DON BERNARD.
O cher et doux transport que cet espoir m'excite,
Si l'heur que je conçois n'est une vérité,
Plutôt qu'un si beau songe ôte-moi la clarté.
LÉONOR, les voyant s'embrasser.
Que vois-je ? Ô juste ciel ! Quoi, Seigneur, la parole
N'est-elle plus aux rois qu'un songe ou qu'une idole ?
Ce matin, quelque objet qui me pût enflammer
Ne me devait coûter qu'un souhait à former ;
Et cette offre, ce soir, me laisse voir l'infante,
Embrassant don Bernard, étouffer mon attente.
DON PÈDRE.
Si je manque à ma foi, c'est pour vous la donner,
Pour vous la tenir mieux et pour vous couronner ;
Pour accorder, Madame, à votre amour extrême
Cet heureux don Bernard en un autre lui-même,
Et sous un nœud sacré soumettre en ce beau jour
Les raisons de l'État à celles de l'amour.

LÉONOR.

L'injure qui d'un roi partage la puissance
Et qui place en son trône est une heureuse offense.

DON PÈDRE.

Comme sur mon esprit, régnez sur mes États ;
Allons... Mais quel écrit trouvé-je sous mes pas ?

DON BERNARD.

D'une vieille suivante à ce Lope de Lune
Dont la seule valeur égale l'infortune,
Ce prodige animé dont les gestes guerriers
Vous ont couvert le front de vos plus beaux lauriers,
Et de son plus beau lustre embelli votre règne ;
Qui repoussa l'infant, qui soumit la Sardaigne,
Et dont la renommée, avec tant de succès,
Dans votre esprit encor n'a su trouver d'accès.

DON PÈDRE.

Quel malheur l'a privé de ma reconnaissance ?

DON BERNARD.

Sa dernière infortune est encor son absence ;
Car, après tous mes soins en vain officieux,
Vos longs rebuts enfin l'ont chassé de ces lieux.

DON PÈDRE.

Moyennez son retour ; ma grâce avec usure
Du mérite ignoré réparera l'injure,
Puisque j'éprouve en vous qu'un roi reconnaissant,
A force de donner, en devient plus puissant.

FIN DE DON BERNARD DE CABRÈRE.

NOTICE

SUR

VENCESLAS

C'est en 1647 que *Venceslas* fut représenté, en 1648 qu'en fut publiée la première édition in-4, à Paris avec dédicace à M. de Créquy. Dès 1648 et 1649, deux autres éditions parurent chez les Elzevier, de Leyde.

Cette fois encore, Rotrou imitait l'espagnol : mais, comme le remarque M. Jarry, il ne prit guère que le fond du sujet à Francisco de Rojas, l'auteur de *No ay ser Padre siendo Rey* (*On ne peut être père et roi en même temps*). On trouvera une comparaison détaillée de la pièce espagnole et de la pièce française dans l'excellente *Histoire du Venceslas de Rotrou*, que vient de publier M. Léonce Person. Il est certain, d'ailleurs, que *Venceslas* n'est historique qu'en apparence, et qu'aucun roi polonais de ce nom n'a pu servir de modèle à Rotrou.

L'édition de 1648 donne à *Venceslas* le titre de tragi-comédie, et pourtant l'élément comique a disparu. Est-ce pour cette raison que l'ancienne critique, effarouchée des contrastes inattendus de *Saint Genest*, mais rassurée par l'apparente fidélité de *Venceslas* aux règles consacrées, n'a daigné faire connaître à la postérité que cette œuvre dans le théâtre entier de Rotrou? Et pourtant, loin d'être une exception, cette « tragi-comédie, » ce drame, comme on dirait aujourd'hui, se sépare malaisément de certains autres, qui l'ont précédé ou l'ont suivi. Le héros de la pièce n'est-il pas ici, comme dans *Laure persécutée*, un jeune prince amoureux et jaloux ? Seulement, la jalousie nous est peinte ici dans ses effets effrayants ; *Laure persécutée* ne nous l'avait montrée que sous sa forme la plus adoucie.

D'autre part, *Don Lope de Cardone* (1650-1652), imité de Lope, n'est qu'une copie effacée de *Venceslas*. Le roi don Philippe est un Venceslas beaucoup plus pâle, et son fils, don Pèdre, un Ladislas plus déclamatoire. Plus heureux que Ladislas, celui-ci désarme le ressentiment d'Élise, dont il a tué naguère le fiancé ; mais sa vie n'est pas en danger, et don Philippe n'a jamais à choisir entre son affection paternelle et son devoir de roi. Que reste-t-il donc pour nous émouvoir? Une rivalité assez banale entre deux vaillants capitaines, amoureux de l'infante. A peine prend-on au sérieux les inoffensives rigueurs d'un édit contre le duel, violé par les rivaux; d'avance, on est assuré du pardon. Aussi, *don Lope de Cardone* n'a-t-il point fait oublier *Venceslas*.

Pendant le dix-septième siècle — le registre de Lagrange en fait foi — *Venceslas* parut souvent au théâtre, et avec succès. Au dix-huitième, il ne perdit rien de sa popularité, accrue même par certains incidents dramatiques. On avait vu Baron, peu de temps avant sa mort, le 3 décembre 1729, se trouver mal sur la scène en prononçant le vers :

<small>Si proche du cercueil où je me vois descendre...</small>

Trente ans plus tard, en 1759, on devait voir, à la prière de madame de Pompadour, Marmontel rajeunir ou plutôt dénaturer le vieux chef-d'œuvre. En adoucissant la fougueuse passion de Ladislas, il prenait plaisir à développer les pâles amours de Théodore et de Féderic. Son dénouement, où Cassandre se frappe d'un coup de poignard, plut à la cour, mais ne plut pas au public. Et il s'étonne, dans ses *Mémoires*, que ces mutilations aient fait éclater un schisme parmi les sociétaires de la Comédie-Française, et que, de sa propre autorité, Lekain ait osé rétablir le texte, amendé d'ailleurs par Colardeau, faisant ainsi manquer la réplique de mademoiselle Clairon! Le *Mercure de France* tenait pour lui : mais, dans l'*Année littéraire*, Fréron lui conseillait ironiquement « de faire corriger, à son tour, par une main habile ses propres drames, qui en ont fort besoin, au lieu de rajuster des pièces qui peuvent se passer de ses raccommodages. »

Sous l'Empire, *Venceslas* eut un regain de faveur : Monvel jouait le rôle du vieux roi, et Talma celui de Ladislas. Depuis, les reprises ont été rares ; mentionnons seulement celle du 28 juin 1867, où les compatriotes du poète purent applaudir *Venceslas*, représenté par MM. Maubant, Guichard, Sénéchal, Masset et Mazoudier, mesdames Tordeus, Ponsin et Baretta, le jour même de l'érection de la statue de Rotrou sur la place publique de Dreux.

VENCESLAS

CASSANDRE

Ce fer porte le chiffre et le nom du coupable
Acte IV. sc VI.

VENCESLAS

TRAGÉDIE

1647

PERSONNAGES

VENCESLAS, roi de Pologne.
LADISLAS, son fils, prince.
ALEXANDRE, infant.
FÉDÉRIC, duc de Curlande et favori.
OCTAVE, gouverneur de Varsovie.
CASSANDRE, duchesse de Cunisberg.
THÉODORE, infante.
LÉONOR, suivante de Théodore.
GARDES.

ACTE PREMIER

SCÈNE I

VENCESLAS, LADISLAS, ALEXANDRE, GARDES.

VENCESLAS.
Prenez un siège, prince; et vous, infant, sortez.
ALEXANDRE.
J'aurai le tort, Seigneur, si vous ne m'écoutez.

VENCESLAS.
Sortez, vous dis-je ; et vous, gardes, qu'on se retire.
(Alexandre et les gardes sortent.)

LADISLAS.
Que me désirez-vous ?

VENCESLAS.
J'ai beaucoup à vous dire.
(A part.)
Ciel, prépare son sein et le touche aujourd'hui.

LADISLAS, à part.
Que la vieillesse souffre et fait souffrir autrui !
Oyons les beaux avis qu'un flatteur lui conseille.

VENCESLAS.
Prêtez-moi, Ladislas, le cœur avec l'oreille.
J'attends toujours du temps qu'il mûrisse le fruit
Que pour me succéder ma couche m'a produit ;
Et je croyais, mon fils, votre mère immortelle
Par le reste qu'en vous elle me laissa d'elle.
Mais, hélas ! ce portrait qu'elle s'était tracé
Perd beaucoup de son lustre et s'est bien effacé,
Et, vous considérant, moins je la vois paraître,
Plus l'ennui de sa mort commence à me renaître.
Toutes vos actions démentent votre rang :
Je n'y vois rien d'auguste et digne de mon sang ;
J'y cherche Ladislas, et ne le puis connaître.
Vous n'avez rien de roi que le désir de l'être ;
Et ce désir, dit-on, peu discret et trop prompt,
En souffre avec ennui le bandeau sur mon front.
Vous plaignez le travail où ce fardeau m'engage,
Et, n'osant m'attaquer, vous attaquez mon âge ;
Je suis vieil, mais un fruit de ma vieille saison
Est d'en posséder mieux la parfaite raison :
Régner est un secret dont la haute science
Ne s'acquiert que par l'âge et par l'expérience.
Un roi vous semble heureux, et sa condition
Est douce au sentiment de votre ambition ;
Il dispose à son gré des fortunes humaines ;
Mais, comme les douceurs, en savez-vous les peines ?
A quelque heureuse fin que tendent ses projets,
Jamais il ne fait bien au gré de ses sujets :
Il passe pour cruel, s'il garde la justice ;
S'il est doux, pour timide et partisan du vice.
S'il se porte à la guerre, il fait des malheureux ;
S'il entretient la paix, il n'est pas généreux ;

ACTE I, SCÈNE I.

S'il pardonne, il est mol ; s'il se venge, barbare;
S'il donne, il est prodigue, et s'il épargne, avare.
Ses desseins les plus purs et les plus innocents
Toujours en quelque esprit jettent un mauvais sens,
Et jamais sa vertu, tant soit-elle connue,
En l'estime des siens ne passe toute nue.
Si donc, pour mériter de régir des États,
La plus pure vertu même ne suffit pas,
Par quel heur voulez-vous que le règne succède
(Ladislas témoigne de l'impatience.)
A des esprits oisifs que le vice possède,
Hors de leurs voluptés incapables d'agir,
Et qui, serfs de leurs sens, ne se sauraient régir?
Ici, mon seul respect contient votre caprice.
Mais examinez-vous et rendez-vous justice;
Pouvez-vous attenter sur ceux dont j'ai fait choix
Pour soutenir mon trône et dispenser mes lois,
Sans blesser les respects dus à mon diadème,
Et sans en même temps attenter sur moi-même?
Le duc, par sa faveur, vous a blessé les yeux,
Et, parce qu'il m'est cher, il vous est odieux;
Mais, voyant d'un côté sa splendeur non commune,
Voyez par quels degrés il monte à sa fortune;
Songez combien son bras a mon trône affermi.
Et mon affection vous fait son ennemi!
Encore est-ce trop peu : votre aveugle colère
Le hait en autrui même et passe à votre frère;
Votre jalouse humeur ne lui saurait souffrir
La liberté d'aimer ce qu'il me voit chérir;
Son amour pour le duc a produit votre haine.
Cherchez un digne objet à cette humeur hautaine;
Employez, employez ces bouillants mouvements
A combattre l'orgueil des peuples ottomans;
Renouvelez contre eux nos haines immortelles,
Et soyez généreux en de justes querelles :
Mais contre votre frère et contre un favori
Nécessaire à son roi plus qu'il n'en est chéri,
Et qui de tant de bras qu'armait la Moscovie
Vient de sauver mon sceptre, et peut-être ma vie,
C'est un emploi célèbre et digne d'un grand cœur !
Votre caprice, enfin, veut régler ma faveur :
Je sais mal appliquer mon amour et ma haine,
Et c'est de vos leçons qu'il faut que je l'apprenne !
J'aurais mal profité de l'usage et du temps!

LADISLAS.

Souffrez...

VENCESLAS.

Encore un mot, et puis je vous entends :
S'il faut qu'à cent rapports ma créance réponde,
Rarement le soleil rend la lumière au monde
Que le premier rayon qu'il répand ici-bas
N'y découvre quelqu'un de vos assassinats;
Ou, du moins, on vous tient en si mauvaise estime
Qu'innocent ou coupable on vous charge du crime,
Et que, vous offensant d'un soupçon éternel,
Aux bras du sommeil même on vous fait criminel.
Sous ce fatal soupçon qui défend qu'on me craigne,
On se venge, on s'égorge, et l'impunité règne,
Et ce juste mépris de mon autorité
Est la punition de cette impunité;
Votre valeur, enfin, naguère si vantée,
Dans vos folles amours languit comme enchantée,
Et, par cette langueur, dedans tous les esprits
Efface son estime et s'acquiert des mépris :
Et je vois toutefois qu'un heur inconcevable,
Malgré tous ces défauts, vous rend encore aimable,
Et que votre bon astre en ces mêmes esprits
Souffre ensemble pour vous l'amour et le mépris.
Par le secret pouvoir d'un charme que j'ignore,
Quoiqu'on vous mésestime, on vous chérit encore.
Vicieux on vous craint, mais vous plaisez heureux,
Et pour vous l'on confond le murmure et les vœux.
Ah! méritez, mon fils, que cette amour vous dure,
Pour conserver les vœux étouffez le murmure,
Et régnez dans les cœurs par un sort dépendant
Plus de votre vertu que de votre ascendant;
Par elle rendez-vous digne d'un diadème :
Né pour donner des lois, commencez par vous-même,
Et que vos passions, ces rebelles sujets,
De cette noble ardeur soient les premiers objets;
Par ce genre de règne il faut mériter l'autre,
Par ce degré, mon fils, mon trône sera vôtre :
Mes États, mes sujets, tout fléchira sous vous,
Et, sujet de vous seul, vous régnerez sur tous.
Mais si, toujours vous-même et toujours serf du vice,
Vous ne prenez des lois que de votre caprice,
Et si, pour encourir votre indignation,
Il ne faut qu'avoir part en mon affection;

Si votre humeur hautaine, enfin, ne considère
Ni les profonds respects dont le duc vous révère,
Ni l'étroite amitié dont l'infant vous chérit,
Ni la soumission d'un peuple qui vous rit,
Ni d'un père et d'un roi le conseil salutaire,
Lors, pour être tout roi, je ne serai plus père,
Et, vous abandonnant à la rigueur des lois,
Au mépris de mon sang je maintiendrai mes droits.

LADISLAS.

Encor que de ma part tout vous choque et vous blesse,
En quelque étonnement que ce discours me laisse,
Je tire au moins ce fruit de mon attention
D'avoir su vous complaire en cette occasion,
Et, sur chacun des points qui semblent me confondre,
J'ai de quoi me défendre et de quoi vous répondre,
Si j'obtiens à mon tour et l'oreille et le cœur.

VENCESLAS.

Parlez, je gagnerai vaincu plus que vainqueur.
Je garde encor pour vous les sentiments d'un père :
Convainquez-moi d'erreur, elle me sera chère.

LADISLAS.

Au retour de la chasse, hier, assisté des miens,
Le carnage du cerf se préparant aux chiens,
Tombés sur le discours des intérêts des princes,
Nous en vînmes sur l'art de régir les provinces,
Où, chacun à son gré forgeant des potentats,
Chacun selon son sens gouvernant vos États,
Et presque aucun avis ne se trouvant conforme,
L'un prise votre règne, un autre le réforme ;
Il trouve ses censeurs comme ses partisans ;
Mais, généralement, chacun plaint vos vieux ans.
Moi, sans m'imaginer vous faire aucune injure,
Je coulai mes avis dans ce libre murmure,
Et, mon sein à ma voix s'osant trop confier,
Ce discours m'échappa, je ne le puis nier :
« Comment, dis-je, mon père, accablé de tant d'âge
Et, sa force à présent servant mal son courage,
Ne se décharge-t-il, avant qu'y succomber,
D'un pénible fardeau qui le fera tomber?
Devrait-il, me pouvant assurer sa couronne,
Hasarder que l'État me l'ôte ou me la donne?
Et s'il veut conserver la qualité de roi,
La retiendrait-il pas s'en dépouillant pour moi?
Comme il fait murmurer de l'âge qui l'accable !

Croit-il de ce fardeau ma jeunesse incapable?
Et n'ai-je pas appris, sous son gouvernement,
Assez de politique et de raisonnement
Pour savoir à quels soins oblige un diadème,
Ce qu'un roi doit aux siens, à l'État, à soi-même,
A ses confédérés, à la foi des traités;
Dedans quels intérêts ses droits sont limités,
Quelle guerre est nuisible et quelle d'importance,
A qui, quand et comment il doit son assistance;
Et pour garder, enfin, ses États d'accidents,
Quel ordre il doit tenir et dehors et dedans?
Ne sais-je pas qu'un roi qui veut qu'on le révère
Doit mêler à propos l'affable et le sévère,
Et, selon l'exigence et des temps et des lieux,
Savoir faire parler et son front et ses yeux,
Mettre bien la franchise et la feinte en usage,
Porter tantôt un masque et tantôt un visage;
Quelque avis qu'on lui donne, être toujours pareil,
Et se croire souvent plus que tout son conseil?
Mais surtout, et de là dépend l'heur des couronnes,
Savoir bien appliquer les emplois aux personnes,
Et faire, par des choix judicieux et sains,
Tomber le ministère en de fidèles mains;
Élever peu de gens si haut qu'ils puissent nuire,
Être lent à former aussi bien qu'à détruire,
Des bonnes actions garder le souvenir,
Être prompt à payer et tardif à punir?
N'est-ce pas sur cet art, leur dis-je, et ces maximes
Que se maintient le cours des règnes légitimes? »
Voilà la vérité touchant le premier point:
J'apprends qu'on vous l'a dite et ne m'en défends point.

VENCESLAS.

Poursuivez.

LADISLAS.
A l'égard de l'ardente colère
Où vous meut le parti du duc et de mon frère,
Dont l'un est votre cœur, si l'autre est votre bras,
Dont l'un règne en votre âme, et l'autre en vos États,
J'en hais l'un, il est vrai, cet insolent ministre
Qui vous est précieux autant qu'il m'est sinistre,
Vaillant, j'en suis d'accord, mais vain, fourbe, flatteur,
Et de votre pouvoir secret usurpateur,
Ce duc, à qui votre âme, à tous autres obscure,
Sans crainte s'abandonne et produit toute pure.

Et qui, sous votre nom beaucoup plus roi que vous,
Met à me desservir ses plaisirs les plus doux,
Vous fait mes actions pleines de tant de vices,
Et me rend près de vous tant de mauvais offices
Que vos yeux prévenus ne trouvent plus en moi
Rien qui vous représente et qui promette un roi.
Je feindrais d'être aveugle et d'ignorer l'envie
Dont, en toute rencontre, il vous noircit ma vie,
S'il ne s'en usurpait, et m'ôtait les emplois
Qui, si jeune, m'ont fait l'effroi de tant de rois,
Et dont, ces derniers jours, il a des Moscovites
Arrêté les progrès et restreint les limites.
Partant pour cette grande et fameuse action,
Vous en mîtes le prix à sa discrétion.
Mais, s'il n'est trop puissant pour craindre ma colère,
Qu'il pense mûrement au choix de son salaire,
Et que ce grand crédit qu'il possède à la cour,
S'il méconnaît mon rang, respecte mon amour,
Ou, tout brillant qu'il est, il lui sera frivole.
Je n'ai point sans sujet lâché cette parole ;
Quelques bruits m'ont appris jusqu'où vont ses desseins,
Et c'est un des sujets, Seigneur, dont je me plains.

VENCESLAS.

Achevez.

LADISLAS.

Pour mon frère, après son insolence,
Je ne puis m'emporter à trop de violence,
Et de tous vos tourments la plus affreuse horreur
Ne le saurait soustraire à ma juste fureur.
Quoi! quand, le cœur outré de sensibles atteintes,
Je fais entendre au duc le sujet de mes plaintes,
Et, de ses procédés justement irrité,
Veux mettre quelque frein à sa témérité,
Étourdi, furieux et poussé d'un faux zèle,
Mon frère contre moi vient prendre sa querelle,
Et, bien plus, sur l'épée ose porter la main!
Ah! j'atteste du Ciel le pouvoir souverain
Qu'avant que le soleil, sorti du sein de l'onde,
Ote et rende le jour aux deux moitiés du monde,
Il m'ôtera le sang qu'il n'a pas respecté,
Ou me fera raison de cette indignité.
Puisque je suis au peuple en si mauvaise estime
Il la faut mériter du moins par un grand crime,

Et, de vos châtiments menacé tant de fois,
Me rendre un digne objet de la rigueur des lois.
VENCESLAS, à part.
Que puis-je plus tenter sur cette âme hautaine?
Essayons l'artifice où la rigueur est vaine,
Puisque plainte, froideur, menace ni prison
Ne l'ont pu, jusqu'ici, réduire à la raison.
(A Ladislas.)
Ma créance, mon fils, sans doute un peu légère,
N'est pas sans quelque erreur, et cette erreur m'est chère.
Étouffons nos discords dans nos embrassements;
Je ne puis de mon sang forcer les mouvements.
Je lui veux bien céder, et, malgré ma colère,
Me confesser vaincu, parce que je suis père.
Prince, il est temps qu'enfin sur un trône commun
Nous ne fassions qu'un règne et ne soyons plus qu'un :
Si proche du cercueil où je me vois descendre,
Je me veux voir en vous renaître de ma cendre,
Et par vous, à couvert des outrages du temps,
Commencer à mon âge un règne de cent ans.
LADISLAS.
De votre seul repos dépend toute ma joie,
Et, si votre faveur jusque-là se déploie,
Je ne l'accepterai que comme un noble emploi
Qui, parmi vos sujets, fera compter un roi.

SCÈNE II

LES MÊMES; ALEXANDRE.

ALEXANDRE.
Seigneur?
VENCESLAS.
Que voulez-vous? sortez.
ALEXANDRE.
Je me retire.
Mais si vous...
VENCESLAS.
Qu'est-ce encor? que me vouliez-vous dire?
(A part.)
A quel étrange office, Amour, me réduis-tu,
De faire accueil au vice et chasser la vertu!

ALEXANDRE.
Que si vous ne daignez m'admettre en ma défense,
Vous donnerez le tort à qui reçoit l'offense ;
Le prince est mon aîné, je respecte son rang ;
Mais nous ne différons ni de cœur ni de sang,
Et, pour un démenti, j'ai trop...
VENCESLAS.
       Vous, téméraire,
Vous la main sur l'épée, et contre votre frère !
Contre mon successeur et mon autorité !
Implorez, insolent, implorez sa bonté,
Et, par un repentir digne de votre grâce,
Méritez le pardon que je veux qu'il vous fasse.
Allez, demandez-lui. Vous, tendez-lui les bras.
ALEXANDRE.
Considérez, Seigneur...
VENCESLAS.
    Ne me répliquez pas.
ALEXANDRE, à part.
Fléchirons-nous, mon cœur, sous cette humeur hautaine ?
Oui, du degré de l'âge il faut porter la peine.
Que j'ai de répugnance à cette lâcheté !
  (A Ladislas.)
O ciel ! pardonnez donc à ma témérité,
Mon frère : un père enjoint que je vous satisfasse ;
J'obéis à son ordre, et vous demande grâce ;
Mais, par cet ordre, il faut me tendre aussi les bras.
VENCESLAS.
Dieu ! le cruel encor ne le regarde pas !
LADISLAS.
Sans eux, suffit-il pas que le roi vous pardonne ?
VENCESLAS.
Prince, encore une fois, donnez-les, je l'ordonne.
Laissez à mon respect vaincre votre courroux.
LADISLAS, embrassant Alexandre.
A quelle lâcheté, Seigneur, m'obligez-vous !
Allez, et n'imputez cet excès d'indulgence
Qu'au pouvoir absolu qui retient ma vengeance.
ALEXANDRE, à part.
O nature ! ô respect ! que vous m'êtes cruels !
VENCESLAS.
Changez ces différents en des vœux mutuels ;
Et, quand je suis en paix avec toute la terre,

Dans ma maison, mes fils, ne mettez point la guerre.
(A Ladislas.)
Faites venir le duc, infant. Prince, arrêtez.
(Alexandre sort.)
LADISLAS.
Vous voulez m'ordonner encor des lâchetés,
Et pour ce traître encor solliciter ma grâce !
Mais pour des ennemis ce cœur n'a plus de place :
Votre sang, qui l'anime, y répugne à vos lois.
Aimez cet insolent, conservez votre choix,
Et du bandeau royal qui vous couvre la tête
Payez, si vous voulez, sa dernière conquête ;
Mais souffrez-m'en, Seigneur, un mépris généreux ;
Laissez ma haine libre, aussi bien que vos vœux ;
Souffrez ma dureté, gardant votre tendresse,
Et ne m'ordonnez point un acte de faiblesse.
VENCESLAS.
Mon fils, si près du trône où vous allez monter,
Près d'y remplir ma place et m'y représenter,
Aussi bien souverain sur vous que sur les autres,
Prenez mes sentiments et dépouillez les vôtres.
Donnez à mes souhaits, de vous-même vainqueur,
Cette noble faiblesse, et digne d'un grand cœur,
Qui vous fera priser de toute la province,
Et, monarque, oubliez les différends du prince.
LADISLAS.
Je préfère ma haine à cette qualité.
Dispensez-moi, Seigneur, de cette indignité.

SCÈNE III

FÉDERIC, VENCESLAS, LADISLAS, ALEXANDRE, OCTAVE.

VENCESLAS.
Étouffez cette haine, ou je prends sa querelle.
Duc, saluez le prince.
LADISLAS, à part.
O contrainte cruelle !
(Ils s'embrassent.)
VENCESLAS.
Et, d'une étroite ardeur unis à l'avenir,
De vos discords passés perdez le souvenir.

FÉDERIC.
Pour lui prouver à quoi mon zèle me convie,
Je voudrais perdre encore et le sang et la vie.

VENCESLAS.
Assez d'occasions, de sang et de combats
Ont signalé pour nous et ce cœur et ce bras,
Et vous ont trop acquis, par cet illustre zèle,
Tout ce qui d'un mortel rend la gloire immortelle ;
Mais vos derniers progrès, qui certes m'ont surpris,
Passent toute créance et demandent leur prix.
Avec si peu de gens avoir fait nos frontières
D'un si puissant parti les sanglants cimetières,
Et dans si peu de jours, par d'incroyables faits,
Réduit le Moscovite à demander la paix,
Ce sont des actions dont la reconnaissance
Du plus riche monarque excède la puissance :
N'exceptez rien aussi de ce que je vous dois ;
Demandez ; j'en ai mis le prix à votre choix :
Envers votre valeur acquittez ma parole.

FÉDERIC.
Je vous dois tout, grand roi.

VENCESLAS.
     Ce respect est frivole :
La parole des rois est un gage important,
Qu'ils doivent, le pouvant, retirer à l'instant.
Il est d'un prix trop cher pour en laisser la garde ;
Par le dépôt, la perte ou l'oubli s'en hasarde.

FÉDERIC.
Puisque votre bonté me force à recevoir
Le loyer d'un tribut et le prix d'un devoir,
Un servage, Seigneur, plus doux que votre empire,
Des flammes et des fers, sont le prix où j'aspire ;
Si d'un cœur consumé d'un amour violent
La bouche ose exprimer...

LADISLAS.
     Arrêtez, insolent ;
Au vol de vos désirs imposez des limites,
Et proportionnez vos vœux à vos mérites :
Autrement, au mépris et du trône et du jour,
Dans votre infâme sang j'éteindrai votre amour :
Où mon respect s'oppose, apprenez, téméraire,
A servir sans espoir, et souffrir et vous taire ;
Ou...

FÉDERIC.

Je me tais, Seigneur, et, puisque mon espoir
Blesse votre respect, il blesse mon devoir.
(Il sort avec Alexandre.)

SCÈNE IV

VENCESLAS, LADISLAS, OCTAVE.

VENCESLAS.

Prince, vous emportant à ce caprice extrême,
Vous ménagez fort mal l'espoir d'un diadème,
Et votre tête encor qui le prétend porter.

LADISLAS.

Vous êtes roi, Seigneur, vous pouvez me l'ôter;
Mais j'ai lieu de me plaindre, et ma juste colère
Ne peut prendre de lois ni d'un roi ni d'un père.

VENCESLAS.

Je dois bien moins en prendre et d'un fol et d'un fils.
Pensez à votre tête, et prenez-en avis.
(Il sort.)

OCTAVE.

O dieux! ne sauriez-vous cacher mieux votre haine?

LADISLAS.

Veux-tu que, la cachant, mon attente soit vaine,
Qu'il vole à mon espoir ce trésor amoureux,
Et qu'il fasse son prix de l'objet de mes vœux?
Quoi! Cassandre sera le prix d'une victoire
Qu'usurpant mes emplois il dérobe à ma gloire?
Et l'État, qu'il gouverne à ma confusion,
L'épargne, qu'il manie avec profusion,
Les siens qu'il agrandit, les charges qu'il dispense,
Ne lui tiennent pas lieu d'assez de récompense,
S'il ne me prive encor du fruit de mon amour,
Et si, m'ôtant Cassandre, il ne m'ôte le jour?
N'est-ce pas de tes soins et de ta diligence
Que je tiens le secret de leur intelligence?

OCTAVE.

Oui, Seigneur; mais l'hymen qu'on lui va proposer
Au succès de vos vœux la pourra disposer:
L'infante l'a mandée, et, par son entremise
J'espère à vos souhaits la voir bientôt soumise:
Cependant, feignez mieux, et d'un père irrité

Et d'un roi méprisé craignez l'autorité ;
Reposez sur nos soins l'ardeur qui vous transporte.
LADISLAS.
C'est mon roi, c'est mon père, il est vrai, je m'emporte ;
Mais je trouve en deux yeux deux rois plus absolus,
Et, n'étant plus à moi, ne me possède plus.

ACTE DEUXIÈME

SCÈNE I

THÉODORE, CASSANDRE.

THÉODORE.
Enfin, si son respect ni le mien ne vous touche,
Cassandre, tout l'État vous parle par ma bouche :
Le refus de l'hymen qui vous soumet sa foi
Lui refuse une reine et veut ôter un roi ;
L'objet de vos mépris attend une couronne
Que déjà d'une voix tout le peuple lui donne,
Et, de plus, ne l'attend qu'afin de vous l'offrir :
Et votre cruauté ne le saurait souffrir ?
CASSANDRE.
Non, je ne puis souffrir, en quelque rang qu'il monte,
L'ennemi de ma gloire et l'amant de ma honte,
Et ne puis pour époux vouloir d'un suborneur
Qui voit qu'il a sans fruit poursuivi mon honneur ;
Qui, tant que sa poursuite a cru m'avoir infâme,
Ne m'a point souhaitée en qualité de femme,
Et qui, n'ayant pour but que ses sales plaisirs,
En mon seul déshonneur bornait tous ses désirs.
En quelque objet qu'il soit à toute la province,
Je ne regarde en lui ni monarque ni prince,
Et ne vois, sous l'éclat dont il est revêtu,
Que de traîtres appâts qu'il tend à ma vertu.
Après ses sentiments, à mon honneur sinistres,
L'essai de ses présents, l'effort de ses ministres,
Ses plaintes, ses écrits, et la corruption
De ceux qu'il crut pouvoir servir sa passion,

Ces moyens vicieux aidant mal sa poursuite,
Aux vertueux enfin son amour est réduite ;
Et, pour venir à bout de mon honnêteté,
Il met tout en usage, et crime et piété.
Mais en vain il consent que l'amour nous unisse :
C'est appeler l'honneur au secours de son vice ;
Puis, s'étant satisfait, on sait qu'un souverain
D'un hymen qui déplaît a le remède en main :
Pour en rompre les nœuds et colorer ses crimes,
L'État ne manque pas de plausibles maximes.
Son infidélité suivrait de près sa foi :
Seul il se considère ; il s'aime, et non pas moi.
            THÉODORE.
Ses vœux, un peu bouillants, vous font beaucoup d'ombrage.
            CASSANDRE.
Il vaut mieux faillir moins et craindre davantage.
            THÉODORE.
La fortune vous rit, et ne rit pas toujours.
            CASSANDRE.
Je crains son inconstance et ses courtes amours ;
Et puis, qu'est un palais, qu'une maison pompeuse
Qu'à notre ambition bâtit cette trompeuse,
Où l'âme dans les fers gémit à tout propos,
Et ne rencontre pas le solide repos ?
            THÉODORE.
Je ne vous puis qu'offrir, après un diadème.
            CASSANDRE.
Vous me donnerez plus, me laissant à moi-même.
            THÉODORE.
Seriez-vous moins à vous, ayant moins de rigueur ?
            CASSANDRE.
N'appelleriez-vous rien la perte de mon cœur ?
            THÉODORE.
Vous feriez un échange, et non pas une perte.
            CASSANDRE.
Et j'aurais cette injure impunément soufferte !
Et ce que vous nommez des vœux un peu bouillants,
Ces desseins criminels, ces efforts insolents,
Ces libres entretiens, ces messages infâmes,
L'espérance du rapt dont il flattait ses flammes,
Et tant d'offres enfin, dont il me crut toucher,
Au sang de Cunisberg se pourraient reprocher ?
            THÉODORE.
Ils ont votre vertu vainement combattue.

CASSANDRE.
On en pourrait douter si je m'en étais tue,
Et si, sous cet hymen me laissant asservir,
Je lui donnais un bien qu'il m'a voulu ravir.
Excusez ma douleur ; je sais, sage princesse,
Quelles soumissions je dois à Votre Altesse ;
Mais au choix que mon cœur doit faire d'un époux,
Si j'en crois mon honneur, je lui dois plus qu'à vous.

SCÈNE II

LES MÊMES ; LADISLAS.

LADISLAS, à part.
Cède, cruel tyran d'une amitié si forte,
Respect qui me retiens, à l'ardeur qui m'emporte :
Sachons si mon hymen ou mon cercueil est prêt ;
Impatient d'attendre, entendons mon arrêt !
(A Cassandre.)
Parlez, belle ennemie : il est temps de résoudre
Si vous devez lancer ou retenir la foudre ;
Il s'agit de me perdre ou de me secourir.
Qu'en avez-vous conclu ? faut-il vivre ou mourir ?
Quel des deux voulez-vous, ou mon cœur ou ma cendre ?
Quelle des deux aurai-je, ou la mort ou Cassandre ?
L'hymen à vos beaux jours joindra-t-il mon destin,
Ou si votre refus sera mon assassin ?

CASSANDRE.
Me parlez-vous d'hymen ? et voudriez-vous pour femme
L'indigne et vil objet d'une impudique flamme ?
Moi, dieux ! moi, la moitié d'un roi, d'un potentat !
Ah ! prince, quel présent feriez-vous à l'Etat,
De lui donner pour reine une femme suspecte !
Et quelle qualité voulez-vous qu'il respecte
En un objet infâme et si peu respecté,
Que vos sales désirs ont tant sollicité ?

LADISLAS.
Il respectera donc la vertu la plus digne
Dont l'épreuve ait jamais fait une femme insigne,
Et le plus adorable et plus divin objet
Qui de son souverain fît jamais son sujet,
Je sais trop (et jamais ce cœur ne vous approche
Que confus de ce crime il ne se le reproche)

A quel point d'insolence et d'indiscrétion
Ma jeunesse d'abord porta ma passion ;
Il est vrai qu'ébloui de ces yeux adorables
Qui font tant de captifs et tant de misérables,
Forcé par des attraits si dignes de mes vœux,
Je les contemplais seuls et ne recherchai qu'eux.
Mon respect s'oublia dedans cette poursuite ;
Mais un amour enfant put manquer de conduite :
Il portait son excuse en son aveuglement,
Et c'est trop le punir que du bannissement.
Sitôt que le respect m'a dessillé la vue,
Et qu'outre les attraits dont vous êtes pourvue,
Votre soin, votre rang, vos illustres aïeux
Et vos rares vertus m'ont arrêté les yeux,
De mes vœux aussitôt réprimant l'insolence,
J'ai réduit sous vos lois toute leur violence ;
Et, restreinte à l'espoir de notre hymen futur,
Ma flamme a consumé ce qu'elle avait d'impur.
Le flambeau qui me guide et l'ardeur qui me presse
Cherche en vous une épouse et non une maîtresse :
Accordez-la, Madame, au repentir profond
Qui, détestant mon crime, à vos pieds me confond ;
Sous cette qualité souffrez que je vous aime,
Et privez-moi du jour plutôt que de vous-même :
Car, enfin, si l'on pèche adorant vos appas,
Et si l'on ne vous plaît qu'en ne vous aimant pas,
Cette offense est un mal que je veux toujours faire,
Et je consens plutôt à mourir qu'à vous plaire.

CASSANDRE.
Et mon mérite, prince, et ma condition
Sont d'indignes objets de votre passion :
Mais, quand j'estimerais vos ardeurs véritables,
Et quand on nous verrait des qualités sortables,
On ne verra jamais l'hymen nous assortir,
Et je perdrai le jour avant qu'y consentir.
D'abord que votre amour fit voir dans sa poursuite
Et si peu de respect et si peu de conduite,
Et que le seul objet d'un dessein vicieux
Sur ma possession vous fit jeter les yeux,
Je ne vous regardai que par l'ardeur infâme
Qui ne m'appelait point au rang de votre femme,
Et que par cet effort brutal et suborneur
Dont votre passion attaquait mon honneur ;
Et, ne considérant en vous que votre vice,

Je pris en telle horreur vous et votre service,
Que, si je vous offense en ne vous aimant pas,
Et si dans mes vœux seuls vous trouvez des appas,
Cette offense est un mal que je veux toujours faire,
Et je consens plutôt à mourir qu'à vous plaire.

LADISLAS.

Eh bien! contre un objet qui vous fait tant d'horreur,
Inhumaine, exercez toute votre fureur;
Armez-vous contre moi de glaçons et de flammes;
Inventez des secrets de tourmenter les âmes;
Suscitez terre et ciel contre ma passion;
Intéressez l'État dans votre aversion;
Du trône où je prétends détournez son suffrage,
Et pour me perdre, enfin, mettez tout en usage :
Avec tous vos efforts et tout votre courroux,
Vous ne m'ôterez pas l'amour que j'ai pour vous :
Dans vos plus grands mépris, je vous serai fidèle;
Je vous adorerai furieuse et cruelle,
Et, pour vous conserver ma flamme et mon amour,
Malgré mon désespoir, conserverai le jour.

THÉODORE.

Quoi! nous n'obtiendrons rien de cette humeur altière!

CASSANDRE.

Il m'a dû, m'attaquant, connaître toute entière,
Et savoir que l'honneur m'était sensible au point
D'en conserver l'injure et ne pardonner point.

THÉODORE.

Mais vous venger ainsi, c'est vous punir vous-même;
Vous perdez avec lui l'espoir d'un diadème.

CASSANDRE.

Pour moi le diadème aurait de vains appas
Sur un front que j'ai craint et que je n'aime pas.

THÉODORE.

Régner ne peut déplaire aux âmes généreuses.

CASSANDRE.

Les trônes bien souvent portent des malheureuses
Qui, sous le joug brillant de leur autorité,
Ont beaucoup de sujets et peu de liberté.

THÉODORE.

Redoutez-vous un joug qui vous fait souveraine?

CASSANDRE.

Je ne veux point dépendre, et veux être ma reine;
Ou ma franchise, enfin, si jamais je la perds,
Veut choisir son vainqueur et connaître ses fers.

THÉODORE.
Servir un sceptre en main vaut bien votre franchise.
CASSANDRE.
Savez-vous si déjà je ne l'ai point soumise?
LADISLAS.
Oui, je le sais, cruelle, et connais mon rival;
Mais j'ai cru que son sort m'était trop inégal
Pour me persuader qu'on dût mettre en balance
Le choix de mon amour ou de son insolence.
CASSANDRE.
Votre rang n'entre pas dedans ses qualités,
Mais son sang ne doit rien au sang dont vous sortez,
Ni lui n'a pas grand lieu de vous porter envie.
LADISLAS.
Insolente, ce mot lui coûtera la vie,
Et ce fer, en son sang si noble et si vanté,
Me va faire raison de votre vanité.
Violons, violons des lois trop respectées.
O sagesse, ô raison, que j'ai tant consultées !
Ne nous obstinons point à des vœux superflus;
Laissons mourir l'amour où l'espoir ne vit plus.
Allez, indigne objet de mon inquiétude,
J'ai trop longtemps souffert de votre ingratitude;
Je vous devais connaître, et ne m'engager pas
Aux trompeuses douceurs de vos cruels appas,
Ou, m'étant engagé, n'implorer point votre aide,
Et, sans vous demander, vous ravir mon remède:
Mais contre son pouvoir mon cœur a combattu;
Je ne me repens pas d'un acte de vertu.
De vos superbes lois ma raison dégagée
A guéri mon amour et croit l'avoir songée ;
De l'indigne brasier qui consumait mon cœur
Il ne me reste plus que la seule rougeur,
Que la honte et l'horreur de vous avoir aimée
Laisseront à jamais sur ce front imprimée.
Oui, j'en rougis, ingrate, et mon propre courroux
Ne me peut pardonner ce que j'ai fait pour vous.
Je veux que la mémoire efface de ma vie
Le souvenir du temps que je vous ai servie :
J'étais mort pour ma gloire, et je n'ai pas vécu
Tant que ce lâche cœur s'est dit votre vaincu ;
Ce n'est que d'aujourd'hui qu'il vit et qu'il respire,
D'aujourd'hui qu'il renonce au joug de votre empire.

ACTE II, SCÈNE II.

Et qu'avec ma raison mes yeux et lui d'accord
Détestent votre vue à l'égard de la mort.

CASSANDRE.

Pour vous en guérir, prince, et ne leur plus déplaire,
Je m'impose moi-même un exil volontaire,
Et je mettrai grand soin, sachant ces vérités,
A ne vous plus montrer ce que vous détestez.
Adieu.
(Elle sort.)

LADISLAS, interdit.

Que faites-vous, ô mes lâches pensées ?
Suivez-vous cette ingrate ? êtes-vous insensées ?
Mais plutôt qu'as-tu fait, mon aveugle courroux ?
Adorable inhumaine, hélas ! où fuyez-vous ?
Ma sœur, au nom d'Amour, et par pitié des larmes
Que ce cœur enchanté donne encore à ses charmes,
Si vous voulez d'un frère empêcher le trépas,
Suivez cette insensible et retenez ses pas.

THÉODORE.

La retenir, mon frère, après l'avoir bannie !

LADISLAS.

Ah ! contre ma raison servez sa tyrannie ;
Je veux désavouer ce cœur séditieux,
La servir, l'adorer, et mourir à ses yeux.
Privé de son amour, je chérirai sa haine,
J'aimerai ses mépris, je bénirai ma peine :
Se plaindre des ennuis que causent ses appas,
C'est se plaindre d'un mal qu'on ne mérite pas.
Que je la voie au moins si je ne la possède ;
Mon mal chérit sa cause, et croit par son remède.
Quand mon cœur à ma voix a feint de consentir,
Il en était charmé, je l'en veux démentir ;
Je mourais, je brûlais, je l'adorais dans l'âme,
Et le ciel a pour moi fait un sort tout de flamme.
(A part).
Allez... Mais que fais-tu, stupide et lâche amant ?
Quel caprice t'aveugle ? as-tu du sentiment ?
Rentre, prince sans cœur, un moment en toi-même.
(A Théodore).
Me laissez-vous, ma sœur, en ce désordre extrême ?

THÉODORE.

J'allais la retenir.

LADISLAS.
Eh! ne voyez-vous pas
Quel arrogant mépris précipite ses pas?
Avec combien d'orgueil elle s'est retirée,
Quelle implacable haine elle m'a déclarée,
Et que m'exposer plus aux foudres de ses yeux,
C'est dans sa frénésie armer un furieux?
De mon esprit plutôt chassez cette cruelle;
Condamnez les pensers qui me parleront d'elle;
Feignez-moi sa conquête indigne de mon rang,
Et soutenez en moi l'honneur de votre sang.

THÉODORE.
Je ne vous puis celer que le trait qui vous blesse
Dedans un sang royal trouve trop de faiblesse.
Je vois de quels efforts vos sens sont combattus,
Mais les difficultés sont le champ des vertus;
Avec un peu de peine on achète la gloire.
Qui veut vaincre est déjà bien près de la victoire;
Se faisant violence, on s'est bientôt dompté,
Et rien n'est tant à nous que notre volonté.

LADISLAS.
Hélas! il est aisé de juger de ma peine
Par l'effort qui d'un temps m'emporte et me ramène;
Et par ces mouvements si prompts et si puissants
Tantôt sur ma raison, et tantôt sur mes sens.
Mais quelque trouble enfin qu'ils vous fassent paraître,
Je vous croirai, ma sœur, et je serai mon maître:
Je lui laisserai libre et l'espoir et la foi
Que son sang lui défend d'élever jusqu'à moi;
Lui souffrant le mépris du rang qu'elle rejette,
Je la perds pour maîtresse, et l'acquiers pour sujette :
Sur qui régnait sur moi j'ai des droits absolus,
Et la punis assez par son propre refus.
Ne renaissez donc plus, mes flammes étouffées,
Et du duc de Curlande augmentez les trophées.
Sa victoire m'honore, et m'ôte seulement
Un caprice obstiné d'aimer trop bassement.

THÉODORE.
Quoi! mon frère, le duc aurait dessein pour elle?

LADISLAS.
Ce mystère, ma sœur, n'est plus une nouvelle,
Et mille observateurs que j'ai commis exprès
Ont si bien vu leurs feux qu'ils ne sont plus secrets.

THÉODORE.

Ah !

LADISLAS.

C'est de cet amour que procède ma haine,
Et non de sa faveur, quoique si souveraine
Que j'ai sujet de dire avec confusion
Que presque auprès de lui le roi n'a plus de nom.
Mais, puisque j'ai dessein d'oublier cette ingrate,
Il faut en le servant que mon mépris éclate,
Et, pour avec éclat en retirer ma foi,
Je vais de leur hymen solliciter le roi :
Je mettrai de ma main mon rival en ma place,
Et je verrai leur flamme avec autant de glace
Qu'en ma plus violente et plus sensible ardeur
Cet insensible objet eut pour moi de froideur.

(Il sort).

THÉODORE, seule.

O raison égarée ! ô raison suspendue !
Jamais trouble pareil t'avait-il confondue ?
Sotte présomption, grandeurs qui nous flattez,
Est-il rien de menteur comme vos vanités ?
Le duc aime Cassandre ! et j'étais assez vaine
Pour réputer mes yeux les auteurs de sa peine !
Et, bien plus, pour m'en plaindre et les en accuser,
Estimant sa conquête un heur à mépriser !
Le duc aime Cassandre ! Eh quoi ! tant d'apparences,
Tant de subjections, d'honneurs, de déférences,
D'ardeurs, d'attachements, de craintes, de tributs,
N'offraient-ils à mes lois qu'un cœur qu'il n'avait plus ?
Ces soupirs, dont cent fois la douce violence,
Sortant désavouée, a trahi son silence,
Ces regards par les miens tant de fois rencontrés,
Les devoirs, les respects, les soins qu'il m'a montrés,
Provenaient-ils d'un cœur qu'un autre objet engage ?
Sais-je si mal d'amour expliquer le langage ?
Fais-je d'un simple hommage une inclination ?
Et formé-je un fantôme à ma présomption ?
Mais, insensiblement renonçant à moi-même,
J'avoûrai ma défaite, et je croirai que j'aime.
Quand j'en serais capable, aimerais-je où je veux ?
Aux raisons de l'État ne dois-je pas mes vœux ?
Et ne sommes-nous pas d'innocentes victimes
Que le gouvernement immole à ses maximes ?
Mes vœux, en un vassal honteusement bornés,

Laisseraient-ils pour lui des rivaux couronnés?
Mais ne me flatte point, orgueilleuse naissance :
L'Amour sait bien sans sceptre établir sa puissance,
Et, soumettant nos cœurs par de secrets appas,
Fait les égalités et ne les cherche pas.
Si le duc n'a le front chargé d'une couronne,
C'est lui qui les protège, et c'est lui qui les donne.
Par quelles actions se peut-on signaler
Que...

SCÈNE III

LÉONOR, THÉODORE.

LÉONOR.
Madame, le duc demande à vous parler.
THÉODORE.
Qu'il entre. Mais, après ce que je viens d'apprendre,
Souffrir un libre accès à l'amant de Cassandre,
Agréer ses devoirs et le revoir encor,
Lâche, le dois-je faire? Attendez, Léonor.
Une douleur légère à l'instant survenue
Ne me peut aujourd'hui souffrir l'heur de sa vue :
Faites-lui mon excuse. O ciel ! de quel poison
Sens-je inopinément attaquer ma raison ?
Je voudrais à l'amour paraître inaccessible,
Et d'un indifférent la perte m'est sensible !
Je ne puis être sienne, et, sans dessein pour lui,
Je ne puis consentir ses desseins pour autrui.

SCÈNE IV

LES MÊMES; ALEXANDRE.

ALEXANDRE.
Comment ! du duc, ma sœur, refuser la visite !
D'où vous vient ce chagrin, et quel mal vous l'excite?
THÉODORE.
Un léger mal de cœur qui ne durera pas...
ALEXANDRE.
Un avis de ma part portait ici ses pas.
THÉODORE.
Quel?

ALEXANDRE.
Croyant que Cassandre était de la partie...
THÉODORE.
A peine deux moments ont suivi sa sortie.
ALEXANDRE.
Et sachant à quel point ses charmes lui sont doux,
Je l'avais averti de se rendre chez vous,
Pour vous solliciter vers l'objet qu'il adore
D'un secours que je sais que Ladislas implore.
Vous connaissez le prince, et vous pouvez juger
Si sous d'honnêtes lois Amour le peut ranger :
Ses mauvais procédés ont trop dit ses pensées ;
On peut voir l'avenir dans les choses passées,
Et juger aisément qu'il tend à son honneur,
Sous ces offres d'hymen, un appât suborneur.
Mais, parlant pour le duc, si je vous sollicite
De la protection d'une ardeur illicite,
N'en accusez que moi ; demandez-moi raison
Ou de son insolence ou de sa trahison.
C'est moi, ma chère sœur, qui réponds à Cassandre
D'un brasier dont jamais on ne verra la cendre,
Et du plus pur amour de qui jamais mortel
Dans le temple d'hymen ait encensé l'autel.
Servez contre une impure une ardeur si parfaite.
THÉODORE, s'appuyant sur Léonor.
Mon mal s'accroît, mon frère ; agréez ma retraite.....
(Elle sort avec Léonor.)
ALEXANDRE.
O sensible contrainte ! ô rigoureux ennui
D'être obligé d'aimer dessous le nom d'autrui !
Outre que je pratique une âme prévenue,
Quel fruit peut tirer d'elle une flamme inconnue ?
Et que puis-je espérer sous ce respect fatal
Qui cache le malade en découvrant le mal ?
Mais, quoi que sur mes vœux mon frère ose entreprendre,
J'ai tort de craindre rien sous la foi de Cassandre ;
Et certain du secours et d'un cœur et d'un bras
Qui pour la conserver ne s'épargneraient pas.

ACTE TROISIÈME

SCÈNE I

FÉDERIC, seul.

Que m'avez-vous produit, indiscrètes pensées,
Téméraires désirs, passions insensées,
Efforts d'un cœur mortel pour d'immortels appas,
Qu'on a d'un vol si haut précipités si bas ?
Espoirs qui jusqu'au ciel souleviez de la terre,
Deviez-vous pas savoir que jamais le tonnerre,
Qui dessus votre orgueil enfin vient d'éclater,
Ne pardonne aux desseins que vous osiez tenter ?
Quelque profond respect qu'ait eu votre poursuite,
Vous voyez qu'un refus vous ordonne la fuite.
Évitez les combats que vous vous préparez ;
Jugez-en le péril, et vous en retirez.
Qu'ai-je droit d'espérer, si l'ardeur qui me presse
Irrite également le prince et la princesse ;
Si, voulant hasarder ou ma bouche ou mes yeux,
Je fais l'une malade et l'autre furieux ?
Apprenons l'art, mon cœur, d'aimer sans espérance,
Et souffrir des mépris avecque révérence ;
Résolvons-nous sans honte aux belles lâchetés
Que ne rebutent pas des devoirs rebutés ;
Portons sans intérêt un joug si légitime ;
N'en osant être amant, soyons-en la victime.
Exposons un esclave à toutes les rigueurs
Que peuvent exercer de superbes vainqueurs.

SCÈNE II

ALEXANDRE, FÉDERIC.

ALEXANDRE.

Duc, un trop long respect me tait votre pensée ;
Notre amitié s'en plaint et s'en trouve offensée ;
Elle vous est suspecte, ou vous la violez,
Et vous me dérobez ce que vous me célez.

Qui donne toute une âme en veut aussi d'entières,
Et, quand vos intérêts m'ont fourni des matières,
Pour les bien embrasser, ce cœur vraiment ami
Ne s'est point contenté de s'ouvrir à demi,
Et j'ai, d'une chaleur généreuse et sincère,
Fait pour vous tout l'effort que l'amitié peut faire.
Cependant vous semblez, encor mal assuré,
Mettre en doute un serment si saintement juré ;
Je lis sur votre front des passions secrètes,
Des sentiments cachés, des atteintes muettes,
Et, d'un œil qui vous plaint, et toutefois jaloux,
Vois que vous réservez un secret tout à vous.
FÉDERIC.
Quand j'ai cru mes ennuis capables de remède,
Je vous en ai fait part, j'ai réclamé votre aide,
Et j'en ai vu l'effet si bouillant et si prompt
Que le seul souvenir m'en charge et me confond.
Mais, quand je crois mon mal de secours incapable,
Sans vous le partager il suffit qu'il m'accable,
Et c'est assez et trop qu'il fasse un malheureux,
Sans passer jusqu'à vous, et sans en faire deux.
ALEXANDRE.
L'ami qui souffre seul fait une injure à l'autre ;
Ma part de votre ennui diminûra la vôtre.
Parlez, duc, et sans peine ouvrez-moi vos secrets :
Hors de votre parti je n'ai plus d'intérêts ;
J'ai su que votre grande et dernière journée
Par la main de l'amour veut être couronnée,
Et que, voulant au roi, qui vous en doit le prix,
Déclarer la beauté qui charme vos esprits,
D'un frère impétueux l'ordinaire insolence
Vous a fermé la bouche et contraint au silence.
Souffrez, sans expliquer l'intérêt qu'il y prend,
Que j'en aille pour vous vider le différend,
Et ne m'en faites point craindre les conséquences :
Il faut qu'enfin quelqu'un réprime ses licences,
Et, le roi ne pouvant nous en faire raison,
Je me trouve et le cœur et le bras assez bon.
Mais, m'offrant à servir les ardeurs qui vous pressent,
Que j'apprenne du moins à qui vos vœux s'adressent.
FÉDERIC.
J'ai vu de vos bontés des effets assez grands
Sans vous faire avec lui de nouveaux différends ;
Sans irriter sa haine, elle est assez aigrie ;

Il est prince, Seigneur, respectons sa furie :
A ma mauvaise étoile imputons mon ennui,
Et croyons-en le sort plus coupable que lui.
Laissez à mon amour taire un nom qui l'offense,
Que des respects, encor plus forts que sa défense
Et qui plus qu'aucun autre ont droit de me lier,
Tout précieux qu'il m'est, m'ordonnent d'oublier :
Laissez-moi retirer d'un champ d'où ma retraite
Peut seule à l'ennemi dérober ma défaite.

ALEXANDRE.
Ce silence obstiné m'apprend votre secret,
Mais il tombe en un sein généreux et discret.
Ne me le celez plus, duc, vous aimez Cassandre :
C'est le plus digne objet où vous puissiez prétendre,
Et celui dont le prince, adorant son pouvoir,
A le plus d'intérêt d'éloigner votre espoir.
Traitant l'amour pour moi, votre propre franchise
A donné dans ses rets et s'y trouve surprise ;
Et mes desseins pour elle, aux vôtres préférés,
Sont ces puissants respects à qui vous déférez.
Mais vous craignez à tort qu'un ami vous accuse
D'un crime dont Cassandre est la cause et l'excuse :
Quelque auguste ascendant qu'aient sur moi ses appas.

FÉDERIC.
Ne vous étonnez point si je ne réponds pas.
Ce discours me surprend, et cette indigne plainte
Me livre une si rude et si sensible atteinte
Qu'égaré je me cherche et demeure en suspens
Si c'est vous qui parlez, ou moi qui vous entends.
Moi, vous trahir, Seigneur ! moi, sur cette Cassandre
Près de qui je vous sers, pour moi-même entreprendre,
Sur un amour si stable et si bien affermi !
Vous me croyez bien lâche, ou bien peu votre ami.

ALEXANDRE.
Croiriez-vous, l'adorant, m'altérer votre estime ?

FÉDERIC
Me pourriez-vous aimer coupable de ce crime ?

ALEXANDRE.
Confident ou rival, je ne vous puis haïr.

FÉDERIC.
Sincère et généreux, je ne vous puis trahir.

ALEXANDRE.
L'amour surprend les cœurs, et s'en rend bientôt maître.

####### FÉDERIC.
La surprise ne peut justifier un traître;
Et tout homme de cœur, pouvant perdre le jour,
A le remède en main des surprises d'amour.
####### ALEXANDRE.
Pardonnez un soupçon, non pas une créance,
Qui naissait du défaut de votre confiance.
####### FÉDERIC.
Je veux bien l'oublier, mais à condition
Que ce même défaut soit sa punition,
Et qu'il me soit permis une fois de me taire
Sans que votre amitié s'en plaigne ou s'en altère.
Au reste, et cet avis, s'ils vous étaient suspects,
Vous peut justifier mes soins et mes respects,
Cassandre par le prince est si persécutée,
Et d'agents si puissants pour lui sollicitée,
Que, si vous lui voulez sauver sa liberté,
Il n'est plus temps d'aimer sous un nom emprunté :
Assez et trop longtemps, sous ma feinte poursuite,
J'ai de votre dessein ménagé la conduite;
Et vos vœux, sous couleur de servir mon amour,
Ont assez ébloui tous les yeux de la cour.
De l'artifice enfin il faut bannir l'usage;
Il faut lever le masque et montrer le visage :
Vous devez de Cassandre établir le repos,
Qu'un rival persécute et trouble à tout propos.
Son amour en sa foi vous a donné des gages;
Il est temps que l'hymen règle vos avantages,
Et, faisant l'un heureux, en laisse un mécontent.
L'avis vient de sa part, il vous est important.
Je vous tais cent raisons qu'elle m'a fait entendre,
Arrivant chez l'infante, où je viens de la rendre,
Qui, hautement du prince embrassant le parti,
La mande, s'il est vrai ce qu'elle a pressenti,
Pour d'un nouvel effort en faveur de sa peine
Mettre encore une fois son esprit à la gêne.
Gardez-vous de l'humeur d'un sexe ambitieux :
L'espérance d'un sceptre est brillante à ses yeux,
Et de ce soin enfin un hymen vous libère,
####### ALEXANDRE.
Mais me libère-t-il du pouvoir de mon père,
Qui peut...
####### FÉDERIC.
Si votre amour défère à son pouvoir,

Et si vous vous réglez par la loi du devoir,
Ne précipitez rien, qu'il ne vous soit funeste.
Mais vous souffrez bien peu d'un transport si modeste,
Et l'ardent procédé d'un frère impétueux
Marque bien plus d'amour qu'un si respectueux.
ALEXANDRE.
Non, non, je laisse à part les droits de la nature,
Et commets à l'Amour toute mon aventure :
Puisqu'il fait mon destin, qu'il règle mon devoir;
Je prends loi de Cassandre ; épousons dès de ce soir.
Mais, duc, gardons encor d'éventer nos pratiques;
Trompons pour quelques jours jusqu'à ses domestiques,
Et, hors de ses plus chers, dont le zèle est pour nous,
Aveuglons leur créance et passez pour l'époux;
Puis, l'hymen accompli sous un heureux auspice,
Que le temps parle après et fasse son office,
Il n'existera plus qu'un impuissant courroux
Ou d'un père surpris, ou d'un frère jaloux.
FÉDERIC.
Quoique visiblement mon crédit se hasarde,
Je veux bien l'exposer pour ce qui vous regarde,
Et, plus vôtre que mien, ne puis avec raison
Avoir donné mon cœur et refuser mon nom;
Le vôtre...

SCÈNE III

LES MÊMES ; CASSANDRE, sortant de l'appartement de Théodore.

CASSANDRE, à Théodore.
Eh bien, Madame, il faudra se résoudre
A voir sur notre sort tomber ce coup de foudre.
Un fruit de votre avis, s'il nous jette si bas,
Est que la chute au moins ne nous surprendra pas.
(A Alexandre.)
Ah! Seigneur, mettez fin à ma triste aventure.
Mettra-t-on tous les jours mon âme à la torture?
Souffrirai-je longtemps un si cruel tourment?
Et ne vous puis-je, enfin, aimer impunément?
ALEXANDRE.
Quel outrage, Madame, émeut votre colère?
CASSANDRE.
La faveur d'une sœur pour l'intérêt d'un frère :

Son tyrannique effort veut éblouir mes vœux
Par le lustre d'un joug éclatant et pompeux.
On prétend m'aveugler avec un diadème,
Et l'on veut malgré moi que je règne et que j'aime :
C'est l'ordre qu'on m'impose, ou le prince irrité,
Abandonnant sa haine à son autorité,
Doit laisser aux neveux le plus tragique exemple
Et d'un mépris vengé la marque la plus ample
Dont le sort ait jamais son pouvoir signalé,
Et dont jusques ici les siècles aient parlé.
Voilà les compliments que l'amour leur suscite,
Et les tendres motifs dont on me sollicite.
ALEXANDRE.
Rendez, rendez le calme à ces charmants appas ;
Laissez gronder le foudre : il ne tombera pas,
Ou l'artisan des maux que le sort vous destine
Tombera le premier dessous votre ruine.
Fondez votre repos en me faisant heureux ;
Coupons dès cette nuit tout accès à ses vœux,
Et voyez sans frayeur quoi qu'il ose entreprendre,
Quand vous m'aurez commis une femme à défendre,
Et quand ouvertement, en qualité d'époux,
Mon devoir m'enjoindra de répondre de vous.
FÉDERIC.
Prévenez dès ce soir l'ardeur qui le transporte :
Aux desseins importants la diligence importe.
L'ordre seul de l'affaire est à considérer ;
Mais tirons-nous d'ici pour en délibérer.
CASSANDRE.
Quel trouble, quelle alarme, et quels soins me possèdent !

SCÈNE IV

LES MÊMES ; LADISLAS.

LADISLAS.
Madame, il ne se peut que mes vœux ne succèdent ;
J'aurais tort d'en douter, et de redouter rien
Avec deux confidents qui me servent si bien,
Et dont l'affection part du profond de l'âme :
Ils vous parlaient sans doute en faveur de ma flamme ?
CASSANDRE.
Vous les désavoûriez de m'en entretenir,

Puisque je suis si mal en votre souvenir
Qu'il veut même effacer du cours de votre vie
La mémoire du temps que vous m'avez servie,
Et qu'avec lui vos yeux et votre cœur d'accord
Détestent ma présence à l'égard de la mort.

LADISLAS.

Vous en faites la vaine, et tenez ces paroles
Pour des propos en l'air et des contes frivoles ;
L'amour me les dictait, et j'étais transporté,
S'il s'en faut rapporter à votre vanité :
Mais, si j'en suis bon juge, et si je m'en dois croire,
Je vois peu de matière à tant de vaine gloire ;
Je ne vois point en vous d'appas si surprenants
Qu'ils vous doivent donner des titres éminents ;
Rien ne relève tant l'éclat de ce visage,
Ou vous n'en mettez pas tous les traits en usage.
Vos yeux, ces beaux charmeurs, avec tous leurs appas,
Ne sont point accusés de tant d'assassinats ;
Le joug que vous croyez tomber sur tant de têtes
Ne porte point si loin le bruit de vos conquêtes :
Hors un seul, dont le cœur se donne à trop bon prix,
Votre empire s'étend sur peu d'autres esprits.
Pour moi, qui suis facile et qui bientôt me blesse,
Votre beauté m'a plu, j'avoûrai ma faiblesse,
Et m'a coûté des soins, des devoirs et des pas ;
Mais du dessein, je crois que vous n'en doutez pas,
Vous avez eu raison de ne vous pas promettre
Un hymen que mon rang ne me pouvait permettre.
L'intérêt de l'État, qui doit régler mon sort,
Avecque mon amour n'en était pas d'accord :
Avec tous mes efforts j'ai manqué de fortune ;
Vous m'avez résisté, la gloire en est commune :
Si contre vos refus j'eusse cru mon pouvoir,
Un facile succès eût suivi mon espoir :
Dérobant ma conquête, elle m'était certaine ;
Mais je n'ai pas trouvé qu'elle en valût la peine,
Et bien moins de vous mettre au rang où je prétends,
Et de vous partager le sceptre que j'attends.
Voilà toute l'amour que vous m'avez causée :
Si vous en croyez plus, soyez désabusée.
Votre mépris, enfin, m'en produit un commun ;
Je n'ai plus résolu de vous être importun ;
J'ai perdu le désir avecque l'espérance,
Et, pour vous témoigner de quelle indifférence

J'abandonne un plaisir que j'ai tant poursuivi,
Je veux rendre un service à qui m'a desservi.
Je ne vous retiens plus ; conduisez-la, mon frère ;
Et vous, duc, demeurez.
CASSANDRE.
Oh ! la noble colère !
Conservez-moi longtemps ce généreux mépris,
Et que bientôt, Seigneur, un trône en soit le prix !
(Elle sort en donnant la main à Alexandre.)
LADISLAS, à part.
Dieux ! avec quel effort et quelle peine extrême
Je consens ce départ qui m'arrache à moi-même,
Et qu'un rude combat m'affranchit de sa loi !
Duc, j'allais pour vous voir, et de la part du roi.
FÉDERIC.
Quelque loi qu'il m'impose, elle me sera chère.
LADISLAS.
Vous savez s'il vous aime et s'il vous considère :
Il vous fait droit aussi quand il vous agrandit,
Et sur votre vertu fonde votre crédit.
Cette même vertu, condamnant mon caprice,
Veut qu'en votre faveur je souffre sa justice,
Et le laisse acquitter à vos derniers exploits
Du prix que sa parole a mis à votre choix.
Usez donc pour ce choix du pouvoir qu'il vous donne ;
Venez choisir vos fers, qui sont votre couronne ;
Déclarez-lui l'objet que vous considérez,
Je ne vous défends plus l'heur où vous aspirez,
Et de votre valeur verrai la récompense,
Comme sans intérêt, aussi sans répugnance.
FÉDERIC.
Mon espoir, avoué par ma témérité,
Du succès de mes vœux autrefois m'a flatté ;
Mais, depuis mon malheur d'être en votre disgrâce,
Un visible mépris a détruit cette audace ;
Et qui se voit des yeux le commerce interdit
Est bien vain s'il espère et vante son crédit.
LADISLAS.
Loin de vous desservir et vous être contraire,
Je vais de votre hymen solliciter mon père.
J'ai déjà sa parole, et, s'il en est besoin,
Près de cette beauté vous offre encor mon soin.
FÉDERIC.
En vain je l'obtiendrai de son pouvoir suprême,

Si je ne puis encor l'obtenir d'elle-même.
LADISLAS.
Je crois que les moyens vous en seront aisés.
FÉDERIC.
Vos soins en ma faveur les ont mal disposés.
LADISLAS.
Avec votre vertu ma faveur était vaine.
FÉDERIC.
Mes efforts étaient vains avecque votre haine.
LADISLAS.
Mes intérêts cessés relèvent votre espoir.
FÉDERIC.
Mes vœux humiliés révèrent mon devoir ;
Et l'âme qu'une fois on a persuadée
A trop d'attachement à sa première idée
Pour reprendre bientôt l'estime ou le mépris,
Et guérir aisément d'un dégoût qu'elle a pris.

SCÈNE V

VENCESLAS, LADISLAS, FÉDERIC, GARDES.

VENCESLAS, à Féderic.
Venez, heureux appui que le ciel me suscite,
Dégager ma promesse envers votre mérite.
D'un cœur si généreux ayant servi l'État,
Vous desservez son prince en le laissant ingrat :
J'engageai mon honneur engageant ma parole ;
Le prix qu'on vous retient est un bien qu'on vous vole :
Ne me le laissez plus, puisque je vous le dois,
Et déclarez l'objet dont vous avez fait choix ;
En votre récompense éprouvez ma justice ;
Du prince la raison a guéri le caprice ;
Il prend vos intérêts, votre heur lui sera doux,
Et qui vous desservait parle à présent pour vous.
LADISLAS, à part.
Contre moi mon rival obtient mon assistance !
A quelle épreuve, ô Ciel, réduis-tu ma constance !
FÉDERIC.
Le prix est si conjoint à l'heur de vous servir
Que c'est une faveur qu'on ne me peut ravir.
Ne faites pas, Seigneur, par l'offre du salaire,
D'une action de gloire une œuvre mercenaire.

Pouvoir dire : « Ce bras a servi Venceslas »,
N'est-ce pas un loyer digne de cent combats?
VENCESLAS.
Non, non, quoi que je doive à ce bras indomptable,
C'est trop que votre roi soit votre redevable.
Ce grand cœur, refusant, intéresse le mien,
Et me demande trop en ne demandant rien.
Faisons par vos travaux et ma reconnaissance
Du maître et du sujet discerner la puissance :
Mon renom ne vous peut souffrir, sans se souiller,
La générosité qui m'en veut dépouiller.
FÉDERIC.
N'attisez point un feu que vous voudrez éteindre.
J'aime en un lieu, Seigneur, où je ne puis atteindre :
Je m'en connais indigne, et l'objet que je sers,
Dédaignant son tribut, désavoûrait mes fers.
VENCESLAS.
Les plus puissants États n'ont pas de souveraines
Dont ce bras ne mérite et n'honorât les chaînes ;
Et mon pouvoir, enfin, ou sera sans effet,
Ou vous répond du don que je vous aurai fait.
LADISLAS, à part.
Quoi! l'hymen qu'on dénie à l'ardeur qui me presse
Au lit de mon rival va mettre ma maîtresse!
FÉDERIC.
Ma défense à vos lois n'ose plus repartir.
LADISLAS, à part.
Non, non, lâche rival, je n'y puis consentir.
FÉDERIC.
Et, forcé par votre ordre à rompre mon silence,
Je vous obéirai, mais avec violence.
Certain de vous déplaire en vous obéissant,
Plus que n'observant point un ordre si pressant,
J'avoûrai donc, grand roi, que l'objet qui me touche...
LADISLAS.
Duc, encore une fois, je vous ferme la bouche,
Et ne vous puis souffrir votre présomption.
VENCESLAS.
Insolent!
LADISLAS.
J'ai sans fruit vaincu ma passion :
Pour souffrir son orgueil, Seigneur, et vous complaire,
J'ai fait tous les efforts que la raison peut faire ;
Mais en vain mon respect tâche à me contenir,

Ma raison de mes sens ne peut rien obtenir.
Je suis ma passion, suivez votre colère :
Pour un fils sans respect perdez l'amour d'un père;
Tranchez le cours du temps à mes jours destiné,
Et reprenez le sang que vous m'avez donné ;
Ou, si votre justice épargne encor ma tête,
De ce présomptueux rejetez la requête,
Et de son insolence humiliez l'excès,
Ou sa mort à l'instant en suivra le succès.
(Il sort.)

####### VENCESLAS.

Gardes, qu'on le saisisse.

####### FÉDERIC, les arrêtant.

Ah ! Seigneur, quel asile
A conserver mes jours ne serait inutile,
Et me garantirait contre un soulèvement?
Accordez-moi sa grâce ou mon éloignement.

####### VENCESLAS.

Qu'aucun soin ne vous trouble et ne vous importune.
Duc, je ferai si haut monter votre fortune,
D'un crédit si puissant j'armerai votre bras,
Et ce séditieux vous verra de si bas,
Que jamais d'aucun trait de haine ni d'envie
Il ne pourra livrer d'atteinte à votre vie,
Que l'instinct enragé qui meut ses passions
Ne mettra plus de borne à vos prétentions,
Qu'il ne pourra heurter votre pouvoir suprême,
Et que tous vos souhaits dépendront de vous-même.

ACTE QUATRIÈME

SCÈNE I

THÉODORE, LÉONOR.

####### THÉODORE.

Ah, Dieu ! que cet effroi me trouble et me confond !
Tu vois que ton rapport à mon songe répond,

Et sur cette frayeur tu condamnes mes larmes?
Je me mets trop en peine, et je prends trop d'alarmes?
LÉONOR.
Vous en prenez sans doute un peu légèrement.
Pour n'avoir pas couché dans son appartement,
Est-ce un si grand sujet d'en prendre l'épouvante,
Et de souffrir qu'un songe à ce point vous tourmente?
Croyez-vous que le prince, en cet âge de feu
Où le corps à l'esprit s'assujettit si peu,
Où l'âme sur les sens n'a point encor d'empire,
Où toujours le plus froid pour quelque objet soupire,
Vive avecque tout l'ordre et toute la pudeur
D'où dépend notre gloire et notre bonne odeur?
Cherchez-vous des clartés dans les nuits d'un jeune homme
Que le repos tourmente et que l'amour consomme?
C'est les examiner d'un soin trop curieux :
Sur leurs déportements il faut fermer les yeux ;
Pour n'en point être en peine, il n'en faut rien apprendre,
Et ne connaître point ce qu'il faudrait reprendre.
THÉODORE.
Un songe interrompu, sans suite, obscur, confus,
Qui passe en un instant, et puis ne revient plus,
Fait dessus notre esprit une légère atteinte,
Et nous laisse imprimée ou point ou peu de crainte;
Mais les songes suivis, ou dont à tout propos
L'horreur se remontrant interrompt le repos,
Et qui distinctement marquent les aventures,
Sont les avis du Ciel pour les choses futures.
Hélas! j'ai vu la main qui lui perçait le flanc ;
J'ai vu porter le coup, j'ai vu couler son sang;
Du coup d'une autre main j'ai vu voler sa tête;
Pour recevoir son corps j'ai vu sa tombe prête;
Et, m'écriant d'un ton qui t'aurait fait horreur,
J'ai dissipé mon songe, et non pas ma terreur.
Cet effroi de mon lit aussitôt m'a tirée,
Et, comme tu m'as vue, interdite, égarée,
Sans toi je me rendais en son appartement,
D'où j'apprends que ma peur n'est pas sans fondement,
Puisque ses gens t'ont dit... Mais que vois-je?

SCÈNE II

LES MÊMES; OCTAVE, LADISLAS.

OCTAVE.

Ah! Madame!

THÉODORE, à Léonor.

Eh bien?

OCTAVE.

Sans mon secours le prince rendait l'âme.

THÉODORE,

Prenais-je, Léonor, l'alarme hors de propos?

LADISLAS.

Souffrez-moi sur ce siège un moment de repos;
Débile, et mal remis encor de la faiblesse
Où ma perte de sang et ma chute me laisse,
Je me traîne avec peine, et j'ignore où je suis.

THÉODORE.

Ah! mon frère!

LADISLAS.

Ah! ma sœur! savez-vous mes ennuis?

THÉODORE.

O songe, avant-coureur d'aventure tragique,
Combien sensiblement cet accident s'explique!
Par quel malheur, mon frère, ou par quel attentat
Vous vois-je en ce sanglant et déplorable état?

LADISLAS.

Vous voyez ce qu'Amour et Cassandre me coûte.
Mais faites observer qu'aucun ne nous écoute.

THÉODORE.

Soignez-y, Léonor.

LADISLAS.

Vous avez vu, ma sœur,
Mes plus secrets pensers jusqu'au fond de mon cœur;
Vous savez les efforts que j'ai faits sur moi-même
Pour secouer le joug de cette amour extrême,
Et retirer d'un cœur indignement blessé
Le trait empoisonné que ses yeux m'ont lancé.
Mais, quoi que j'entreprenne, à moi-même infidèle,
Contre mon jugement mon esprit se rebelle;
Mon cœur de son service à peine est diverti
Qu'au premier souvenir il reprend son parti,

ACTE IV, SCÈNE II.

Tant a de droit sur nous, malheureux que nous sommes,
Cet amour, non amour, mais ennemi des hommes !
J'ai, pour aucunement couvrir ma lâcheté,
Quand je souffrais le plus, feint le plus de santé ;
Rebuté des mépris qu'elle a faits d'un esclave,
J'ai fait du souverain et j'ai tranché du brave ;
Bien plus, j'ai, furieux, inégal, interdit,
Voulu pour mon rival employer mon crédit :
Mais, au moindre penser, mon âme transportée
Contre mon propre effort s'est toujours révoltée,
Et l'ingrate beauté dont le charme m'a pris
Peut plus que ma colère et plus que les mépris :
Sur ce qu'Octave, enfin, hier me fit entendre
L'hymen qui se traitait du duc et de Cassandre,
Et que ce couple heureux consommait cette nuit...

OCTAVE.
Pernicieux avis, hélas ! qu'as-tu produit ?

LADISLAS.
Succombant tout d'un coup à ce coup qui m'accable,
De tout raisonnement je deviens incapable,
Fais retirer mes gens, m'enferme tout le soir,
Et ne prends plus avis que de mon désespoir.
Par une fausse porte, enfin, la nuit venue,
Je me dérobe aux miens et je gagne la rue,
D'où, tout soin, tout respect, tout jugement perdu,
Au palais de Cassandre en même temps rendu,
J'escalade les murs, gagne une galerie,
Et, cherchant un endroit commode à ma furie,
Descends sur l'escalier, et dans l'obscurité
Prépare à tout succès mon courage irrité.
Au nom du duc enfin j'entends ouvrir la porte,
Et, suivant à ce nom la fureur qui m'emporte,
Cours, éteins la lumière, et d'un aveugle effort
De trois coups de poignard blesse le duc à mort.

THÉODORE, effrayée, s'appuyant sur Léonor.
Le duc ! qu'entends-je ? hélas !

LADISLAS.
     A cette rude atteinte,
Pendant qu'en l'escalier tout le monde est en plainte,
Lui, m'entendant tomber le poignard sous ses pas,
S'en saisit, me poursuit et m'en atteint au bras.
Son âme à cet effort de son corps se sépare ;
Il tombe mort.

THÉODORE.

O rage inhumaine et barbare!

LADISLAS.

Et moi, par cent détours que je ne connais pas,
Dans l'horreur de la nuit ayant traîné mes pas,
Par le sang que je perds mon cœur enfin se glace;
Je tombe, et, hors de moi, demeure sur la place;
Tant qu'Octave, passant, s'est donné le souci
De bander ma blessure et de me rendre ici,
Où, non sans peine encor, je reviens en moi-même.

THÉODORE, appuyée sur Léonor.

Je succombe, mon frère, à ma douleur extrême.
Ma faiblesse me chasse et peut rendre évident
L'intérêt que je prends dedans votre accident.

(A part.)

Soutiens-moi, Léonor. Mon cœur, es-tu si tendre
Que de donner des pleurs à l'époux de Cassandre,
Et vouloir mal au bras qui t'en a dégagé?
Cet hymen t'offensait, et sa mort t'a vengé.

(Elle sort.)

OCTAVE.

Déjà du jour, Seigneur, la lumière naissante
Fait voir par son retour la lune pâlissante.

LADISLAS.

Et va produire aux yeux les crimes de la nuit.

OCTAVE.

Même au quartier du roi j'entends déjà du bruit.
Allez vous rendre au lit, que quelqu'un ne survienne.

LADISLAS.

Qui souhaite la mort, craint peu, quoi qu'il advienne.
Mais allons, conduis-moi.

SCÈNE III

VENCESLAS, LADISLAS, OCTAVE, GARDES.

VENCESLAS.

Mon fils!

LADISLAS.

Seigneur?

VENCESLAS.

Hélas!

OCTAVE.

O fatale rencontre !

VENCESLAS.

Est-ce vous, Ladislas,
Dont la couleur éteinte et la vue égarée
Ne marquent plus qu'un corps dont l'âme est séparée ?
En quel lieu, si saisi, si froid et si sanglant,
Adressez-vous ce pas incertain et tremblant ?
Qui vous a si matin tiré de votre couche ?
Quel trouble vous possède et vous ferme la bouche ?

LADISLAS, se remettant sur sa chaise.

Que lui dirai-je, hélas ?

VENCESLAS.

Répondez-moi, mon fils ;
Quel fatal accident...

LADISLAS.

Seigneur, je vous le dis :
J'allais... j'étais... l'Amour a sur moi tant d'empire...
Je me confonds, Seigneur, et ne vous puis rien dire.

VENCESLAS.

D'un trouble si confus un esprit assailli
Se confesse coupable, et qui craint a failli.
N'avez-vous point eu prise avecque votre frère ?
Votre mauvaise humeur lui fut toujours contraire,
Et si pour l'en garder mes soins n'avaient pourvu...

LADISLAS.

M'a-t-il pas satisfait ? Non, je ne l'ai point vu.

VENCESLAS.

Qui vous réveille donc avant que la lumière
Ait du soleil naissant commencé la carrière ?

LADISLAS.

N'avez-vous pas aussi précédé son réveil ?

VENCESLAS.

Oui, mais j'ai mes raisons qui bornent mon sommeil.
Je me vois, Ladislas, au déclin de ma vie,
Et, sachant que la mort l'aura bientôt ravie,
Je dérobe au sommeil, image de la mort,
Ce que je puis du temps qu'elle laisse à mon sort :
Près du terme fatal prescrit par la nature,
Et qui me fait du pied toucher ma sépulture,
De ces derniers instants dont il presse le cours,
Ce que j'ôte à mes nuits, je l'ajoute à mes jours.
Sur mon couchant, enfin, ma débile paupière
Me ménage avec soin ce reste de lumière ;

Mais quel soin peut du lit vous chasser si matin,
Vous à qui l'âge encor garde un si long destin?
     LADISLAS.
Si vous en ordonnez avec votre justice,
Mon destin de bien près touche son précipice :
Ce bras, puisqu'il est vain de vous déguiser rien,
A de votre couronne abattu le soutien :
Le duc est mort, Seigneur, et j'en suis l'homicide;
Mais j'ai dû l'être.
     VENCESLAS.
    O dieu! le duc est mort, perfide!
Le duc est mort, barbare! et pour excuse, enfin,
Vous avez eu raison d'être son assassin!
A cette épreuve, ô Ciel, mets-tu ma patience?

SCÈNE IV

LES MÊMES ; FÉDERIC.

FÉDERIC.
La duchesse, Seigneur, vous demande audience.
     LADISLAS.
Que vois-je? quel fantôme et quelle illusion
De mes sens égarés croit la confusion?
     VENCESLAS.
Que m'avez-vous dit, prince, et par quelle merveille
Mon œil peut-il sitôt démentir mon oreille?
     LADISLAS.
Ne vous ai-je pas dit qu'interdit et confus,
Je ne pouvais rien dire et ne raisonnais plus?
     VENCESLAS.
Ah! duc, il était temps de tirer ma pensée
D'une erreur qui l'avait mortellement blessée :
Différant d'un instant le soin de l'en guérir,
Le bruit de votre mort m'allait faire mourir.
Jamais cœur ne conçut une douleur si forte.
Mais que me dites-vous?

     FÉDERIC.
    Que Cassandre à la porte
Demandait à vous voir.
     VENCESLAS.
    Qu'elle entre.

LADISLAS, à part.
O justes cieux !
M'as-tu trompé, ma main ? me trompez-vous, mes yeux ?
Si le duc est vivant, quelle vie ai-je éteinte ?
Et de quel bras le mien a-t-il reçu l'atteinte ?

SCÈNE V

LES MÊMES; CASSANDRE.

CASSANDRE, aux pieds du roi, pleurant.
Grand roi, de l'innocence auguste protecteur,
Des peines et des prix juste dispensateur,
Exemple de justice inviolable et pure,
Admirable à la race et présente et future,
Prince et père à la fois, vengez-moi, vengez-vous,
Avec votre pitié mêlez votre courroux,
Et rendez aujourd'hui d'un juge inexorable
Une marque aux neveux à jamais mémorable.

VENCESLAS, la faisant lever.
Faites trêve, Madame, avecque les douleurs
Qui vous coupent la voix et font parler vos pleurs.

CASSANDRE.
Votre Majesté, Sire, a connu ma famille.

VENCESLAS.
Ursin de Cunisberg, de qui vous êtes fille,
Est descendu d'aïeux issus du sang royal,
Et me fut un voisin généreux et loyal.

CASSANDRE.
Vous savez si prétendre un de vos fils pour gendre
Eût au rang qu'il tenait été trop entreprendre !

VENCESLAS.
L'amour n'offense point dedans l'égalité.

CASSANDRE.
Tous deux ont eu dessein dessus ma liberté,
Mais avec différence et d'objet et d'estime ;
L'un, qui me crut honnête, eut un but légitime,
Et l'autre, dont l'amour fol et capricieux
Douta de ma sagesse, en eut un vicieux.
J'eus bientôt d'eux aussi des sentiments contraires,
Et, quoiqu'ils soient vos fils, ne les trouvai point frères :
Je ne les pus aimer ni haïr à demi ;
Je tins l'un pour amant, l'autre pour ennemi ;

L'infant par sa vertu s'est soumis ma franchise,
Le prince par son vice en a manqué la prise ;
Et, par deux différents, mais louables effets,
J'aime en l'un votre sang, en l'autre je le hais.
Alexandre, qui vit son rival en son frère,
Et qui craignit, d'ailleurs, l'autorité d'un père,
Fit, quoiqu'autant ardent que prudent et discret,
De notre passion un commerce secret,
Et, sous le nom du duc déguisant sa poursuite,
Ménagea votre vue avec tant de conduite
Qu'enfin toute personne a cru jusqu'aujourd'hui
Qu'il parlait pour le duc, quand il parlait pour lui.
Cette adresse a trompé jusqu'à nos domestiques ;
Mais, craignant que le prince, à bout de ses pratiques,
Comme il croit tout pouvoir avec impunité,
Ne suivît la fureur d'un amour irrité
Et dessus mon honneur osât trop entreprendre,
Nous crûmes que l'hymen pouvait seul m'en défendre,
Et l'heure prise, enfin, pour nous donner les mains,
Et, bornant son espoir, détruire ses desseins,
Hier, déjà le sommeil semant partout ses charmes...
(En cet endroit, Seigneur, laissez couler mes larmes :
Leur cours vient d'une source à ne tarir jamais)
L'infant, de cet hymen espérant le succès
Et de peur de soupçon arrivant sans escorte,
A peine eut mis le pied sur le seuil de la porte
Qu'il sent, pour tout accueil, une barbare main
De trois coups de poignard lui traverser le sein.

VENCESLAS.
O Dieu ! l'infant est mort !

LADISLAS, à part.
     O mon aveugle rage,
Tu t'es bien satisfaite, et voilà ton ouvrage !
(Le roi s'assied et met son mouchoir sur son visage.)

CASSANDRE.
Oui, Seigneur, il est mort, et je suivrai ses pas
A l'instant que j'aurai vu venger son trépas.
J'en connais le meurtrier, et j'attends son supplice
De vos ressentiments et de votre justice :
C'est votre propre sang, Seigneur, qu'on a versé,
Votre vivant portrait qui se trouve effacé.
J'ai besoin d'un vengeur, je n'en puis choisir d'autre :
Le mort est votre fils, et ma cause est la vôtre ;
Vengez-moi, vengez-vous, et vengez un époux

Que, veuve avant l'hymen, je pleure à vos genoux.
Mais, apprenant, grand roi, cet accident sinistre,
Hélas! en pourriez-vous soupçonner le ministre?
Oui, votre sang suffit pour vous en faire foi :
(Montrant Ladislas.)
Il s'émeut, il vous parle et pour et contre soi,
Et, par un sentiment ensemble horrible et tendre,
Vous dit que Ladislas est meurtrier d'Alexandre.
Ce geste encor, Seigneur, ce maintien interdit,
Ce visage effrayé, ce silence le dit,
Et, plus que tout, enfin, cette main encor teinte
De ce sang précieux qui fait naître ma plainte.
Quel des deux sur vos sens fera le plus d'effort,
De votre fils meurtrier ou de votre fils mort?
Si vous étiez si faible, et votre sang si tendre
Qu'on l'eût impunément commencé de répandre,
Peut-être verriez-vous la main qui l'a versé
Attenter sur celui qu'elle vous a laissé :
D'assassin de son frère, il peut être le vôtre;
Un crime pourrait bien être un essai de l'autre :
Ainsi que les vertus, les crimes enchaînés
Sont toujours ou souvent l'un par l'autre traînés.
Craignez de hasarder, pour être trop auguste,
Et le trône et la vie, et le titre de juste.
Si mes vives douleurs ne vous peuvent toucher,
Ni la perte d'un fils qui vous était si cher,
Ni l'horrible penser du coup qui vous la coûte,
Voyez, voyez le sang dont ce poignard dégoutte;
(Elle tire un poignard de sa manche.)
Et, s'il ne vous émeut, sachez où l'on l'a pris;
Votre fils l'a tiré du sein de votre fils;
Oui, de ce coup, Seigneur, un frère fut capable ;
Ce fer porte le chiffre et le nom du coupable,
Vous apprend de quel bras il fut l'exécuteur,
Et, complice du meurtre, en déclare l'auteur :
Ce fer qui, chaud encor, par un énorme crime
A traversé d'amour la plus noble victime,
L'ouvrage le plus pur que vous ayez formé,
Et le plus digne cœur dont vous fussiez aimé ;
Ce cœur enfin, ce sang, ce fils, cette victime,
Demandent par ma bouche un arrêt légitime.
Roi, vous vous feriez tort par cette impunité,
Et, père, à votre fils vous devez l'équité.
J'attends de voir pousser votre main vengeresse

Ou par votre justice ou par votre tendresse ;
Ou, si je n'obtiens rien de la part des humains,
La justice du Ciel me prêtera les mains :
Ce forfait contre lui cherche en vain du refuge ;
Il en fut le témoin, il en sera le juge ;
Et, pour punir un bras d'un tel crime noirci,
Le sien saura s'étendre et n'est pas raccourci,
Si vous lui remettez à venger nos offenses.
VENCESLAS.
Contre ces charges, prince, avez-vous des défenses?
LADISLAS.
Non, je suis criminel : abandonnez, grand roi,
Cette mourante vie aux rigueurs de la loi ;
Que rien ne vous oblige à m'être moins sévère ;
Supprimons les doux noms et de fils et de père,
Et tout ce qui pour moi vous peut solliciter.
Cassandre veut ma mort, il la faut contenter ;
Sa haine me l'ordonne, il faut que je me taise,
Et j'estimerai plus une mort qui lui plaise
Qu'un destin qui pourrait m'affranchir du trépas,
Et qu'une éternité qui ne lui plairait pas.
J'ai beau dissimuler ma passion extrême,
Jusqu'après le trépas mon sort veut que je l'aime,
Et, pour dire à quel point mon cœur est embrasé,
Jusqu'après le trépas qu'elle m'aura causé.
Le coup qui me tûra pour venger son injure
Ne sera qu'une heureuse et légère blessure,
Au prix du coup fatal qui me perça le cœur,
Quand de ma liberté son bel œil fut vainqueur :
J'en fus désespéré jusqu'à tout entreprendre ;
Il m'ôta le repos, que l'autre me doit rendre :
Puisqu'être sa victime est un décret des Cieux,
Qu'importe qui me tue, ou sa bouche ou ses yeux?
Souscrivez à l'arrêt dont elle me menace ;
Privé de sa faveur, je ne veux point de grâce :
Mettez à bout l'effet qu'amour a commencé,
Achevez un trépas déjà bien avancé ;
Et, si d'autre intérêt n'émeut votre colère,
Craignez tout d'une main qui peut tuer un frère.
VENCESLAS.
Madame, modérez vos sensibles regrets,
Et laissez à mes soins nos communs intérêts ;
Mes ordres aujourd'hui feront voir une marque
Et d'un juge équitable et d'un digne monarque ;

ACTE IV, SCÈNE V.

Je me dépouillerai de toute passion,
Et je lui ferai droit par sa confession !

CASSANDRE.

Mon attente, grand roi, n'a point été trompée,
Et...

VENCESLAS.

Prince, levez-vous, donnez-moi votre épée.

LADISLAS, se levant.

Mon épée ! Ah ! mon crime est-il énorme au point
De me...

VENCESLAS.

Donnez, vous dis-je, et ne répliquez point.

LADISLAS.

La voilà !

VENCESLAS, la donnant à Féderic.

Tenez, duc.

OCTAVE.

O disgrâce inhumaine !

VENCESLAS.

Et faites-le garder en la chambre prochaine.
Allez.

LADISLAS.

Presse la fin où tu m'as destiné,
Sort ! voilà de tes jeux, et ta roue a tourné.

(Il sort.)

VENCESLAS.

Duc ?

FÉDERIC.

Seigneur ?

VENCESLAS.

De ma part donnez avis au prince
Que sa tête, autrefois si chère à la province,
Doit servir aujourd'hui d'un exemple fameux
Qui fera détester son crime à nos neveux.
(A Octave.)
Vous, conduisez Madame, et la rendez chez elle.

CASSANDRE.

Grand roi, des plus grands rois le plus parfait modèle,
Conservez invaincu cet invincible sein,
Poussez jusques au bout ce généreux dessein,
Et, constant, écoutez contre votre indulgence
Le sang d'un fils qui crie et demande vengeance.

VENCESLAS.

Ce coup n'est pas, Madame, un crime à protéger :

25.

J'aurai soin de punir, et non pas de venger.
(Cassandre sort avec Octave.)
O Ciel! ta providence, apparemment prospère,
Au gré de mes soupirs de deux fils m'a fait père,
Et l'un d'eux, qui par l'autre aujourd'hui m'est ôté,
M'oblige à perdre encor celui qui m'est resté!

ACTE CINQUIÈME

SCÈNE I

THÉODORE, LÉONOR.

THÉODORE.
De quel air, Léonor, a-t-il reçu ma lettre?
LÉONOR.
D'un air et d'un visage à vous en tout promettre :
En vain sa modestie a voulu déguiser,
Venant à votre nom, il l'a fallu baiser,
Comme à force imprimant sur ce cher caractère
Une marque d'un feu qu'il sent, mais qu'il veut taire.
THÉODORE.
Que tu prends mal ton temps pour éprouver un cœur
Que la douleur éprouve avec tant de rigueur!
J'ai plaint la mort du duc comme d'une personne
Nécessaire à mon père et qui sert sa couronne ;
Et, quand on me guérit de ce fâcheux rapport,
Et que j'apprends qu'il vit, j'apprends qu'un frère est mort.
Encor, quoi que nos cœurs eussent d'intelligence,
Je ne puis de sa mort souhaiter la vengeance.
J'aimais également le mort et l'assassin,
Je plains également l'un et l'autre destin ;
Pour un frère meurtri ma douleur a des larmes,
Pour un frère meurtrier ma fureur n'a point d'armes ;
Et, si le sang de l'un excite mon courroux,
Celui... Mais le duc vient : Léonor, laissez-nous.
(Léonor sort.)

SCÈNE II

FÉDERIC, THÉODORE.

FÉDERIC.
Brûlant de vous servir, adorable princesse,
Je me rends par votre ordre aux pieds de Votre Altesse.
THÉODORE.
Ne me flattez-vous point, et m'en puis-je vanter?
FÉDERIC.
Cette épreuve, Madame, est facile à tenter :
J'ai du sang à répandre, et je porte une épée,
Et ma main pour vos lois brûle d'être occupée.
THÉODORE.
Je n'exige pas tant de votre affection,
Et je ne veux de vous qu'une confession.
FÉDERIC.
Quelle? ordonnez-le-moi.
THÉODORE.
     Savoir de votre bouche
De quel heureux objet le mérite vous touche,
Et doit être le prix de ces fameux exploits
Qui jusqu'en Moscovie ont étendu nos lois.
J'imputais votre prise aux charmes de Cassandre,
Mais, l'infant l'adorant, vous n'y pouviez prétendre.
FÉDERIC.
Mes vœux ont pris, Madame, un vol plus élevé,
Aussi par ma raison n'est-il pas approuvé.
THÉODORE.
Ne cherchez point d'excuse en votre modestie :
Nommez-la, je le veux.
FÉDERIC.
     Je suis sans repartie,
Mais ma voix cédera cet office à vos yeux :
Vous-même nommez-vous cet objet glorieux :
Vos doigts ont mis son nom au bas de cette lettre.
(Lui donnant sa lettre ouverte.)
THÉODORE, *ayant lu son nom.*
Votre mérite, duc, vous peut beaucoup permettre,
Mais...
FÉDERIC.
    Osant vous aimer, j'ai condamné mes vœux;

Je me suis voulu mal du bien que je vous veux;
Mais, Madame, accusez une étoile fatale
D'élever un espoir que la raison ravale,
De faire à vos sujets encenser vos autels,
Et de vous procurer des hommages mortels.
THÉODORE.
Si j'ai pouvoir sur vous, puis-je de votre zèle
Me promettre à l'instant une preuve fidèle?
FÉDERIC.
Le beau feu dont pour vous ce cœur est embrasé
Trouvera tout possible, et l'impossible aisé.
THÉODORE.
L'effort vous en sera pénible, mais illustre.
FÉDERIC.
D'une si noble ardeur il accroîtra le lustre.
THÉODORE.
Tant s'en faut : cette épreuve est de tenir caché
Un espoir dont l'orgueil vous serait reproché,
De vous taire et n'admettre en votre confidence
Que votre seul respect avec votre prudence,
Et, pour le prix, enfin, du service important
Qui rend sur tant de noms votre nom éclatant,
Aller en ma faveur demander à mon père,
Au lieu de notre hymen, la grâce de mon frère,
Prévenir son arrêt, et, par votre secours,
Faire tomber l'acier prêt à trancher ses jours.
De cette épreuve, duc, vos vœux sont-ils capables?
FÉDERIC.
Oui, Madame, et de plus, puisqu'ils sont si coupables,
Ils vous sauront encor venger de leur orgueil
Et tomber, avec moi, dans la nuit du cercueil.
THÉODORE.
Non, je vous le défends, laissez-moi mes vengeances,
Et, si j'ai droit sur vous, observez mes défenses.
Adieu, duc.
(Elle sort.)

FÉDERIC, seul.
Quel orage agite mon espoir!
Et quelle loi, mon cœur, viens-tu de recevoir!
Si j'ose l'adorer, je prends trop de licence;
Si je m'en veux punir, j'en reçois la défense.
Me défendre la mort sans me vouloir guérir,
N'est-ce pas m'ordonner de vivre et de mourir?
Mais...

SCÈNE III

VENCESLAS, FÉDERIC, GARDES.

VENCESLAS.
O jour à jamais funèbre à la province !
Féderic ?
FÉDERIC.
Quoi, Seigneur ?
VENCESLAS.
Faites venir le prince.
FÉDERIC, à part.
Il sera superflu de tenter mon crédit :
Le sang fait son office, et le roi s'attendrit.
VENCESLAS, à part.
Trêve, trêve, nature, aux sanglantes batailles
Qui si cruellement déchirent mes entrailles,
Et, me perçant le cœur, le veulent partager
Entre mon fils à perdre et mon fils à venger !
A ma justice en vain ta tendresse est contraire,
Et dans le cœur d'un roi cherche celui d'un père :
Je me suis dépouillé de cette qualité,
Et n'entends plus d'avis que ceux de l'équité.
Mais, ô vaine constance ! ô force imaginaire !
A cette vue encor je sens que je suis père
Et n'ai pas dépouillé tout humain sentiment.
Sortez, gardes. Vous, duc, laissez-nous un moment.
(Féderic et les gardes sortent.)

SCÈNE IV

VENCESLAS, LADISLAS.

LADISLAS.
Venez-vous conserver ou venger votre race ?
M'annoncez-vous, mon père, ou ma mort ou ma grâce ?
VENCESLAS.
Embrassez-moi, mon fils.
LADISLAS.
Seigneur, quelle bonté,
Quel effet de tendresse, et quelle nouveauté !

Voulez-vous ou marquer ou remettre mes peines?
Et vos bras me sont-ils des faveurs ou des chaînes?
####### VENCESLAS.
Avecque le dernier de leurs embrassements,
Recevez de mon cœur les derniers sentiments.
Savez-vous de quel sang vous avez pris naissance?
####### LADISLAS.
Je l'ai mal témoigné, mais j'en ai connaissance.
####### VENCESLAS.
Sentez-vous de ce sang les nobles mouvements?
####### LADISLAS.
Si je ne les produis, j'en ai les sentiments.
####### VENCESLAS.
Enfin, d'un grand effort vous trouvez-vous capable?
####### LADISLAS.
Oui, puisque je résiste à l'ennui qui m'accable,
Et qu'un effort mortel ne peut aller plus loin.
####### VENCESLAS.
Armez-vous de vertu, vous en avez besoin.
####### LADISLAS.
S'il est temps de partir, mon âme est toute prête.
####### VENCESLAS.
L'échafaud l'est aussi, portez-y votre tête.
Plus condamné que vous, mon cœur vous y suivra;
Je mourrai plus que vous du coup qui vous tira.
Mes larmes vous en sont une preuve assez ample;
Mais à l'État, enfin, je dois ce grand exemple,
A ma propre vertu ce généreux effort,
Cette grande victime à votre frère mort:
J'ai craint de prononcer, autant que vous d'entendre,
L'arrêt qu'ils demandaient, et que j'ai dû leur rendre.
Pour ne vous perdre pas, j'ai longtemps combattu,
Mais, ou l'art de régner n'est plus une vertu,
Et c'est une chimère aux rois que la justice,
Ou, régnant, à l'État je dois ce sacrifice.
####### LADISLAS.
Eh bien, achevez-le, voilà ce col tout prêt.
Le coupable, grand roi, souscrit à votre arrêt;
Je ne m'en défends point, et je sais que mes crimes
Vous ont causé souvent des courroux légitimes.
Je pourrais du dernier m'excuser sur l'erreur
D'un bras qui s'est mépris et crut trop ma fureur:
Ma haine et mon amour, qu'il voulait satisfaire,
Portaient le coup au duc, et non pas à mon frère.

J'alléguerais encor que ce coup part d'un bras
Dont les premiers efforts ont servi vos États,
Et m'ont, dans votre histoire, acquis assez de place
Pour vous devoir parler en faveur de ma grâce ;
Mais je n'ai point dessein de prolonger mon sort ;
J'ai mon objet à part, à qui je dois ma mort :
Vous la devez au peuple, à mon frère, à vous-même;
Moi je la dois, Seigneur, à l'ingrate que j'aime,
Je la dois à sa haine, et m'en veux acquitter :
C'est un léger tribut qu'une vie à quitter;
C'est peu, pour satisfaire et pour plaire à Cassandre,
Qu'une tête à donner et du sang à répandre,
Et, forcé de l'aimer jusqu'au dernier soupir,
Sans avoir pu, vivant, répondre à son désir,
Suis ravi de savoir que ma mort y réponde,
Et que, mourant, je plaise aux plus beaux yeux du monde.

VENCESLAS.

A quoi que votre cœur destine votre mort,
Allez vous préparer à cet illustre effort,
Et, pour les intérêts d'une mortelle flamme,
Abandonnant le corps, n'abandonnez pas l'âme.
Tout obscure qu'elle est, la nuit a beaucoup d'yeux,
Et n'a pas pu cacher votre forfait aux cieux.

(Il l'embrasse.)

Adieu, sur l'échafaud portez le cœur d'un prince,
Et faites-y douter à toute la province
Si, né pour commander et destiné si haut,
Vous mourez sur un trône ou sur un échafaud.

(Le roi frappe du pied pour faire venir le duc.)
(Féderic entre avec les gardes.)

Duc, remmenez le prince.

LADISLAS.

O vertu trop sévère !
Venceslas vit encor, et je n'ai plus de père !

(Il sort.)

SCÈNE V

VENCESLAS, GARDES.

VENCESLAS.

O justice inhumaine et devoirs ennemis !
Pour conserver mon sceptre, il faut perdre mon fils !

Mais laisse-les agir, importune tendresse,
Et vous, cachez, mes yeux, vos pleurs et ma faiblesse.
Je ne puis rien pour lui, le sang cède à la loi,
Et je ne lui puis être et bon père et bon roi.
Vois, Pologne, en l'horreur que le vice m'imprime,
Si mon élection fut un choix légitime ;
Et si je puis donner aux devoirs de mon rang
Plus que mon propre fils et que mon propre sang.

SCÈNE VI

LES MÊMES ; THÉODORE, CASSANDRE, LÉONOR.

THÉODORE.

Par quelle loi, Seigneur, si barbare et si dure,
Pouvez-vous renverser celle de la nature ?
J'apprends qu'au prince, hélas ! l'arrêt est prononcé ;
Que de son châtiment l'appareil est dressé.
Quoi ! nous demeurerons, par des lois si sévères,
L'État sans héritiers, vous sans fils, moi sans frère !
Consultez-vous un peu contre votre fureur :
C'est trop qu'en votre fils condamner une erreur ;
Du carnage d'un frère un frère est incapable ;
De cet assassinat la nuit seule est coupable ;
Il plaint autant que nous le sort qu'il a fini
Et par son propre crime il est assez puni.
La pitié, qui fera révoquer son supplice,
N'est pas moins la vertu d'un roi que la justice.
Avec moins de fureur vous lui serez plus doux :
La justice est souvent le masque du courroux ;
Et l'on imputera cet arrêt si sévère
Moins au devoir d'un roi qu'à la fureur d'un père.
Un murmure public condamne cet arrêt :
La nature vous parle, et Cassandre se tait ;
La rencontre du prince en ce lieu non prévue,
L'intérêt de l'État, et mes pleurs l'ont vaincue ;
Son ennui si profond n'a su nous résister :
Un fils, enfin, n'a plus qu'un père à surmonter.

CASSANDRE.

Je revenais, Seigneur, demander son supplice,
Et de ce noble effort presser votre justice ;
Mon cœur, impatient d'attendre son trépas,
Accusait chaque instant qui ne me vengeait pas ;

Mais je ne puis juger par quel effet contraire
Sa rencontre en ce cœur a fait taire son frère!
Ses fers ont combattu le vif ressentiment
Que je dois, malheureuse, au sang de mon amant ;
Et, quoique, tout meurtri, mon âme encor l'adore,
Les plaintes, les raisons, les pleurs de Théodore,
Le murmure du peuple et de l'État entier,
Qui contre mon parti soutient son héritier
Et condamne l'arrêt dont la douleur vous presse,
Suspendent en mon sein cette ardeur vengeresse,
Et me la font enfin passer pour attentat
Contre le bien public et le chef de l'État.
Je me tais donc, Seigneur ; disposez de la vie
Que vous m'avez promise et que j'ai poursuivie.
    (A part.)
Au défaut de celui qu'on te refusera,
J'ai du sang, cher amant, qui te satisfera.

VENCESLAS.

Vous ne pouvez douter, duchesse, et vous, infante,
Que, père, je voudrais répondre à votre attente :
Je suis par son arrêt plus condamné que lui,
Et je préférerais la mort à mon ennui :
Mais d'autre part je règne, et, si je lui pardonne,
D'un opprobre éternel je souille ma couronne ;
Au lieu que, résistant, à cette dureté
Ma vie et votre honneur devront leur sûreté.
Ce lion est dompté : mais peut-être, Madame,
Celui qui, si soumis, vous déguise sa flamme,
Plus fier et violent qu'il n'a jamais été,
Demain attenterait sur votre honnêteté ;
Peut-être qu'à mon sang sa main accoutumée
Contre mon propre sein demain serait armée.
La pitié qu'il vous cause est digne d'un grand cœur ;
Mais, si je veux régner, il l'est de ma rigueur :
Je vous dois malgré vous raison de votre offense,
Et, quand vous vous rendez, prendre votre défense.
Mon courroux résistant, et le vôtre abattu,
Sont d'illustres effets d'une même vertu.

SCÈNE VII

LES MÊMES; FÉDERIC.

VENCESLAS.
Que fait le prince, duc?
FÉDERIC.
C'est en ce moment, Sire,
Qu'il est prince en effet et qu'il peut se le dire :
Il semble, aux yeux de tous, d'un héroïque effort,
Se préparer plutôt à l'hymen qu'à la mort.
Et puisque, si remis de tant de violence,
Il n'est plus en état de m'imposer silence,
Et m'envier un bien que ce bras m'a produit,
De mes travaux, grand roi, je demande le fruit.
VENCESLAS.
Il est juste, et fût-il de toute ma province...
FÉDERIC.
Je le restreins, Seigneur, à la grâce du prince.
VENCESLAS.
Quoi!
FÉDERIC.
J'ai votre parole, et ce dépôt sacré
Contre votre refus m'est un gage assuré.
J'ai payé de mon sang l'heur que j'ose prétendre.
VENCESLAS.
Quoi! Féderic aussi conspire à me surprendre!
Quel charme contre un père, en faveur de son fils,
Suscite et fait parler ses propres ennemis?
FÉDERIC.
C'est peu que pour un prince une faute s'efface,
L'État qu'il doit régir lui doit bien une grâce :
Le seul sang de l'infant par son crime est versé,
Mais par son châtiment tout l'État est blessé :
Sa cause, quoique injuste, est la cause publique :
Il n'est pas toujours bon d'être trop politique.
Ce que veut tout l'État se peut-il denier?
Et, père, devez-vous vous rendre le dernier?

SCÈNE VIII

LES MÊMES; OCTAVE.

OCTAVE.
Seigneur, d'un cri commun toute la populace
Parle en faveur du prince et demande sa grâce,
Et surtout un grand nombre, en la place amassé,
A d'un zèle indiscret l'échafaud renversé,
Et, les larmes aux yeux, d'une commune envie
Proteste de périr ou lui sauver la vie ;
D'un même mouvement et d'une même voix
Tous le disent exempt de la rigueur des lois,
Et, si cette chaleur n'est bientôt apaisée,
Jamais sédition ne fut plus disposée.
En vain pour y mettre ordre et pour les contenir,
J'ai voulu...

VENCESLAS.
C'est assez, faites-le-moi venir.
(Octave sort.)

LÉONOR, à part.
Ciel, seconde nos vœux.

THÉODORE, à part.
Voyons cette aventure.

VENCESLAS, se promenant à grands pas.
Oui, ma fille; oui, Cassandre; oui, parole; oui, nature;
Oui, peuple, il faut vouloir ce que vous souhaitez,
Et par vos sentiments régler mes volontés.

SCÈNE IX

LADISLAS, OCTAVE, VENCESLAS, FÉDERIC, THÉODORE, CASSANDRE, LÉONOR, GARDES.

LADISLAS, aux pieds du roi.
Par quel heur...

VENCESLAS, le relevant.
Levez-vous : une couronne, prince,
Sous qui j'ai quarante ans régi cette province,
Qui passera sans tache en un règne futur,
Et dont tous les brillants ont un éclat si pur,

En qui la voix des grands et le commun suffrage
M'ont d'un nombre d'aïeux conservé l'héritage,
Est l'unique moyen que j'ai pu concevoir
Pour, en votre faveur, désarmer mon pouvoir.
Je ne vous puis sauver tant qu'elle sera mienne :
Il faut que votre tête ou tombe, ou la soutienne;
Il vous en faut pourvoir, s'il vous faut pardonner,
Et punir votre crime, ou bien le couronner.
L'État vous la souhaite, et le peuple m'enseigne,
Voulant que vous viviez, qu'il est las que je règne.
La justice est aux rois la reine des vertus,
Et me vouloir injuste est ne me vouloir plus.
Régnez, après l'État j'ai droit de vous élire,
Et donner en mon fils un père à mon empire.

LADISLAS.
Que faites-vous, grand roi?

VENCESLAS.
M'appeler de ce nom,
C'est hors de mon pouvoir mettre votre pardon.
Je ne veux plus d'un rang où je vous suis contraire.
Soyez roi, Ladislas, et moi je serai père.
Roi, je n'ai pu des lois souffrir les ennemis;
Père, je ne pourrai faire périr mon fils.
Une perte est aisée où l'amour nous convie :
Je ne perdrai qu'un nom pour sauver une vie,
Pour contenter Cassandre, et le duc, et l'État,
Qui les premiers font grâce à votre assassinat :
Le duc pour récompense a requis cette grâce,
Ce peuple mutiné veut que je vous la fasse,
Cassandre le consent, je ne m'en défends plus;
Ma seule dignité m'enjoignait ce refus.
Sans peine je descends de ce degré suprême :
J'aime mieux conserver un fils qu'un diadème.

LADISLAS.
Si vous ne pouvez être mon père et mon roi,
Puis-je être votre fils et vous donner la loi?
Sans peine je renonce à ce degré suprême;
Abandonnez plutôt un fils qu'un diadème.

VENCESLAS.
Je n'y prétends plus rien, ne me le rendez pas :
Qui pardonne à son roi punirait Ladislas,
Et sans cet ornement ferait tomber sa tête.

LADISLAS.
A vos ordres, Seigneur, la voilà toute prête;

Je la conserverai, puisque je vous la dois ;
Mais elle régnera pour dispenser vos lois,
Et toujours, quoi qu'elle ose ou quoi qu'elle projette,
Le diadème au front, sera votre sujette.
(A Féderic.)
Par quel heureux destin, duc, ai-je mérité
Et de votre courage et de votre bonté
Le soin si généreux qu'ils ont eu pour ma vie ?
FÉDERIC.
Ils ont servi l'État alors qu'ils l'ont servie.
Mais, et vers la couronne et vers vous acquitté,
J'implore une faveur de Votre Majesté.
LADISLAS.
Quelle ?
FÉDERIC.
Votre congé, Seigneur, et ma retraite,
Pour ne vous plus nourrir cette haine secrète
Qui, m'expliquant si mal, vous rend toujours suspects
Mes plus ardents devoirs et mes plus grands respects.
LADISLAS.
Non, non, vous devez, duc, vos soins à ma province :
Roi, je n'hérite point des différends du prince,
Et j'augurerais mal de mon gouvernement
S'il m'en fallait d'abord ôter le fondement :
Qui trouve où dignement reposer sa couronne,
Qui rencontre à son trône une ferme colonne,
Qui possède un sujet digne de cet emploi,
Peut vanter son bonheur, et peut dire être roi.
Le ciel nous l'a donné, cet État le possède ;
Par ses soins tout nous rit, tout fleurit, tout succède ;
Par son art nos voisins, nos propres ennemis,
N'aspirent qu'à nous être alliés ou soumis ;
Il fait briller partout notre pouvoir suprême ;
Par lui toute l'Europe ou nous craint ou nous aime,
Il est de tout l'État la force et l'ornement,
Et vous me l'ôteriez par votre éloignement.
L'heur le plus précieux que, régnant, je respire
Est que vous demeuriez l'âme de cet empire.
(Montrant Théodore.)
Et, si vous répondez à mon élection,
Ma sœur sera le nœud de votre affection.
FÉDERIC.
J'y prétendrais en vain, après que sa défense
M'a de sa servitude interdit la licence.

THÉODORE.
Je vous avais prescrit de cacher vos liens;
Mais les ordres du roi sont au-dessus des miens,
Et, me donnant à vous, font cesser ma défense.
FÉDERIC.
Oh! de tous mes travaux trop digne récompense!
(A Ladislas.)
C'est à ce prix, Seigneur, qu'aspirait mon crédit,
Et vous me le rendez, me l'ayant interdit.
LADISLAS, à Cassandre.
J'ai pour vous accepté la vie et la couronne,
Madame; ordonnez-en, je vous les abandonne.
Pour moi, sans vos faveurs, elles n'ont rien de doux;
Je les rends, j'y renonce, et n'en veux point sans vous :
De vous seule dépend et mon sort et ma vie.
CASSANDRE.
Après qu'à mon amant votre main l'a ravie!
VENCESLAS.
Le sceptre que j'y mets a son crime effacé.
Dessous un nouveau règne oublions le passé;
Qu'avec le nom de prince il perde votre haine :
Quand je vous donne un roi, donnez-nous une reine.
CASSANDRE.
Puis-je, sans un trop lâche et trop sensible effort,
Épouser le meurtrier, étant veuve du mort?
Puis-je...
VENCESLAS.
Le temps, ma fille...
CASSANDRE.
Ah! quel temps le peut faire?
LADISLAS.
Si je n'obtiens, au moins permettez que j'espère :
Tant de soumissions lasseront vos mépris
Qu'enfin de mon amour vos vœux seront le prix.
VENCESLAS, à Ladislas.
Allons rendre à l'infant nos dernières tendresses,
Et dans sa sépulture enfermer nos tristesses.
Vous, faites-moi, vivant, louer mon successeur,
Et voir de ma couronne un digne possesseur.

FIN DE VENCESLAS.

NOTICE

SUR

COSROÈS

Le sujet de *Cosroès* est tiré des *Annales ecclesiastici*, du cardinal Baronius, savant historien catholique du seizième siècle. C'est en 1649 que cette dernière grande tragédie de Rotrou fut représentée et éditée, un an avant sa mort (in-4, Paris; in-12, La Haye). En 1704, le marquis d'Ussé daigna la « corriger, » et, sous cette nouvelle forme, elle obtint un grand succès au théâtre. Mais on ne l'a pas reprise depuis 1704.

M. Jarry croit que *Rodogune* et *Héraclius*, où Corneille mêlait la politique aux affections de famille, purent inspirer *Cosroès*. Cette conjecture est d'autant plus vraisemblable que le sujet d'*Héraclius* est précisément emprunté au même livre de Baronius, et que l'action se passe au moment même où Héraclius vient d'assiéger Cosroès dans sa capitale. En revanche, c'est de *Cosroès* que procède évidemment le *Nicomède* de Corneille.

Est-ce à dire pourtant, comme le croit M. Guizot, que Rotrou voulut, de parti pris, « imiter Corneille, » et qu'il eut « tous les défauts des imitateurs? » Non : si *Cosroès* est plus raisonnablement conduit que beaucoup de ses pièces, il ne ressemble pas plus, dans le détail, à *Héraclius* ou à *Rodogune*, que *Saint Genest* ne ressemble à *Polyeucte*. Il y a, au contraire, dans son théâtre, d'autres pièces auxquelles *Cosroès* est uni par une sorte de parenté naturelle : « *Venceslas* et *Cosroès*, observe M. Saint-Marc Girardin, se ressemblent par leur opposition même; la différence est celle qui sépare l'amour paternel de l'amour filial, l'un qui impose le respect toujours, l'autre dont la violation semble une impiété... *Cosroès*, assassin de son père, représente les remords qui suivent le crime, comme Siroès représente les terreurs et les doutes qui le précèdent. »

Seulement, *Cosroès* est plus essentiellement politique que *Venceslas*, bien que *Venceslas* s'ouvre par une de ces conversations politiques familières aux contemporains, e se termine par un bel éloge de Mazarin. Là, en effet, l'amour est au premier plan ; ici, il est presque effacé : l'insignifiante Narsée ne parait qu'au troisième acte. C'est la lutte de Palmiras et de Sira qui fixe l'attention ; or, qu'est cette lutte, sinon l'implacable conflit de deux influences politiques rivales, de deux ambitions également inassouvies ? De là tant de maximes politiques, qui ne sont pas un des moindres ornements de *Cosroès*.

On en trouverait de fort nombreuses, parfois de fort hardies, dans tout le théâtre de Rotrou : les unes glorifient l'immuable souveraineté de la justice, sous sa forme humaine, qui est la loi ; les autres excusent, même légitiment tout attentat glorieux, toute entreprise criminelle, qui cesse de l'être dès que les moyens en sont audacieux, que le but en est élevé, que le succès s'en impose. Il serait téméraire de faire un choix entre des maximes si opposées et d'essayer d'en former une opinion personnelle au poète. A l'exemple de Corneille, qui prête tour à tour à Maxime et à Cinna des plaidoyers d'une égale éloquence, pour et contre la république, Rotrou s'inquiète seulement de faire parler à ses personnages le langage qui convient à leur situation et à leur caractère.

Avant *Saint Genest*, *Venceslas* et *Cosroès*, Rotrou avait écrit quatre tragédies, toutes empruntées à l'antiquité. Ce sont : *Hercule mourant* (1632-1636), imité de Sénèque et précédé d'une dédicace sous forme d'ode à Richelieu. — *Antigone* (1639-1640), imité à la fois de Sénèque, de Stace et de Sophocle, et dédié au maréchal de Guébriant. — *Crisante*, tragédie éditée en 1640, mais qui n'a pu être représentée en 1639, comme le veut Viollet-le-Duc, puisqu'elle figure dans un acte de vente daté de 1637. Il n'est pas exact non plus qu'après avoir été d'abord en cinq actes, elle ait été réduite à quatre par le poète ; c'est la perte d'une partie de la copie qui causa cette mutilation involontaire. — *Iphigénie en Aulide* (1640-1641), parut la même année que l'*Iphigénie* de Gaumin, et a été mise au pillage en 1657 dans celle de Leclerc et Coras, ce duo ridicule immortalisé par Racine, qui lui-même doit beaucoup à Rotrou.

Il faut ajouter à ces tragédies : *Bélisaire* (1643-1644), dédié à Henri de Lorraine, duc de Guise, et *don Lope de Cardone* (1650-1652), qui, comme *Iphigénie* elle-même et *Venceslas*, portent le titre trompeur de tragi-comédie.

COSROÈS

TRAGÉDIE

(1649)

PERSONNAGES

COSROÈS, roi de Perse.
SIRA, reine de Perse.
SIROÈS, fils du roi de Perse.
NARSÉE, [illisible]
MARDESA[illisible] Sira.
SARDARIG[UE].
PALMIRAS, père de Narsée.
HORMISDATE, confidente de Sira.
ARTANASDE, frère d'Hormisdate.
PHARNACE.
SATRAPES.
GARDES.

La scène est dans le palais du roi de Perse.

ACTE PREMIER

SCÈNE I

SIRA, SIROÈS.

SIRA.

Quoi! vous, contre mon fils! vous, son indigne frère!
Vous, insolent!

SIROÈS.
Madame, un peu moins de colère!
SIRA.
Et me comprendre encore dans votre différend!
SIROÈS.
Je vous honore en reine, et l'estime en parent.
Mais, s'il forge un fantôme afin de le combattre...
SIRA.
Je saurai bien, perfide...
SIROÈS, à part.
Ah! cruelle marâtre!
SIRA.
A qui lui déplaira faire perdre le jour,
Et contre qui le hait lui montrer mon amour.
SIROÈS.
Madame, quand le sang, qui me le rend si proche,
Ne me laverait pas d'un semblable reproche,
Pour savoir à quel point vous devons respecter,
Il suffit de l'amour que vous lui voyons porter;
Il suffit qu'en ce fils nous voyons votre image,
Et que nous ne pouvons lui rendre assez d'hommage.
De ces raisons aussi me faisant une loi,
J'ai pour lui le respect qu'il dut avoir pour moi.
SIRA.
Lui pour vous!
SIROÈS.
Oui, pour moi! L'humeur où je vous treuve
Fait de ma patience une trop rude épreuve;
Et Votre Majesté, parlant sans passion,
Louerait ma retenue et ma discrétion.
Mon père est Cosroès, ma mère fut princesse,
Et le degré de l'âge, et le droit de l'aînesse,
Et ce que pour l'Etat j'ai versé de mon sang,
Sur lui, sans vanité, m'acquièrent quelque rang,
Et mettent entre nous assez de différence
Pour devoir l'obliger à quelque déférence.
Mais, Madame, cessons cet indigne entretien.
SIRA.
Comparez-vous le sang d'Abdenède et le mien?
SIROÈS.
Je sais que sa naissance, à la vôtre inégale,
Ne se peut pas vanter d'une tige royale,
Et qu'avant que la Perse obéît à vos lois,
Vous étiez déjà sœur, fille et veuve de rois.

Mais, enfin, devant vous, vous savez que ma mère
Possédait la puissance et le cœur de mon père;
Et cet honneur, sans doute, est le plus glorieux
Qui sur vous, aujourd'hui, fasse jeter les yeux.
SIRA.
Quand il m'a partagé l'éclat qui l'environne,
J'ai dans son alliance apporté ma couronne;
J'en achetai chez lui le degré que j'y tiens,
Et j'ai, comme mes jours, joint mes États aux siens;
Je lui dus sembler belle avec un diadème;
Abdenède, avec lui, n'apporta qu'elle-même;
Et le trésor encor n'était pas de grand prix.
SIROÈS.
Il faut bien du respect à souffrir vos mépris!
SIRA.
Vous vous plaignez encor, après votre insolence!
SIROÈS.
Vous ne sauriez parler qu'avecque violence.
Cette fureur sied mal au rang que vous tenez.
SIRA.
Il sied bien de ranger des esprits mutinés.
J'ai raison de venger mon sang de vos outrages,
Et gardez de me faire éclaircir vos ombrages.
SIROÈS.
Je sais qu'il ne tient pas à choquer mon crédit
Que l'espoir de l'État ne me soit interdit,
Et que, si contre moi mon père vous écoute,
Ma ruine bientôt éclaircira mon doute.
Par le bien qu'il vous veut, sur qui vous vous fiez,
Votre fils sur le trône a déjà l'un des pieds,
Et bientôt par votre aide il y porterait l'autre,
Si son ambition répondait à la vôtre.
Mais dans ce grand projet, à quoi vous l'occupez,
Il prévoit le péril des trônes usurpés;
A leurs superbes pieds il voit des précipices,
Et sait que des tyrans on fait des sacrifices;
Il sait qu'il est au ciel un maître souverain
Qui leur ôte aisément le sceptre de la main,
Et dont le foudre est fait pour ce genre de crimes,
Pour tomber en faveur des princes légitimes.
Le crime lui plairait, mais la punition
Lui fait fermer l'oreille à votre ambition.
SIRA.
C'est bien vous déclarer et nous jurer la guerre

Que de nous menacer du ciel et de la terre.
Nous verrons quel effet nous en succédera;
Mais je périrai, traître, ou mon fils régnera.
SIROÈS, portant la main à son épée.
Il faut donc que ce fer me devienne inutile,
Ce cœur sans sentiment, et ce bras immobile!

SCÈNE II

LES MÊMES; MARDESANE, avec le bâton de général d'armée.

MARDESANE.
Quel trouble, Siroès, émeut votre courroux?
Quoi! la main sur l'épée, et la reine avec vous!
Dieux!
SIROÈS.
  J'y portais la main, mais sans aucune envie
Que...
SIRA.
  Que de simplement attenter sur ma vie.
(Elle sort furieuse.)
SIROÈS.
Soleil, pour qui nos cœurs n'ont point d'obscurité,
Juge et témoin commun, tu sais la vérité,
Et tu la soutiens trop pour laisser impunie
Une si détestable et noire calomnie.
MARDESANE.
Étais-je le sujet de votre différend?
SIROÈS.
Elle m'entretenait des soins qu'elle vous rend,
Qui dessus votre front vont mettre la couronne.
MARDESANE.
Vous peut-on dépouiller du droit qui vous la donne?
SIROÈS.
Je lui montrais ce fer comme mon défenseur,
Si, vivant, j'en voyais un autre possesseur.
MARDESANE.
N'étions-nous pas d'accord touchant cette querelle?
SIROÈS.
Je l'étais avec vous, mais non pas avec elle;
Et son ambition, si son crédit n'est vain,
Vous mettra malgré vous le sceptre dans la main.
Mais ne souhaitez pas qu'elle vous réussisse;

Elle ne vous peut rendre un plus mauvais office,
Et je fais plus pour vous de vous en détourner
Qu'elle de vous l'offrir et de vous couronner.
MARDESANE.
Vous inquiétez-vous du zèle d'une mère
Qui de ce vain espoir aime à se satisfaire?
Laissez-la se flatter de ces illusions,
Se plaire à se forger de belles visions,
A nourrir un beau songe, et, l'en laissant séduire,
Moquez-vous d'un dessein qui ne peut rien produire,
Et, vous en reposant sur ce que je vous doi,
En elle respectez la passion du roi;
Épargnez sa furie et l'ennui qui l'accable,
Qui de tout autre soin le rendent incapable,
Et font qu'en son chagrin tout l'irrite et lui nuit.
SIROÈS.
J'ai pour lui des respects dont j'obtiens peu de fruit;
Mais, que j'acquière enfin son amour ou sa haine,
Il faut laisser agir le crédit de la reine,
Et prendre avis du temps et des événements.
MARDESANE.
Vous gardez vos soupçons, et moi mes sentiments,
Et j'estime trop peu l'éclat d'une couronne
Pour me gêner l'esprit du soin qu'elle vous donne.
Ce n'est qu'un joug pompeux; le repos m'est plus doux.
SIROÈS.
Vous n'avez rien à faire, on travaille pour vous,
Et vous pouvez juger si l'empire a des charmes
Par ceux que vous trouvez à commander nos armes.
Ce bâton, que le roi vous a mis à la main,
Déjà sur les soldats vous a fait souverain.
Mais, quand un peu de temps vous aura fait connaître
Par son autorité le plaisir d'être maître
Et de voir sous ses lois tout un État rangé,
Il vous plaira bien mieux en un sceptre changé,
Et l'essai que par lui vous ferez de l'empire
Vous conduira sans peine où votre mère aspire:
Votre consentement ne lui dénîra rien.
MARDESANE.
C'est votre sentiment, et ce n'est pas le mien;
Non que je ne me sente, et d'âme et de naissance,
Capable d'exercer cette illustre puissance;
Mais, quelque doux éclat qu'ait un bandeau royal,
Il ne me plairait pas sur un front déloyal.

26.

L'Europe, si féconde en puissances suprêmes,
Offre au sang qui m'anime assez de diadèmes
Pour périr noblement ou pour n'en manquer pas,
Quand ils auront pour moi d'assez charmants appas.
Mais faites toujours fonds de vos intelligences;
Pratiquez vos amis, préparez vos vengeances;
Ouvrez-vous, faites-vous un parti si puissant
Qu'il fasse évanouir ce fantôme naissant,
Ce pouvoir usurpé, ce règne imaginaire,
Que vous n'excusez pas de l'amour d'une mère.
SIROÈS.
Puisque vous le voulez, il l'en faut excuser,
Et dessus votre foi j'ose m'en reposer;
Mais (et de cet avis conservez la mémoire)
Si, m'ayant, sur ce gage, obligé de vous croire,
De son ambition goûtant mieux les appas,
Vous vous laissez gagner, ne me pardonnez pas;
Et, pour bien établir l'heur qu'elle vous destine,
Avant votre fortune, assurez ma ruine;
Otez-vous tout obstacle, et de mon monument
A mon trône usurpé faites un fondement;
Lavez-le de mon sang avant que d'y paraître;
Sinon n'espérez pas être longtemps mon maître.
MARDESANE, apercevant Palmiras au fond du théâtre.
Il est bien malaisé de vous dissuader !
Palmiras, qui me voit, n'ose vous aborder,
Et comme vous encor m'impute sa disgrâce.
(A Palmiras.)
Entrez, je me retire, et vous cède la place.
Je vous suis importun.
(Il sort.)

SCÈNE III

SIROÈS, PALMIRAS, SATRAPES.

PALMIRAS.
C'est mal me la céder
Que briguer mes emplois et m'en déposséder.
Mais, puisque Sira règne, ai-je lieu de me plaindre ?
Que puis-je espérer d'elle, ou que n'en dois-je craindre ?
Le courroux d'une femme est longtemps à dormir,
Et mon faible crédit crut en vain s'affermir
Et vaincre les efforts qui le pouvaient abattre,

Ayant pour subsister une femme à combattre :
Son hymen, dont j'osai contester le dessein,
M'avait couvé longtemps ce projet en son sein ;
Et quand elle peut tout, quand elle est souveraine,
Enfin, l'occasion fait éclater sa haine.
Ce trait est un avis, prince, qui parle à vous.
Craignez par mon exemple, et détournez ses coups ;
Profitez de ma chute, elle vous doit instruire,
Et, sage, détruisez ce qui vous peut détruire,
Sinon jusque sur vous ce foudre éclatera.

SIROÈS, rêvant et se promenant.

« Mais je périrai, traître, ou mon fils règnera. »
Qu'ai-je à délibérer après cette menace ?
Quoi ! Mardesane au trône occupera ma place !
Et l'orgueil de sa mère, abusant à mes yeux
De l'esprit altéré d'un père furieux,
Par l'insolent pouvoir que son crédit lui donne,
Sur quel front lui plaira fera choir ma couronne !
Quel crime ou quel défaut me peut-on reprocher
Pour disposer du sceptre et pour me l'arracher ?
Ma mère, ma naissance, en êtes-vous coupables ?
D'un sort si glorieux sommes-nous incapables ?
Veut-on, après vingt ans, jusque dans le tombeau
Souiller une vertu dont l'éclat fut si beau ?
Non, non, le temps, ma mère, avecque trop de gloire
Laisse encor dans les cœurs vivre votre mémoire ;
C'est un exemple illustre aux siècles à venir,
Que la haine respecte et ne saurait ternir.
Mon crime est seulement l'orgueil d'une marâtre,
Dont un fils est l'idole, un père l'idolâtre ;
Et l'hymen, qui l'a mise au lit de Cosroès,
D'un droit héréditaire exclut seul Siroès !
Célestes protecteurs des puissances suprêmes,
Vous, dieux, qui présidez au sort des diadèmes,
Souverains partisans des intérêts des rois,
Soutenez aujourd'hui l'autorité des lois,
Et, d'un tyran naissant détruisant l'insolence,
Affermissez l'appui d'un trône qui balance.

PALMIRAS, à Siroès.

Mais soutenez-le, prince, et prêtez-y le bras ;
Le ciel est inutile à qui ne s'aide pas.
Quand vous pouvez agir, épargnez le tonnerre ;
Avant l'aide du ciel, servez-vous de la terre ;
Usez de vos amis, de vous-même et du temps ;

Et donnez seulement un chef aux mécontents :
Sans peine vous verrez votre ligue formée.
De ce nombre déjà comptez toute l'armée,
A qui la paix, deux fois refusée aux Romains,
Fait d'un juste dépit choir les armes des mains,
Et qui, me préférant au chef que l'on envoie,
Sous main embrassera mes ordres avec joie.
Des satrapes encor tout le corps irrité
S'offre à prêter l'épaule à votre autorité ;
Et tous, unis pour nous de même intelligence,
Gardent encore à part leurs sujets de vengeance.
En la mort d'Hormisdas les uns intéressés
De ce grand attentat sont encore blessés,
Et verraient avec joie et d'une ardeur avide
Punir par un second le premier parricide ;
D'autres, dépossédés de leurs gouvernements,
Attendent, pour s'ouvrir, les moindres mouvements ;
Et d'autres, offensés en leurs propres familles,
En l'honneur d'une femme, en celui de leurs filles,
Trop faibles pour agir, jusqu'à l'occasion
Dissimulent leur haine et leur confusion.
Comme un soleil naissant le peuple vous regarde,
Et, ne pouvant souffrir celui qui vous retarde,
Déteste de le voir, si près de son couchant,
Traîner si loin son âge imbécile et penchant.
Son esprit, agité du meurtre de son père,
Dedans sa rêverie à tout propos s'altère,
Et, ne possédant plus un moment de raison,
Ne lui laisse de roi que le sang et le nom ;
Le crédit d'une femme en a tout l'exercice ;
Toute la Perse agit et meut par son caprice ;
Et, bientôt, par son fils, qu'elle va couronner,
En recevra les lois que vous devriez donner.
Juge, en votre intérêt rendez-vous la justice ;
Ravissez votre bien, qu'on ne vous le ravisse :
Qui peut insolemment prétendre à votre rang,
Par le même attentat en veut à votre sang.
La reine, qui vous craint, a trop de politique,
Pour laisser un appât à la haine publique
Et, vous chassant du trône, oser vous épargner :
Il faut absolument ou périr ou régner.
Avouez seulement les bras qu'on vous veut tendre ;
Quand on peut prévenir, c'est faiblesse d'attendre.
Tout le crédit du roi, de son trône sorti,

Ne s'étendra jamais à former un parti;
Contre tous ses desseins la Perse soulevée
Étalera sa haine et publique et privée,
Vengera ses palais et ses forts embrasés,
Ses satrapes proscrits, ses trésors épuisés,
Et le sang que sans fruit les légions romaines
En tant d'occasions ont puisé de ses veines.
SIROÈS, rêvant.
Laisser ravir un trône est une lâcheté,
Mais en chasser un père est une impiété.
PALMIRAS.
Que, pour vous l'enseigner, lui-même il a commise.
SIROÈS.
Par son exemple, hélas! m'est-elle plus permise,
Et me produira-t-elle un moindre repentir?
PALMIRAS.
Vous ne l'en chassez pas, puisqu'il en veut sortir,
Ou que votre marâtre, à mieux parler, l'en chasse,
Pour y faire à son fils occuper votre place.
SIROÈS.
Il m'a donné le jour.
PALMIRAS.
Il donne votre bien.
SIROÈS.
Mais c'est mon père enfin!
PALMIRAS.
Hormisdas fut le sien;
Et, si vous agissez d'un esprit si timide,
Gardez d'être l'objet d'un second parricide.
Qui n'a point épargné le sang dont il est né
Peut bien n'épargner pas celui qu'il a donné.
SIROÈS.
O dure destinée, et fatale aventure!
J'ai pour moi la raison, le droit et la nature;
Et, par un triste sort, à nul autre pareil,
Je les ai contre moi si je suis leur conseil.
Du sceptre de mon père héritier légitime,
Je n'y puis aspirer sans un énorme crime:
Coupable, je le souille; innocent, je le perds;
Si mon droit me couronne, il met mon père aux fers;
Et de ma vie, enfin, je hasarde la course,
Si mon impiété n'en épuise la source.
O mon père! ô mon sang! ne vous puis-je épargner?
Ne puis-je innocemment ni vivre ni régner?

Et ne puis-je occuper un trône héréditaire
Qu'au prix de la prison ou du sang de mon père?
PALMIRAS.
Je vois qu'il faut, Seigneur, encor quelques moments
A votre piété laisser ses sentiments.
Mais que vous veut Pharnace? il vous sert avec zèle.

SCÈNE IV

LES MÊMES ; PHARNACE

PHARNACE.
O dieux! du camp, Seigneur, savez-vous la nouvelle?
SIROÈS.
Quelle?
PHARNACE, regardant autour de lui.
Qu'on vous trahit, et que le roi prétend...
Mais...
SIROÈS.
Parlez sans rien craindre, aucun ne nous entend.
PHARNACE.
Au mépris de vos droits et de la loi persane,
A la tête du camp couronner Mardesane.
PALMIRAS.
Voyez si j'ai raison, grand prince, et si mon soin
A d'un trop prompt avis prévenu le besoin.
Mais quel effet au camp produit cette aventure?
PHARNACE.
On a peine à le croire, et chacun en murmure.
On tient ce bruit semé pour éprouver les cœurs,
En voir les sentiments, en sonder les ardeurs:
Mais il n'a dans pas un trouvé que de la glace.
C'est un bruit toutefois, Seigneur, qui vous menace
Et ne doit point laisser languir votre courroux.
Ainsi que l'équité, tous les cœurs sont pour vous;
Quoique l'on dissimule, on ne peut voir sans peine
Le roi déférer tant à l'orgueil de la reine,
Passer pour son sujet, et laisser lâchement
Reposer sur ses soins tout le gouvernement.
S'étonne-t-il, dit-on, si rien ne nous succède?
Toujours ou sa furie ou Sira le possède.
Quel progrès ferait-il, furieux ou charmé,
Par l'une hors du sens, par l'autre désarmé?

Ce murmure assez haut court par toute l'armée,
    (Montrant Palmiras.)
De son chef qu'elle perd encor tout alarmée ;
Et, pour peu qu'on la porte à vous donner les mains,
Et que l'on veuille entendre au traité des Romains,
Pour son fils contre vous la reine en vain conspire,
Et ma tête, Seigneur, vous répond de l'empire,
Où pour vous maintenir tout l'État périra.
         SIROÈS, à part.
« Mais, je périrai, traître, ou mon fils régnera. »
    (A Pharnace.)
Oui, oui, qu'elle périsse, et nous, régnons, Pharnace :
Je ne consulte plus après cette menace.
Si le trône nous peut sauver de son courroux,
Fidèles confidents, je m'abandonne à vous ;
Ouvrez-m'en le chemin, montons sur cet asile ;
Rendez-moi son orgueil et sa haine inutile :
Il faut, pour conserver la majesté des lois,
Oublier la nature et maintenir nos droits.
A moi-même, par eux, la Perse me demande,
En exclut Mardesane, et veut que je commande.
Oui, princes ; oui, mes droits ; oui, Perse ; oui, mon pays,
Vous voulez que je règne, et je vous obéis ;
Je veux tenir de vous le sceptre que j'espère,
Et contre vos avis ne connais plus de père ;
Mais je l'en veux tenir afin de vous venger,
De me venger moi-même, et vous le partager,
A vous, dignes auteurs de cette noble audace
Qui m'appelle à mon trône et m'y montre ma place.
         PALMIRAS.
Je cherchais Siroès parmi tant de froideur,
Mais je le reconnais à cette noble ardeur.
C'est sous ce mâle front, Seigneur, qu'il faut paraître ;
La Perse à ce grand cœur reconnaîtra son maître.
Le besoin presse ; allons, ne perdons plus de temps ;
Pratiquons-nous les grands, gagnons les habitants ;
Employons nos amis, et, la brigue formée,
Observons Mardesane, ouvrons-nous à l'armée,
Et, promettant d'entendre au traité des Romains,
Intéressons Émile à nous prêter les mains.

ACTE DEUXIÈME

SCÈNE I

COSROÈS, SIRA, SARDARIGUE, GARDES.

COSROÈS, à part, dans un accès de démence.
Noires divinités, filles impitoyables,
Des vengeances du ciel ministres effroyables,
Cruelles, redoublez ou cessez votre effort,
Pour me laisser la vie ou me donner la mort.
Ce corps n'a plus d'endroits exempt de vos blessures,
Vos couleuvres n'ont plus où marquer leurs morsures,
Et, de tant de chemins que vous m'avez ouverts,
Je n'en trouve pas un qui me mène aux enfers.
Ce n'est qu'en m'épargnant que la mort m'est cruelle;
Je ne puis arriver où mon père m'appelle.
Achevez de me perdre, et dedans son tombeau
Enfermez avec lui son fils et son bourreau.
SIRA, à Cosroès.
Chassez de votre esprit les soins mélancoliques
Qui montrent à vos yeux ces objets chimériques.
C'est une illusion dont ils sont effrayés,
Et vous ne voyez rien de ce que vous voyez.
COSROÈS.
Quoi! n'entendez-vous pas, du fond de cet abîme,
Une effroyable voix me reprocher mon crime,
Et, me peignant l'horreur de cet acte inhumain,
Contre mon propre flanc solliciter ma main?
N'apercevez-vous pas, dans cet épais nuage
De mon père expirant la ténébreuse image
M'ordonner de sortir de son trône usurpé,
Et me montrer l'endroit par où je l'ai frappé?
Voyez-vous pas sortir de cet horrible gouffre,
Qui n'exhale que feu, que bitume et que soufre,
Un spectre décharné qui, me tendant le bras,
M'invite d'y descendre et d'y suivre ses pas?
O dangereux poison, peste des grandes âmes,
Maudite ambition, dont je crus trop les flammes,

Et qui pour l'assouvir ne peux rien épargner,
Que tu m'as cher vendu le plaisir de régner!
Pour atteindre à tes vœux, et pour te satisfaire,
Cruelle, il t'a fallu sacrifier mon père.
Je t'ai d'un même coup immolé mon repos,
Qu'un remords éternel traverse à tout propos.
Il te faut de moi-même encor le sacrifice,
Et déjà dans le ciel j'ois gronder mon supplice,
Et son funèbre apprêt noircir tout l'horizon.
(Il semble recouvrer sa raison.)

SARDARIGUE, à Sira.

Cet accès a longtemps possédé sa raison.

SIRA, à Sardarigue.

Il cesse, et son bon sens recouvre son usage.
(Bas.)
De cette occasion il faut prendre avantage,
Et, pressant son dessein, savoir le temps précis
Qui doit combler mes vœux en couronnant mon fils.
(A Cosroès.)
Nourrissez-vous toujours ce remords qui vous reste?
Si vous ne l'étouffez, il vous sera funeste.
De ce malheur, Seigneur, perdez le souvenir;
L'avoir gardé vingt ans est trop vous en punir.

COSROÈS.

Tout l'État, où j'occupe un rang illégitime,
M'entretient cette idée et me montre mon crime;
L'aversion du peuple et celle des soldats
M'est un témoin public de la mort d'Hormisdas;
Et, plus que tout, hélas! la fureur qui m'agite,
Quand elle me possède, à le suivre m'invite.
J'ai regret que ce mal vous coûte tant de soins,
Et honte en même temps qu'il vous ait pour témoins,
Mais plus de honte encor de son énorme cause,
Qui fol et parricide à tout l'État m'expose.

SIRA.

Tant que vous retiendrez les rênes de l'État,
Vous y verrez l'objet qui fait votre attentat,
Et vous ne pouvez voir ni sceptre ni couronne
Sans vous ressouvenir qu'un crime vous les donne.
Votre repos encor souffre visiblement
Du soin que vous prenez pour le gouvernement;
Vos ennuis de ce soin vous rendent moins capable.
Déposez ce fardeau devant qu'il vous accable :
C'est un faix qu'il me faut déposer avec vous;
Mais je renonce à tout pour sauver un époux.

Déchargez votre esprit de ce qui le traverse ;
Cosroès m'est plus cher qu'un monarque de Perse ;
Sans lui je ne puis vivre, et, vivant avec lui,
Je puis être encor reine et régner en autrui,
La puissance qui passe en un autre nous-même
Laisse encor en nos mains l'autorité suprême,
Et nous ne perdons rien lorsque le même rang,
Quoique sous d'autres noms, demeure à notre sang.
COSROÈS.
J'ai trop d'expérience, et j'ai trop vu de marques,
O généreux surgeon et tige de monarques,
De l'étroite union que produisent nos feux,
Pour croire, avec l'État, devoir perdre nos vœux ;
Je sais que votre amour s'attache à ma personne,
Qu'elle me considère, et non pas ma couronne ;
Aussi depuis longtemps le faix ne m'en est doux
Que par l'honneur qu'il a d'être porté de vous ;
Je n'en aime l'éclat que dessus votre tête ;
Je sais combien j'en fis une indigne conquête.
Je ne puis me parer d'un ornement si cher
Que je ne pense au front d'où j'osai l'arracher,
Et sais que sur le mien tout ce qu'il a de lustre
D'un énorme forfait n'est qu'une marque illustre.
Si vous le voulez donc au front de votre fils,
Je m'en prive avec joie, et je vous l'ai promis ;
Je ne le puis garder par droit héréditaire,
Après m'être souillé du meurtre de mon père.
Mardesane en sera plus juste successeur :
Du bien de son aïeul faisons-le possesseur ;
Si l'acquisition en fut illégitime,
J'en ai joui sans droit, la garde en est un crime ;
Je le retiens à tort, comme à tort je le pris ;
J'en dépouillai mon père, et j'en frustre mes fils.
Ne consultons donc plus, Madame ; allons élire,
A la tête du camp, une tête à l'empire ;
Tranquille, et déchargé d'un faix qui m'a lassé,
Je verrai sans regret, en cet âge glacé,
Mon sceptre soutenu d'une main plus capable,
Et mon sang innocent succéder au coupable.
SARDARIGUE, à Cosroès.
Mais peut-il l'accepter, Seigneur, sans attentat
Contre le droit d'aînesse et la loi de l'État ?
(A Sira.)
De mon zèle, Madame, excusez la licence ;

Siroès a pour lui le droit de la naissance.
(A Cosroès.)
Voulez-vous voir armer la Perse contre soi,
Et lui donner la guerre en lui donnant un roi ?
Songez à quels malheurs vous l'exposez en butte ;
Un rang si relevé vaut bien qu'on le dispute.

SIRA.

Objet de nos encens, soleil, tu m'es témoin
Si l'intérêt d'un fils me produit aucun soin,
Et si l'ambition qu'excite un diadème,
Pour en parer autrui, sortirait de moi-même !
Votre seul intérêt, Seigneur, m'en peut priver ;
Je le perds sans regret, quand il vous faut sauver.
Mais, déposant ce faix où votre âge succombe,
Voyez sur qui des deux il importe qu'il tombe ;
L'intérêt de l'aîné, vous vivant, est couvert,
Et son aînesse encor n'a point de droit ouvert.
Un roi qui fuit le soin, et dont l'âge s'abaisse,
Peut dessus qui lui plaît reposer sa vieillesse,
Et, pour faire en autrui considérer ses lois,
Donner à ses agents la qualité de rois.
Siroès, appuyé du droit qu'il peut prétendre,
Sitôt qu'il règnera, ne voudra plus dépendre ;
Et, vous croyant l'empire avecque lui commun,
Vous serez à son règne un obstacle importun.
Vous le verrez bientôt, s'il se sent l'avantage,
Éloigner les objets qui lui feront ombrage ;
Et je puis craindre pis, après que ce matin
Il eût, sans Mardesane, été mon assassin,
Et que pour cet effet, il a tiré l'épée.

COSROÈS.

O dieux ! que dites-vous ?

SIRA.

Il ne m'a point trompée ;
Comme il croit mon crédit fatal à son espoir,
Il n'a jamais cessé de choquer mon pouvoir ;
Et, pour toute raison, j'ai l'honneur de vous plaire,
Et la haine du fils naît de l'amour du père.
Que puis-je attendre donc de son autorité ?

COSROÈS.

Je pourvoirai, Madame, à votre sûreté.

SIRA.

Élevant Mardesane à ce degré suprême,
Vous régnerez, Seigneur, en un autre vous-même ;

Sous le gouvernement qu'il se verra commis,
Et l'État, et le roi, tout vous sera soumis;
Et pour votre repos, dont l'intérêt nous touche,
Vos ordres seulement passeront par sa bouche;
Par lui vous règnerez, par vous il règnera,
Et ce seront vos lois qu'il nous dispensera.
Le soin le regardant, la gloire sera nôtre;
Je connais sa vertu ; c'est mon sang, c'est le vôtre,
Dont vos chastes ardeurs ont honoré ce flanc,
Et que j'ose pleiger du reste de mon sang.
COSROÈS.
Par les pleurs que je dois aux cendres de mon père,
Par le char éclatant du dieu que je révère,
Par l'âge qui me reste, et qu'il éclairera,
Mardesane, Madame, aujourd'hui règnera.
Je vous l'avais promis, et mon repos me presse,
Autant que mon amour, d'acquitter ma promesse.
Par forme, Sardarigue, assemblez le conseil,
Mais du couronnement disposez l'appareil.
SARDARIGUE.
Où la reine, Seigneur, semble être intéressée,
Je n'ose plus avant vous ouvrir ma pensée;
Mais...
SIRA.
On n'a pas dessein d'en croire vos avis;
SARDARIGUE.
Ils n'ont point fait de tort quand on les a suivis;
Et ce projet, Madame, est d'assez d'importance
Pour ne le pas presser avecque tant d'instance.
Si j'en prévois l'issue, elle doit aller loin.
COSROÈS.
Je prendrai vos conseils quand j'en aurai besoin.
Cependant, pour ne rien tenter à notre honte,
Arrêtez Siroès, et m'en rendez bon compte.
SARDARIGUE.
Si vous voulez, grand roi, voir le peuple en courroux,
Le camp et tout l'État soulevés contre vous,
Imposez-moi cet ordre, et faites qu'on l'arrête.
COSROÈS.
A ne pas obéir il va de votre tête.
SARDARIGUE, à part.
O dieux, dont les décrets passent nos jugements,
Rendez vaine l'horreur de mes pressentiments!
(Il sort.)

SIRA.

Si les grands écoutaient tout ce qu'on leur propose,
Ils ne résoudraient rien et craindraient toute chose.
Le peuple parle assez, mais exécute peu,
Et s'alentit bientôt après son premier feu.
Un exemple, en tout cas, à l'un des chefs funeste,
En ces soulèvements désarme tout le reste.

SCÈNE II

MARDESANE, COSROÈS, SIRA, HORMISDATE, GARDES.

COSROÈS, à Mardesane.

Venez ; l'État, lassé de ployer sous ma loi,
Et mon propre repos, nous demandent un roi.
Prince, allons le donner, et consultez vos forces.

MARDESANE, à part.

Funeste ambition, cache-moi tes amorces !

COSROÈS.

Mes jours, près d'arriver à leur dernière nuit,
Et l'incommodité qui les presse et les suit,
Et qui bientôt m'appelle au tribunal céleste,
Souffrent qu'à mon empire, après ma mort, je reste.
Les travaux et les soins qui m'ont tant fait vieillir
Ne peuvent toutefois entier m'ensevelir ;
Malgré l'effort du temps et de mes destinées,
J'ai par qui prolonger ma gloire et mes années,
Par qui, las de régner, voir le règne suivant,
Me le perpétuer et renaître vivant ;
Par qui, laissant l'État, en demeurer le maître ;
Et c'est vous, Mardesane, en qui je veux renaître.
Soutenez bien le bras qui vous couronnera ;
C'est un prix que je dois à l'amour de Sira.
Remplissez dignement le trône et notre attente,
Et représentez bien celui qui vous présente.

MARDESANE.

Je suis à vous, grand prince, et je serais jaloux
Qu'un autre eût plus de zèle et plus d'ardeur pour vous.
Je sais ce que je dois à votre amour extrême ;
J'en ai le témoignage et le gage en moi-même ;
Et, quand dès le berceau vous m'auriez couronné,

En me donnant le jour vous m'avez plus donné.
A quoi donc puis-je mieux en employer l'usage,
Et destiner mes soins, qu'au soutien de votre âge ?
Occupez-les, Seigneur, j'en serai glorieux ;
Le faix de vos travaux me sera précieux :
Mais, m'en donnant l'emploi, demeurez-en l'arbitre ;
Commettez le pouvoir, mais retenez le titre ;
Ou, si vous dépouillez le titre et le pouvoir,
Voyez qui justement vous en devez pourvoir.
Par la loi de l'État, le sceptre héréditaire
Doit tomber de vos mains en celles de mon frère ;
Comblez-le des bontés que vous avez pour moi.
COSROÈS.
La loi qu'impose un père est la première loi.
SIRA.
Vains sentiments de mère, importune tendresse,
On reçoit vos faveurs avec tant de faiblesse !
J'ai mis au monde un fruit indigne de mon rang,
Et ne puis en mon fils reconnaître mon sang !
Nourri si dignement, et né pour la province,
Il n'a pu contracter les sentiments d'un prince,
Et l'offre qu'on lui fait d'un pouvoir absolu
Peut trouver en son sein un cœur irrésolu !
MARDESANE.
D'un sang assez ardent n'animez pas les flammes ;
J'ai tous les sentiments dignes des grandes âmes,
Et mon ambition me sollicite assez
Du rang que je rejette et dont vous me pressez.
Un trône attire trop, on y monte sans peine ;
L'importance est de voir quel chemin nous y mène,
De ne s'y presser pas pour bientôt en sortir,
Et pour n'y rencontrer qu'un fameux repentir.
Si j'en osais, Seigneur, proposer votre exemple,
De cette vérité la preuve est assez ample.
Ce bâton, sans un sceptre, honore assez mon bras.
Grand roi, par le démon qui préside aux États,
Par ses soins providents, qui font fleurir le vôtre,
Par le sang de Cyrus, noble source du nôtre,
Par l'ombre d'Hormisdas, par ce bras indompté,
D'Héraclius encore aujourd'hui redouté,
Et par ce que vaut même et ce qu'a de mérite
La reine, dont l'amour pour moi vous sollicite,
De son affection ne servez point les feux,
Et, sourd en ma faveur, une fois, à ses vœux,

Souffrez-moi de l'empire un mépris salutaire,
Et sauvez ma vertu de l'amour d'une mère.
Songez de quels périls vous me faites l'objet,
Si votre complaisance approuve son projet.
Les Grecs et les Romains, aux pieds de nos murailles,
Consomment de l'État les dernières entrailles,
Et, poussant jusqu'au bout leur sort toujours vainqueur,
En ce dernier asile en attaquent le cœur.
Des satrapes mon frère a les intelligences,
Et cette occasion, qui s'offre à leurs vengeances,
Donne un pieux prétexte à leurs soulèvements,
Et va faire éclater tous leurs ressentiments.
Un Palmiras, enflé de tant de renommée,
Démis de ses emplois et chassé de l'armée ;
Un Pharnace, un Saïn, dont les pères proscrits
D'une secrète haine animent les esprits,
Peuvent-ils négliger l'occasion si belle,
Quand elle se présente, ou plutôt les appelle ?
Si l'ennemi, le droit, les grands, sont contre moi,
Au parti malheureux qui gardera la foi ?
Par qui l'autorité que vous aurez quittée
Sera-t-elle, en ce trouble, ou crainte, ou respectée,
Si pour donner des lois il les faut violer ?
En m'honorant, Seigneur, craignez de m'immoler.
Qui veut faire usurper un droit illégitime,
Souvent, au lieu d'un roi, couronne une victime ;
Et l'État est le temple, et le trône l'autel
Où cette malheureuse attend le coup mortel.

COSROÈS.

Vous craignez de régner faute d'expérience ;
Il y faut de l'ardeur et de la confiance ;
Un sceptre, à le porter, perd beaucoup de son poids.
Votre règne établi justifiera vos droits.
Des factieux mon ordre a prévenu les ligues :
L'arrêt de Siroès rompra toutes ses brigues ;
Si quelque bruit s'émeut, mon soin y pourvoira.
Contre tous vos mutins mon droit vous appuira ;
Je puis sur qui me plaît reposer ma couronne,
Et, pour toute raison, portez-la, je l'ordonne.

MARDESANE.

C'est un de vos présents, je ne puis le haïr ;
Vous voulez que je règne, il vous faut obéir.
Mais je monte à regret, assuré de ma chute,

Et plaise au ciel qu'au sort mes jours soient seuls en butte!
    (A Sira.)
Ah! Madame, quel fruit me produit votre amour!

SCÈNE III

LES MÊMES; SIROÈS.

SIROÈS, à Cosroès.
Quel bruit s'émeut, Seigneur, et s'épand à la cour?
Quelle aveugle fureur, quelle invincible haine
Me fait toujours l'objet des plaintes de la reine?
J'éprouve et j'apprends trop combien vous l'estimez,
Pour manquer de respect à ce que vous aimez;
Si sa mémoire en veut être un témoin fidèle,
Elle sait à quel point je vous honore en elle,
Et j'aurais mille fois dû vaincre ses rigueurs,
Si les soumissions s'acquéraient tous les cœurs.
S'il n'était messéant de vanter mes services,
Je lui pourrais citer, entre autres bons offices,
Le sang que me coûta le salut de son fils,
Naguère enveloppé dans les rangs ennemis.
Prince, il vous en souvient. Vous le savez, Madame.
    MARDESANE.
Le souvenir m'en reste au plus profond de l'âme.
    SIRA.
Ce reproche est fréquent et nous l'apprend assez;
Mais je puis l'ignorer quand vous me menacez,
Et douter que pour lui vous l'ayez dû répandre,
Alors que dans mon sein vous le voulez reprendre.
    SIROÈS.
L'exploit serait illustre et bien digne de moi,
Et vous me mettriez bien dans l'estime du roi
Si ce lâche rapport obtenait sa créance;
Mais en son sentiment j'ai plus de confiance.
    SIRA.
Le coup dont Mardesane a diverti l'effort
Partait d'une âme lâche, et non pas ce rapport.
    SIROÈS.
Contre cette imposture, ô Ciel! prends ma défense.
    SIRA.
Vous voyez s'il profère un mot qui ne m'offense.

SIROÈS.
Votre fils, qui s'en tait, sert mal votre désir,
Et...
COSROÈS.
Nous apprendrons tout avec plus de loisir.
Je fais un tour au camp pour un soin qui m'importe.
Cependant recevez l'ordre qu'on vous apporte,
Prince, c'est de ma part.
(Il sort, suivi de la reine, qui regarde Siroès avec orgueil.)
MARDESANE, à part.
Périlleuse vertu,
Fatale obéissance, à quoi me résous-tu !
(Il sort.)

SCÈNE IV

SIROÈS, SARDARIGUE, GARDES.

SIROÈS.
Quel ordre, Sardarigue, avez-vous de la reine?
Car le roi n'agit plus que pour servir sa haine,
Et c'est elle qui parle en tout ce qu'il prescrit.
SARDARIGUE.
Ah ! Seigneur, redoutez ce dangereux esprit !
SIROÈS.
Et votre ordre ?
SARDARIGUE.
Mon ordre est que je vous arrête.
A n'y pas obéir il y va de ma tête ;
Mais je n'ai pas sitôt vos bienfaits oubliés,
Et j'apporte ma tête et ma charge à vos pieds.
Issu du grand Cyrus et de tant de monarques,
Prince, de vos aïeux conservez-vous les marques ;
Il est temps de paraître, et temps de voir vos lois
Dispenser les destins des peuples et des rois.
Le roi va dans le camp proclamer votre frère ;
Détruisez son parti par un parti contraire ;
Si vous vous déclarez, tous leurs projets sont vains ;
Le sort vous aidera, mais prêtez-lui les mains.
Il est temps d'arracher des mains d'une marâtre
L'État qui vous appelle et qui vous idolâtre ;
Il n'est plus de respect qui doive retenir
La généreuse ardeur qui vous doit maintenir.
Outre le diadème, il s'agit de la vie ;

Tout le peuple est pour vous, tout le camp vous convie;
Au premier mandement, Pharnace et Palmiras
Des cœurs qu'ils ont gagnés vous vont armer les bras;
Et pour vous tout l'État n'est qu'une seule brigue.
SIROÈS, embrassant Sardarigue.
Et, pour comble d'espoir, j'ai pour moi Sardarigue;
J'ai, pour me garantir d'un triste événement,
Le bras qu'on prétendait en faire l'instrument.
Allons, lançons plutôt que d'attendre la foudre;
Avisons aux moyens dont nous devons résoudre :
Mais faites-moi régner pour régner avec moi,
Et vous donner plutôt un compagnon qu'un roi.

ACTE TROISIÈME

SCÈNE I

SIRA, HORMISDATE.

SIRA.
Enfin, selon mes vœux, malgré la loi persane,
Au trône de Cyrus j'ai placé Mardesane;
Palmiras, par mes soins démis de ses emplois,
N'a pu par son crédit m'en contester le choix,
Et j'ai mis en état de ne lui pouvoir nuire
Tous les intéressés qui le pouvaient détruire :
Par mes ordres, surtout, Siroès arrêté
Ne peut mettre d'obstacle à notre autorité;
Et Mardesane, enfin, successeur d'Artaxerce,
Règne et fait aujourd'hui le destin de la Perse.
HORMISDATE.
Madame, pardonnez, si je vous le redi,
Vous venez d'achever un projet bien hardi.
Vous connaissez mon cœur; plaise aux dieux que l'issue
En soit telle en effet que vous l'avez conçue !
Mais, si mes sentiments ont chez vous quelque accès,
Je vois de grands périls dedans ce grand succès.
Un État si zélé pour ses rois légitimes

Voir sans y répugner détruire ses maximes,
Voir un gouvernement où tous ont intérêt
Passer sans fondement dans les mains qu'il vous plaît,
Et sans ressentiment pouvoir souffrir des chaînes
Sur celles qui, par droit, doivent tenir ses rênes,
Prendre sans bruit tel joug qu'il vous plaît lui donner,
C'est ce que ma raison ne peut s'imaginer.
Dans l'étourdissement qu'excite une surprise,
On peut souffrir l'effet d'une grande entreprise ;
Mais, la considérant d'un esprit plus remis,
On détruit, s'il se peut, ce que l'on a permis.
Un grand succès produit une grande disgrâce,
Et les choses bientôt prennent une autre face.
Le sort est inconstant, et le peuple est trompeur.

SIRA.
L'arrêt de Siroès me lève cette peur,
Et de ses partisans a l'ardeur amortie.
Mais, ayant intérêt d'empêcher sa sortie,
Si mon repos t'est cher, et si de mes bienfaits
Tu m'oses aujourd'hui produire des effets
(Comme de cet espoir mon amitié se flatte),
Embrasse ma fortune, ô ma chère Hormisdate,
Et, dans mes intérêts entrant aveuglément,
D'un glorieux destin fais-toi le fondement.

HORMISDATE.
L'amour perd de son prix quand on la sollicite.
Si la mienne, Madame, est de quelque mérite,
Considérez-la nue, et ne l'intéressez
Que par sa pureté, qui vous paraît assez.

SIRA.
Puis-je avoir confiance au zèle de ton frère ?

HORMISDATE.
Madame, il est tout vôtre, et peut tout pour vous plaire ;
Je vous réponds pour lui d'une fidélité
Qui le sacrifira pour Votre Majesté.

SIRA.
J'en demande une épreuve, et, si j'en suis ingrate,
Je veux voir sans effet l'espoir dont je me flatte.

HORMISDATE.
Quelle ?

SIRA, *lui présentant un poignard et du poison.*
Que par ses mains le prince, en sa prison,
Recevant de ma part ce fer et ce poison,
Choisisse en l'un des deux l'instrument de sa perte.

HORSMIDATE.

Justes dieux! quelle injure en avez-vous soufferte,
Qui porte à cet excès votre ressentiment?

SIRA.

Ou qu'au refus ton frère en pousse l'instrument.

HORMISDATE.

Madame, au seul penser d'un dessein si funeste,
Je crois voir dessus moi choir le courroux céleste;
J'en demeure interdite, et j'en frémis d'horreur.

SIRA.

Il faut bien plus de force à servir ma fureur :
On achète à bon prix l'État, dont la conquête
Et l'affermissement ne coûtent qu'une tête.
J'élèverai ton frère en un si digne rang
Que nul, plus près que lui, n'approchera mon sang,
Et la part qu'il aura dedans le ministère...

HORMISDATE.

C'est aux sujets enfin d'obéir et se taire.
Vous m'avez jointe à vous d'un si ferme lien
Que pour vos intérêts je n'examine rien.
Madame, de ce pas je sers votre colère,
Et porte ce présent et votre ordre à mon frère;
Mais je crains de vous rendre un service fatal,
Et, j'ose dire plus, que j'en augure mal.

(Elle sort.)

SIRA, seule.

Qui croit aux lois des dieux ne croit point aux augures;
Ils ont déjà réglé toutes mes aventures.
J'ose tout, et me ris de ces lâches prudents
Qui tremblent au penser de tous les accidents.
Tant de précaution aux grands projets est vaine;
Je veux purger l'État de l'objet de ma haine,
Et tends à me venger plus qu'à ma sûreté.

(A Sardarigue, qu'elle aperçoit au fond du théâtre.)

Votre ordre, Sardarigue, est-il exécuté?

SCÈNE II

SIRA, SARDARIGUE, GARDES.

SARDARIGUE.

Non, Madame, à regret j'en exécute un autre.

ACTE III, SCÈNE II.

SIRA.

Quel?

SARDARIGUE.

De vous arrêter.

SIRA.

Quelle audace est la vôtre!
Moi, téméraire?

SARDARIGUE.

Vous.

SIRA.

De quelle part?

SARDARIGUE.

Du roi.

SIRA.

Imposteur! Cosroès t'impose cette loi?

SARDARIGUE.

Cosroès n'a-t-il pas déposé la couronne?

SIRA.

Qui donc? est-ce mon fils, traître, qui te l'ordonne?

SARDARIGUE.

Votre fils m'ordonner! en quelle qualité?

SIRA.

De ton roi, de ton maître, insolent, effronté!

SARDARIGUE.

Siroès est mon roi, Siroès est mon maître :
La Perse sous ces noms vient de le reconnaître.

SIRA.

Dieux!

SARDARIGUE.

Et, pour le venir reconnaître avec nous,
Nous avons ordre exprès de nous saisir de vous.

SIRA.

De te saisir de moi, perfide?

SARDARIGUE.

De vous-même.

SIRA, *regardant autour de soi.*

Et l'on ne punit pas cette insolence extrême!
Un traître, un déloyal, pour ma garde commis,
Attente à ma personne et sert mes ennemis!
Avec tout mon crédit et toute ma puissance,
Je ne trouve au besoin personne à ma défense!
Flatteurs, faibles amis, vile peste des cours,
Lâches adorateurs, j'attends votre secours;
Que devient aujourd'hui votre foule importune?

Ne sacrifiez-vous qu'à la seule fortune?
Et, pour être à l'instant abandonné de vous,
Ne faut-il qu'éprouver un trait de son courroux?
Quoi! pas un vrai sujet, pas une âme loyale
Dedans Persépolis, dans la maison royale !
Ma plainte est inutile et mes cris superflus,
Et la cour dans la cour ne se trouvera plus !
SARDARIGUE.
Allons, votre parti ne trouvera personne.
SIRA.
Le ciel l'embrassera si le sort l'abandonne;
Il veille avec trop d'yeux sur l'intérêt des rois
Pour laisser outrager la majesté des lois.
SARDARIGUE.
C'est en son équité que Siroès espère.
SIRA.
Après s'être emparé du trône de son père !
SARDARIGUE.
Après que votre fils veut s'emparer du sien.
Mais j'obéis, Madame, et n'examine rien.
SIRA.
Il faut que tout périsse, ou ma vengeance, traître,
M'apportera ta tête et celle de ton maître.
SARDARIGUE.
Le plus faible parti prendra loi du plus fort;
Mais de votre prison il attend le rapport,
Madame, et vous voyez qu'à mon bras, qui balance,
Un reste de respect défend la violence.
J'ai peine à vous traiter avec indignité.
Allons, épargnez-nous cette nécessité.
SIRA.
Il n'est point merveilleux qu'un sujet infidèle
Écoute encor sa foi qui tremble et qui chancelle,
Quand, par un détestable et perfide attentat,
Il veut blesser en moi tout le corps de l'État;
Quand, commis de l'État, sa rage se déploie
Non contre l'accusé, mais contre qui l'emploie.
Tu tiens de Siroès l'ordre de ma prison !
Le perfide a longtemps couvert sa trahison,
Bien séduit des esprits, bien pratiqué des traîtres,
Et longtemps envié le pouvoir de ses maîtres :
La brigue d'une ville et de toute une cour
N'est pas l'effort d'un homme et l'ouvrage d'un jour.
Tels à qui par pitié j'ai fait laisser la tête

Auront dessus la mienne ému cette tempête;
Mais, si cette vapeur s'exhale en éclatant,
Si le sort peut changer (comme il est inconstant),
Les bourreaux laisseront, de cette perfidie,
Une si mémorable et triste tragédie
Que jamais faction ne naîtra sans trembler
Et craindre le revers qui pourra l'accabler.
SARDARIGUE.
Je laisse à la fortune à disposer des choses,
Mais l'heure...
SIRA.
Approche, viens, traîne-moi si tu l'oses,
Et, si le nom qu'hier je te vis adorer
N'a plus rien aujourd'hui qu'il faille révérer,
Foule aux pieds tout respect, traîne, et n'attends pas, traître,
Que je doive obéir aux ordres de ton maître,
Et, d'un cœur abattu, consentir ma prison.

SCÈNE III

LES MÊMES; SIROÈS, PALMIRAS, GARDES.

SIROÈS.
Trêve d'orgueil, princesse, il n'est plus de saison :
La grandeur qui n'est plus n'est plus considérée;
Reine, quand vous l'étiez, je vous ai révérée;
Sujette, c'est à vous à révérer les rois,
Et, quand je vous commande, obéir à mes lois.
SIRA.
Perfide, après ma place en mon trône usurpée!
SIROÈS.
Après ma place au mien justement occupée.
SIRA.
Vôtre, un père vivant, et pendant que je vis?
SIROÈS.
Mien, quand vous prétendez y placer votre fils.
SIRA.
Si le sceptre est un faix que le roi lui dépose?
SIROÈS.
Si la loi de l'État autrement en dispose?
SIRA.
Le roi n'étant point mort, vous n'avez point de droit.

SIROÈS.
Quittant le nom de roi, c'est à moi qu'il le doit.
SIRA.
Il croit servir l'État par cette préférence.
SIROÈS.
L'État de l'un et l'autre a fait la différence.
SIRA.
Appelez-vous l'État Pharnace et Palmiras?
SIROÈS.
Quand on m'a voulu perdre, ils m'ont tendu les bras.
SIRA.
Et donné les conseils dont ils vous empoisonnent.
SIROÈS.
Il ne me prend point mal des avis qu'ils me donnent.
PALMIRAS.
Sire, l'ordre n'est point de tant parlementer
Avec des criminels qu'on prescrit d'arrêter.
SIRA.
Criminels? Insolent!
PALMIRAS.
Les injures, Madame,
Sont, dans le désespoir, les armes d'une femme,
Et nous font moins de mal que de compassion.
Sardarigue, achevez votre commission.
SIRA, à Sardarigue.
Allons, délivre-moi de ces objets funestes,
Ces horreurs de mes yeux, ces odieuses pestes;
N'importe où je les fuie, ils me sont plus affreux
Que le plus noir cachot qui m'éloignera d'eux.
Allons.
(Sardarigue et ses gardes emmènent Sira.
SIROÈS.
Mon règne naît sous de tristes auspices,
Si je lui dois d'abord du sang et des supplices.
PALMIRAS.
D'un trône où l'on se veut établir sûrement
Le sang des ennemis est le vrai fondement.
Il faut de son pouvoir d'abord montrer des marques,
Et la pitié n'est pas la vertu des monarques.
Du droit qu'on vous ravit tout le camp est jaloux;
Les voix nommant son fils, tous les cœurs sont pour vous.
Il faut vaincre ou périr en ce fameux divorce,
Héritier de Cyrus, héritier de sa force.
Qui rendit ce grand roi si craint et si puissant,

Que les fameux proscrits de son règne naissant?
Chaque chef des quartiers vous répond de la ville;
Pharnace et Vayacès traitent avec Émile;
J'ai mis en liberté les prisonniers romains;
Tout est calme au palais, la reine est en vos mains.
Peu de chose vous reste, et l'arrêt de deux têtes
Met la vôtre à couvert de toutes ces tempêtes;
Leur perte vous conserve, et c'est à cet effort
Qu'il vous faut éprouver et qu'il faut être fort,
Qu'il faut, d'une vigueur mâle et plus que commune,
Aider les changements qu'entreprend la fortune.

SIROÈS.

J'aurais d'autres rigueurs pour d'autres ennemis,
Mais je sens, quoique roi, que je suis encor fils.

PALMIRAS.

D'un père qui pour vous ne sent plus qu'il est père,
Qui ne reconnaît plus de fils que votre frère,
Et, pour vous en frustrer, l'admet en vos États!

SIROÈS.

La raison est pour moi, mais le sang ne l'est pas.
Quelle fatalité de devoir par un crime
Me conserver un droit qui m'est si légitime!
Mais ces raisonnements enfin sont superflus;
Je me plains seulement et ne consulte plus.
Je regrette d'un père ou la perte ou la fuite,
Mais ce regret n'en peut arrêter la poursuite.
Hors du trône, mes jours n'ont plus de sûreté :
Tout mon salut consiste en mon autorité;
Au lieu qu'avant l'affront que ce mépris me livre,
Je vivais pour régner, il faut régner pour vivre,
Et je ne puis parer que le sceptre à la main
Les redoutables traits de mon sort inhumain.
Renvoyez les quartiers, et soignez que la ville,
Dans ce grand changement, nous soit un sûr asile.

PALMIRAS.

Vous armant de vertu, tout succédera bien.

SIROÈS.

Assurez-vous des chefs et ne négligez rien,
Cependant que je dompte un reste de faiblesse
Qui dans mon cœur encor souffre quelque tendresse.

(Palmiras sort.)

Que tu m'aurais, ô sort, dans un rang plus obscur,
Fait goûter un repos et plus calme et plus pur!
Les pointes des brillants qui parent les couronnes

Figurent bien, cruel, les soins que tu nous donnes,
Et ce vain ornement marque bien la rigueur
Des poignantes douleurs qui nous percent le cœur.
Celle qu'on veut m'ôter à peine est sur ma tête.
Mais, dieux! à quel combat faut-il que je m'apprête!

SCÈNE IV

NARSÉE, SIROÈS, GARDES.

NARSÉE.

Apprenez-moi, Seigneur, le nom que je vous doi.
Parlé-je à mon amant, ou parlé-je à mon roi?
Et, voyant votre gloire au point où je souhaite,
Suis-je votre maîtresse, ou bien votre sujette?
Quels devoirs vous rendrai-je en cet état pompeux?
Vous dois-je mon hommage, ou vous dois-je mes vœux?
Apprenez-moi mon sort, et, par nos différences,
Réglant nos qualités, réglez mes déférences.

SIROÈS.

Votre sort est le mien, notre amour l'a réglé,
Et le bandeau royal ne l'a point aveuglé :
Vos lois font mes destins, et ce cœur ne respire
Qu'une sujétion plus chère qu'un empire.
J'estime également ma couronne et vos fers ;
Je règne, ma princesse, et, régnant, je vous sers ;
L'État me fait son roi, l'amour vous fait ma reine ;
Je suis son souverain, et vous ma souveraine ;
Et mon pouvoir, accru par le titre de roi,
N'altère point celui que vous avez sur moi.
Voilà nos qualités.

NARSÉE.
          Quelle aveugle colère
Vous fait donc oublier que la reine est ma mère ?

SIROÈS.

La colère, princesse, ou plutôt la raison
Qui me fait de mon père ordonner la prison.
Quelque rang où la Perse aujourd'hui nous contemple,
Nous ne pouvons régner sans ce fameux exemple ;
Nous ne pouvons sans lui jouir de notre amour,
Nous ne pouvons sans lui nous conserver le jour ;
Il faut que la nature ou la fortune cède;

L'une nous est contraire, et l'autre nous succède.
Le mal qu'on veut guérir ne se doit point flatter,
Et ce sont nos bourreaux que je fais arrêter.
NARSÉE.
Nos bourreaux, les auteurs du jour qui nous éclaire !
SIROÈS.
Les auteurs de l'affront qu'ils nous ont voulu faire.
NARSÉE.
Un empire vaut-il cette inhumanité ?
SIROÈS.
Vaut-il nous menacer de cette indignité,
Et qu'un père aveuglé destine pour victime
A son usurpateur son maître légitime ?
Le pouvoir tombe mal en des cœurs abattus ;
Avec le nom de roi, prenons-en les vertus ;
Jusque dans notre sang exterminons le crime,
Mais réprimons, surtout, le mal qui nous opprime.
Dois-je encor du respect à qui veut m'arrêter,
Et lui suis obligé du jour qu'il veut m'ôter ?
Le suis-je à votre mère, à qui je fais ombrage,
Et qui met tout crédit et tout soin en usage
Pour me frustrer d'un droit que le sang m'a donné,
Et, m'en ayant exclu, voir le sien couronné ?
Vous êtes souveraine, et Sira criminelle ;
Voyez de qui des deux vous prendrez la querelle,
D'une mère arrêtée, ou d'un amant tout prêt
D'ouïr ses ennemis prononcer son arrêt,
Et sur un échafaud envoyer une tête
Dont vos yeux ont daigné d'avouer la conquête.
NARSÉE.
Redoutez-vous plus rien ? et vos soins providents
N'ont-ils pas su prévoir à tous les accidents
Que vous peut susciter le courroux d'une femme ?
SIROÈS.
Tel, peut-être, nous rit qui nous trahit dans l'âme,
Et cherche un mécontent à qui prêter le bras
Pour des séditions et des assassinats ;
Sur quelque fondement qu'elle soit appuyée,
L'autorité naissante est toujours enviée ;
Et souvent à leur foi les peuples renonçants
Aiment ceux affligés qu'ils ont haïs puissants.
NARSÉE.
Une reine en des fers n'est donc pas affligée ?

SIROÈS.
Elle n'est pas en lieu d'en être soulagée,
Et de mettre en usage un reste de pouvoir
Qui pourrait pratiquer leur servile devoir.
NARSÉE.
N'attends point de succès, ô prière importune!
Je ne suis plus maîtresse où règne la fortune.
L'amour n'a plus d'empire où l'intérêt en prend.
Ne considérez rien, l'État vous le défend;
Il lui faut immoler toute votre famille;
Du moins, avec la mère il faut perdre la fille;
Nous ne sommes qu'un sang et qu'un cœur séparé;
Je pourrais achever ce qu'elle a préparé,
D'un frère contre vous épouser la querelle,
Dedans votre débris m'intéresser comme elle,
Saper les fondements de votre autorité,
Et renverser le trône où vous êtes monté.
Si ces yeux vous ont plu, gardez que de leurs charmes
Contre votre pouvoir je ne fasse des armes,
Et n'en achète l'offre et d'un cœur et d'un bras
Qui n'osent immoler vos jours et vos États;
Prévenez sans égard tout ce qui vous peut nuire;
Averti, détruisez ce qui vous peut détruire;
Craignez l'aveuglement d'un amour irrité,
Et ne considérez que votre sûreté.
Voudriez-vous m'obliger d'aimer mon adversaire?
Souffrirais-je en mon lit l'assassin de ma mère?
Pourrais-je sans horreur avec son ennemi
Partager un pouvoir par son sang affermi?
Gardes, emmenez-moi, son salut vous l'ordonne;
Sauvez de ma fureur sa vie et sa couronne.
Hélas! à quoi, nature, obligent tes respects,
Qu'il faille à mon amant rendre mes vœux suspects,
Et, pour en obtenir ou ma perte ou ta grâce,
Contre ce que j'adore employer la menace?
Par ces transports, Seigneur, jugez de mes douleurs;
J'aurais plus obtenu du secours de mes pleurs,
Mais un extrême ennui n'en est guère prodigue.
SIROÈS.
Gardes, suivez Madame, et cherchez Sardarigue;
Qu'il obéisse aux lois qu'elle lui prescrira,
Et surtout qu'en ses mains il remette Sira.
Allez.

ACTE III, SCÈNE IV.

NARSÉE.
Cette faveur vous coûte trop de peine.
SIROÈS.
Non, non, je m'abandonne aux fureurs de la reine,
Et ne regarde plus ni le droit qui m'est dû,
Ni le rang que je tiens, que comme un bien perdu;
Je vous préfère aux dieux, dont les bontés prospères
M'ont voulu conserver le trône de mes pères:
Vous m'en voulez priver, il vous faut obéir,
Et, d'un respect aveugle, avec moi vous trahir.
Je n'ai qu'un seul regret, que mon amour extrême,
En hasardant mes jours, se hasarde lui-même,
Et qu'au point du succès dont je flattais mes vœux,
L'heur de vous posséder me devienne douteux.
NARSÉE.
Quoi que vous hasardiez, je cours même aventure;
Nous aurons même couche ou même sépulture:
De vos vœux, vif ou mort, je vous promets le prix;
L'hymen joindra nos corps, ou la mort nos esprits.
Mais, si vous en daignez croire un amour extrême,
Je vous réponds du jour, du trône et de moi-même.
J'observerai la reine avecque tout le soin
Qu'exigeront les lieux, le temps et le besoin,
Et j'ose vous promettre un bouclier invincible
En la garde d'un cœur surveillant et sensible,
Qui de vos ennemis vous parera les coups,
Ou qu'il faudra percer pour aller jusqu'à vous.
SIROÈS.
Réglez à votre gré la fortune publique;
Usez comme il vous plaît d'un pouvoir tyrannique;
Consommez-en ce cœur, sur qui vous l'exercez;
Il le faut bien souffrir. Gardes, obéissez.

ACTE QUATRIÈME

SCÈNE I

SIROÈS, ARTANASDE.

SIROÉS, lisant un billet.
« Ce billet est un gage à Votre Majesté
 « Qu'elle peut avec confiance
« Donner à son porteur une entière créance,
« Et s'assurer sur moi de sa fidélité.
      « Palmiras. »
Qu'est-ce, Artanasde ?

ARTANASDE.
    Ah ! Sire, à la seule pensée
De ce fatal rapport, j'ai l'âme encor glacée.
Pour l'exécution d'un complot odieux,
La reine sur mon bras a pu jeter les yeux ;
Vous croyant arrêté, cette fière adversaire
M'a commis par ma sœur un présent à vous faire :
Pour vous voir immoler à son ressentiment
Ou, sur votre refus, en être l'instrument,
   (Lui montrant le poignard et le poison.)
Ce fer ou ce poison...

SIROÈS.
  O détestable femme !

ARTANASDE.
De vos jours innocents devait couper la trame.

SIROÈS.
O dieux !

ARTANASDE.
  Et j'en ai l'ordre à dessein accepté,
Craignant qu'un autre bras ne l'eût exécuté.
Elle a pressé ma sœur avec toute l'instance
Qui pouvait ébranler la plus ferme constance,
Et nous devions, pour prix de ce grand attentat,
Avoir si bonne part aux emplois de l'État
Que nous eussions pu tout, et qu'après sa personne
Nul n'eût tenu de rang plus près de la couronne.

Mais ma sœur, opposant à cette ambition
La louable terreur d'une noire action
Et frémissant d'horreur d'une telle injustice,
N'a que pour l'abuser accepté cet office ;
J'ai d'une même horreur ce dessein détesté,
Et, l'avis important à Votre Majesté,
Dont je connais qu'enfin la Perse doit dépendre,
J'ai cherché Palmiras pour venir vous l'apprendre ;
Mais, travaillant ailleurs, il s'en est défendu
Par le mot de sa main que je vous ai rendu.

SIROÈS.

Artanasde, croyez que ma reconnaissance
Ne cessera jamais qu'avecque ma puissance,
Et que je saurai mieux reconnaître un bienfait
Que Sira n'a promis de payer un forfait.
Gardez ces instruments d'une implacable haine,
Qui n'a plus de ressource, et que nous rendrons vaine,
Si les dieux, ennemis de tels persécuteurs,
Des intérêts des rois sont encor protecteurs.
O redoutable esprit, ô marâtre cruelle !
Trop pieuse Narsée, et mère indigne d'elle !

ARTANASDE.

Non pas mère, Seigneur, et j'ai sur ce propos
Un secret qui regarde encor votre repos.

SIROÈS.

Quel secret, Artanasde ? Éclairez-m'en, de grâce.

ARTANASDE.

Puisque le sort de Perse a pris une autre face,
Sachez un accident heureux pour votre amour,
Que plus de vingt soleils n'ont osé mettre au jour,
Et dont la vérité fera voir que Narsée
Au parti de Sira n'est point intéressée.

SIROÈS.

O dieux !

ARTANASDE.

Quand d'Abdenède, encor en son matin,
Une troisième course eut tranché le destin,
Tôt après, de sa mort la tristesse bannie
Fit penser Cosroès au sceptre d'Arménie ;
Il proposa d'armer, son dessein fut conclu :
De vous dire le reste il serait superflu ;
Il suffit qu'un hymen joignit les deux couronnes,
Et que l'âge, le rang et l'état des personnes

Trouvèrent en Sira tant de conformité
Que l'hymen et la paix ne furent qu'un traité;
Suffit qu'on sait encor que dans votre famille
La veuve de Sapor n'apporta qu'une fille
En sa plus tendre enfance, et dont les jours naissants
A peine avaient vu poindre et remplir six croissants,
Et qu'enfin notre bonne ou mauvaise aventure
Au souci de ma sœur commit sa nourriture.
Mais ce cher gage, à peine en sa garde reçu
(Et voici du secret ce qui n'était pas su),
D'une convulsion l'atteinte inopinée
De cette jeune fleur trancha la destinée.
Pour lors à Palmiras le sort m'avait donné
Où ma sœur m'abordant d'un visage étonné :
« Ah! mon frère, en quel lieu, me dit-elle avec peine,
« Me mettrai-je à couvert du courroux de la reine?
« Hélas! Narsée est morte, elle vient d'expirer. »
Là, Palmiras entrant et l'oyant soupirer,
N'a pas plutôt appris le mal qui la possède
Qu'à l'instant de ce mal il trouve le remède,
Et, se voyant pour lors une fille au berceau :
« Éprouvez, nous dit-il, si son sort sera beau;
« Laissons faire le temps et voyons l'aventure
« D'un jeu de la fortune avecque la nature. »
Narsée et Sydaris se ressemblaient si fort
Qu'outre que leur visage avait bien du rapport,
La ressemblance encor et du poil et de l'âge,
Par bonheur, répondait à celle du visage.
Pour achever enfin, le soin de Sydaris
Sous le nom de Narsée à ma sœur fut commis.
Palmiras, d'autre part, sous le nom de sa fille
Inhumant la princesse, abusa sa famille,
Et voit en ce jeune astre éclater des appas
Dont vingt ans ont fait croire et pleurer le trépas.

SIROÈS.

O dieux! si ce discours n'abuse mon oreille,
Qu'ai-je à vous demander après cette merveille?
Le reproche était juste, aux bouches de la cour,
Que le sang de Sira m'eût donné de l'amour,
Et son aversion, pour moi si naturelle,
Ne me pouvait souffrir d'aimer rien qui vînt d'elle.
Mon cœur était trop bon pour en être surpris;
Dans mon aveuglement, il ne s'est point mépris;
Il n'a rien fait de lâche; et, contre ma pensée,

N'aimait rien de Sira quand il aimait Narsée.
Mais, sur ce seul rapport, te puis-je ajouter foi?
ARTANASDE.
Si les respects qu'on doit aux oreilles d'un roi,
Si la sincérité d'une âme assez loyale
Pour avoir tant vécu dans la maison royale;
Si la foi de ma sœur, celle de Palmiras,
Qui d'un injuste joug retire vos États;
Si m'être désisté du parti de la reine,
Dont, loin d'exécuter, j'ai détesté la haine;
Et si ma vie, enfin, que j'ose hasarder,
Ne suffisent, grand prince, à vous persuader,
Sur ce débile corps éprouvez les tortures,
Vous n'en tirerez pas des vérités plus pures :
Quinze lustres et plus ont dû prouver ma foi.
SIROÈS.
Quelles grâces, bons dieux, et quel heur je vous doi!
Et toi, qui rends le calme à notre amour flottante,
Artanasde, tes biens passeront ton attente
Et feront envier l'éclat de ta maison.
Allons, et garde-moi ce fer et ce poison!

(Artanasde sort.)

SCÈNE II

SIROÈS, SARDARIGUE, GARDES.

SARDARIGUE.
Sire, votre grandeur ne trouve plus d'obstacles;
Chaque heure, chaque instant vous produit des miracles,
Et le traité de paix qu'Émile a consenti
Engage Héraclius dedans votre parti.
Mais une autre nouvelle, et bien plus importante,
Qui peut-être, Seigneur, passera votre attente,
Est que tous les soldats, d'un même cœur unis,
Amènent prisonniers Cosroès et son fils.
SIROÈS.
Cosroès! dieux! je tremble! et, malgré ma colère,
A ce malheureux nom connais encor mon père.
Mais, pour se saisir d'eux, quel ordre a-t-on suivi?
SARDARIGUE.
Nul que le zèle ardent dont tous vous ont servi.
A peine un bruit confus de quelques voix forcées,

Proclamant Mardesane, a flatté leurs pensées
Et les cœurs des soldats, assez mal expliqués,
Que Sandoce et Pacor, par mes soins pratiqués,
Soulevant les deux corps que chacun d'eux commande :
« Voyons, nous ont-ils dit, le roi qu'on nous demande. »
Mardesane à ce mot, pâle, transi d'effroi,
A peine encor régnant, a cessé d'être roi.
Sandoce s'est d'abord saisi de sa personne,
Cosroès s'est ému, quelque alarme se donne ;
Mais, tous deux arrêtés, on cesse, et sur-le-champ
Un *Vive Siroés!* s'entend par tout le camp,
Et, témoignant pour vous des ardeurs infinies,
Vous a, comme les voix, les volontés unies.
Admirez quel bonheur conduit notre projet :
Deux rois n'ont, dans le camp, trouvé pas un sujet ;
L'alarme s'est éteinte aussitôt qu'allumée,
Et votre nom tout seul a mû toute l'armée ;
Pharnace les amène, et tout le camp, qui suit,
Vient de ce zèle ardent vous demander le fruit.

SIROÈS, pleurant.

Que votre faste est vain, ô grandeurs souveraines,
S'il peut sitôt changer des sceptres en des chaînes !

SARDARIGUE.

Goûtez mieux la faveur d'un changement si prompt ;
N'en soyez pas ingrat aux dieux qui vous la font.

SIROÈS.

Sardarigue, souffrez que ma douleur vous marque
Les sentiments d'un fils parmi ceux d'un monarque,
Et plaigne un père aux fers qui régnait aujourd'hui.

SARDARIGUE.

Il vous a plus produit pour l'État que pour lui.
Considérez son crime, et non pas sa misère,
Et, père de l'État, ne plaignez point un père.
A qui laisse languir l'effet d'un grand dessein
Le temps peut arracher les armes de la main,
Et les faire passer en celles du coupable ;
Quand de le prévenir on s'est fait incapable.
Le fera-t-on entrer ?

SIROÈS.

   Attendez, laissez-moi
Reprendre auparavant des sentiments de roi.
Puisqu'il faut étouffer la pitié qui me reste,
Laissez-moi préparer à ce combat funeste,
Où, contre les conseils de mon ambition,

Mon sang, sans l'avouer, prend sa protection.
Puis-je sans crime, hélas! lancer ce coup de foudre?
Condamné par mes pleurs, quel dieu pourra m'absoudre?
SARDARIGUE.
Ces faiblesses, Seigneur, démentent votre rang.
SIROÈS.
Pour les faire cesser, faites taire mon sang;
Contre ses mouvements ma résistance est vaine.
Tenez-les quelque temps en la chambre prochaine,
Tandis qu'à la rigueur dont je leur dois user,
Contre mes sentiments, je me vais disposer,
Tandis qu'à les haïr mon âme se prépare,
Et que je m'étudie à devenir barbare.
Un tyran détestable, un maudit intérêt,
O père infortuné, demande ton arrêt;
J'ai son autorité vainement combattue,
Et l'or de ta couronne est le fer qui te tue.
(Il sort.)
SARDARIGUE.
Que ton droit, absolu sur tout ce que nous sommes
Est, comme aux plus petits, fatal aux plus grands hommes!
Tout meut par ton caprice, et rien dans l'univers
Ne se peut dire, ô sort, exempt de tes revers.

SCÈNE III

SARDARIGUE, NARSÉE, GARDES.

NARSÉE.
Suivez-moi, Sardarigue, et délivrez la reine.
SARDARIGUE.
Par votre hymen futur je vous crois souveraine,
Et, sans l'examiner, recevrais cette loi.
Mais ce dessein, Madame, importe trop au roi
Pour...
PREMIER GARDE.
J'en apporte l'ordre, et je viens vous l'apprendre.

SCÈNE IV

LES MÊMES; PALMIRAS.

PALMIRAS.
J'en apporte un contraire, et viens vous le défendre.

NARSÉE.
Me connaissez-vous, prince?
PALMIRAS.
Oui, Madame, et connois
Ce que vous me devez et ce que je vous dois.
Mais il n'est pas saison de m'ouvrir davantage.
(Sardarigue sort avec les gardes.)
NARSÉE.
L'État de vos conseils tire un grand avantage;
Le trouble qui l'agite, et que vous y semez,
Et les puissants partis que vous avez formés
Ont fait naître un divorce en la maison royale,
Qui part d'un zèle ardent et d'une âme loyale.
PALMIRAS.
Ce divorce vous monte en un si haut degré,
Que vous serez ingrate, ou vous m'en saurez gré.
NARSÉE.
La reine étant aux fers, toute grandeur m'est vaine.
PALMIRAS.
L'État ne connaît plus et n'a que vous de reine.
NARSÉE.
Vos devoirs, en effet, me le montrent assez.
PALMIRAS.
Je vous en ai rendu plus que vous ne pensez.
NARSÉE.
Entre autres, ce dernier prouve fort votre zèle.
PALMIRAS.
Vous saurez quelque jour si je vous suis fidèle.
NARSÉE.
Si l'on craint pour le roi, je réponds de ses jours.
PALMIRAS.
J'en réponds sans vos soins et sans votre secours.
NARSÉE,
J'admire quelle ardeur son salut vous excite.
PALMIRAS.
Le temps vous en fera connaître le mérite.
NARSÉE.
J'ai, malgré mon courroux, du respect pour le roi.
PALMIRAS.
Quand vous me connaîtrez, vous en aurez pour moi.
NARSÉE.
Quel objet de respect! l'ennemi de ma mère!
PALMIRAS.
Votre mère plutôt m'a toujours été chère!

NARSÉE.
Vous la faites du moins garder avec grand soin.
PALMIRAS.
Je m'expliquerai mieux quand il sera besoin.
NARSÉE.
Enfin tout mon crédit, ô déplorable reine,
De vos persécuteurs ne peut vaincre la haine ;
Et, pour toute réponse aux plaintes que je perds,
On dit qu'on vous chérit quand on vous tient aux fers.
O barbare amitié qui produit le servage,
Dont les pleurs sont un fruit, et les chaînes un gage !
PALMIRAS.
Ni la mort de Sira, ni sa captivité
N'importe en rien, Madame, à Votre Majesté.
NARSÉE.
Ah ! comment contenir la douleur qui m'emporte ?
La prison de Sira, ni sa mort ne m'importe !
Qui m'ose proposer cette fausse vertu
Dans les flancs d'une femme a-t-il été conçu ?
Ou, naissant, suça-t-il au sein d'une lionne
Les cruels sentiments que mon malheur lui donne ?
PALMIRAS.
Votre ennui m'attendrit. O nature, il est temps
Que tu mettes au jour un secret de vingt ans,
Que tu sois révérée au sang où tu dois l'être,
Et qu'aux yeux de sa fille un père ose paraître.
Non, ma fille (d'abord ce nom vous surprendra),
Vous n'avez point de part aux malheurs de Sira ;
Et si j'obtiens de vous un peu de confiance...

SCÈNE V

PALMIRAS, NARSÉE, ARTANASDE.

ARTANASDE.
Seigneur, on vous souhaite avec impatience ;
On voit l'esprit du roi si fort irrésolu
Qu'il change à chaque instant tout ce qu'il a conclu.
Ayant vu Cosroès dedans sa frénésie,
Une si vive alarme a son âme saisie
Qu'en son inquiétude, incertain et confus,
En moins que d'un moment il veut et ne veut plus.

Tous vos travaux sont vains, si, réduit à ce terme,
Son esprit ne reprend une assiette plus ferme,
Et l'on n'attend, Seigneur, cet effort que de vous.
PALMIRAS.
De nos têtes, ô ciel, détourne ton courroux!
Sauve un roi trop pieux de sa propre faiblesse,
Et ceux qu'en son parti sa fortune intéresse.
(A Narsée.)
Voyons le roi, Madame; Artanasde et sa sœur
Achèveront pour moi de vous ouvrir mon cœur,
Et, moins intéressés, me feront mieux entendre.
NARSÉE, à part.
Dieux! quelle est cette énigme, et qu'y puis-je comprendre?
Quel jour puis-je tirer de tant d'obscurité,
Et quelle foi devrai-je à cette vérité?

ACTE CINQUIÈME

SCÈNE I

SIRA, SARDARIGUE, GARDES.

SIRA.
Moi, lâche! moi, le craindre au point de le prier!
Moi, qui porte un cœur libre en un corps prisonnier!
Moi, de quelque terreur avoir l'âme saisie,
Après que sous mes lois j'ai vu trembler l'Asie,
Et qu'on a vu mon sang, fertile en potentats,
Avec tant de splendeur régner sur tant d'états!
Après le vain effort de la rage et des armes,
Tenter, pour le toucher, des soupirs et des larmes!
Que mon fils dépendît, devant donner la loi,
Et qu'il vécût sujet, ayant pu mourir roi!
Ma rage est avortée, et mon attente est vaine.
Mais, quoique sans effet, j'ai témoigné ma haine;
Un ministre effrayé ne l'a point attaqué,
Mais j'ai toujours armé le bras qui l'a manqué,
Et l'honneur de mourir au moins son ennemie

De la mort que j'attends ôtera l'infamie.
Si pour ce qu'à mes yeux il reste de clarté
J'avais à souhaiter un peu de liberté,
Ce serait pour pouvoir mourir son homicide ;
Et, si je l'attaquais d'un bras mol et timide,
Comme ce lâche cœur que j'avais pratiqué,
Il se pourrait vanter que je l'aurais manqué.
Mais...

SCÈNE II

LES MÊMES ; SIROÈS, PALMIRAS, PHARNACE.

SIROÈS, assis.
  Nous venons pourvoir contre la violence
Et de votre furie et de votre insolence.
Eh bien, Madame ?

SIRA.
      Eh bien, traître, te voilà roi :
La pointe de mes traits a tourné contre moi ;
Et, par où j'ai voulu mettre un fils en ta place,
Je te mets en la mienne et m'acquiers ta disgrâce.
J'ai fait plus ; j'ai tenté, pour le coup de ta mort,
Par le bras d'un des miens, un inutile effort ;
J'ai, si tu l'as ouï, souhaité ma franchise
Pour, de ma propre main, en tenter l'entreprise.
Ne t'en étonne pas, le jour m'est à mépris ;
J'ai juré de périr ou voir régner mon fils,
Et, si la liberté m'était encore offerte,
J'en emploirais pour lui tout l'usage à ta perte.
Est-ce assez ? les témoins sont ici superflus.
Mon procès est bien court, prononce là-dessus.

SIROÈS.
J'admire ce grand cœur, et nous devons, Madame,
Un renom mémorable à cette force d'âme.
Vous avez dans l'État, avec ce grand courroux,
Fait de grands changements, mais funestes pour vous.

SIRA.
Je considère peu ce qui m'en est funeste.
Tout le mal qui m'en vient est le bien qui t'en reste ;
Je plaindrais peu la vie et mourrais sans effort,
Si, sujet de mon fils, tu survivais ma mort,
Ou si de tes destins j'avais tranché la trame.

SIROÈS.
C'étaient de grands desseins pour la main d'une femme,
Et qui méritaient bien d'en délibérer mieux
Qu'avec l'ambition qui vous sillait les yeux.
Il faut, ou plus de force, ou plus d'heur qu'on n'estime
Pour exclure d'un trône un prince légitime ;
Les funestes complots qu'on fait contre ses jours
Peuvent avoir effet, mais ne l'ont pas toujours :
Vous l'éprouvez, Madame. Avec ce grand courage,
Qui, pour me mettre à bas, a tout mis en usage,
Avec tout cet effort, qu'avez-vous avancé ?
Sur qui tombe ce foudre ? où l'avez-vous lancé ?
Sur la tête où vos mains portaient mon diadème,
Sur celle de mon père, et sur la vôtre même.
Par quel aveuglement n'avez-vous pas jugé
Qu'ayant des dieux au ciel, j'en serais protégé ?
Doutez-vous que l'objet de leurs soins plus augustes
Est l'intérêt des rois dont les causes sont justes ?

SIRA.
Ils l'ont mal témoigné, quittant notre parti,
Et souffrant pour le tien ce qu'ils ont consenti.
Mais, qu'ils veillent ou non sur les choses humaines,
Au fait dont il s'agit ces questions sont vaines.
Prononçant mon arrêt, chasse-moi de ces lieux,
Tyran, délivre-moi de l'horreur de tes yeux ;
Chaque trait m'en punit, chaque regard m'en tue,
Et mon plus grand supplice est celui de ta vue.

SIROÈS.
Il vous faut affranchir d'un si cruel tourment.
           (Aux satrapes.)
Princes, délivrez-l'en par votre jugement.

SIRA.
Délibère, cruel, consulte tes ministres ;
Nos malheurs sont le fruit de leurs avis sinistres ;
Ce reste de proscrits, échappés aux bourreaux,
Ne pouvait s'élever que dessus nos tombeaux,
Et ne peut recouvrer que par notre disgrâce
Dans le gouvernement les rangs dont on les chasse ;
Ils ont grand intérêt en la mort que j'attends ;
Ne crains point, leurs conseils iront où tu prétends.
Eh bien, perfide ! et vous, lâches suppôts de traîtres,
Qu'avez-vous résolu, mes juges et mes maîtres ?

   SIROÈS, lui montrant le poignard et le poison qu'un garde lui présente.
On m'a de votre part apporté ces présents.

SIRA.

Eh bien?

SIROÈS.
Les trouvez-vous des témoins suffisants,
Ou s'il faut autre chose afin de vous confondre?

SIRA.
Quand j'ai tout avoué, je n'ai rien à répondre ;
Je prends droit par moi-même, et mon plus grand forfait
Est, non d'avoir osé, mais osé sans effet.

SIROÈS.
Les instruments du mal le seront du supplice :
Choisissez l'un des deux, et faites-vous justice.

SIRA.
C'est quelque grâce encor, je n'osais l'espérer ;
Je choisis le poison, fais-le moi préparer :
Je l'estimerai moins un poison qu'un remède
Que je dois appliquer au mal qui me possède ;
Le goût m'en sera doux, au défaut de ton sang,
Dont avec volupté j'eusse épuisé ton flanc.
Je préfère à la vie une mort salutaire,
Qui me va délivrer des mains d'un adversaire.
Mais joins une autre grâce au choix de mon trépas,
Tyran, fais que mon fils y précède mes pas,
Pour le voir, par sa mort, exempt de l'infamie
De recevoir des lois d'une main ennemie ;
Vivant, de son crédit tu craindrais les effets.

SIROÈS.
Vos vœux sont généreux, ils seront satisfaits.
Qu'il entre, Sardarigue, et remenez la reine.

SIRA, avec emportement.
Reine est ma qualité, quand tu sais qu'elle est vaine !
Hier, j'étais ta marâtre, et je tiens à grand bien
De mourir aujourd'hui pour ne t'être plus rien.

(Elle sort avec Sardarigue et les gardes.)

PALMIRAS.
Donnez au désespoir ces reproches frivoles.

SIROÈS.
Elle est femme, elle meurt, et ce sont des paroles ;
Bien plus, si l'intérêt de mon autorité
Me pouvait épargner cette sévérité,
A quoi que la vengeance avec droit me convie,
Avec plaisir encor je souffrirais sa vie,
Et, malgré tant d'effets de son aversion,
Préférerais sa grâce à sa punition.

PALMIRAS.

Remettant l'intérêt qui touche sa personne,
Un roi ne peut donner celui de la couronne,
Et, s'il voit que l'État coure quelque danger,
Est contraint de punir, s'il ne se veut venger.
Sa justice est le bien de toute la province;
Ce qu'il pourrait sujet, il ne le peut pas prince;
Et l'indulgence enfin qui hasarde un État
Est le plus grand défaut qu'ait un grand potentat.

SCÈNE III

SIROÈS, PALMIRAS, PHARNACE, MARDESANE, SARDARIGUE, GARDES.

SIROÈS.

Le voici. Tout son crime est l'orgueil d'une mère,
Et mon ressentiment soutient mal ma colère.
(A Mardesane.)
Enfin, vous avez mal observé mes avis,
Prince; il vous serait mieux de les avoir suivis;
Voyez comme du sens l'ambition nous prive;
Je vous ai bien prédit ce qui vous en arrive,
Et qu'il vous importait de ne m'épargner pas,
Si, de ses faux brillants goûtant trop les appas,
Vous vous laissiez gagner aux conseils d'une mère,
Qui, pour vous trop aimer, ne vous oblige guère;
Enfin, suis-je avec droit d'un empire jaloux,
Et le sceptre de Perse est-il un faix bien doux?

MARDESANE.
Pour avoir pu goûter la douceur qui s'y treuve,
Il en eût fallu faire une plus longue épreuve.

SIROÈS.
L'acceptant, vous deviez vous consulter un peu.
Ne vous doutiez-vous pas qu'un sceptre était de feu,
Et qu'y portant la main il vous serait nuisible?

MARDESANE.
En effet, cette épreuve en vous-même est visible,
Quand, pour l'avoir touché, vous brûlez de courroux.

SIROÈS.
Mais par quel droit encor vous en empariez-vous?

MARDESANE.
Par droit d'obéissance, et par l'ordre d'un père.

SIROÈS.
Contre un droit naturel quel père m'est contraire?
MARDESANE.
Quel? le vôtre et le mien qui, juge de son sang,
A selon son désir disposé de son rang.
SIROÈS.
Il a fondé ce choix dessus votre mérite.
MARDESANE.
Je n'ai point expliqué la loi qu'il m'a prescrite.
SIROÈS.
Vous exécutez mal la foi que vous donnez ;
Je vous la tiendrai mieux que vous ne la tenez.
MARDESANE.
Généreux, j'aime mieux avouer une offense
Que, timide et tremblant, parler en ma défense.
SIROÈS.
Juste, j'ai plus de lieu de vous faire punir
Que, lâche, d'un affront perdre le souvenir.
MARDESANE.
Vous en vengeant, au moins, vous n'aurez pas la gloire
D'avoir été prié d'en perdre la mémoire.
SIROÈS.
Vous avez trop de cœur.
MARDESANE.
Assez pour faire voir
Une grande vertu dans un grand désespoir.
SIROÈS.
Mais il se produit tard.
MARDESANE.
Assez tôt pour déplaire
A qui, brûlant d'orgueil, voit braver sa colère.
Si vous l'avez pu croire indigne de mon rang,
Prince, c'est faire injure à ceux de votre sang.
Heureux ou malheureux, innocent ou coupable,
J'ai tous les sentiments dont vous êtes capable ;
Et, quand j'espérerais fléchir votre courroux,
J'ai trop de votre orgueil pour me soumettre à vous.
L'instant que j'ai tenu la puissance suprême,
Et que j'ai sur ce front senti le diadème,
M'a donné, comme à vous, des sentiments de roi,
Qui ne se peuvent perdre et mourront avec moi.
Ayant pu conserver, j'eusse eu peine à vous rendre
Le sceptre, que, sujet, j'ai hésité de prendre ;
Et, roi, j'ai reconnu que la possession,

Qui refroidit l'amour, accroît l'ambition.
Vous avez eu plus d'heur comme plus de naissance,
Et nous sommes tombés dessous votre puissance;
Mais, encore étourdi de ce grand accident,
Je garde toutefois un cœur indépendant,
Et, pour me conserver le bien de la lumière,
A votre vanité plaindrais une prière.
SIROÈS.
Eh bien, prince, la mort domptera cet orgueil.
MARDESANE.
On ne peut mieux tomber du trône qu'au cercueil;
L'ardeur de commander trop puissamment convie,
Pour me la faire perdre en me laissant la vie;
Un cœur né pour régner est capable de tout;
Je n'excepterais rien pour en venir à bout,
Pour accomplir en moi les desseins de ma mère,
Pour venger ma prison et celle de mon père.
Je vous ai respecté, dépouillé de vos droits;
Je consentais à peine à vous donner des lois,
Et peut-être eussé-je eu la naissance assez bonne
Pour venir à vos pieds remettre ma couronne;
Mais, après le parti que l'on nous a formé
Et le sanglant complot que vous avez tramé
Au sensible mépris des droits de la nature,
Je ne vous cèle point que, si quelque aventure
Remettait aujourd'hui le sceptre entre mes mains,
Pour vous le rendre plus tous respects seraient vains,
Et, dépouillant pour vous tous sentiments de frère,
Je me ferais justice et vengerais mon père.
Voilà tout le dessein que j'ai de vous toucher,
Et tout ce qu'à ma peur vous pouvez reprocher;
J'en laisse à décider à votre tyrannie.
SIROÈS.
J'inclinais à laisser votre offense impunie;
Mais vous vous opposez avec trop de fierté
Aux pieux mouvements de cette impunité,
Et ménagez trop mal le soin de votre tête.
Otez-le, Sardarigue.
MARDESANE.
Allons, la voilà prête.
SIROÈS.
Et, pour punir d'un temps l'orgueil désordonné
Des yeux si désireux de le voir couronné,
Faites ceux de Sira témoins de ce spectacle.

ACTE V, SCÈNE IV.

MARDESANE.

Allons, règne, tyran, règne enfin sans obstacle;
J'ai reçu de mon père, avecque son pouvoir,
Celui d'aller trouver la mort sans désespoir.

(Il sort avec Sardarigue.)

SCÈNE IV

SIROÈS, PALMIRAS, PHARNACE, GARDES.

PALMIRAS.

J'admire la vertu qu'un sceptre nous apporte,
Vous le méritez, Sire, avec cette âme forte,
Et c'est en ce grand cœur qu'on ne méconnaît plus
L'héritier d'Artaxerce et le sang de Cyrus.
Vous vaincrez tout, grand prince, en vous vainquant vous-[même];
Mais il reste une épreuve à cette force extrême,
Et c'est ici qu'il faut montrer tout Siroès.

(A un garde.)

Garde, avec Sardarigue amenez Cosroès.

(Le garde sort.)

SIROÈS.

Attends, garde.

PALMIRAS.

Seigneur, il vous est d'importance
De joindre...

SIROÈS.

Ah! c'est ici que cède ma constance,
Qu'interdit, qu'effrayé, je ne sens plus mon rang,
Et qu'en mon ennemi j'aime encore mon sang.
O nature!

PALMIRAS.

Il s'agit d'une grande victoire,
Et rarement, Seigneur, on arrive à la gloire
Par les chemins communs et les sentiers battus.

SIROÈS.

Ah! j'ai trop pratiqué vos barbares vertus;
Je ne puis acheter les douceurs d'un empire
Aux dépens de l'auteur du jour que je respire.

PHARNACE.

Ce tendre sentiment vous vient hors de propos;
Il faut de votre état assurer le repos.

SIROÈS.

Je m'en démets, cruels ; régnez, je l'abandonne,
Et ma tête à ce prix ne veut point de couronne ;
Mon cœur contre mon sang s'ose en vain révolter ;
Par force ou par amour il s'en fait respecter.
A mon père, inhumains, donnez un autre juge,
Ou dans les bras d'un fils qu'on lui souffre un refuge.
O toi, dont la vertu mérita son amour,
Ma mère, hélas ! quel fruit en as-tu mis au jour !
Que n'as-tu dans ton sein causé mes funérailles
Et fait mon monument de tes propres entrailles,
Si je dois ôter l'âme et le titre de roi
A la chère moitié qui vit encor de toi !
Règnerais-je avec joie ? et, bourreau de mon père,
Aurais-je ni le ciel ni la terre prospère ?
Pour cimenter mon trône et m'affermir mon rang,
Tarirais-je la source où j'ai puisé mon sang ?
Aurait-on de la foi pour un prince perfide
Dont la première loi serait un parricide ?
Non, non, je ne veux point d'un trône ensanglanté
Du sang, du même sang dont je tiens la clarté.
J'ai cru la passion aux grands cœurs si commune,
Et, contre la nature, écouté la fortune ;
J'ai fait de ma tendresse une fausse vertu ;
A l'objet d'un État, mon lâche sang s'est tu ;
Mais, au point qu'il lui faut sacrifier un père,
La nature se tait, et le sang délibère ;
Il me presse, il me force à prendre le parti
Qu'il sait être sa source et dont il est sorti.
Le voici. Dieux ! je tremble, et ma voix interdite,
En ce profond respect, sur mes lèvres hésite.
Mais qu'attends-je ?

SCÈNE V

LES MÊMES ; COSROÈS, SARDARIGUE, GARDES.

COSROÈS.

O nature ! et vous, dieux, ses auteurs,
D'un prodige inouï soyez les spectateurs.
A cet horrible objet sa nouveauté convie.
Mon fils, dessus mon trône, est juge de ma vie,

Et ne le tient pas sûr si de son fondement
Ma tête n'est la base et mon sang le ciment.
Immole donc, tyran, mes jours à tes maximes,
Assure-toi l'État par le plus grand des crimes,
Laisse agir la fureur avecque liberté;
Ne donne rien au sang, rien à la piété;
Et vous, que mon malheur rend si fiers et si braves,
Ce soir mes souverains, ce matin mes esclaves...

SIROÈS, à genoux.

Seigneur, daignez m'entendre. O nature! et vous dieux!
Vous pouvez, sans horreur, jeter ici les yeux :
L'objet de vos mépris encor vous y révère;
Je ne suis ni tyran, ni juge de mon père;
J'ai tous les sentiments que vous m'avez prescrits,
Et renonce à mes droits pour être encor son fils.
Oui, mon père, et l'État ni toutes ses maximes
Ne peuvent m'obliger à régner par des crimes;
Pour immoler vos jours à mon ressentiment,
Vous régnez sur les miens trop souverainement.
Est-il un bras d'un fils qu'un soupir, une larme,
Un seul regard d'un père aisément ne désarme?
Si contre vous, hélas! j'écoute mon courroux,
Je porte dans le sein ce qui parle pour vous;
Dedans moi, contre moi, vous trouvez du refuge,
Et, criminel ou non, vous n'avez point de juge.
Paisible, possédez l'État que je vous rends;
Vous pouvez seul, Seigneur, régler mes différends;
Arbitre entre vos fils, terminez leur dispute
En retenant pour vous le rang qu'ils ont en butte;
Ne le déposez pas aux dépens de mes droits,
Entretenez en paix votre sang sous vos lois.

COSROÈS.

L'arrêt de Mardesane et celui de la reine
Me peuvent-ils souffrir une attente si vaine?
Traître, joins-tu la fourbe à l'inhumanité?

SIROÈS.

Éprouvez ma franchise et votre autorité.

COSROÈS.

Révoque donc leur mort, et fais qu'on me les donne.

SIROÈS.

Gardes, suivez le roi, faites ce qu'il ordonne,
Et, sans prévoir l'effet qui m'en succédera...

SARDARIGUE.

Seigneur!

SIROÈS.
Rendez le prince, et délivrez Sira.
Allez.
(Cosroès, Sardarigue et les gardes sortent.)

SCÈNE VI

SIROÈS, PALMIRAS, PHARNACE.

PALMIRAS.
Vous oubliez que Palmiras, Pharnace,
Et tout votre conseil, aillent prendre leur place
Et se charger des fers qu'ils leur ont fait porter,
Et ce sera beaucoup de vous en exempter.
Oui, oui, ne croyez pas, sans péril de la vôtre,
Leur conserver la vie et hasarder la nôtre.
Nous n'éviterons pas les traits de leur courroux;
Mais craignez que ces traits n'aillent jusques à vous;
Comme ils devront le jour moins à votre tendresse
Qu'à votre défiance et qu'à votre faiblesse,
Sira, par le passé redoutant l'avenir,
Politique qu'elle est, saura vous prévenir,
Et donnera bon ordre à ce que la couronne
Ne pèse plus au front qui sitôt l'abandonne.
SIROÈS.
Je n'ai pu mieux défendre un cœur irrésolu,
Où le sang a repris un empire absolu.
Vous deviez imposer silence à la nature,
Qui contre vos avis secrètement murmure,
Et me fait préférer le péril d'une mort
A l'inhumanité d'un si barbare effort.
Il faut pour tant de force une vertu trop dure.
PHARNACE.
N'augurons point, Seigneur, de sinistre aventure;
Le trône tombera devant votre débris,
Et tant de piété ne peut perdre son prix.
Mais que vous veut Narsée?

SCÈNE VII.

LES MÊMES; NARSÉE.

NARSÉE.
O destin déplorable!
O prince généreux autant que misérable!
SIROÈS.
Qu'est-ce, Madame?
NARSÉE.
Hélas! Mardesane, Seigneur,
Perd le trône et le jour, mais en homme de cœur;
Et le coup glorieux dont il a rendu l'âme
Part d'une main illustre et non pas d'une infâme.
Sachant que de sa mort on dressait l'appareil,
Et prenant du besoin un généreux conseil,
Adroitement saisi le fer d'un de ses gardes,
Il se l'est dans le sein enfoncé jusqu'aux gardes;
Un prompt torrent de sang est sorti de son sein,
Et l'on a plus tôt vu sa mort que son dessein.
SIROÈS.
Cruels, voilà l'effet de vos nobles maximes.
NARSÉE.
Je rendais à Sira des devoirs légitimes;
Et, quoique le secret dont mon sort fut voilé
Vienne si clairement de m'être révélé,
J'ai jugé toutefois ne pouvoir sans faiblesse
Ne point prendre de part au malheur qui la presse.
L'éclat qui me jaillit de sa condition
Me procura l'honneur de votre affection;
Je suis sinon sa fille, au moins sa créature,
Et du moins à ses soins je dois ma nourriture;
Mais, la voyant en pleurs sur le corps de son fils,
Appeler les destins et les dieux ennemis,
A ce triste spectacle, interdite, éplorée,
Sans pouvoir dire un mot, je me suis retirée,
Et j'ai vu qu'on portait le vase empoisonné
Que pour son châtiment vous avez ordonné.

SCÈNE VIII

SARDARIGUE, NARSÉE, SIROÈS, PALMIRAS, PHARNACE, GARDES.

SARDARIGUE.
Ah! Sire, malgré vous le destin de la Perse
Vous protège et détruit tout ce qui vous traverse.
SIROÈS.
Qu'est-ce encor?
SARDARIGUE.
    Cosroès, rentré dans la prison,
Ayant vu que la reine y prenait le poison,
Prompt, et trompant les soins et les yeux de la troupe,
Avant qu'elle eût tout pris, s'est saisi de la coupe,
Et, buvant ce qui reste : « Il faut, » nous a-t-il dit,
Voyant d'un œil troublé Sira rendre l'esprit
Et nager dans son sang Mardesane sans vie,
« Il faut du sort de Perse assouvir la furie,
« Accorder à mon père un tribut qu'il attend,
« Laisser à Siroès le trône qu'il prétend,
« Et de tant de tyrans terminer la dispute. »
Là, tombant, quelque garde a soutenu sa chute;
Et nous...
SIROÈS, furieux.
   Eh bien, cruels, êtes-vous satisfaits?
Mon règne produit-il d'assez tristes effets?
La couronne, inhumains, à ce prix m'est trop chère.
Allons, Madame, allons suivre ou sauver un père.
PALMIRAS.
Ne l'abandonnons point.
SARDARIGUE, à part.
     Ses soins sont superflus;
Le poison est trop prompt, le tyran ne vit plus.

FIN DE COSROÈS.

NOTA

Pour établir le texte des pièces contenues dans cet ouvrage, nous avons consulté les éditions originales. Par malheur, la plupart sont défectueuses, et nous n'avons pu que les reproduire avec les lacunes et les incorrections qu'on remarquera, surtout dans les comédies.

TABLE

Rotrou et son Œuvre 1
Les Sosies, comédie en cinq actes...................... 81
Laure persécutée, tragi-comédie en cinq actes....... 148
La Sœur, comédie en cinq actes........................ 216
Saint Genest, comédien païen représentant le martyre
   d'Adrien, tragédie en cinq actes...................... 281
Don Bernard de Cabrère, tragi-comédie en cinq actes... 338
Venceslas, tragédie en cinq actes.................... 397
Cosroès, tragédie en cinq actes...................... 457

FIN DE LA TABLE

Paris. — Imp. E. Capiomont et V. Renault, rue des Poitevins, 6.

www.ingramcontent.com/pod-product-compliance
Lightning Source LLC
Chambersburg PA
CBHW071414230426
43669CB00010B/1550

*9 7 8 2 0 1 2 7 7 1 9 7 0 *